郭豫适先生八十华诞

纪念文集

纪念文集编委会◎编

华东师范大学出版社

图书在版编目(CIP)数据

郭豫适先生八十华诞纪念文集/《郭豫适先生八十华诞纪念文集》编委会编. —上海:华东师范大学出版社,2012.12
ISBN 978 - 7 - 5675 - 0148 - 5

Ⅰ.①郭…　Ⅱ.①郭…　Ⅲ.①郭豫适-纪念文集
Ⅳ.①K825.6- 53

中国版本图书馆 CIP 数据核字(2012)第 319937 号

郭豫适先生八十华诞纪念文集

编　　者　纪念文集编委会
项目编辑　庞　坚
审读编辑　车　心
装帧设计　卢晓红

出版发行　华东师范大学出版社
社　　址　上海市中山北路 3663 号　邮编 200062
网　　址　www. ecnupress. com. cn
电　　话　021 - 60821666　行政传真 021 - 62572105
客服电话　021 - 62865537　门市(邮购)电话 021 - 62869887
地　　址　上海市中山北路 3663 号华东师范大学校内先锋路口
网　　店　http://hdsdcbs. tmall. com

印 刷 者　上海丽佳制版印刷有限公司
开　　本　787×1092　16 开
印　　张　22.75
插　　页　4
字　　数　392 千字
版　　次　2013 年 3 月第 1 版
印　　次　2013 年 3 月第 1 次
书　　号　ISBN 978 - 7 - 5675 - 0148 - 5/I·936
定　　价　68.00 元

出 版 人　朱杰人

(如发现本版图书有印订质量问题,请寄回本社客服中心调换或电话 021 - 62865537 联系)

《郭豫适先生八十华诞纪念文集》编委会

方正耀　陈大康　谭　帆　钟明奇　赵维国

1. 郭豫适先生与夫人邵循瑛金婚纪念,2009 年 10 月华东师范大学为离退休教职工
举办金婚、钻石婚庆典时留影。

2. 郭豫适先生与夫人邵循瑛近影,2012 年 10 月摄于半砖园。

3. 华东师范大学中文系 2003 级部分学科博士生喜聚半砖园,与郭豫适先生合影,摄于 2006 年 5 月 17 日。

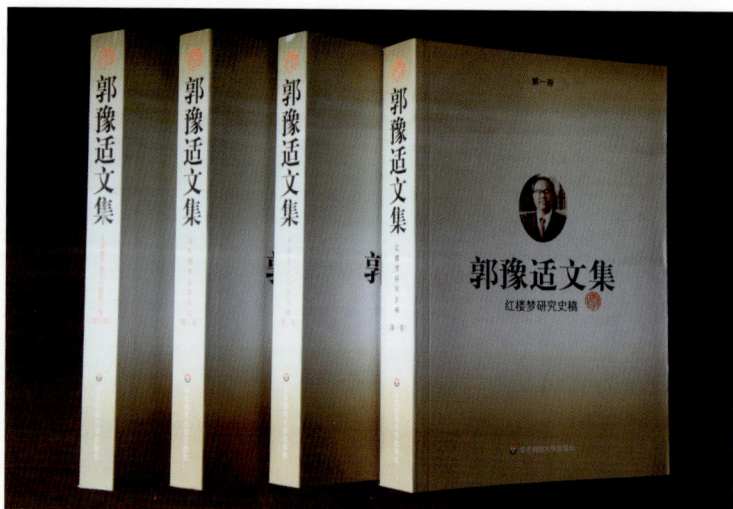

4. 《郭豫适文集》(四卷),华东师范大学出版社 2011 年 1 月出版。

5. 《传世藏书·子库·小说》(十卷),郭豫
适先生为全书学术委员兼小说部主编,
海南国际新闻出版中心 1996 年出版。

6. 《中国传统文化新探丛书》(三卷),郭豫
适主编,湖南出版社 1993 年 1 月出版。

7. 《文白对照历代世说精华》(五卷本),郭
豫适主编,东方出版中心 1996 年 1 月
出版。

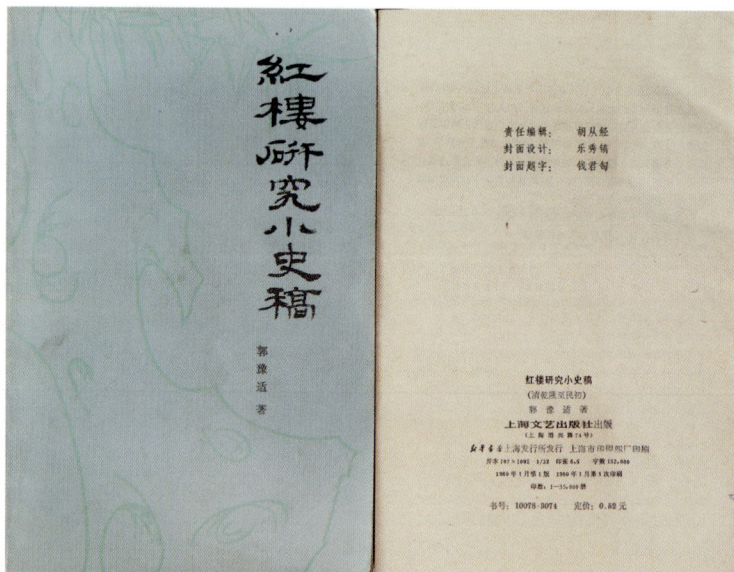

責任編輯：胡从经
封面設計：乐秀镇
封面題字：钱君匋

红楼研究小史稿
（清乾隆至民初）
郭 豫 适 著
上海文艺出版社出版
（上海 绍兴 路 74 号）
新华书店上海发行所发行 上海市印刷四厂印刷
开本 787×1092 1/32 印张 6.5 字数 152,000
1980 年 1 月第 1 版 1980 年 1 月第 1 次印刷
印数：1—35,000 册
书号：10078-3074 定价：0.82 元

8.《红楼研究小史稿》(清乾隆至民初)，郭豫适著，上海文艺出版社 1980 年 1 月出版。

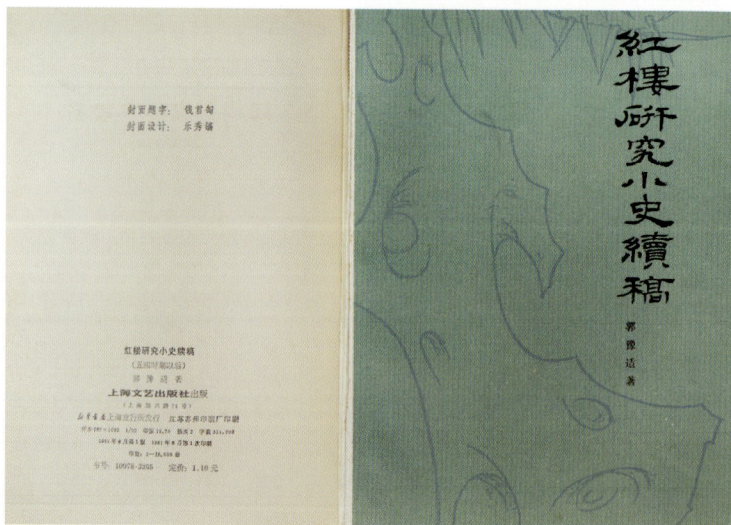

封面題字：钱君匋
封面設計：乐秀镇

红楼研究小史续稿
（五四时期以后）
郭 豫 适 著
上海文艺出版社出版
（上海 绍兴 路 74 号）
新华书店上海发行所发行 江苏新华印刷厂印刷
开本 787×1092 1/32 印张 12.75 插页 2 字数 321,000
1981 年 8 月第 1 版 1981 年 8 月第 1 次印刷
印数：1—35,000 册
书号：10978-3995 定价：1.10 元

红楼研究小史续稿
郭 豫 适 著

9.《红楼研究小史续稿》，郭豫适著，上海文艺出版社 1981 年 8 月出版。

弁　言

　　郭豫适先生是我国著名的红学史家、文学史家,在学术界享有盛誉,道德文章堪为楷模。

　　两年多前,无烟酒之嗜的先生突遭胃癌袭击,给毫无思想准备的先生带来很大的痛苦。还好的是,先生以平和的心态积极配合治疗,中西医相结合,再加上师母邵老师的悉心照顾,最终战胜病魔,身体正在逐渐康复。今年12月15日,适逢先生八十华诞,沪上师友希望在先生寿辰吉日举办一场隆重的纪念活动,一来祝贺先生八十华诞,为先生祈福祝寿;二来召集学界同仁座谈先生的学术成就,总结探究先生学术研究的理论与实践。先生为人谦和,处事往往为他人着想,惟恐给学校、学界朋友、学生等带来麻烦,屡屡感谢大家美意,婉言谢绝:大家都在教学科研的第一线,时间紧,工作忙,不要专门为我举办什么活动。诸位师友听从先生的意见,取消了拟定的纪念活动。可是师友们觉得八十华诞古来稀,这本身就是一件可喜可贺之事,何况郭先生吉星高照,闯过生死大关,更应该热烈祝贺。于是大家集议为先生编纂一本文集以示纪念,最初也被婉拒。先生以为:如果编纪念文集,又要劳动大家写文章,占用很多时间,实在没有必要。随后又谈了自己的顾虑:写纪念文章,难免说一些溢美之辞,盛名之下,其实难副。我们与先生多次沟通,先生才答应了出版纪念文集的请求,要求大家贡献一篇现成的已经发表的论文,趁此机会,师生之间、同学之间进行一次学术交流。我们体念先生"修己安人"的仁德之心,在不叨扰学界师友的情况下编纂了这本纪念文集,以此祝愿郭豫适先生健康长寿,笔耕不辍,学术之树常青!

　　本文集所收录的文章有三类,一是郭豫适先生数十年间不同阶段撰写的一些文章,一是自上世纪八十年代起先后师从郭先生攻读博硕士的学生撰写的学术论文,一是学界时贤评述郭先生学术研究的文章。上述三类文章都是现成的已经公开发表的作品,并非为这部纪念文集专门撰稿,故收入文集时格式基本上皆依原貌,未作统一处理。需要强调的是,评价郭先生学术研究的数篇文章在收录时得到了蒋星煜、徐景熙诸位先生的大力支持,在此表示衷心地感谢。郭先生自上世纪五十年代留在华东师范大学任教,杏坛授学五十余年,门生弟子遍布世界各地,在文化教育、社会科学研究等领域做出突出贡献者甚多,数十年来与郭先生联系密切,结下了深厚的师生情谊。此次编纂文集未向诸位师友征稿,尚望见谅。本书得以编集出版,多承华东师范大学出版社朱杰人、王焰等领导的支持帮助,在此谨致谢意。

《郭豫适先生八十华诞纪念文集》编委会

2012 年 12 月岁末

目 录

和邦额《夜谭随录》考析

方正耀

　　《夜谭随录》十二卷,清和邦额著。作者生平事迹,不见史籍记载;作品几经翻刻,版本则颇杂乱。因而一些著作文章涉之,或持论有误,或语意含糊,故本文略作考析。

一

　　和邦额字闲斋,号霁园主人,满州人。民国诸家刻印《夜谭随录》,均署"闲斋氏著";岳麓书社 1985 年版亦云其字"闲斋",属误。《贩书偶记续编》载:"《夜谭随录》十二卷,清霁园主人闓斋氏撰"。现存各种清刻本,卷下皆题"霁园主人闓斋氏著",卷首《自序》落款后的印章均为"闓斋"。"闓"字很僻,《康熙字典》引《五音集韵》释云:"智少力劣",取以为字,似有自谦之意。"闲斋"系形近而讹。清己亥本的翻刻本中作者自评,有的刻成"闓斋曰",有的刻成"闲斋曰",当可为证。民国二十二年朱惟公序《夜谭随录》,赞其文字之美而叹其取字欠当:"则小说诚有造于'闲斋','闲斋'未免有负此文字为可惜耳!"其实此乃后人讹传,非作者之误。

　　和邦额生卒年月,前人未作具体考析,亦少材料可证。作者《自序》中云"予今年四十有四矣",当属一条线索。岳麓书社本"出版说明"云:

　　　　现据本书《自序》中有"予今年四十有四矣"一语,而末署作序时间为"乾隆辛亥六月",乾隆辛亥为乾隆五十六年(公元 1791 年),以此推算,他的出生当为清乾隆十二年(即公元 1747 年)。

这里涉及版本问题。假如《夜谭随录》最早刻成于辛亥年,如此推算,当属不谬。然而,今存诸本均有此序,落款年月却各不相同。《贩书偶记续编》载的"乾隆己酉本衙刻"本,己酉,乾隆五十四年,上推四十四年,乃乾隆十年(1765)。袁行霈、侯忠义编《中国文言小说书目》录的"乾隆乙酉本衙刻本",乙酉,乾隆三十年,上推四十四年,为康熙六十年(1721)。更荒唐的是上海进步书局石印本(即笔记小说大观本),《自序》题"中华民国二年二月霁园主人书于蛾术斋之南窗",如此上推,则是同治七年(1868),谬误尤显。

其实,这些本子的《自序》落款都有疑问,进步书局本作假无疑,姑且不论。鲁迅《中国小说史略》提到的"《夜谭随录》十二卷(亦五十六年序)",即辛亥本,亦不可靠。清纪昀《阅微草堂笔记·如是我闻》卷前有作者的一段话,交代《如是我闻》创作的缘由,下面落款:"辛亥七月二十一日题"。《夜谭随录》倘若成书于辛亥夏六月,则比《如是我闻》早一个月左右。但《如是我闻》卷一第四则故事中纪昀自云:

> 偶阅近人《夜谭丛(随)录》,见所载旱魃一事、狐避劫二事,因记所疑,俟格物穷理者详之。

"旱魃"、"狐避劫"的故事,分别见载于《夜谭随录》卷六的《尸变》和卷二的《阿凤》。如果两书皆作序后才刻印的话,那纪昀题记时也许《夜谭随录》尚未竣工,他从何处读到?倘若两书皆刻成后作序,《夜谭随录》问世后不到一个月,纪昀撰写并刻成《如是我闻》,即便现在的印刷条件,恐怕也难完成。因之,纪昀偶阅《夜谭丛(随)录》,刻印问世肯定要早于辛亥夏六月,换句话说,《夜谭随录》第一次刻印,决不是辛亥夏六月,而据以推断和邦额的出生年月,是不可靠的。

《中国文言小说书目》载的"乾隆乙酉本衙刻本",笔者未见,但是可以推断,若非著录、排印者失误,则是刻书人假托。因为,乙酉乃乾隆三十年。《夜谭随录》卷十一《市煤人》开端云:"癸巳仲夏,过访宗室双丰将军,立谈廊下。"癸巳,乾隆三十八年,想来三十年刻成的书,不可能记载三十八年的事。若说是康熙癸巳的话,那据序推算,和邦额则还未出生。

己酉本的落款是否可靠呢?己酉,乾隆五十四年,上推四十四年即乾隆十年。《夜谭随录》卷一《香云》篇末云:

> 予于乾隆庚午岁,从先祖父自三秦入七闽,路经武昌,月夜沽酒,聚舟人而饮食之,俾各述见闻离奇怪诞。舟人共举此事,争说纷纭……

庚午,乾隆十五年。假如和邦额生于乾隆十年,那庚午年才五岁。五岁的孩子"月夜沽酒,聚舟人而饮食之",似不符合常情。况且卷九《宋秀才》篇作者云:"予少游湟中,临青海……"也说明在青海、陕西时,作者已是少年了。因而,已酉本的落款也难相信。

其实,和邦额卒年待考,生年当为乾隆元年(1736)。去年,笔者在上海图书馆找到《夜谭随录》清乾隆已亥本衙刻本可以为证。该本卷首《自序》落款"乾隆 已 亥 夏 六月"。已亥,乾隆四十四年,据以上推四十四年,即乾隆元年。这一推断,还可从《夜谭随录》中得到证实。上引《香云》篇云作者于乾隆庚午(十五年)岁随其祖父由陕西南下。《宋秀才》篇又云"予少游湟中",那么作者在青海、陕西时年几何呢!检索卷八《请仙》篇,作者云:

> 予生四十年矣,曷曾未一目睹也。惟忆从先君子随宦于宜君时,先大父摄篆乌兰,先父母奉祖母留居宜君署中,适县君张公荐一戏术人来。……予时年十四,至今记之了了。

由此可见,和邦额十四岁前曾在宜君(今陕西省宜君县)生活,换言之,南下时作者至少已十四岁了。考虑到当时其祖父还"摄篆乌兰"(今青海省乌兰县),因而南下很可能就在次年。这样,乾隆十五年(庚午),即和邦额十五岁时"自三秦入七闽",则与据已亥《自序》落款推算的生年恰可印证。

和邦额的祖父和明,号诚斋(《靳总兵》篇后作者好友恩茂先批云:"和霁园言其祖诚斋公明镇武威时"可证)。乾隆初期,曾在凉州(今甘肃省武威县)、宜君、乌兰等任总兵之类的军职。和邦额的少年时代就在甘、陕、青一带度过。十五岁时祖父调迁福建,合家遂自西北来到东南。不久祖父病故,和邦额"从家君扶榇自闽入都"(《来存》)。到北京后,便入咸安宫官学。

清代雍正年间,宫中始设宗室左右翼各学和八旗官学。宗学属王公等专管,入学者为宗室子弟。官学则分三等,首推咸安官学,八旗子弟之尤俊秀者方能入学。其次景山官学,学员多为内务府子弟。再次八旗官学,择本旗满州蒙古汉军的子弟补充。和邦额入咸安官学,当属八旗子弟之佼佼者。咸安官学在西华门内,由翰林官教汉书,满人教习教骑射和满文。学满五年,经过考试,成绩优异者授七八品的"笔帖式"——衙署中掌理翻译汉满章奏文书的官员。由于官学体制周备,条件优渥,学员"月有饩粮,不计岁月,俟入仕后,始除其籍",而教习"惟图博其进身之阶,不复用心课艺"(昭梿《啸亭杂录》卷九)。所以,不少子弟挂名其间,不思读课。和邦额入学时,咸安官学已形同虚设,惟"期满时例报成就学生若干而已"(《清史稿·选举志》)。从卷六《夜星子》

中可知,作者在咸安寓时,常与同学以谈鬼说狐为乐。学年满期后,和邦额曾经出任县令,《夜谭随录》即在其任职时刻成。其卒当在乾嘉年间。

二

《夜谭随录》的版本较为杂乱。过去论者曾将它分为足本与非足本两大系统。上海梁溪图书馆民国十二年出版的《夜谭随录》,前有沈子英《序》云:

> 这书坊间通行的虽有好几种本子。大概而论,也只分为"足本"与"非足本"二种。自称为"足本"的版本,多着葵园主人兰岩的评,有的还有眉批……一种就是现在我们所根据的本子,也没有评,也没有批,卷首的序是成于乾隆年间的。这本便是被人指为"非足本"的,却就是原本了。

沈子英恰恰把话说反了。《夜谭随录》的"足本",共一百四十一篇。作者生前已有衙刻本行世。在成书过程中,作者和其好友恩茂先在某些篇章后加有评语或附语,首刻时并有"葵园主人兰岩氏评阅"的批语。尔后在翻刻时不断增入福霁堂、季斋鱼等人的回末评语和无名氏的眉批。己酉本衙刻本、同治丁卯成都刻本、光绪丙子爱日堂刻本均属己亥本系统。民国二年上海进步书局据"足本"排印,删去眉批,保存了回末评语,将原来十二卷改为四卷本,后收入《笔记小说大观》。由于排印者十分马虎,该本脱漏竟达几十处。将己亥本与之对校,便可发现一条规律:脱漏多为上下行相同字词之间的一段话,有的甚至是隔三行四行相同字词之间的整段文字。而上海商务印书馆平装铅印本及最近岳麓书社本,皆本之于进步书局本。两本虽然订正了一些文字上的讹误,但脱漏部分却未补上。尽管如此,这些本子基本上还保留了己亥本的原貌。

"非足本"共一百四十篇,遗漏卷四的《红衣妇人》一篇,且刊落极大部分的批语,并对原书进行了删改润饰。如光绪丁亥(1887)年鸿宝斋石印本,其"凡例"公开云:

> 一、原书笔墨繁冗,兼好滥用经传旧调,阅之令人作呕。删润之,庶爽心快目。

> 一、闲斋评语,多无意味,惟《娄芳华》评笔致迥异凡庸,为是书之冠,特为录之。余择其有关规劝者,亦删润之,存其一二。

> 一、兰岩评语及眉批、旁批,庸劣殊甚,一例删之,较为清净。

这一本子有些进步书局本脱漏的文字却保留了,但亦有刻者擅自改坏之处。其后,育文书局石印本（1913年）、广益书局石印本（1915年）、梁溪图书馆沈子英序本（1923年）、会文堂新记书局石印本（1931年）、大达图书馆朱惟公序本（1933年）等皆属"非足本"系统。由于"足本"几经翻刻，文字时见讹误，批语紊乱，且又被刊落不少文字，而"非足本"经过删润，文字讹误较少，且少有脱漏，因之，沈子英未辨一百四十篇和一百四十一篇之差，亦未清理版本流变的头绪而得出了错误的结论。

与版本相关的一个重要问题，即《夜谭随录》中不少故事同时见于其他小说，这就引起了对著作权的争议。《夜谭随录》有些故事被《阅微草堂笔记》采用，纪昀已公开说明，可以不论。袁枚《子不语》（又名《新齐谐》）、《续子不语》中竟有十五篇与《夜谭随录》内容相近的作品，对此却有争议。鲁迅说："满州和邦额作《夜谭随录》十二卷（亦五十六年序），颇借材他书（如《终銷角》、《夜星子》、《疡医》），皆本《新齐谐》，不尽己出。"（《中国小说史略》第二十二篇）有的同志便根据鲁迅的话遽下结论：《夜谭随录》的"一些篇章系抄自袁枚的《新齐谐》"（温祖荫《鲁迅论中外小说》）。1985年岳麓书社版《夜谭随录》"出版说明"亦引用鲁迅的话，以表赞同。最近上海古籍出版社出版的《子不语》，申孟、甘林在《前言》中说："《子不语》成书似早于《夜谭随录》"，"如果是袁枚录自和邦额所作，则亦应如录《阅微草堂笔记》一样，集中于一卷中"，因而觉得鲁迅的话有道理。但又认为："《夜谭随录》的《怪风》、《莹火》故事来源和叙事较之《子不语》均显得凿凿有据。因此，二书互见者，原作者是谁，似尚难定论。"这说明他们已发现了疑点，只是未能作进一步的考察。

我认为，不是和邦额借材于《新齐谐》，而是袁枚摘抄了《夜谭随录》。

鲁迅的判断，主要依据可能是《夜谭随录》辛亥本《自序》落款时间乃乾隆五十六年，而《新齐谐》二十四卷则有乾隆戊申（五十三年）刻本。申孟、甘林也囿于这一点而感到困惑。上面已述，《夜谭随录》原本刻于乾隆己亥（四十四年），上海图书馆藏"己亥本衔刻本"可证。假如和邦额借材于《新齐谐》，那《新齐谐》刊印问世必须早于乾隆四十四年。《新齐谐》现存最早刻本乃戊申本，和邦额借材此本绝不可能。那么，在乾隆戊申之前，《新齐谐》有无抄本或刻本传世的可能呢？结论是否定的。《续子不语》卷七《雷击两妇活一儿》和卷八《秀结宜男》已载乾隆五十七年的事，完全可以不论。《新齐谐》二十四卷中所记故事发生时间在乾隆四十四年后的作品，则有十五篇，其中卷十六《香虹》云："此乾隆五十三年正月事。"卷二十二《雷神火剑》记"乾隆戊申（五十三年）八月"的事，同卷《周仓赤脚》则云："戊申冬，余过东台。"显然，《新齐谐》二十四卷刻本问世的时间,不会早于乾隆戊申(五十三年)冬。那么《新齐谐》有无可能类似《阅微草堂笔记·滦阳消夏录》"属草未定,遽为书肆所窃刊"(《如是我闻·题记》)呢?《新齐谐》卷目编排并未按照所纪事的年月顺序,也难发现作者根据什么分卷,大概是根据写作先后的次序编排。上面两书相同作品比较中可以看出,《夜谭随录》十五则故事除了《尸异》见于《续子不语》,余皆载于《新齐谐》卷六、卷十五和卷二十三。那么卷六前的故事能否找到写作时间的线索呢?可以。卷三《火烧盐船一案》记乾隆丁亥(三十二年),镇江修庙,由严、高、吕三人筹款。高、吕贪污银两,分别于乙未(四十年)、丙申(四十一年)死去。戊戌(四十三年)春,严病梦被鬼执拘地狱对质,城隍判焚毁吕尸,"后一年八月,吕家失火,柩果遭焚"。"后一年八月",即乾隆四十四年八月。假如彼时袁枚有编成被窃的作品,也只是卷一卷二,而其中并无相同的故事。和邦额序《夜谭随录》于乾隆四十四年夏六月,在这之前能谈到袁枚尚未写成的作品吗?应该说,只有袁枚摘抄《夜谭随录》的可能,而无和邦额借材《新齐谐》的可能。因此,和邦额借材《新齐谐》的"定论"必须推翻。

那么,有无可能两人道听途说了相似题材的故事,而都记载下来了呢?《新齐谐》卷六《常熟程生》、《义犬附魂》,《续子不语》卷六《换尸冤雪》和《夜谭随录》卷六《棘闱志异》之一《异犬》、卷四《尸异》似属传闻不同。当然也不排斥《夜谭随录》问世后,几经流传,至袁枚处故事已变样的可能。然而其余十来篇,《新齐谐》摘录、改写《夜谭随录》的痕迹十分明显。譬如《新齐谐》之《人同》,实是《夜谭随录》之《人同》篇最后一则故事的摘录:

> 李又言其于康熙五十二年,由喀尔喀至巴里坤。其地有兽,似猿非猿,似猴非猴,中国呼为"人同",甘凉人呼为"野人",番人呼为"噶里"。往往窥伺穹庐,见人饮食,辄乞其余;或窃取烟具小刀之属,为人所见,即弃掷而奔。(《夜谭随录》卷四)

> 喀尔喀有兽,似猴非猴,中国人呼为"人同",番人呼为"噶里"。往往窥探穹庐,乞人饮食,或乞取小刀烟具之属,被人呼喝,即弃而走。(《新齐谐》卷六)

两段文字极其相近,两人即使听取同一故事,写来也绝不会如此雷同。和邦额"从家君扶祖榇自闽入都",途中候放闸,向老仆李德询问其少壮时在塞外的见闻。李德讲了喀尔喀地区的风俗和奇闻,最后讲了"人同"的故事。前叙事缘,后发议论,乃《夜谭随录》的特点。和邦额善从奇物怪事中引出生活的哲理或对世事的感叹。而《新齐谐》则着眼于奇物怪事本身的记录,因而在摘录时,和他摘录《阅微草堂笔记》一样截头去尾,仅存奇事。只要把《新齐谐》中采自纪昀的《郭六》、《刘迁鬼》等和录自和邦额的《怪风》、《落漈》、《淘气》等作一比较，就可发现摘录的方法是一样的。

其次，袁枚摘录时有疏忽，因而文中多见破绽。如上引袁枚的《人同》篇云："或乞取小刀烟具之属，被人呼喝，即弃而走。""乞取"原为"窃取"。若是"乞取"，则未到手，那"即弃"何物？《孝女》篇"次日头香又燃"一段，袁枚删去原文庙主与其徒终夜巡视见女子"众以为鬼"一段，却又保留魏公所云"岂有神圣之前，鬼敢公然出现者乎"的话，使这句话言无所对，不知何人以为是鬼。《白莲教》篇云："其人开囊，出一小刀，剖腹取胎，放小磁罐中"。一个胎儿怎能放入"小磁罐"？原来袁枚摘录时，在"取胎"后漏了"破胎取子，复剖子腹取其心肝"二句，装入小磁罐的是胎儿的心肝。这便留下了漏洞。《喀雄》篇更为明显，袁枚删了原文喀雄与狐女往西宁生活的一段文字，但后文却又袭用"西宁之女"的称呼，使人困惑不解为何称为"西宁之女"，明显露了马脚。它如《淘气》、《疡医》、《终觭角》、《夜星子》等，细作对校，都能发现破绽。

另外，我们还可以从和邦额对于这些故事来源的交代中，得知《夜谭随录》的取材是直接可靠的。如《喀雄》篇作者批云："予从先王父镇河湟时，雄甫二十余，已在材官之列。"《人同》篇云："予家老仆来存者，李姓德名，沈阳人。"《怪风》云："先大父镇五凉时，游击将军塔思哈因公过其处。"《莹火》篇云："茂先因言其伯祖达公为永州太守时，一僮名淘气者"，等等。这些交代凿凿有据，作者生前已刻成书，敢当好友、同学面公然说谎？因之，这些交代尽管不能说明故事内容的真实性，但却完全能够证实和邦额获取故事材料的直接性和创作成小说的可靠性。至于说袁枚摘录"应如录《阅微草堂笔记》一样，集中于一卷中"，这似乎有点道理，但并非是充足的理由。因为袁枚摘录时，《阅微草堂笔记》才写成《滦阳消夏录》，如果《如是我闻》、《槐西杂志》等其他四种都在《新齐谐》前问世的话，袁枚摘录也就无法纳入一卷。《夜谭随录》十二卷一并问世，袁枚若将所录故事同归一卷，那么这卷也就少有他自己的作品了。现在他把摘录的作品分插在卷六、卷十五、卷二十三中，而且各卷这些作品都集中接排一处，正说明他是摘录的了。

因此，"颇借材他书，不尽己出"的不是和邦额，而是袁枚。

三

和邦额少年时就喜听新异趣闻，青年时又爱读《太平广纪》之类的笔记小说，增长了知识。南北往返的经历，闲散的官学生活，使他得以"与二三友朋于酒觞茶榻间，灭烛谈鬼，坐月谈狐。"(《自序》)因而，他以一个满州人而成为"志怪之书"的作家并不是偶然的。

正因为和邦额广见博闻，所以《夜谭随录》内容的鲜明特点就是取材广泛。作品所涉地域，相当辽阔，北自关外，南及琉球，东起吴中，西至巴蜀，展现了《聊斋志异》所没有的他族风尚习俗，异地旖旎风光。如《人同》篇记杭嚣云西北陀罗海的气候及风俗："七月雨雪，五月始释；山之巅，六月不释。筑土为屋，屋内纸糊数寸，毡帷暖坑，早起被地堆霜。出门数步，凌封髭须，手僵不得呵，耳鼻窒窒有声，或烂或脱。""陀罗海苦寒矣，而不苦饥，茶一斤易一羊，十斤易一牛。中国人至彼，恣烹炙，餍膻胕，头蹄满衢，血骨遍地。回思羹藜藿，饭粝粱，兹诚乐郊矣。"作品所记事物，名目繁逐，绝大部分是异地的特产或奇物，为中原人所罕见寡闻，如戈壁的奇石、澎湖的惊涛、滇南的山水、平阳的窑洞、粤西的癫犬、吐鲁番的獭、喀尔喀的木、巴里坤的蜃气、陀罗海的堪达尔汗等等，令人目不暇接，眼花缭乱。这些风光名物被写入神话般的传闻、掌故中，人物故事、异情奇趣也就格外诱人。

和邦额记载风光名物，非如史料笔记为记而记，他总是把风光名物纳入完整的人物故事或幻化情节中，即熔知识性与情节性、趣味性于一炉。因此，读者不但大开眼界，耳目一新，而且得到审美的享受。正如鲁迅所说：《夜谭随录》"记朔方景物及市井情形者特可观。"(《中国小说史略》第二十二篇)这一方面显然异于《聊斋志异》。我们透过奇事怪闻的幻化形态，便可看到乾隆年间陕、甘、青、浙、闽、粤和京师等地的风俗人情。例如《洪由义》描写当时陕西省会西安，俗尚豪华，人羡奢侈；王孙公子肥马轻裘，一食万钱，挥金如土。尤其是赌博成风，一掷百万，因赌而倾家荡产者有之；反之则暴富，富而捐官，荫庇子孙。直接反映了乾隆"盛世"的奢靡世风。赵翼《簷曝杂记》卷五《甘肃陋俗》云：

> 甘肃多男少女，故男女之事颇阔略。兄死妻嫂，弟死妻其妇，比比皆是。同姓惟同祖以下不婚，过此则不论也。

《夜谭随录》诸如《霍筠》、《异犬》、《刘锻工》、《诡黄》等篇的鬼狐故事中，兄宿弟妻，弟涎兄嫂，以及所谓"断袖之癖"、"龙阳之好"之类的秽事丑闻，实际上就是这种陋习恶俗的反映。

和邦额虽写神怪鬼狐，似离现实较远，但非沉溺荒诞，玩弄笔墨，聊补空虚，洵有深意藏焉。清昭梿《啸亭续录》(卷三)云：

> 有满州县令和邦额,著《夜谭随录》行世,皆鬼怪不经之事。效《聊斋志异》之
> 辄,文笔粗犷,殊不及也。其中有记与狐为友者云:"与若辈为友,终为所害",用意
> 已属狂谬。至陆生楠之事,直为悖逆之词,指斥不法,乃敢公然行世,初无所论劾
> 者,亦侥幸之至矣。

清代文字狱旷前日多,残酷骇人。雍正时工部主事陆生楠因著《封建论》十七篇,被清
世宗指为悖逆而诛,此乃雍正朝耸人听闻的一大冤案。乾隆朝罗织文字狱尤为苛细频
繁,终朝竟达七十多起。和邦额身处其时,不但借狐含沙射影,而且居然写下《陆水
部》,记叙陆生楠被诛前遣戍察哈尔经归化时的一段经历,含蓄地抨击了雍乾统治阶段
的高压政治,作为清王室礼亲王的昭梿,当然十分敏感,对于《夜谭随录》"公然行世",
颇为不满,斥其"用意狂谬","直为悖逆之词",恨不能毁尽其书。然这反倒证明了和邦
额不满本民族的统治阶级,敢于剖其溃疡面,"悖逆"政府,"指斥不法"的思想态度。因
而蒋瑞藻《花朝生笔记》讽刺昭梿云:"《啸亭杂录》(按,当为《啸亭续录》)云'和邦额此
条直为悖逆之词,……'。礼亲王著书,安得不云尔! 抑人之度量相越何其远也。"但对
和邦额则大加赞赏:"记陆生楠之狱,颇持直笔,无所隐讳,亦难能矣,出彼族人手,尤不
易得。"

"颇持直笔,无所隐讳",概括了《夜谭随录》揭露社会政治腐败的特点。如《陈守
备》直写四川提督岳钟琪闻其部下陈守备得一古镜,强硬索之,不给,则"欲坑之",揭露
了统治阶级贪婪霸道的本性。《米芗老》描写康熙间清兵掳掠妇女,不问其年之老少,
貌之妍丑,悉贮布囊中,听人收买。米芗老买一囊人负归,"则阒然一老妪也";而刘叟
买一囊人,则一少女。清初清兵南下,烧杀掳掠,抢妇人,设"人行",把人装入袋中出
售,极无人道。王世禛《香祖笔记》亦载:

> 京师有卖水人赵逊者,……一日于市中买一妇人归,去其帕,则发皤皤白,居
> 然妪也。……越数日,于市中买一少女子,入门见妪,相抱痛哭,则妪之女也。盖
> 母子俱为旗丁所掠而相失者。(卷四)

显然,《米芗老》所描绘的"人作物卖",并非荒诞之事,而是当时残酷现实的艺术反映。
人们透过老妪调包计的喜剧气氛,仍然能够感受到悲剧的沉重感。

和邦额足迹踏遍大江南北,于世态炎凉、人情冷暖,体验尤深,因而笔下写来酣畅
淋漓。如《梁生》写梁生贫时,莫逆汪、刘却摆阔炫富,当面奚落,极尽凌辱之能事;周围

同学亦觍面揶揄,嘲笑挖苦。及至梁富,又得狐仙为妻,汪、刘转而厚颜趋奉,如提傀儡,垂涎三尺,丑态百出。恩茂先批云:"此狐大为贫友见侮于富豪者吐气。"从中可知和邦额同情贫士、鄙薄富豪的思想立场。它如刻画大言不惭、气粗胆却的永护军(《永护军》),嘲讽贪财丧性、神魂俱失的和尚(《柏林寺僧》),揭露虚伪狠毒、狎亵淫滥的女尼(《闵预》),鞭笞极富极悭、一毛不拔的富翁(《铁公鸡》),谴责倚势炫赫、草菅人命的太医(《某太医》)等等,都从不同角度反映了人情浇漓、世风衰颓的社会现实。

和邦额的进步思想还表现在对于人性人情的充分肯定。晚明小说家曾经直言不讳地宣扬人性人情的合理性,但康雍乾三朝,大倡理学,封建礼教观念复又加强。譬如明末清初"佳话"中多为开明家长形象,而在雍乾时的小说中,家长形象则成了封建势力的代表,这一转变说明了满清政府逐渐强化了思想统治。《夜谭随录》运用幻化手法,一方面表现了封建礼教的残酷无情,另一方面则赞扬青年男女反抗礼教、挚爱不挠的追求精神。如《香云》篇抨击了主姑这一封建家长的代表,而歌颂了乔生和香云"虽在九幽不忘"爱情的执拗追求。《倩儿》篇讴歌倩儿、江澄的生死恋,对于他们热恋中的逾礼犯规,深表同情,并赞扬了成人之美的乞僧,而对于破坏爱情的王氏、春兰则大加鞭笞。和邦额在这些作品中流露了一种明显的倾向:男女私爱欢洽,乃人性天然之情,"欣看连理成枝","亦是顺人情之大道也"(《闵预》自批)。

上述方面都说明,在屠刀下诞生的《夜谭随录》具有一定的进步性。当然,那一时期封建文人的思想通病:果报观、宿命论,也在作品中有所表现。和邦额名其书斋为"蛾术斋",蛾术当是破巢而出之意,但实际上作者还未彻底摆脱封建正统观念,以致一定程度上损害了作品的思想价值。

《夜谭随录》深受《聊斋》影响,然其艺术却稍逊一筹。尽管如此,和邦额并非没有自己的长处。他所展现的一幅幅塞外风光图,笔力遒劲,线条粗犷,气势雄勃。如《怪风》写游击将军过凉州沙漠时遇到旋风的情景。作者由远景及至近景,从形、声、色、力各个角度绘摹出旋风的气势。并且写景及人,以人显景。旋风远起时的奇特景色,以及近身的巨大威力,是通过将军、士兵的眼睛和遭遇感受而体现的,从而化无形之风为有形之态。这般壮阔的景色,在蒲松龄笔下,则难以见到。丰富的经历打开了和邦额的眼界,而善于细微观察和驾驭文字的能力,使其笔下的景色,境界开阔而不单调,气象大千而不粗疏,色彩斑烂而不杂逻。

和邦额状物写景,笔走神现,仅此一端,虽蒲松龄亦难蔽其光辉,纪昀、袁枚似乎更难超乎其上。此外,和邦额洞察人情之入窍,绘摹情态之毕肖,以及真人实事与幻化情节相结合的巧妙构思,用志人法而以志怪的风格特点等等,则使《夜谭随录》跻身于《聊斋》和《阅微草堂笔记》之间而独树一帜。

（原载《文学遗产》1988 年第 3 期,作者为旅美学者）

"在异国寻找故乡"的讲演

张菊如

加州四月,阳光温暖而潇洒。谢谢各位百忙之中来到这里,和我共度一个如此美丽的下午。

这个讲座由世界日报和海外华人女作家协会合办,每个月有一次,4月份的这次我主讲,主题是"在异国寻找故乡"。

算起来,这里的各位都是名副其实的异乡人,可能对旅行也很有兴趣。其中一定还有很多所谓的"空中飞人",从此地到彼地,从此岸到彼岸,从故乡到异国,隔着遥远的时间,在一个错位的空间里,几乎将一生中最有价值的时间消耗在异国和故乡的连接中。那么现在,我们终于可以坐在一起,研究一下所谓的"故乡"和"异国"的问题,是一件很有趣的事情。

我今天想说的主要有四个方面:

第一,何谓故乡?"故乡",是一个人生命中非常重要的印记,也是一个人性格形成的主要原因。教育学上有一个大家认可的说法,就是,一个人的性格主要来自于三个方面:遗传的因素,环境的影响,童年的经验,而童年的经验多多少少和故乡发生直接的联系。我们现在喜欢的东西欣赏的东西或者在美学上称之为品位的东西多少都和童年或者少年时代的经验有关。

第二,故乡是记忆中的东西,可能和现实脱节或者错位。我的中国朋友杨先生是台湾人出生在上海,他每次回去都记得看看当年自己出生地房子。不过,他提到这幢上海的老房子时掺杂着很多个人的情绪。所以,我相信他的关于故乡的记忆,也许和其他的人不同。比方说,和曾宁不同。曾宁是美华协会的秘书长,文笔非常流畅美丽的北美作家,她过去是上海电影厂的演员,她关于故乡的记忆也许和我的或者和杨先生的不一样,因为她过去的经验和经历和我们的不同。至于《世界日报》的记者Daniel,是年青的一代,对于上海更有不同的概念。所以,每个人有每个人自己心中的"故乡"。"故乡",就是一种非常私人非常独特的个人记忆,个人经验。

第三,因为故乡是很私人很独特很个人的经验,所以你可以在任何相似的场景中找到它,我们今天要谈的只是欧洲的一些城市。它们的氛围,风格,建筑,传统常常勾起我的乡恋,当上海在迅速西化的过程中逐渐失去它本身的特征的时候,当我在自己的故乡感觉非常失落的时候,欧洲的那些城市却给我们的记忆提供了最好的范本。我会给大家展示一些西欧和东欧城市的照片,比较两地的风格。

第四,如果我们有时间的话,我还要特别地将上海和东欧的城市作一些比较,聊聊文化遗产的保存和继承的问题。

首先谈谈故乡是什么?各位觉得自己的故乡到底在哪里呢?故乡,基本上来讲就是自己出生和早年生活的地方,要是寻根的话,故乡就是根,落叶归根就是这个意思。我来自上海,别人都说上海就是四个字:车水马龙,对我来说,记忆中的上海也是四个字:大饼油条。我是吃大饼油条长大的。我在"乡恋"这篇文章中写道:没有大饼油条的上海还叫上海吗。不过,事实却是,上海大饼油条的草棚到现在已经凤毛麟角,拆得差不多了。当然还有永和豆浆,还有王家沙,还有心一代,但是这些商家提供的味道还是和我记忆中的不同。记得早些年刚回去的时候,因为时差的关系,很早就起来,然后出门,找吃的。我找了十多分钟,才找到一家很小很脏的街边的大饼油条店。虽然很高兴,但是还是走进去弱弱地问了一句:"你们这里的餐具干净不干净?"里面的人听到之后,很果断地拿起一个大碗往煮面条的大锅中一扔,然后从沸水中取出那个碗来很彪悍地回了一句:"这样好了伐?"以后我每次回去,第一天的早餐就到那个小店吃他们的大饼油条。有时候夏天的早上,吃得汗流浃背的,感觉却很爽好,像回到了小时候。

除了大饼油条,上海最有特征的是弄堂和弄堂房子。上海传统的房子大概有四种:老式弄堂房子(石库门),新式弄堂房子,公寓,小洋房(现在给大家看一下各种类型的上海弄堂房子的照片,是我去年花了好几天时间在上海取的景)。我出生的房子算是新式弄堂房子,综合了旧式石库门房子的基本结构,像客堂、厢房、亭子间等等那些传统的因素,还加上一些新的建筑元素,比如前门是黑色铁门,二楼有铁栏杆的阳台,红色的尖屋顶,抽水马桶浴缸的卫生间。我在"秋日散步"这本书中写过那栋房。我爸妈结婚的时候迁入这幢新居,一直住到后来拆迁,足足有五十多年吧。有一年回家,我特意回到那个地方,沿着小时上学的地方凭记忆走了一遍,很多房子都没有了。路也改道了,连当年我上的小学都没有了,变成一片高级的住宅区。当然,小时候一起长大的同学的家没有了,邻居没有了,菜场啊商店啊都没有了。简直是沧海桑田,感觉上云里雾里,很恍惚很失落。

关于故乡的记忆还离不开一种特定的生活,什么样的生活呢,那就是 20 多年前那种虽然有点贫穷但非常简单平静而勤奋工作的日子。那个时候,我硕士毕业,离开郭豫适导师到上海古籍出版社工作。我在这里稍微谈一下我的导师吧,郭豫适导师是我在华东师范大学中文系做硕士生时的指导老师,是个勤勉的学者,满腹经纶两袖清风。他现在住的房子跟我去国的时候没有什么两样:满屋子几乎堆到天花板的书籍,屋外一行竹篱,半亩田园。所以他称自己的书斋为"半亩园"。在当今的社会中,还能天方地圆安安静静地坐着做学问的人真是少之又少,没有极大的定力和极大的热诚是不可能的。文革后郭豫适导师的第一届硕士生中除了我还有一位男生。后来,我们两位同学结成夫妇,所以他也算是我婚姻的红娘。

毕业之后的每月工资八十元,算是同代人中最高的。虽然没有钱,也不用什么钱,所以,对钱也没有特别的概念。我们住在华东师大一村的中楼,是个筒子楼。左右邻居都是年轻的大学教师,房租每个月一块五毛,青菜几分钱,每天坐公车到古籍出版社上班,晚上回家之后到学校荷花池附近的地方散散步吹吹风就是莫大的享受。那个时候,整个上海,最高的楼是 24 层国际饭店,最时髦的西餐厅大概就是红房子了。我跟老公约会的时候,就在红房子吃过一顿晚餐,其中一个菜是蒸蛤蜊一块六毛,十六个蛤蜊,我还记得很清楚。现在呢,从西到东,上海的高级饭店太多了,波特曼,威斯汀,金茂的君悦,浦东的香格里拉这些只是其中几个名字。什么意大利餐,法国餐,葡国餐,遍地都是。要瓶葡萄酒的话,一顿可以几千元。好了我就不细说了,各位口水流下来了。

我去年回去的时候,因为公差的原因,公费住在上海最豪华的五星宾馆,可是我却花了几天的时间去找上海的老房子,一条条马路拍照。我想,如果以后的二十年连这些老房子也消失的话,至少我还有照片存根。它们才是我记忆中的故乡。

有个事实不知道大家注意到没有,当你离开家乡,连根拔除,移植到异国之后,从前故乡的一切,在你的记忆中突然就强化了,并且被固定下来,比方我刚刚说的寻找大饼油条,这样的早点连现在的上海人都不碰了,可是我依然十分固执地要找到这些东西。又比方说现在的上海,大家都搬去大楼居住,住得越高越好,而我却觉得住在里面就像住在飞机里一样,远离大地,很不踏实。记忆和现实的脱节,过去和现在的错位,让人心感到失落也就难免了。

上海在二十多年的突飞猛进般的改造之后,几乎成了一个新的城市。对我而言,也是一个陌生的城市。这里给大家看几张非常漂亮的照片记录的是全新的上海:这是过去的上海人民广场,现在的上海歌剧院。这里是当年我最喜欢最幽静的南京西路上的一条马路,现在的五星级宾馆波特曼。这是当年的少年宫,现在已经被高楼包围。这是当年的上海市儿童医院,现在是一家私人的企业……我有时候站在我妈妈住的二十八层楼的窗口望出去,眼前的上海真是个不夜的城市,到处都是流光溢彩,人潮滚滚。漂亮确实漂亮,繁华确实繁华,热闹确实热闹,富足确实富足。可是,这些跟我有什么关系呢。这是一个别人的城市,一个别人的故事。我只是一个过客一个异乡人而已。

当上海逐渐失去它原本的特征的时候,欧洲一些城市的气氛,风格,建筑,民俗,或者一些十分简单的东西却常常勾动我的乡思。当我在自己的故乡感觉非常失落的时候,欧洲的那些城市却给我的记忆提供了最好的范本。这十几年因为工作的关系,我经常要去欧洲,走过欧洲很多的地方。有时候走在欧洲城市一些弯曲的小弄堂,看着两边的房子。就好像回到小时候的生活:自己还在弄堂里穿来穿去,或者在一个鲜花盛开的窗前,等里面同学出来一起上学。

最让我印象深刻的是欧洲的街道欧洲的小巷欧洲的城市建筑,加上欧洲人特有的懒散和悠闲的风格,那些,与我记忆中的过去的上海非常相似。他们的街道是悠长而安静的,石子的马路,弯弯曲曲,街道上有人家,有人家的门窗,人家的花草,人家的院子,人家简单的生活。在欧洲旅行的时候,那些都是我最最喜欢最最痴迷最最流连忘返的东西,因为它们带着浓厚本土色彩,契合我记忆中被强化的故乡,所以,尽管很多人都到过欧洲,有人喜欢教堂,或者墓地,或者古堡,或者博物馆,而我的爱好,就是那些和故乡味道相似的长街短巷,传统的民居以及懒散悠闲的平民的生活。

这里有一些欧洲城市的照片给大家看一看,它们跟我们记忆中的上海多么的相似? 这个也许和上海的历史有点关系。从上海的历史来讲,过去的上海因为租界的关系比较欧式,法租界和英租界的这些欧洲国家的建筑风格直到现在还是上海最有特征的东西。

而这些年来，上海受到的西方影响，更主要的是来自于美国的潮流和文化，有的地方可能比美国还要美国。怎么说呢，就是在心态和行为上非常功利非常激进过分讲究效率。人心是否也因此而多少变得比较浮躁？大家都没有什么理由地变得焦虑，忧心忡忡。而这些，在欧洲的城市十分少见。我在欧洲旅行工作的时候，印象最深刻就是他们那些人的心态，很平和很悠闲。我看他们其实没有什么钱，工资也很低，但是一群一群地坐在咖啡馆前的广场上遮阳伞下，整整一下午，好像什么也不担心什么也不着急，就是讲话就是聊天。这样的生活这样的城市这样的人们，哪里还有用得着心理医生？

就说说去饭馆吃饭这件事情好了，很明显就看出来美国和欧洲的差异。美国的上班族一般都在外面吃饭，吃个午餐像赶场一样。一边入座一边看菜单一边 Order，然后一边吃一边就开始付账。大家都习惯了好像没有什么问题也没有什么意见。但是在欧洲的餐馆里，你可以十分悠闲地消耗时间，慢慢享受。从中午一直坐到晚上，都没有人来管你或者催你。

比较遗憾的是，在迅速发展非常西方化的过程中，上海没有很好地保留住自己固有的特色。虽然这几年，上海政府在很多传统的弄堂和房子上贴了文物保护的招牌，但是已经太晚了。不用多久，上海就会跟纽约，旧金山，东京，香港，巴黎一模一样。这个世界缺少的不是纽约不是旧金山不是东京不是香港不是巴黎，而是一个真正的传统的有着一百多年历史的上海。

所以在欧洲国家的游历中，最最让我感慨的是东欧那些社会主义国家。它们和我们一样经历过历史的变迁或者历史的浩劫，但是在历经磨难之后却有能力和毅力将文化的遗产一代代保留下来的，在很多个世纪之后，成为现代城市的精华。

我前年和去年有机会到东欧去，顺便到了保加利亚，罗马尼亚，过去南斯拉夫（塞黑共和国），尤其是保加利亚，几年间去过好几次，走了好几个地方，觉得有几个城市是必须要去的，我去年和我的助手乔安娜一起去出差，她很不想去东欧，后来被我说服了。我跟她说，你一定要去这些城市看看。其中之一是 Plovidv，我印了几张照片，加了一些解说，现在给大家看一看。Plovdiv（普罗夫迪夫）是保加利亚第二大城市，地处中南部最富庶的农业区，人口有 341,873。这个城市也是保国民族复兴的发源地，保民族英雄波特夫、列夫斯基和大作家伐佐夫都曾在这里生活过。现在的 Plovdiv 已经是保加利亚重要的现代化都市,但是它那种骨子里的弥漫出来的古色古香的味道反映了这个城市依然完好地保留着它在文化上的独特性(Identity)。有人是这样来描述这个城市的:"传统的城镇上建立的新城镇,传统的文化上建立的新文化。(Plovdiv is a town built open layer of towns and a culture developed open layers of cultures.)"

第一次到东柏林的时候也是这样的感觉。走在路上,几乎看不到人。风从大街的这一头卷到那一头,哗哗地响。阳光照着硕大的建筑物,将黑色的阴影拉得老长。后来有人告诉我说,东德人都离开了,奔西德赚钱购物去了。即便这样,他们的古迹包括歌剧院等重要地标依然在轰轰烈烈地修缮和重建。据说是西德出钱东德出人。东欧的很多城市和保加利亚的城市一样,尽管这些民族在历史上经历了无数列强的欺侮,后来又是苏俄领导下的几十年。可是,不管世界潮流是怎么样的,他们就有意愿和能力,将自己传统文化和精髓代代保留,融化在自己的城市风格之中。

好了,时间差不多了。在结束之前,我给大家介绍一下坐在前面第一排的我的老朋友赵建。他是我二十多年前刚到美国时认识的老乡。那个时候我们都在伯克莱打工念书,当时知道大家都是77届华东师大的校友就变得十分的友善。后来各自离开那个城市二十年来没有联络。今天他是看到报纸上的预告才找了过来的。他旁边坐的是他的父亲赵老先生。赵老先生刚刚休息的时候告诉我,他早就知道我,也知道我的母亲,因为他和我母亲是老乡,是小时候在故乡的同一个院子里长大的表亲。想想这个世界真小真奇妙,上一代关于故乡的传奇至今还在延续,并且在异国延续。

谢谢各位。

(作者为旅美作家)

明清小说创作真实论初探

李惠明

明清小说理论有二个至为珍贵的优越建树:一是关于小说人物性格塑造的理论,以金圣叹的理论阐述最具卓识;一是关于小说创作真实性问题,它的中心论题是要努力分清生活真实与艺术真实、小说真实与历史真实的关系,并努力指明艺术真实的表现对象问题。比较而言,对前者人们讨论研究的文字颇多,而对于后者的讨论研究就相对显得比较沉寂了些。事实上,明清的小说理论对小说创作真实性问题的探索一直都有着极其浓厚的兴趣,其探索的基本认识历程是由浅入深,由表入内,由粗到细,由"真假"之辨到真正把握艺术真实性的确切涵义。本文拟就下列三个方面对其理论阐述作一粗浅的探索。

真实论之一:小说创作中"真"与"幻"的关系

明代对小说创作真实性问题的探索是由提出"真与幻"结合的理论主张而肇始的。"真"与"幻"是一组互为对应的理性概念。在明清小说理论批评中还常常出现和使用一些与这一组概念相仿或相近的理性概念,如"奇"与"正"、"真"与"假"、"虚"与"实"等等。虽然这几组概念在所指对象和所涉及的范围上有些细微的差异,但它们最基本的中心含义则是相同的:"真"("实"、"正")指所写的人或事是否符合生活的基本事实;"幻"("奇"、"虚")指所写的人或事其艺术虚构成分的高低程度。明清小说理论中的"真""幻"关系问题实质也就是生活真实和艺术真实的问题。

明代以前,对"真""幻"问题的认识一直处在一种模糊不清的状态。小说理论的批评者们不是主张了"真"而忘记了"幻",就是要了"幻"而排斥了"真"。他们始终把"真""幻"放在相互对立的位置上来看待它。到明代初中期,"真幻"问题的讨论研究日趋热烈,"真""幻"结合的理论主张开始被严肃而认真地提了出来。当时对"真""幻"问题提出积极而富有建设性意见的大都是颇有声望的小说批评家和创作家。叶昼代表了这种理论先声,他在托名李贽的《李卓吾先生批评忠义水浒传回评》的第一回中说:

> 《水浒传》情节都是假的,说来却似逼真,所以为妙。①

叶昼的这段话充分肯定了艺术真实性的强大感染力量。文中所说的"假"是指艺术虚构和艺术想象的情节内容。小说创作中,虚构和想象是达到艺术真实性的必要手段,叶昼指出了这种"假"的情节内容的逼真价值,并且是小说作品"所以为妙"的原因,说明他已经开始认识到"真假"结合所带来的绝妙意义。而托名空观主人的凌濛初则进一步指出:

> 其事(指他的《拍案惊奇(初刻、二刻)》)之真与饰,名之实与赝,各参半。②

凌濛初在这里使用的"实"与"赝"、"真"与"饰"二组对立概念即等同于"真"与"幻"这组概念。凌濛初是一个有直接创作小说经验的人,他以自己亲身的创作实践说明"真"与"幻""各参半"的重要性,应当说是道出了小说创作的"个中真味"的。

明代小说家已经有意识提出"真"与"幻"的结合,那么"真幻"结合的意义到底在什么地方呢? 明清小说批评家们又是怎样认识这种"真""幻"结合的妙处的呢? 托名幔亭过客的袁于令指出:

> 文不幻不文,幻不极不幻。是知天下极幻之事乃极真之事,极幻之理,乃极真之理。③

袁于令把"真幻"结合的重要性推到了极端,并偏重于对"幻"的意义的过分夸大:小说不幻就不是小说,"幻"得不彻底就不是真正的"幻",只有真正的"幻"才是真正的"真"。"真幻"是互为因果、对立统一的两个不可分割的侧面,因为即便是极幻的事或理都是以生活的"真"为基础的,"极幻"归根到底仍然是"极真",而"极真"之事或理只有"极幻"的手段加以表现才具备"事质并茂"的滋味。这就是"文不幻不文"的道理,同时也是"真"与"幻"必须结合的意义所在。袁于令的认识有一定的理论辩证法色彩,在明代关于"真幻"问题的讨论中具有较高层次的理论识见。到了张无咎,他对"真幻"结合的妙处及其意义作了更加真切合理的阐述:

> 小说家以真为正,以幻为奇。然语有之"画鬼易,画人难"。《西游》幻极

矣……，鬼而不人，第可以资齿牙，不可动肝肺。《三国志》人矣，描写亦工，所不足者幻耳。……（《平妖传》）始终结构，有原有委，备人鬼之态，兼真幻之长。④

如果说袁于令的认识曾经不无偏颇的话，那么张无咎似乎是有意识地纠正了这种偏颇。袁于令偏爱"幻"的价值而把"幻"的意义和作用提高到无以复加的程度，张无咎则比较公允地平衡了"真"与"幻"轻重关系，鲜明地提出了"以真为正，以幻为奇"的理论口号。无疑，这个口号是对"真幻"结合理论的归纳性阐述。张无咎认为《西游记》是"幻"的典型作品，虽然可以"资齿牙"，但不足以"动肝肺"，这是由于"幻"有余而"真"不足，因而只"幻"不"真"的作品并不是艺术的上乘境界；而《三国演义》是"真"的代表性小说，虽然描写逼真，但由于艺术上缺少"幻"的渲染，因而也不是上乘佳作。只有《平妖传》这样的小说，弥补了上述两种作品各自的缺陷，而把"真"与"幻"结合到了绝妙无比的程度，使作品达到了"备人鬼之态，兼真幻之长"的完美境界。不管张无咎的说法是否符合《西游记》《三国演义》《平妖传》这三部小说本身的优劣情况，但他文中提出的只要做到"以真为正，以幻为奇"就能达到"备人鬼之态，兼真幻之长"的艺术境地等理论思想却是明代"真幻"结合理论最具卓识的伟大贡献。明代著名的小说家冯梦龙也是"真幻"结合理论的积极创导者，他提出的"事真而理不赝，即事赝而理亦真"的真幻论，把"真幻"的结合提到"理"的真赝角度来衡量，触及到了艺术真实与生活真实的本质层次。真实的事件（事真）可以达到艺术上的合情合理，虚构想象出的事件（事赝）同样可以达到艺术上的合情合理，它们在艺术上被认可的最终依据在于"理不赝。"这是冯梦龙的"真幻论"超越他人的地方。

明代的"真幻"结合理论在清代仍继续得到保持和发扬光大。清代小说评点家脂砚斋在批点《红楼梦》时说：

余最喜此等半有半无，半古半今，事之所无，理之必有，极玄极幻，荒唐不经之处。⑤

虽然这个评价只是针对《红楼梦》而发，但从中仍可以看到脂砚斋这个观点的普遍意义。这种"事之所无，理之必有"的真幻结合论应当成为评判任何小说真实性的重要标准。脂砚斋对"真幻"结合的高度肯定和赞扬使这种理论主张在清代的小说创作中得到了广泛的实践映证。我国古代最伟大的小说家曹雪芹在创作《红楼梦》时采用了"真假"相结合的方法，使《红楼梦》在生活真实和艺术真实相结合方面达到了空前的历史高度。可以这样说，曹雪芹是从创作实践的角度对"真幻"结合的理论主张提出了自己鲜明的观点。

明清时代对"真幻"问题的阐述,尽管各有区别和差异,但提倡和主张"真"与"幻"的结合却是他们共同一致的追求目标。

真实论之二:小说真实与历史真实的根本区别

关于小说真实与历史真实的区分在明清以前的小说批评界始终是个争论不休的问题。小说到底是什么? 这个关于小说观念的问题历时一千多年始终没有得出比较明确的结论。自从班固把"小说"放在稗官野史的位置上建立了他的小说观以后,小说家们大抵都停留在这个水准上。小说(尤其是历史小说)是历史余绪的传统观念代代因袭、捆绑住了小说家们的手脚。表现在真实性问题上,人们常常把对历史著作的真实性要求强加到小说身上,至少在一个十分漫长的岁月里,小说始终处在一种历史奴婢的可悲地位。这种对小说真实性的认识在理论上模糊了小说真实与历史真实的界限。

由于我国古典小说创作的很大一部分素材取自历史故事,从而造成小说的发生和发展与历史有着千丝万缕的联系。历史学家们常从历史学的眼光把小说看作野史、逸史,从有补于正史的目的出发来要求小说的真实性,从而把对历史的真实性作为衡量小说真实性的标准。这种历史学家的固板眼光使小说的发展受到莫大的限制,也导致了小说与历史长期没有得到明确的区分。

明代以前的封建正统文人对小说的看法以班固为代表。班固在他的《汉书·艺文志》中说:

小说家者流,盖出于稗官,街谈巷语,道听途说者所造也。⑥

这里虽然承认了小说的存在,但对小说的轻蔑是显而易见的。到了汉代的刘知几,他从历史学的眼光出发,把小说分成十家,并作了具体的评述。其评述的标准是以其历史著作的真实性程度为前提的。尽管他和班固一样也承认"是知编记小说,自成一家,而能与正史参行。其所由来尚矣。"⑦但在评判小说创作的真实性问题时,他又把小说纳入其历史学范畴内,刘知几的评判标准是"实录"和"雅言"。小说的特殊性丝毫也没有得到应有的尊重。

魏晋南北朝时期出现的小说鬼道怪为特色的志怪小说一反历史学家们的真实观

念,力倡怪力乱神,说尽荒唐不经之事,给小说的真实性观念带来了历史性的冲击。那些超尘脱俗的艺术构思,那种离奇奔放的故事情节,以完全崭新的感觉廓清了笼罩在小说真实性观念上的历史学范畴的重重烟雾。但其时的批评家们并没有充分注意到这种小说内容及其表现方法在判明小说真实性问题上所具有的历史进步意义而缺少真正的理论阐述。唐人有意做小说,却无意评小说,"温卷"而带来的小说创作繁荣又纯粹是为了满足一种高官厚禄的奢望,几乎没有人愿意去辨明什么才是真正的小说。宋元时代的小说界,似乎自始至终沉浸在紧锣密鼓的说唱艺术中,压根儿没有时间去考虑小说之所以为小说的道理。只是到了明代,对小说与历史著作的区别才真正有了理论上的明确认识,对小说真实与历史真实的问题才作出了深入细致的理性思考和探索。

首先是熊大木。他是位对明代白话小说创作有特殊贡献的人物,既创作小说又编集小说,且有较好的理论建树。他最早比较明确地认识到小说真实与历史真实的不同性质。他说:

> 至于小说与本传(历史)互有异同者,两者之以备参考。……或谓小说不可紊之以正史,余深服其论。然而稗官野史实记正史之未备,若使得以事迹显然不泯者得录,则是书竟难以成野史之余竟矣。……质是而论之,则史书与小说有不同者,无足怪矣。[8]

虽然熊氏的识见仍然停留在野史正史的纠缠上,并未真正认识到小说作为文艺样式与历史作为科学样式的本质区别,但至少有一点是值得肯定的,即熊氏认为不必奇怪于小说内容与历史内容的不同,因为他们两者本身是有区别的。熊氏对小说的认识程度是浮浅的,但无疑他却开始了对小说观念的重新考察。尔后是胡应麟,他较为敏锐地看到了小说与历史的诸多区别。胡应麟在作者、对象、题材、风格、基调和效果等方面对两者作出了比较分析后,承认小说是自成范畴的文艺样式,它绝不等同于科学样式的历史。胡应麟认为:

> 说主风刺箴规,而浮诞怪迁之录附之。[9]

> 然古今著述,小说家特盛,而古今书籍,小说家独传。何以故哉?怪力乱神,俗流喜遇,而亦博所珍也;玄虚广莫,好事偏攻,而亦洽闻所服也。[10]

> 小说者流,或骚人墨客,游戏笔端;或奇士洽人,蒐梦宇外,纪述见闻,无所回忌;覃研理道,务极幽深。其善者,足以备经解之异同,存史官之讨覈,总之有补于

世,无害于时。⑪

胡应麟并不算是一个小说家,也并非是小说批评家,他是作为一个正统文人谈他对小说的看法。这些看法比起班固、刘知几等人的小说观念,其历史的进步性是显而易见的。胡氏承认了小说的"怪力乱神"、"玄虚广莫"、"纪述见闻"等特性,事实上也就承认了小说"虚""幻""假"等艺术性质。这些性质是完全符合小说真实性要求的。胡氏的上述论点实际已经把小说的真实性与历史的真实性区别了开来。

如果说胡应麟对小说的认识仍属较为保守的话,那么到了谢肇淛,他的认识就显得大胆而干脆了。谢肇淛说:

> 必事事考之正史,年月不同,姓字不同,不敢作也。如此,则看史传足矣,何名为戏?

> 小说野俚诸书,稗官所不载者,虽幻极无当,然也有至理存焉。

> 凡为小说及杂剧戏文,须是虚实相半,方为游戏三昧之笔。亦要情景造极而止,不必问其有无也。⑫

谢氏的"虚实相半"理论和"情景造极"理论在区别历史与小说的真实性问题上迈出了极为宝贵的一步。只可惜谢氏的认识范围太过褊狭,他仅仅对囿于历史范畴内的小说,指出应当怎样处理"真假"、"虚实"问题,而不是把小说放在与历史相对等的范围里指出小说的真正特性。在这个问题上,袁于令的认识,其基点就比较高了。袁于令认为:

> 正史以纪事,纪事者何,传信也。遗史以蒐逸,蒐逸者何,传奇也。传信者贵真,……面奇逼肖;传奇者贵幻……恍惚不可方物。⑬

袁于令在小说与历史的比较分析中,基本划清了两种真实性的本质差异。小说艺术的真实性是以"贵幻"为特征的,它主张艺术性地想象与虚构,以达到艺术上的真实性;而历史的真实性是以"贵真"为特征的,它力求做到正确无误地"传信纪事"。但袁于令的认识有一个致命的弱点,他仍然囿于传统的视野里,把小说放在野史和逸史的位置上加以评述。这种考察角度本质上并未突破历史学给小说套上的传统枷锁,因而袁于令对小说观念的革新并未使小说确立起真正属于自己的历史位置。只有到了金圣叹,才终于从根本上把历史的真实性与小说的真实性(也即小说与历史的观念)作了较为正确也颇为彻底的区别。金圣叹说:

> 《史记》是以文运事,《水浒》是因文生事。以文运事是先有事生成如此如此,

> 却要算计出一篇文字来,虽是史公高才,也毕竟是吃苦事。因文生事即不然,只是
> 顺着笔性去,削高补低都系我。⑭

金圣叹这段论述的精彩之处在于:它道出了历史科学要求的真实性与小说作为文艺样
式所要求的真实性是根本不相同的两码事。前者是忠实的记录,后者是自由自在的想
象;前者以事为主,后者以我(作者)为主。金圣叹对小说艺术与历史著作真实性的明
确区别使得小说的观念在根本上发生了变化;它洗刷了长期蒙在小说观念上的历史学
的外衣,承认或确认了小说艺术是一种反映社会生活的特殊的表现形式,从而在理论
上使小说脱离了历史学的范畴,以自己独特的身姿向前发展。

真实论之三:突破"奇""幻"领域的历史视野

综观我国小说批评理论的发展历史,对"奇""幻"诸概念的理解和使用经过了一个
漫长的历史过程。魏晋以前的所谓"奇""幻"与明清时期的理解有着很大的差异。魏
晋以前的"奇""幻""虚"等概念在使用时常常着眼于题材角度,它涉及的范围常常是指
那些荒诞不经的内容,那些人鬼杂处的情节,那些奇谲怪异的故事。在一般情况下,它
们均属于非现实非体验的世界。这种"奇""幻""虚"的非体验世界的塑造,其目的在于
耸人听闻,以追求官能的刺激。当时大量表现神仙鬼魅且荒诞不经的"奇""幻"故事充
斥于小说创作当中,这不仅与当时的社会风气和宗教迷信有关系,而且也与帝王因好
"奇闻""奇见"而大力倡导有关系。郭宪的《汉武洞冥记自序》中载:

> 武帝以欲穷神仙之事,故绝域遐方,贡其珍异奇物及道术之人,故于汉世盛于
> 群主也。⑮

王嘉的《拾遗记》也载:

> 帝(晋武帝)诏诘问:……今卿《博物志》惊所未闻,异所未见,……帝常以《博
> 物志》十卷置于函中,暇日览焉。⑯

这些记载可以基本披露出秦汉魏晋时期志怪小说创作淫滥的重要原因;同时可以知道
这时期的奇闻异事大体上是指神仙鬼魅之事。

唐代对"奇""幻"等概念的理解仍囿于题材的范畴内,基本上未超越前人的认识水
平。但在创作实践中,唐人的"奇"已经开始传述那些现实世界里的奇闻轶事,说明唐
代对"奇""幻"的理解眼光已开始从神仙鬼魅世界逐渐转向人间世俗世界。当然,唐人

的这种转向是极不完整的。唐人传奇尽管大都取材于现实生活,但常常被套上神仙狐妖的神秘外衣。《古镜记》、《白猿传》所表现的那种神奇怪诞,《枕中记》、《南柯太守传》所呈示的那种梦幻缥缈,《李娃传》、《霍小玉传》中那些离奇而充满宿命色彩的恩爱冤仇,《红线女》、《虬髯客传》中那些超尘脱俗的英雄侠客,比之魏晋的志怪小说虽说带有较多的尘世味,但其中强烈的神鬼味又常常使现实的人们感到可望而不可即。

宋元时代的"说话"艺术,其叙述和取材对象往往是历史上或现实生活中的人或事,故事的表现范围被限制在现实生活之中,所以"奇""幻"的领域问题似乎不太引人重视,其理论批评几乎没有给我们提供什么关于"真""幻"方面的理论见解。但宋元时代的说话艺术却从创作实践的角度为明清时代在理论上突破"奇""幻"的传统观念提供了非常广阔的前提。

明清小说理论在"奇""幻"问题上对历史视野的突破不仅表现在对"奇""幻"题材着眼点的转变上,而且把创作的问题也引入"奇""幻"的含义之中,即"奇""幻"不仅属于题材领域,也属于表现创作领域。概括地说,明清时期的小说理论对"奇""幻"的认识已经包含了二方面的内容:一是就取材(题材)角度而说的,它继承和发展了前代对"奇""幻"的基本认识,这种认识最早可以追溯到干宝在《搜神记》序中提出的"有实有虚"的表述;二是就创作(表现手法或表现方法)角度而说的,"真"为主的表现方法是对现实生活作忠实的反映;"奇""幻"为主的表现方法是作家在创作过程中用虚构想象的方法来展现生活。这种从表现角度来认识"真""幻"的问题,实际上已经涉及了关于创作方法的朴素观念。这是明清小说理论的一大进步。

明代首先把"奇""幻"的历史视野从神鬼世界回收到人间世界的是小说家凌濛初。他说:

> 今之人但知耳目之处,牛鬼蛇神之为奇,而不知耳目之内,日用起居,其为谲诡幻怪,非可以常理测者固多也。……则所谓必向耳目之外索谲诡幻怪以为奇,赘矣。[17]

凌濛初批评了那种以"牛鬼蛇神"之奇为"奇""幻"领域的历史老观念。他认为真正的"奇""幻"应当在"耳目之内""日用起居"之中。这就明确提出了"奇""幻"即存在于现实生活中的理论主张。这个主张否定了旧有的"奇""幻"观念,而把搜神猎奇的眼光从神仙世界挪回到人间世界里来。与凌濛初同时代的护花主人说:

> 故夫天下之真奇,在未有不出于庸常者也。仁义礼智,谓之常心;忠孝节烈,

> 谓之常行,善恶果板,谓之常理;圣贤豪杰,谓之常人。然常心不多葆,常行不多
> 修,常理不多显,常人不多见,则相与惊而道之。闻者或悲或叹,或喜或愕。其善
> 者知劝,而不善者亦有所惭恧悚惕,以共成风化之美。则夫动人以至奇者,乃训人
> 以至常者也。⑱

撇开这段论述中的封建伦理思想和道德说教,其中关于"真奇"出于"庸常"和"至奇"乃
是"至常"的识见无疑是很有道理的,这不仅涉及题材的取舍范围,也涉及作家如何面
对现实生活又如何反映现实生活的问题。护花主人关于"常理不多显"的见解告诉人
们小说家应当善于从生活的日常事件中挖掘出能够表现生活本质特征的东西来,而这
种东西才是真正的"奇"。这段理论表述中所体现的较为朴素的创作方法观念问题是
明清小说创作真实论中最具理论深度的见解,值得后人珍视。睡乡居士在《二刻拍案
惊奇序》中说:

> 今小说之行世者,无虑百种,然失真之病,起于好奇。知奇之为奇,而不知奇
> 之所以为奇。⑲

那么"奇"之所以为"奇"的依据在哪里呢? 根据他的意思,在于"目前可纪之事",在于
"幻中有真",就是说在强调"奇"的眼光建立在现实生活中的时候,也应当注意到"真
幻"的结合。把"奇"的眼光放在"日常生活"中,并且以"真幻"结合的艺术创作手法来
统帅这种眼光,这样就能做到"极摹人情世态之歧,备写悲欢离合之致",也只有这样,
才算真正领会了"奇之所以为奇"的道理。

"奇""幻"眼光的转变和强调在"真"当中写出"奇""幻"来的主张是明清小说创作
真实论中一个很突出的成就。随着这种历史视野的突破,现实主义小说便应运而生
了。天花才子在他的《快心编凡例》中说:

> 是编皆从世情来写出,件件逼真。是编悲欢离合变幻处,实实有之,编中点染
> 世态人情,如澄水鉴形,丝毫无遁。⑳

从这些说明中我们约略可以知道彼时的小说界对现实主义创作方法的推崇,也可以说
明当时世人欣赏态度的深刻变化。这或许是明清时期世情小说勃兴的理论背景吧。

明清小说理论对"奇""幻"概念历史视野的突破,对小说创作具有十分重要的意
义。首先,这种对"奇""幻"着眼点的变化转移,为明清时期出现成熟的现实主义杰作
奠定了基础。小说家们更自觉地把眼光放在现实人生方面,从普通平凡的社会生活中
汲取素材,创造出富于时代感和历史感的人物形象和艺术作品。其次,理论上更清楚

地认识到艺术真实和生活真实的关系,夸张和想象总以生活的真实性为前提的,艺术真实的根基应当深深扎在现实生活的土壤之中,真正的"奇"在于生活中的"真",而生活中的"真"只有经过艺术上"奇"的表现处理才具备更高层次的典型意义。

注

① 《水浒传(容与堂本)》。
② 《拍案惊奇序》。
③ 《西游记题辞》。
④ 《批评北宋三遂平妖传叙》。
⑤ 《石头记(庚辰本)》。
⑥ 《汉书·艺文志》。
⑦ 刘知几:《史通·杂述》。
⑧ 熊大木:《新刊大宋演义中兴英雄烈传序》。
⑨⑩⑪ 胡应麟:《少室山房笔丛》(《九流诸论》上、下)。
⑫ 《五杂俎》。
⑬ 袁于令:《隋史遗文序》。
⑭⑮⑯ 转引《中国历代小说论著选读》,第284、23、25页。
⑰ 凌濛初:《拍案惊奇序》。
⑱ 《今古奇观序》。
⑲ 《二刻拍案惊奇序》。
⑳ 《快心编凡例》,转引《中国历代小说论著选读》,第32页。

(原载《文艺理论研究》1990年第4期,作者为华东师范大学出版社副编审)

晚清小说与白话地位的提升

陈大康

古代小说中,运用白话或浅近文言者称为通俗小说,袁宏道《东西汉通俗演义序》云:"文不能通而俗可通,则又通俗演义之所由名也。"使用白话可使作品"通"俗,然而也正因为此,通俗小说难以跻身于文学殿堂,自宋元以降,这样的状况已经持续了几百年。

光绪二十八年冬,《新小说》创刊,"小说界革命"拉开帷幕,小说地位陡然上升,通俗小说也随之被推置高位,可是白话的地位是否应同步急速提升呢? 这已不是可从长探讨的理论问题,急迫的形势要求创作与传播两大环节迅速抉择。国家已至存亡关头,有识之士纷纷呼吁开启民智,唤醒大众,所谓"小说界革命",也是想借小说改良"群治"。小说被当作政治工具而备受重视,该如何权衡白话地位的问题便被凸显,若它仍被视为卑微,大家继续文绉绉地讲述救国救亡的道理,又何以能直接诉诸民众?

其实在此之前,提升白话地位的呼声已然渐起。光绪二十三年十月,目前所知最早的白话文报纸《演义白话报》于上海创刊,其《白话报小引》声称宗旨是"把各种有用的书籍报册演做白话,总起看了有益",这便是"演义白话"的含义。它又写道:"中国人想要发愤立志,不吃人亏,必须讲究外洋情形、天下大事;要想看报,必须从白话起头,方才明明白白。"很明显,该报创刊及使用白话的主张,是源于甲午战败的刺激。使用白话已非单纯的语言或文学问题,而是出于启蒙并发动大众救亡的需要,该报创刊也可视为白话地位开始受关注的标志。翌年闰三月,《无锡白话报》创办,主办者裘廷梁与其侄女裘毓芳还以该报为发起单位,创办了中国历史上第一个"白话学会"。光绪帝宣布变法的半个月后,《中国官音白话报》(《无锡白话报》之改名)第七、八期合刊本就刊出了《百年一觉》。李提摩太翻译的此书原由上海广学会出版,它曾对维新派领袖人物产生了影响,这里又可看到白话与政治形势变化之间的关系。

光绪二十七年创刊的《杭州白话报》将这种关系展示得更为清晰,它紧接着庚子国变问世,自第二期就开始连载描写这场事变全过程的小说《救劫传》,连载了三十期后,作者在"跋"中交代了用白话创作的原由:"欲开民智,莫如以演义体裁,编纂时事,俾识字而略通文义之人,得以稍知大概。适同志创办《杭州白话报》,因陆续编次附刊报末。"时人论及《杭州白话报》时指出:"闭固之象,朝野一律,致新政不得推行"的原因,就在于"专政之君创愚民之法,驱天下人于顽劣无知之域"。若要救国,首先得"开民智",宣传不能只是"动学士之听,悦文人之目",还须得让"阛阓之市夥与村落之耕夫"均能知晓。为此,"以通俗之语言演之义,取粗浅不嫌质俚"的《杭州白话报》受到高度评价:

> 中国语言与文字离,故报章虽极浅显,仍多未易领会者。《白话报》之创立,通文字于语言,与小说和而为一,使人之喜看者亦如泰西之盛,可以变中国人之性质,改中国人之风气,由是以津逮于文言各报,盖无难矣。①

"通文字于语言,与小说和而为一",这就是《杭州白话报》的特点。提倡白话是希望解决文字与语言之间的脱节,最初的意图是白话进入各种文体,取文言而代之,可是在推行时,惟有得到大众偏爱的小说相对较易。晚清时,以"白话"或"俗话"命名的报刊甚夥,"癸卯、甲辰之间,可谓白话(报)最盛时代"②。它们宗旨大抵相同,"演以普通官音,说理务求浅显,略识之无者即能了解"③;或"以白话演新理新学,务期合于我国多数人之程度,障迥智识退化之恶潮"④。用文言来推广白话,这种矛盾正是当时实际情况的写照,还是陈独秀主办的《安徽俗话报》讲得干脆:"用最浅近、最好懂的俗语。"⑤那些白话报多为短暂的闪现,未能像《杭州白话报》那般较为长久。其中原因自是繁多,而《杭州白话报》始终重视刊载白话小说,是其生存之道的关键。

小说的内容也是重要的因素。《杭州白话报》所载,大致可分为三类:介绍导致中国沦丧的甲午战争与庚子国变,如《中东和战本末纪略》、《救劫传》;以实例讲述国家沦亡后人民的苦难,如《波兰的故事》、《亡国恨》;宣传抗击强权凌弱的成功范例,如《美利坚自立记》、《菲律宾民党起义记》。以通俗语言作宣传,是其主编林獬的一贯主张,他后来主办《中国白话报》时,甚至还自号为"白话道人"。《杭州白话报》的那些白话小说并不出色,称为通俗故事可能更为恰当,可是即便如此,它却能"风行遐迩"⑥,证明确是符合了相当一批文化层次不高的读者的需求。该报认识到这是生存的重要支柱,故而对小说稿源及质量一直较注重,它改为日报后还公开征稿,争取社会支持:"近因佳作无多,宁缺不滥,未敢以拉杂无谓之笔墨,致阻阅者之兴趣。兹拟加意扩张,力图精湛。拟征求短篇小说及插画两种,意取清新,文求简切。"⑦至于同时征集插画,则是为了提高它所锁定的读者群的阅读兴趣。

《杭州白话报》是"小说界革命"的先声与重要准备,影响虽不及后者,却醒目地突出了"白话"。由此反观梁启超的《论小说与群治之关系》,可以发现它既没有提倡白话,对其地位提升也未置一语。其实,要借小说诉诸大众,须得运用白话;要推崇小说为文学之最上乘,白话地位就须相应提升。《杭州白话报》旗帜鲜明的实践,已使人们明白这简单的道理,梁启超对此也很清楚,他曾说:"小说者,决非以古语之文体而能工者也"⑧;又列举各国实例,说明"俗语文体之嬗进,实淘汰、优胜之势所不能避也","俗语文体之流行,实文学进步之最大关键也"。他还进一步断言:"专以俗语提倡一世,则后此祖国思想言论之突飞,殆未可量。而此大业必自小说家成之。"⑨白话地位提升是必然趋势,其主要途径则是小说,梁启超的见识确已远超他人。可是在那篇论文中,只是论述"小说之支配人道"的四种力之"刺"时,笼统地提及语言问题:"此力之为用也,文字不如语言。然语言力所被不能广不能久也,于是不得不乞灵于文字。在文字中,则文言不如其俗语,庄论不如其寓言。"倡导"小说界革命"必会遇到障碍,若同时又主张提升白话地位,阻力将更大,也许是这个原因,他采取了集中力量先攻其一点的策略。

事态的发展也确实如此。"小说界革命"是一呼百应,顿成声势,可是白话地位的提升却非一帆风顺。即使赞同"小说界革命"者,不少人也以文言为圭臬。其时林纾的文言译作得到很高赞誉,包括他的语言风格,罗普就曾推崇道:"匪特凌铄元、明,颉颃唐、宋,且可上追魏、晋,为稗乘开一新纪元。"⑩罗普曾追随梁启超,积极为《新小说》撰稿,他的见解尚且如此,遑论他人。其时,翻译小说中数量最多且最为流行的是言情小说与侦探小说,前者以林纾的《巴黎茶花女遗事》为代表,后者脍炙人口的是各种福尔摩斯侦探案,它们全都是用文言译成⑪。这种状况无论是对创作界,还是翻译界都必然产生极大的影响。

情形还不仅如此。一些理论上主张应提升白话地位者,写作却出以文言,梁启超本人即是如此。他清楚小说"决非以古语之文体而能工者也",可是一到实践环节,却是困难重重:"自语言文字相去愈远,今欲为此,诚非易易。吾曾试验,吾最知之。"⑫他和普罗打算用白话翻译《十五小豪杰》,译了几回,颇感艰涩笨拙,于是"参用文言,劳半功倍",由是他感叹道:"语言、文字分离,为中国文学最不便之一端,而文界革命非易言也。"⑬身为"小说界革命"的倡导者,又清楚使用白话是"文学进步之最大关键",梁启超却无法向世人提供一个白话小说的范例,他创办《新小说》时,只得宣布"本报文言俗语参用"⑭,这也证明了近代小说在转型过程中的艰难。

梁启超难以摆脱的矛盾和苦恼,其实是当时文学界较普遍的状况。提升白话地位的重要性,特别是小说应使用白话的必要性,许多人在理论上并不排斥,因为其中的道理实在是太显而易见了:

> 文话的力量,只能到社会里的一小部分,稍微识几个字,不通文理或是稍通文理的人,都不能懂得。如果全用俗话,不但稍微识几个字,不很通文理的人能够懂得,就是连一个大字都不识的人,叫人念给他听,也可以懂得。⑮

当各种以"白话"命名的报刊纷纷问世之际,有人曾乐观地宣布:"如此递推下去,不上三、四年,定然成一个白话世界了。"⑯可是光明的景象并没有迅速出现,而热心提倡者自己却不怎么会用白话写作。勉力为之,手中笔似有千斤重,写出来的东西自己也不满意。"病骇"曾为其"文字"而向读者致歉,并解释说:"原为初学白话体之所致,当有以进而教之也。"⑰艰涩不仅是限于写作,阅读也同样如此。这在今人看来似不可思议,在当时确是实情:

> 凡文义稍高之人,授以纯全白话之书,转不如文话之易阅。鄙人近年为人捉刀,作开会演说、启蒙讲义,皆用白话体裁,下笔之难,百倍于文话。其初每倩人执笔,而口授之,久之乃能搁管自书。然总不如文话之简捷易明,往往累牍连篇,笔不及挥,不过抵文话数十字、数句之用。固自以为文入习结过深,断不可据一人之私见,以议白话之短长也。⑱

白话写作之难,竟然"百倍于文话"!据此易于理解,为何一些人理论上承认推广白话的必要性,但动笔时还是选择了文言。如"无竟生"与吴士毅合译的《大彼得遗嘱》舍白话而用文言,理由就是"如演成通行白话,字数当增两倍,尚恐不能尽其意,且以通行白话译传,于曲折之处惧不能显,故用简洁之文言以传之"⑲。周树人翻译《月界旅行》时也说:"初拟译以俗语,稍逸读者之思索,然纯用俗语,复嫌冗繁,因参用文言,以省篇页。"这种观念当时为许多人所共有,"天虚我生(陈栩)"登报声明出售稿件时明码标价:"白话小说每千字二元,弹词每千字三元,传奇每千字四元,文言同"㉒,白话小说的身价甚至连弹词都不如,与文言相较,只值其一半。

当然,也有人坚决地推广白话,激烈程度正与其政治态度同步。如光绪二十九年陈独秀与章士钊、张继等人主持《国民日日报》,连载了他与苏曼殊合译的《惨社会》。虽号称是节译法国雨果的《悲惨世界》,但实际上是"参照本国社会现象,悉心结构"㉓,意在批判本国的专制统治,故而很不忠实于原著。如篇中男德说:"我们法兰西人比不得那东方支那贱种的人,把杀害他祖宗的仇人,当作圣主仁君看待。"又说,"那支那国孔子的奴隶教训,只有那班支那贱种奉作金科玉律,难道我们法兰西贵重的国民,也要听他那些狗屁吗?"这些纯是译者在阐发自己的政治思想,而且有意用白话表述。当"犹太遗民万古恨"与"震旦女士自由花"的《自由结婚》出版后不久,《国民日日报》便发表书评,向读者推荐:

> 我一回一回细细读过,又有什么"杀贼",又有什么"斩奴",又有什么"倒异族政府",又有什么"杀外国人"。读了一遍又一遍,真是说得透彻,说得痛快。好笔墨,好思想,回回好,句句好,真是好得不得了。我想列位最欢喜读小说,这部小说是一定不可不读的。㉔

这简直就是在号召推翻清政府的统治。书评全用白话写成,直接诉诸中下层读者。由于容易理解的原因,该篇无署名,其文风及政治立场与陈独秀相吻合,他又是报纸的主持人,这篇文字与他至少应有相当的关系。

光绪三十年,陈独秀又创办了《安徽俗话报》,其宗旨是推广白话,让那些"没有多读书的人"也能借此"学点学问,通些时事"㉕。他还亲自撰写小说《黑天国》,宣传反对专制统治的思想,其开篇处即云:

> 原来俄国也是个专制政体,君主贵族,独揽国权,严刑苛税,虐待平民。国中志士如有心怀不服,反对朝廷的,便要身首异处。或者人犯众多,或者是罪证不确,无罪杀人,又恐怕外国人看了说闲话,便也一概发配到西伯里(利)亚,充当极苦的矿工,受种种的严刑虐法,便是暗暗的置之死地。

首句中"也是"两字的用意十分明确,读者一看就明白,所谓"君主贵族,独揽国权,严刑苛税,虐待平民"云云,都是在影射中国。于是,小说就形象地传递了陈独秀所说的"学问"与"时事"。为改造社会服务的文学主张,激烈的政治态度,而且又都用白话诉诸民众,此时陈独秀的活动,已为他后来成为"五四"新文化运动的主将埋下了伏笔。

　　其时开始白话文学活动的又有胡适。在短短的五年间,他既创作,又翻译,还一度主编《竞业旬报》。如果除去续他人而译的《真如岛》,胡适最早翻译的小说是《暴堪海舰之沉没》[@]他在篇首语中交代了翻译的原因:读到一篇外国故事,"真正可以给我们中国人做一个绝好的榜样",最后他还特地声明:"所以把他译成白话,给大家看看。"胡适的自创小说《东洋车夫》也是通篇的白话[@],而篇首语阐明了创作的宗旨:

　　　　我们中国人有一桩极可耻事情,那就是"媚外"二字。这"媚外"二字的意思,便是"拍外国人马屁"。你看我们中国,上自皇帝大臣,下至小民孩子,那一个不拍外国人马屁。要是拍了马屁,外国人便待中国人要好了,或是拍了马屁,国家便可以保得住不亡了,或是拍了马屁,自己便可以得什么利益了,这么拍拍马屁,倒也罢了。只是在下看起来,我们中国人拍马屁可拍错了,拍马屁拍到马脚上去了。

如同前篇小说,辟头都是批评中国人的毛病,但这都是当时他所看到的现实,诉诸文字的宗旨是力图矫正,使用白话也是出于这一目的。当林纾与李世中合译的《爱国二童子传》出版后,尽管小说以文言叙述,胡适的评论却明白如话:

　　　　现在上海出了一部极好极有益处的小说,叫做《爱国二童子传》。那书真好,真可以激发国民的自治思想、实业思想、爱国思想、崇拜英雄的思想。这一部书很可以算得一部有用的书了。兄弟看那书里面,有许多极好的话,遂和那些格言相仿佛,便钞了一些来给大家看看。兄弟的意思,这些格言,比那朱子的《治家格言》好得多多呢。[@]

不仅拿外国与中国比,而且认为外国人的议论比朱子语录"好得多多呢",这在当时实属骇人听闻,这种反传统的思想,应是后来"五四"时打倒孔家店思想的准备。

　　自光绪二十五年《巴黎茶花女遗事》问世以来,翻译小说出版渐多,且几乎清一色地都是文言,林纾的名声则似不可逾越。可是伍光建登上文坛后,情况开始发生变化。光绪三十三年正月到二月,国学功底扎实、又因留洋而精通外语的伍光建以"君朔"为笔名,在《中外日报》上接连刊载了《母猫访道》、《瓶里小鬼》与《打皮球》三篇翻译小说,全都使用白话。接着,又接连翻译法国大仲马的小说,光绪三十三年七月与十一月,出版了《侠隐记》与《续侠隐记》,翌年四月出版了《法官秘史》的前、后编。几部皇皇巨著,居然都以白话译成,商务印书馆出版时所作的广告也特地注明:"文笔纯用白话体裁,一洗沉闷之习。"[@]胡适后来在《论短篇小说》中推崇道:"吾以为近年译西洋小说,当以君朔所译诸书为第一。君朔所用白话,全非抄袭旧小说的白话,乃是一种特别的白话,最能传达原书的神气。其价值高出林纾百倍。"

那些作者、译者坚持使用白话,其原因各不相同。一类是借小说以开启民智、唤醒其自强救国意识,而文言无法实现诉诸大众的目的。"大陆小少年"翻译《云中燕》后在"叙言"中写道:"是书亦足为振起少年精神之一助,爰亟译为俗语,以饷我同胞诸昆仲姊妹。"⑳《世界豪杰美谈记》讲述西洋一专制国,"政事日迫,内忧外侮,相逼而处",于是一批豪杰奋起,"保国护种,匡治政体,改革立宪,使其国卒为盟主,屹冠五洲"。这情形与当时中国十分相像,译者便急欲让国民大众知晓其故事,于是长达四十五回的小说就采用了"白话体例",而且"译笔畅达,口吻别致"㉑。程宗启为普劝妇女改变缠足陋习而作《天足引》,为保证作品的社会功效,白话便为不二之选:

> 我这部书,是想把中国女人缠足的苦处,都慢慢的救他起来。但是女人家虽有识字的,到底文墨深的很少,故把白话编成小说。况且将来女学堂必定越开越多,女先生把这白话,说与小女学生听,格外容易懂些。就是乡村人家,照书念念,也容易懂了。所以我这部书,连每回目录都用白话的。㉒

林纾、魏易合译的《黑奴吁天录》,可让读者知晓亡国惨剧,促其奋起,自强自立,但满纸文言,难以通俗,彭翼仲就用白话改写为《黑奴传演义》。其篇首云:

> (原书)只能给那通文墨的读读,识字不多,合那文理浅近的人,可就看不懂了。我们把他演成白话,附在报后,请学生们到处传说,照著原文到处念念,连那不识字的,亦可以叫他们知道知道。㉓

第二类人又从艺术上着眼,认为惟有白话方能准确地表达曲折复杂的意思,翻译外国小说时尤其如此,该见解恰与林纾等人相反。光绪三十二年六月,"鹤笙"翻译的《新恋情》出版,他在书首《闲评》中阐述的第一个观点,便是文言"只能到社会里的一小部分",而白话则能使全社会上下人等均能知晓。至于第二个原因,则是着眼于艺术:

> 况且翻译东西洋的小说,往往有些地方说话的口气、举动的神情,和那骨头缝里的汁髓,不拿俗话去描画他,到底有些达不出,吸不尽,所以我说文话不如俗话。

在此一年多前,小说林社出版的《母夜叉》书首"闲评八则"也表示了同样的意思:"这种侦探小说,不拿白话去刻画他,那骨头缝里的原液,吸不出来"。

至于第三类,则是通俗,甚至是鄙俚作品的撰写者。宣统元年二月,江阴香的《九尾狐》初集出版,此书洋洋洒洒共五集,直到翌年五月才出齐。两年多前,乐群书局已出过同题材小说《胡宝玉》,江阴香何以敢袭人旧套,何况前者出自著名小说家吴趼人之手？原来，前书"略而勿详"，一些读者不能畅快尽兴，"且用文言，满纸虚字，毋怪取厌于阅者耳"，于是江阴香便"删文言而用白话"②。喜读这类作品的读者往往欣赏趣味不高，文化层次偏低，使用白话就是为迎合他们，以保证畅销。同样，《最近嫖界秘密史》出版时的广告强调"此书乃在场嫖界个中人揭其秘密之黑幕，用口吻逼真之白话撰成之"，书中内容则是"或男女颠倒，扑朔迷离，或衣冠优孟，变幻荒谬。使阅者如入众香国，声色宛然，如探百花丛目不暇给。"③书又配以数十帧图画以辅助阅读，使人了解到作者与出版者心目中的读者群。

趣味低下的作品也认同白话，似乎使白话运动的层次有所降低，但此现象正揭示了一个基本事实，即小说出版是商业行为，为牟取更多的利润，就须得突破自古以来囿于文士的观念，而寄希望于广大的一般读者，而要使他们也解开钱囊，舍白话而无他途。因此，即使作品品味较为高雅，出版时也同样醒目地以白话为标榜。鸿文书局出版《网中鱼》时声明"是书用白话体叙述法国巴黎大猾马士加冷一生历史"④，出版《天足引》时强调"纯用白话，浅近易知，老妪都解"⑤。《预备立宪鉴》的出版广告突出"此书用白话章回体"⑥。小说林社出版《钱塘狱》时着意介绍其通俗性："以简便之笔，用白话演出，洵足占近时著作之一席而无愧。"⑦改良小说社出版《北京繁华梦》，广告词是"纯用北京白话编成，人人可读"⑧。群学社推出《禽海石》时突出两个亮点："纯用白话体编述，描写男女爱恋之情。"⑨商务印书馆宣传《珊瑚美人》时强调"全书纯用白话，描写得神，尤为爽心悦目"⑩，对《白巾人》则特地交代其语言："全体用白话，其中书报文件，各具体裁，以文言出之"⑪，而介绍《文明小史》的第一句话就是"用白话体裁，演说中国社会腐败情状"⑫。商务印书馆还常在各报上登载所刊小说的清单，不少作品的价格前醒目标上"白话"二字，以便读者购买时选择。罗列了许多广告词，行文似为累赘，却可证明一个事实，即以"白话"招徕顾客是一个普遍现象，它可吸引相当庞大的读者群，在各书局看来，这已是通向利润的重要桥梁。

出版商的态度直接决定了传播领域的状态，陆士谔论及《新补天石》时曾说："我因毛声山的《补天石》是曲本，很不宜于现今社会，想把他改演成白话小说，使妇女、儿童，都可以瞧阅。"⑬这位畅销小说家对作品的销路十分在意。出版商的态度还影响了一些人从习惯使用文言而改为白话。光绪三十二年五月十二日的《时报》刊载了包天笑的"预告读者"："《毒蛇牙》今日竣译。明日拟译登《销金窟》，用白话体。"为何既预告，又强调"用白话体"？这里不妨与《毒蛇牙》作一比较。那篇小说开篇即云："我今开卷第一语,先告读吾书者曰:'余名爱尔琴,余英国之医生也.'"⑬语句虽较浅显,但确然是文言。包天笑翻译《销金窟》时就全用白话,并且还登报预告,显然是受到了读者的压力。晚清时报刊登载小说,是借以扩展销路,而白话小说受众面远大于文言小说。办报者自然得尊重读者的要求,于是作者、译者便得如此行事。《销金窟》一例并非偶然的个案。鸿文书局曾出版《上海之维新党》初编,等二、三编面世时,便刊登广告宣称,"现在全书均已改为官话"⑮,所谓"官话"即白话。显然,初编发行后得到了读者的反馈,书局为保证销路才会要求作者改动。形势如此,有的作者不待书局吩咐,便自行动手。"梦花居士"的《奇遇记》原是文言,出版前他"改为白话浅说,以便一目了然"⑯。

　　不过,书局报刊并非从此只重白话而摒文言,它们的策略是白话小说的读者要抓住,文言小说的喜好者也不可放弃,何况那些文人达士有较强的购买力。而且,在传统观念里,一味只是出版白话小说似跌层次,若同时推出文言小说,恰可增助雅韵。总之,兼收并蓄,不可偏废。书商们的这番计较在各种征稿启事中反映得相当充分。商务印书馆自光绪三十年十月初一日起在各报刊载"征文广告",小说是重点之一,特别是详述旧时教育弊害以发明改良方法的教育小说、宣传破除迷信的社会小说、叙述鸦片战争以来史实,且"能开通下等社会"的历史小说,以及"述现时工商实在之情事"的实业小说,而对语言的要求,则是"或白话,或文言,听人自便"。这是该馆始终坚持的方针,它连续刊载的小说广告中,几乎必有林纾文言翻译小说的介绍,同时也不遗余力地推出白话小说。这两类书后来都纷纷再版,带来了不菲的收入。当含百种小说的"说部丛书"出齐后,商务印书馆照例登报宣传,而"其中有文言,有白话"⑰,则是被列于首位的特色;而远在北京的《顺天时报》介绍商务印书馆所出小说的特点时,也不忘写上"文话白话,色色都全"⑱。该馆所办的《绣像小说》《东方杂志》等刊载的小说也都如此,后来创办新刊时也一再重申,如《学生杂志》创刊,欢迎"各校学生惠寄佳篇",而关于小说又有说明:"无论短篇长篇、文言白话均可。"⑲

　　其实,这也是当时各书局、报刊的共同方略。改良小说社出版白话小说为主,所谓按"宗旨醇正,辞义浅显",但鉴于文言小说的销路,征稿时就特地说明是"不论文言白话",允诺一样"酬以相当之价值"。当然,哪位作者"志切开通,不取润笔",将受到更热切地欢迎⑳。各刊物做法同样如此。《月月小说》经历一场风波后重又出版,声称将大加改良,其中一项便是"文言俗语相题参用,其俗语之中,纯用官话,一律语言"㉑。《小说林》创刊号的"募集小说"启事,明确声明"词句不论文言白话",开列的三等稿酬标准只是按质论价，并未因语言使用的不同而有所差别。当年陈栩的价码是白话小说只及文言小说的一半，两者比较，可知这些年间白话小说的地位已迅速提升，但文言小说仍有相当势力，足可与之相抗衡。宣统二年八月，《小说月报》创刊，第一期刊载的"编辑大意"宣称："长篇短篇，文言白话，著作翻译，无美不收"，一年后又以"文言则情文并美，白话则诙谐入妙"㉒表示同等看重。即使着意宣传白话的《安徽白话报》，创刊号的"本报特色"中第一句话便是"宗旨正大，材料丰富，白话体"，可是就在同页刊载的"本社特别广告"中又明确宣布："或白话体，或文言体，凡与本报宗旨相同者，当即刊登"。主打白话牌又要刊载文言作品，在当时形势下，办刊者认为这一点也不矛盾。有的报刊虽未有明确宣布，但实际操作却表达了同样的意思，《扬子江小说日报》的做法便是"一版登白话小说，二版登文言小说"㉓，不偏不倚，平分秋色，读者自可凭自己喜好各取所需。

争取读者是关系到书局与报刊生存与发展的头等大事，读者愈多，利润愈丰，也愈易于增强实力与扩大再生产。喜好文言者是不可得罪的读者群，他们代表了高雅层次与购买力强盛；只能阅读白话者也不可怠慢，人数众多，集腋成裘，利润同样可观。书局或报刊都宣称以开启民智、革除陋习为宗旨，执行程度实是大不相同，但不管怎样，他们在争取读者、获取利润方面有共同交集，于是文言白话并举便成了普遍现象。在白话逐渐兴起、推广的过程中，书局报刊曾起过不同的作用。白话刚兴起时，反对者曾构成相当大的阻力，就连赞同者实际运用时也常因生疏、艰涩而畏难欲退。此时，书局报刊是冲击障碍、推动白话写作的动力。实际的销售使它们最先也最敏锐地感受到人们的需求，他们很快明白，有个巨大的潜在的读者群，而使用白话将使他们变为书籍报刊的实际购买者。尽管反对白话声不绝于耳，可这如何敌得上利润的吸引，而书局报刊的要求对作者有很大的约束力，迫使一些人终能较熟练地用白话写作。白话书籍或报刊纷纷面世，在社会上造成了相当大的声势，积极推动了白话的逐渐普及。从光绪二十九年开始的三、四年里，白话小说数量不断上升，可是此后却是徘徊不前，与文言小说保持了相对均衡的状态。这是因为它的出版已可满足市场需要时，若再加大出版比例，就将超出该读者群购买力所能承受的范围，反而会导致亏本。有经验的出版者根据销售业绩的起伏，自会对临界点作出判断，并进行相应的调整。因此不会出现这样的情形，即某家出版者对推广白话着了迷，不顾一切地使之一家独大，压倒甚至取代文言。出版者若要生存，就须得努力获取最大的利润，于是只要还有相当数量的偏爱文言者存在,白话文言并举的局面就不会改变。总之,出版者先是迅速推动白话小说的增长,而到了一定数量后,他们不约而同的经销策略,使出版界像巨大的调节器,维持了白话小说与文言小说相对平衡的状态。

这种平衡状态当时还得到了理论上的认同。陶兰荪是有志于白话著述的小说家,当"时贤所译福君之案,概出之以文言"之时⑤,惟有他以白话翻译了福尔摩斯侦探案。可是他却认为,"文言白话,相辅而行",这不仅合理,而且还是中国小说可以傲视他国的优点,"断非蟹行片假之文可与比伦者"⑥。"披发生(罗普)"是协助梁启超倡导"小说界革命"的作者,他在《新小说》创刊号上发表的《东欧女豪杰》全用白话,可是翻译小说时却用文言。对此,他搬出《天演论》作解释:"岂译本亦必循天演之轨线,有短篇然后有钜帙,有文言然后有白话耶?"⑦既然这些人都在认可甚至赞赏白话文言并举的局面,那么无论是小说界或是出版界,都还未能构成打破平衡的力量。

这种平衡状态还将持续较长的时间,它什么时候发生突破或改变到怎样的程度,都已非作家或出版者所能左右。发生突破的先决条件,是白话小说读者群须得有极为显著的扩容,后来历史演示的进程表明,其完成经由两条途径。一是读者群内部成分比例的变化,即原先偏爱文言者观念发生改变,转为接受白话小说,进而认为小说的语言形式理当如此。一是已有的读者群拥有显著的新增量,而且他们是白话小说的读者。前者的实现须在占统治地位的社会舆论笼罩之下,即有赖于思想文化思潮的变化。至于后者,主要靠教育向中下层社会的普及,这类新增的读者对小说语言形式作选择时,无异议地倾向于白话。这两者都是渐进的过程,当力量积蓄到一定程度时,平衡状态才会被打破,这便是后来在"五四"新文化运动中所看到的景象。不过,平衡状态被打破并不等于文言的退出,它只是受到巨大冲力而被严重挤压;要使之基本退出,还须继续积蓄力量,按上述两个途径渐次实现。概括地说,晚清时是论证了白话运用的合法性与必要性,使其在文坛上已可与文言相抗衡,而自"五四"以后,白话才逐渐趋于定于一尊。

在古代小说范畴里,文言与白话是并列的两大系列,其地位一直是前高后低;可是在现代小说领域,已全然是白话的天下。很显然,即使在语言方面,承担过渡转换作用的仍是衔接两者的近代小说。白话小说的地位逐渐提升,它拥有的读者越来越广泛,以白话创作或翻译小说者也越来越多。这是文学领域内的一件大事,可是发生的动因却远超过了文学范围,因为它是在社会文化、经济、政治、教育诸方面条件的支撑以及促使下才得以发生与发展,而这些条件之所以在此时具有了这方面的刺激作用,是因为它们本身也正在过渡转换。总之,整个社会的方方面面都在过渡转换,它们又相互紧密联系,互为促进,小说无例外地也是如此,这也包括它所使用的语言。

注

① "《杭州白话报》书后",光绪二十七年六月初三日《中外日报》。

② "杭州白话报馆改办日报广告",光绪三十二年四月初十日《中外日报》。

③ "《智群白话报》第三期出版",光绪二十九年四月二十七日《中外日报》。

④ "《中国白话报》第四期出现",光绪二十九年十二月十五日《中外日报》。

⑤ "开办《安徽俗话报》的缘故",光绪三十年二月十五日《安徽俗话报》第一期。

⑥ "杭州白话报馆",光绪二十八年七月初七日《中外日报》。

⑦ "本馆征求小说、插画启",光绪三十四年十一月十八日《杭州白话报》。

⑧ "小说丛话",光绪二十九年十二月《新小说》第七号。

⑨ 狄葆贤:《论文学上小说之位置》,光绪二十九年十二月《新小说》第七号。

⑩ "披发生(罗普)":《红泪影序》,广智书局宣统元年版《红泪影》。

⑪ 直至宣统元年七月,《扬子江小说报》第四期开始连载《红发会奇案》时方有白话译本。陶报癖(陶兰荪)在该篇"缘起"中写道:"观时贤所译福君之案,概出之以文言,而白话一体,尚属缺如,心窃憾焉。又拟取异标新,将该稿改为俗语,以备一格。"

⑫ "小说丛话",光绪二十九年十二月《新小说》第七号。

⑬ 《十五小豪杰》第四回回末"译后语",光绪二十八年三月十五日《新民丛报》第六号。

⑭ "中国唯一之文学报《新小说》",光绪二十八年七月十五日《新民丛报》第十四号。

⑮ "新恋情闲评",载《新恋情》,小说林社光绪三十二年版。

⑯ "论本报第三年开办的意思",光绪三十年四月初五日《杭州白话报》第三年第一期。

⑰ 《中国社会谈》第一回回目下"题记",光绪三十四年十二月《宁波小说七日报》第十二期。

⑱ 姚鹏图:《论白话小说》,光绪三十一年正月三十日《广益丛报》第六十五号。

⑲ 《大彼得遗嘱》篇首"译言",光绪三十年十月二十五日《时报》。

⑳ "征词章小说者鉴",光绪三十四年五月十九日《中外日报》。

㉑ "社会小说《惨世界》出版",光绪三十年四月十四日《中外日报》。

㉒ 佚名:《好小说,好政治小说》,光绪二十九年七月十五日《国民日日报》。

㉓《开办〈安徽俗话报〉的缘故》,光绪三十年二月十五日《安徽俗话报》第一期。
㉔ 载于《竞业旬报》第五期,光绪三十二年十月。
㉕ 载于《竞业旬报》第二十七期,光绪三十四年八月。
㉖ 胡适:《读书札记》(二),《竞业旬报》第二十八期,光绪三十四年九月。
㉗"上海商务印书馆新出各种小说",光绪三十四年六月十四日《时报》。
㉘《云中燕叙言》,载《云中燕》,文明书局光绪三十一年版。
㉙"社会小说《立宪鉴》",光绪三十三年二月二十日《神州日报》。
㉚《〈天足引〉白话小说序例》,载《天足引》,上海鸿文书局光绪三十三年三月版。
㉛《黑奴传演义》篇首语,光绪二十九年三月十八日北京《启蒙画报》第八册。
㉜ 灵岩山樵:《九尾狐序》,载《九尾狐》初集,上海社会小说社宣统元年版。
㉝"快看!破天荒之大著作醒世小说绘图《最近嫖界秘密史》出版",宣统三年五月二十二日《民立报》。
㉞ 新书广告,光绪三十二年十月《新世界小说社报》第四期。
㉟ 鸿文书局新书广告,光绪三十二年九月二十日《时报》。
㊱"政治历史小说《预备立宪鉴》",宣统二年三月初六日《舆论时事报》。
㊲"新出版",光绪三十二年十一月初四日《时报》。
㊳"请看新出小说",宣统三年四月二十四日《申报》。
㊴"上海群学社广告",光绪三十三年九月《月月小说》第一年第十号。
㊵"商务印书馆新出小说",光绪三十一年八月初七日《中外日报》。
㊶"商务印书馆新出小说四种",光绪三十二年六月二十五日《中外日报》。
㊷"最新小说《文明小史》",光绪三十二年十一月十一日《中外日报》。
㊸ 陆士谔:《新上海》第五十九回"售花榜斯文扫地,反古史炼石补天"。
㊹ 见光绪三十二年三月十八日《时报》。
㊺"鸿文书局新小说广告",光绪三十三年三月二十四日《神州日报》。
㊻《奇遇记序》,载《奇遇记》,新小说社光绪三十三年版。
㊼"商务印书馆说部丛书全部出售",光绪三十四年七月二十日《中外日报》。
㊽《游览商务印书馆三十六种陈列品记》,光绪三十三年十一月二十二日《顺天时报》。
㊾"新编《学生杂志》广告",光绪三十三年十月初十日《粤西》第一号。
㊿"改良小说社征求小说广告",宣统元年五月初九日《时报》。
(51)"《月月小说报》改良之特色",光绪三十三年九月《月月小说》第一年第九号。
(52)"《小说月报》临时增刊",宣统三年八月初三日《神州日报》。
(53)"看!看!看!《扬子江小说日报》出现",宣统元年八月初八日《汉口中西报》。

(54) 报癖(陶兰荪):《红发会奇案缘起》,宣统元年七月初一日《扬子江小说报》第四期。

(55) 报癖(陶兰荪):《中国小说之优点》,宣统元年四月初一日《扬子江小说报》第一期。

(56) 披发生(罗普):《红泪影序》,载《红泪影》,广智书局宣统元年版。

(原载《文学评论》2011 年第 4 期,作者为华东师范大学教授)

"汤沈之争"与雅俗文化选择

吴建国

在明代后期戏剧创作转型过程中,人们熟知的"汤沈之争"起到了巨大的推动作用。长期以来,论者习惯于将这场具有丰富文化内涵的争论归结为文辞与音律或者内容与形式之间的非此即彼选择,并据此认定沈氏的观点更为片面。如果不囿于传统的雅文学戏剧观念,考察明代中期兴起的文化思潮以及由此而来的知识阶层价值观念自我调整的发展轨迹,并联系文学领域中日益明显的世俗化创作趋向,从历时性与共时性两个方面对"汤沈之争"予以价值定位,相信会获得更切合实际的结论。

一

自明代中期以来,知识阶层面对日新月异的现实生活,一直在迷惘彷徨中进行艰难的文化选择。前后"七子"明知不可而为之的同仇敌忾的拟古竞赛,显示出知识阶层竭力维护雅文化传统的坚定态度。王守仁继承和发展陆九渊的心学体系,意在引导知识阶层尽快完成自我调整,以摆脱雅俗文化冲突造成的无所适从的心理困境。王守仁心学的理论基石为"致良知",由知识阶层自我完善的"学贵自得"和深入实际生活挽救世道人心的"做愚夫愚妇"两个部分组成。前者提倡独立思考,反对盲目崇拜与随声附和,鼓励大胆怀疑乃至否定理论权威;后者则号召知识阶层走出自我封闭的狭小天地,在实际生活中发挥自身的文化优势,努力将世俗社会引上合乎理性的轨道。王守仁指出:"人心陷溺已久","今欲救之,唯有返朴还淳,是对症之剂"①。在王守仁看来,移风易俗已刻不容缓,知识阶层不能再"装做道学的模样",而应该"在事上磨炼做工夫",采取"真易简切"的方式将伦理道德普及到世俗社会。王守仁深信:"愚不肖者,良知又未尝不存"②,只要"随机导引,因事启沃,宽心平气以熏陶之"③,就能使愚俗百姓弃恶从善,最终出现"满街皆圣人"的可喜局面。正是基于此种认识,王守仁竭力鼓吹通俗道德教育,并提出了一个全新的价值标准:"与愚夫愚妇同的,是谓同德;与愚夫愚妇异的,是谓异端。"④王守仁向来鄙视"巧文博词"、"章绘句琢",甚至主张不立文字,却肯定戏剧"与古乐意思相近",提倡利用民众喜闻乐见的文艺样式进行伦理教化。他提醒人们:"今要民俗返朴还淳,取今之戏子,将妖淫词调俱去了,只取忠臣孝子故事,使愚俗百姓人人易晓,无意中感激他良知起来,却于风化有益。"⑤毋庸讳言,"只取忠臣孝子故事"的题材标准过于狭窄,将戏剧创作纳入道德教化的轨道极易诱发图解概念的弊端,但其中蕴含的面对现实生活的"通俗"文化精神却是值得重视的。王守仁去世后,其门人"呼朋引类以号召天下",掀起声势浩大的讲学热潮。其中泰州学派诸子,或利用农闲在乡村巡回讲学,或别出心裁悬榜于闹市聚众答疑,更直接深入社会底层。万历年间,"儒者讲席遍天下"⑥,讲学成为时尚,文人多乐意从事"讲师"职业,至有以此"快活过日"者。在花样翻新的讲学活动中,晚明文人受到"通俗"时代文化精神的强烈感召,从而完成了由雅趋俗的价值观念调整。

在文学创作领域,诗文与小说先后显露出迥异于前的世俗化倾向。公安派毅然抛弃前后"七子"奉为圭臬的传统"格套",选择新的创作视角和表现手法,以不事修饰的浅近语言抒写趋于世俗化的生活情趣,向人们展示前所未有的生活空间和心理空间。袁宏道的《虎丘记》以细腻的笔触再现了中秋夜虎丘喧闹的生活场景,于中可以窥见晚明文人不再鄙视世俗社会的平和心态。该文先叙是夜"衣冠士女,下迨蔀屋"情绪激动的娱乐准备,接写"唱者千百,……竞以歌喉相斗"至"一夫登场"的演唱过程,最后对"歌者"因自己到来"皆避匿去"颇感遗憾,立誓他日去官必来生公石上享受听曲之乐趣。张岱在《西湖七月半》中详尽地记载了万头攒动赏月的娱乐盛况,描绘出一幅雅俗共处各得其乐的生动画面。来西湖赏月的"吾辈"文人,虽然对"篙击篙,舟触舟,肩摩肩,面看面"的拥挤混乱和"如沸如撼,如魇如呓"的喧嚣嘈杂略感不适,但除"或匿影树下,或逃嚣里湖"寻求一点宁静外,并未厌恶这个充满世俗气息的生活空间。虎丘和西湖两次盛大的赏月活动及其文字记载表明:晚明知识阶层已经走出孤芳自赏的狭小天地,进入一个充满刺激的开放的生活空间;而在其心理空间,虽尚未全然接受世俗社会的生活情趣,但至少由前此的极力排斥转变为心平气和的容忍。发端于明代中期的通俗小说创作,尽管书坊主们面对市民阶层日趋高涨的娱乐需求颇感捉襟见肘,但知识阶层囿于传统的"小道"观念,一度对其持袖手旁观的冷漠态度。嘉靖后期问世的《金瓶梅》和《西游记》,在作品中引进罗贯中、施耐庵等前辈小说作家所忽视的生理视角,热切关注世俗社会的实际生存状态,激发了知识阶层创作通俗小说空前高涨的热情。受《金瓶梅》影响产生的世情小说,不仅真实地再现了晚明的社会生活,亦且生动地反映了知识阶层的世俗化进程。其中色情小说一支,从牟取丰厚稿酬的创作动机到鼓励纵欲的价值取向,无不打上了鲜明的俗文化烙印。由此可见,背离传统的雅文化轨道,面对"好货"、"好色"的世俗社会,已经成为不可抗拒的时代潮流。

在由雅趋俗的时代文化背景中,戏剧的本质及其价值定位理所当然地成为必须解决的焦点问题。事实上,始于明代中期的《琵》、《拜》之争,已经孕育着敏感文人们对于这一问题的深入思考。《琵》、《拜》之争持续了近半个世纪,始终未能形成共识。抑《琵》扬《拜》者持观众本位戏剧观,主张戏剧必须"上弦索"并注重语言"本色"。何良俊从戏剧语言的角度立论,首倡《拜》优《琵》劣说:"《琵琶记》专弄学问,其本色语少",《拜月亭》"才藻虽不及高,然终是当行",故"高出于《琵琶记》远甚"⑦。沈德符偏激地指出:《琵琶记》"其曲无一句可上弦索",《拜月亭》则"全本可上弦索"⑧。徐复祚更对《拜月亭》推崇备至,赞其"宫调极明,平仄极叶,自始至终,无一板一折非当行本色语"⑨。扬《琵》抑《拜》者则持自我本位戏剧观,强调戏剧的价值完全取决于文辞典雅,是否"可上弦索"则无关紧要。王世贞指责何良俊所见"大谬",并列举《拜月亭》之"三短"予以反驳:"中间虽有一二佳曲,然无词家大学问,一短也;既无风情,又无裨风教,二短也;歌演终场,不能使人堕泪,三短也"⑩。王骥德在《曲律·杂论上》中以貌似公允的口吻写道:"《拜月》语似草草,然时露机趣,以望《琵琶》,尚隔两尘。元朗以为胜之,亦非公论"。此处姑且不论二者对具体作品的评价是否允当,而着重关注其考虑问题的角度。前者反复强调戏剧必须经过舞台演出("上弦索")和观众接受("本色语")方可产生价值,将戏剧理解为综合艺术并提倡走通俗化的创作的道路;后者则始终坚持语言典雅工丽(即所谓"词家大学问")对于戏剧的价值实现至关重要,将戏剧等同于纯文学范畴的诗文或辞赋而不愿面对世俗社会。其中王世贞的"使人堕泪"说虽尚未形成理论体系,却萌生了中国戏剧史上极为罕见的悲剧意识,若加以完善并引入创作实践,其意义是不言而喻的。遗憾的是,此说不仅未引起戏剧作家的高度重观,反而遭到严厉驳斥和坚决抵制。这次历时久远但没有形成共识的讨论,至明代后期顺乎自然地转化为更为激烈的汤、沈之争。换言之,即便沈璟未将《牡丹亭》改编成《同梦记》,类似的争论也会以其他方式展开。

二

客观地说,在传统价值系濒临崩溃的时代环境中,汤显祖亦不可避免地受到了"通俗"精神的激励和俗文化的感召,其创作实践和理论表述中皆蕴含着较为明显的俗文化因子。但另一方面,汤氏又不愿放弃雅文化阵地,表现为对在典雅文辞中实现自我娱乐方式的固执坚持。汤氏尝言:"余意所至,不妨拗折天人嗓"。在其心目中,戏剧与音乐毫无关系,只须书面阅读而不必经过舞台演出即可产生价值,除自我(包括本阶层中的知音)之外不存在其他接受对象。在这种错误观念支配下,《临川四梦》尽管情真意切令人拍案叫绝,然因"置法字无论",几乎不能披之管弦。王骥德惋惜其"尽是案头异书",李渔也批评它"止可作文字观,不得作传奇观"①。从戏剧史上追溯渊源,汤氏唯重"意趣神色"而不惜"拗折天下人嗓"的戏剧观念,无疑受到前此骈俪派使性逞才创作风气的深刻影响。

或许正是有感于以自我为中心的戏剧观念在知识阶层中颇有市场且难于纠正,沈璟才提出"宁协律而词不工"的偏激观点,希望以此彻底改变人们迷恋案头之曲的心理定势。沈璟早年曾为骈俪派的虔诚追随者,所作之《红蕖记》"着意著词,曲白工美",自谓"字雕句镂,正供案头耳"。此后一变而为"僻好本色","曲极简质"的《合衫记》竟被自视为"最得意作"②。如此急剧的观念变更发生在沈璟身上,足见时代文化精神对于戏剧领域的影响与激励。若细加梳理,不难发现沈氏对戏剧创作各个环节皆做过较为周密的思考。首先,通过强调音律的极端重要性,对戏剧的本体构成予以界定,将之从雅文学系统中分离出来。在沈璟看来:音乐是戏剧不可缺少的载体,仅有文本是不够的;反之,若具备了音乐载体,即使文本质量不高,亦符合戏剧的基本要求。正是基于这种认识,沈氏大声疾呼"合律依腔",号召有志于戏剧创作的人们"细把音律讲"。其次,通过对"本色"语言的高度重视,使作家充分了解戏剧的传播方式与接受对象。戏剧采用与诗文迥异的转瞬即逝的视听结合的传播方式,其接受对象多为文化素养不高的普通民众,在短暂的演出过程中如不能产生强烈的共鸣即无价值可言。而要达到与观众双向交流之目的,戏剧语言的通俗易懂至为重要。沈璟沿着徐渭"越俗越雅,越淡薄越滋味,越不扭捏动人越自动人"[13]的思路向前推进,对前人剧作中的俚俗之词产生浓厚兴趣,试图以之作为戏剧语言的范本,如赞《卧冰记》之〔古皂罗袍〕"理合敬我哥哥"一曲"质古之极,可爱可爱"、《王焕》之〔黄蔷薇〕"三十哥央你不来"一引"大有元人遗意,可爱",等等。第三,通过对"风世"的反复实践,办求引导作家重视戏剧的社会效果,严肃处理娱乐与教化二者的相互关系,为挽救世道人心尽到自己的责任。戏剧创作的终极目的,既不是单纯的自我消遣,也不能一味迎合观众,而应该自觉坚持"寓教于乐"的创作原则,借助于令人可喜可愕的戏剧情节与合乎理性原则的价值导向,使观众在如痴如醉的娱乐过程中受到潜移默化的道德教育。平心而论,尽管沈璟在具体操作中存在"直以浅言俚语棚拽牵凑"的缺陷,追求戏剧的通俗性和娱乐效果而忽视了作品的文学性与艺术品位,但其对于戏剧本质的理解无疑比骈俪派(包括汤显祖)全面、深刻得多。

在沈璟"命意皆主风世[14]的后期之作中,《博笑记》有意偏离传统的雅文学轨道,以其独特的外在艺术形式和内在文化品格令世人耳目一新,集中体现了作者在"寓教于乐"过程中的观念变更。

其一,根据戏班演出的实际需要,摒弃传奇剧本动辄数十出的常规写法,改而创作便于灵活搬演的短剧。胡应麟曾在《少室山房笔丛》中提及:将全本《琵琶记》(四十二出)演毕须"穷夕彻旦"据此推算:若搬演全本《牡丹亭》(五十五出)或《紫钗记》(五十三出),则无疑需要更长的时间;即使如《邯郸记》、《狮吼记》(皆为三十出)等篇幅较短者,虽不必"穷夕彻旦"地搬演,但所需时间亦不会太短。对于白天辛勤劳作夜晚稍事放松的大多数人们来说,在简陋的条件下经历如此漫长的观赏过程,即使勉强支撑至演出结束亦将疲惫不堪。在实际演出过程中,戏班通常采取灵活的处理方式,从剧本中挑选若干精彩片段加以扮演,力求最大限度地减轻观众的疲劳。从观众接受的角度说,在戏剧面向世俗社会的传播过程中,鸿篇巨制的大戏无疑不如小巧玲珑的短剧受欢迎。沈璟清醒地认识到传奇剧本篇幅过长影响传播的弊端,准确地把握了世俗社会不愿"穷夕彻旦"支付时间和精力的接受心理,毅然在自己的创作实践中大刀阔斧地改进传奇的固定体制。《博笑记》以二十八出的篇幅(除去第一出交代创作主旨和介绍剧情,实际上正戏只是二十七出)敷演十个故事,其中最短者才两出,最长者亦不过四出,既方便观众在体力不支的情况下随时退场,又不至使其留下未窥全豹的遗憾。

其二,依据接受对象的生活经历与审美向度,打破传奇以生、旦为主角的传统编剧模式,加大净、丑在剧中的分量以实现情感双向交流。自传奇定型伊始,生、旦二角便在剧中上占有举足轻重的地位。至明代中期,传奇创作更局限于敷演才子佳人风流浪漫的爱情故事,由此形成重生、旦轻净、丑的固定编剧模式。在这个时期的传奇剧本中,尽管作家们偶尔插入净、丑科诨调节气氛,然因过于文雅或与剧情发展无关,几乎不可能在观众中产生强烈的共鸣。在《博笑记》的十个短剧中,以净、丑为主角者达五剧之多。而且,即使在其他五剧中,净、丑对于剧情发展亦并非无足轻重。净、丑分量的加重,不仅有利于营造滑稽调笑的喜剧气氛,更从不同的侧面展示观众熟悉的生活场景,使之获得前所未有的真切的情感体验。

其三,依据观众喜看故事不愿听曲的接受心理,压缩曲辞在剧中所占比例,最大限度地增强作品的叙事性。戏剧文本一般由宾白(包括动作、表情、效果等方面的提示)和曲辞两个部分构成,并由此形成叙事与抒情的大致分工。在具体操作时,绝大多数文人剧作家通常更看重戏剧的抒情功能,将锤炼典雅工丽的曲辞作为实现自我娱乐的重要途径,而对侧重于娱乐观众的叙事则往往心不在焉。以汤显祖的《牡丹亭》为例,第十二出《寻梦》、第二十八出《幽媾》固然为重要场次,但各用二十曲则未免过于盘旋。沈璟虽仍沿袭曲、白相生的方式构成文本,但果断地减少剧中曲辞的数量,并使其有效地为叙事服务。若对《博笑记》各出所用曲辞做精确统计,可得如下数据:十曲以上者四出,占全剧总出数的七分之一;六至九曲者五出,不到全剧总出数的六分之一;六曲以下者十九出,占全剧总出数的五分之三以上。需要特别指的是:在超过十曲的四出中,绝大多数为对唱、接唱、合唱之曲,无一例外地伴随着连续流畅的情节推进。如用曲最多(十三支)的第三出,即在一连串的对唱、接唱、合唱中迅速展开店主观劝、奉送财礼、雇轿迎亲、夫妻商议、移居他宅等情节,紧锣密鼓的铺排叙事令观众目不暇接。

其四,依据接受对象普遍偏低的文化素养,彻底扫除骈俪派性喜使事用典的恶习,运用通俗晓畅的戏剧语言使观众异常轻轻地进入规定情境。首先,根据人物身份精心设计各自的曲辞,使之本色当行。以《巫举人痴心得妾》为例:巫嗣真与贾、庄二友皆为会试举人,其曲辞清新流畅而不乏文雅;而苍头、脚夫、骗子、媒婆等市井之徒所唱之曲,则活泼诙谐而时杂俚语。其次,直接用大众化的口语作宾白,使剧中人物形神毕肖,如第四出中店主对骗子的敷衍与规劝、第六出中县丞与乡宦醒后各自迷惘心态的表述、第七出中寡妇向虚拟"追求者"自话自说的大段独白、第十五出中老宰相与小火囤的密谋策划、第二十三出中赛范张与胜管鲍的阴险算计、第二十七出中二盗的互相怨及自我安慰,等等。

其五,根据戏班舞台演出的需要,在文本中除传统的科介外增加某些特殊提示(包括道具、动作、报幕、幕间休息等),以便"有兴"的作品顺利地传播到世俗社会。

《博笑记》在戏剧形式方面所做出的大幅度改进,密切了创作主体与接受客体之间的关系,有力地推动了雅俗文化的互相融合。虽然沈璟在具体操作时明显地倾向于娱乐观众,以致外在的俗文学形式淹没乃至消解了内在的雅文化品格,但其对于戏剧本质的深刻理解以及在创作实践中的积极探索却与时代文化精神保持高度一致。

三

汤、沈之争的展开与《博笑记》的问世,引起知识阶层的普通关注和深刻的反思,在戏剧创作领域产生了深远的影响。某些作家(如王骥德、徐复祚)既参加过前此《琵》、《拜》优劣问题的讨论,亦对当时剧坛两位大师的观点发表自己的意见,于此可见两次争论之间的内在联系。晚明戏剧作家面对截然不同的两种观点,一致努力寻求较为理想的雅俗结合的创作途径,于冷静思考之后形成若干共识。

其一,尽管对沈璟"宁协律而词不工"的提法颇有微词,但充分肯定其在拨乱反正过程中所做出的巨大贡献。王骥德虽更崇拜汤显祖"奇丽动人"的才情,却仍力图对临川、吴江二人做出尽可能客观的评价:一方面,既对《临川四梦》"妖冶风流,令人魂消肠断"赞不绝口,又指出其"屈曲聱牙,多令歌者齚舌";另一方面,在批评沈璟《红蕖记》外诸作"出之颇易,未免庸率"的同时,又肯定其"斤斤返古,力障狂澜,中兴之功,良不可没"[15]。吕天成提出戏剧作家们乐意接受的"合之双美"说,尽量缩小汤、沈二戏剧观念之间的距离,虽大力提倡"运以清远道人之才清,"但将"守词隐先生之矩"不容置疑地作为必须遵循的基本前提。王骥德在《曲律·杂论下》中指出:"自词隐作词谱,而海内斐然向风。"随着音律意识的加强,人们对于戏剧本体构成的认识不再模糊不清,构思剧本时自觉将"合律依腔"作为不可或缺的基本要素。

其二,在戏剧语言问题上,虽然对"本色"的理解分歧较大,但作品应为观众接受已为全体戏剧作家所认同。徐复祚一针见血的指出:"传奇之体,要在使田畯红女闻之而趣然喜、悚然惧。若徒逞博洽,使闻者不解为何语,何异对牛而弹琴乎?"[16]王骥德深刻地认识到:"戏剧之行与不行,良有其故。庸下优人遇文人之作,不惟不晓,亦不易入口。村俗剧本正与其见识不相上下,又鄙猥之曲可令不识字之人口授而得,故争相演习,以适从其便。以是知过施文彩,以供案头之积,亦非计也。"⑰针对民众喜俗厌雅的娱乐心理,王氏将"白乐天作诗,必令老妪听之"作为自己的理论依据,郑重地告诫戏剧作家:"作剧戏,亦须令老妪解得,方入众耳。"⑱在戏剧语言讨论过程中,不仅骈俪派"卖弄学问",堆垛陈腐,以吓三家村人"的"种种恶道"被彻底扫除,吴江末流"村妇恶声,俗夫亵谑,无一不备"的世俗趣味亦遭到严厉清算。王骥德将戏剧语言分为三层次,表明自己倾向于雅俗融合的价值选择:"大雅与当行参间,可演可传,上之上也;词藻工,句意妙,如不谐里耳,已落第二义;既非雅调,又非本色,掇拾陈言,插凑俚语,为学究、为张打油,勿作可也!"⑲王氏对于戏剧语言的价值定位,可视为晚明戏剧作家雅俗文化选择的必然结果与经典表述。

其三,在注重娱乐效果的前提下,强化戏剧的教化功能,以此达到保持雅文化品格之目的。王骥德指出:戏剧创作的终极目的"不在快人,而在动人","令观者藉为劝惩兴起,甚或扼腕裂眦、涕泗交下而不能已,此方为有关风教文字"⑳。其他作家在这方面虽较少发表议论,但从晚明的戏剧作品以及零星的评点来看,"寓教于乐"原则在创作实践中已经深入人心。清初著名的戏剧作家李渔沿袭沈璟的基本思路与理论框架,在《闲情偶寄·词曲部》中对晚明形成的"寓教于乐"原则做了系统的阐述。限于篇幅,兹不赘述。

知识阶层文化心态的自我调整,以及由此而来的作家戏剧观念的更新,促使晚明的戏剧创作发生令人瞩目的变化。

在杂剧创作领域,诗化倾向基本上得到克服,孤立的自我抒发被离奇曲折的戏剧情节与和颜悦色的道德教化所取代。徐复祚的《一文钱》用漫画式的夸张笔墨,入木三分地刻划出暴发户贪鄙悭吝的性格特征,尽情鞭挞卢至被金钱占有欲扭曲的猥琐灵魂。在该剧中,辨明"真我"与"假我"的尖新立意,帝释、释迦佛"非无非有"之类议论的反复穿插,卢至"一言得悟,立证菩提"的最后结局,无不蕴含着作者将世人引出"名场利窟"的救世苦心。车任远有感于"如今世人好财,何异兽之逐食"的纷攘现状,将《列子》中的寓言故事改编为《蕉鹿梦》,意在通过"梦觉相寻,真妄互见"的矛盾冲突感化观众,使之放弃对于物质利益的执着追求。王应遴的《逍遥游》采用寓言形式批判追名逐利的社会风气,以骷髅复活——还原为关目,希望观众从剧中人物的此问彼答中得到启示。湛然禅师的《地狱生天》从宣扬"勿杀生"的佛教教义入手,向观众传授以念佛为唯一手段的简易修身方式,集中反映了晚明宗教世俗化的时代特征。叶宪祖的《北邙说法》将甄好善、骆为非二人死后的不同结局作为剧情发展的逻辑起点,引出本空禅师"令曹溪汗下"的大段说教,意在引导观众通过禅悟进入远离生死荣辱的"无我"之境。它如吕天成的《儿女债》"大阐玄机,有眼空一世之想",余翘的《锁骨菩萨》"悯世人溺色,即以色醒之",皆为借戏剧宣扬宗教之作。在日趋高涨的教化热潮中,少数救世心切的村学究亦混迹其间,竭力鼓吹传统的伦理道德,如李大兰"道学乃出之词曲"、谢天惠"词皆俗腐口吻"①,即是典型的例子。另一类作品则无意于伦理教化,或编织起伏跌宕的戏剧情节新人耳目(如王骥德的《男王后》、孟称舜的《死里逃生》),或添枝加叶敷演人们熟悉的浪漫文人的风流艳遇(如孟称舜的《花前一笑》及卓人月在此基础上改编而成的《花舫缘》),或穷形尽相地描写某些观众曾经有过的浪荡经历(如吕天成的《缠夜帐》),或通过人们百看不厌的才子佳人故事寄寓自己的爱情理想(如叶宪祖的《四艳记》),等等。无论何种情况,皆具有较强的娱乐性。其中,吕天成之《缠夜帐》与《耍风情》"写至刻露之极",叶宪祖之《耍梅香》"淫奔之状,摹拟入神",叶汝荟之《夫子禅》"俾僧伽丑态尽现当场",无名氏之《男风记》"色相太露"②,更呈现出娱乐至上的世俗化倾向。

在传奇创作领域,作家们认同吕天成"合之双美"的观点,既不像骈俪派那样将戏剧等同于辞赋,亦自觉抵制吴江末流的世俗化倾向,将作品价值定位于雅俗共赏。这个时期的大多数传奇作品,虽仍将才子佳人的情爱作为叙事焦点,但出于对观众娱乐要求的尊重,对传统的题材处理方式做了卓有成效的改进。吴炳的《粲花斋五种曲》、阮大铖的《石巢四种》、袁于令的《西楼记》等剧,将狭小范围内爱情与礼教的矛盾冲突改变为因小人拨乱才子佳人离合频繁,在广阔的空间里增强戏剧的动作性和娱乐性,同时尽量减少让观众颇感乏味的吟诗作赋之类的场面,精心设计激发兴趣的误会、错认情节(如阮大铖的《春灯谜》,其中"错认"竟达十次之多),最大限度地强化戏剧的叙事功能和喜剧效果。受沈璟戏剧观念及《博笑记》的影响,少数作家亦自觉将"寓教于乐"作为传奇创作的最高价值目标。汪延讷的《狮吼记》从独特的视角切入现实生活,以文人紧张激烈的家庭矛盾为题材,构思惊心动魄而又令人捧腹的喜剧冲突,借历史佚事曲折地反映新的时代环境中极度恶化的夫妻关系,启发观众积极寻求改善家庭现状的有效途径。吕天成《曲品》卷下云:"惧内从无南戏,汪初制一剧,以讽纷榆,旋演为全本,备极丑态,总堪捧腹。末段悔悟,可以风筝帏中矣。"在该剧中,柳氏剽悍暴戾的性格与层出不穷的惩治手段,陈恺屈服于"雌威"而甘愿承受罚跪、顶碗、杖责、拴脚等惨无人道的身心摧残,朝廷官员与当坊土地畏妻如虎的"惧内"丑态,无不使观众兴奋之余产生广泛的联想,并进而意识到"阴盛阳衰"现象内里所隐藏着的巨大危机。在该剧结尾,柳氏被押往专门惩罚女性的地狱接受教育,经过毛骨悚然的观摩游览之后洗心革面,表示"从此归去,尽改前非"。至此,处于崩溃边沿的家庭结构得到重新修复,作品维护"夫为妻纲"的传统理性原则以及虔诚颂扬佛教的价值导向亦随之清晰地显示出来。出于"寓教于乐"之目的,传奇(包括杂剧)作家虽然感受到强烈的人生痛苦,却不愿创作具有情感力度"使人堕泪"的悲剧作品。从发生机制上说,作家在构思剧本时必然受到教化与娱乐双重制约:一方面,只有"谓善者如此收场,不善者如此结果",才能"使人知所趋避",若写成正不胜邪而至自我毁灭的悲剧,就会动摇观众"向善"的信念;另一方面,戏剧通常在寿诞、婚嫁、升迁、添丁等吉日良辰演出,观众希望从中感受喜庆气氛而不愿看到悲苦结局,若不能满足接受者的娱乐要求势必影响传播。二者交互作用,形成了创作主体与接受客体高度一致的"团圆"心理。正是在根深蒂固的"团圆"心理驱使下,某些作家致力于翻案,痛改原作的悲剧结局。举例而言:叶宪祖作《金锁记》,不仅删去窦娥感天动地屈死法场的关键性情节,更异想天开地让其与锁儿夫妻团圆,将关汉卿《窦娥冤》中的悲剧特质彻底消解。在戏剧语言方面,晚明传奇作家大多注重文辞的优美典雅,但那只是为了使作品保持一点雅文化品格以及在不妨碍观众接受的前提下实现自我娱乐,与骈俪派过多地使事用典以致"词须累诠,意如商谜"判然有别。影响所及,清初著名的戏剧作家李玉(包括苏州派其他成员)与李渔基本上承袭了沈璟面向世俗社会的戏剧观念,高度重视舞台演出和伦理教化,在一定程度上延缓了戏剧创作的雅化的过程。

注

① 《王文成公全书》卷六《寄邹谦之》。

② 同上卷八《书魏师孟卷》。

③ 同上卷四《寄李道夫》。

④ 同上卷一《传习录上》。

⑤ 同上卷三《传习录下》。

⑥《南雷文定》后集卷四《张仁庵先生墓志铭》。

⑦ 何良俊:《曲论》。

⑧《顾曲杂言·拜月亭》。

⑨⑯ 徐复祚:《曲论》。

⑩《曲藻》。

⑪《闲情偶寄·词曲部·贵显浅》。

⑫《曲品》卷下。

⑬《徐渭集》四集卷二《题〈昆奴〉后》。

⑭ 吕天成:《〈义侠记〉序》。

⑮⑰⑳㉑《曲律·杂论下》。

⑱《曲律·论用事》。

⑲《曲律·论剧戏》。

㉒《远山堂剧品》。

（原载《中国文学研究》1998 年第 3 期，作者为湖南师范大学文学院教授）

新时期古典文学学术史研究的开拓者

——郭豫适先生及其红学史研究

钟明奇

一

新时期以来，古典文学界崇尚学术史的研究，颇成为一种风气，且已取得了不俗的成绩。早在 1998 年，由安徽文艺出版社出版的潘树广、黄镇伟、包礼祥所著的《古代文学研究导论——理论与方法的思考》一书就指出："古代文学研究史专著自郭豫适《红楼研究小史稿》1980 年问世，至 1995 年郭英德、谢思炜等著《中国古典文学研究史》出版，其间据不完全统计，陆续有关于诗经、楚辞、唐诗、宋词、元杂剧、晚清小说等专题性研究史十余种出现于学术著作之林。"此后至今又有多种此类学术史著作问世。据笔者所知，除《古代文学研究导论——理论与方法的思考》上述已提及的学术史专著之外，尚有夏传才的《诗经研究史概要》（中州书画社，1982），陈伯海的《唐诗学引论》（知识出版社，1988。按：此书虽非专门的唐诗学术史研究，但设有"学术史篇"一章），许总的《杜诗学发微》（南京出版社，1989。按：本书首次从宏观的角度描述杜诗研究史），刘梦溪的《红学》（文化艺术出版社，1990。按：此书系红学专题学术史研究），易重廉的《中国楚辞学史》（湖南出版社，1991），沈玉成、刘宁的《春秋左传学史》（江苏古籍出版社，1992），许总的《宋诗史》（重庆出版社，1992）与《唐诗史》（江苏教育出版社，1994），黄炳辉的《唐诗学史述论》（鹭江出版社，1996），欧阳健、曲沐、吴国柱合作的《红学百年风云录》（浙江古籍出版社，1999），钟优民的《陶学发展史》（吉林教育出版社，2000），王友胜的《苏轼研究史稿》（岳麓书社，2000），洪湛侯的《诗经学史》（中华书局，2002），常

森的《二十世纪先秦散文研究反思》(北京大学出版社,2002),陈维昭的《红学通史》(上
海人民出版社,2005),竺洪波的《四百年〈西游记〉学术史》(复旦大学出版社,2006),白
盾、汪大白的《红楼争鸣二百年》(天津人民出版社,2007),方勇的《庄子学史》(人民出
版社,2008),如此等等,足以见古典文学学术史的研究蔚为大观。不过,新时期中国古
典文学学术史研究的开拓者,如同《古代文学研究导论——理论与方法的思考》一书其
实已指明的那样,则是现为华东师范大学终身教授的著名红学家郭豫适先生。

郭豫适先生的红学史研究专著即是 1980 年 1 月由上海文艺出版社出版的《红楼
研究小史稿》与 1981 年 8 月该社刊印的他的《红楼研究小史续稿》。郭先生的这部红
学史研究专著问世后至今犹得到学界很高的评价。例如,胡建次与潘牡芳在《新时期
以来中国古典文学学术研究述略》一文中说:"新时期以来,我国古典文学学术史研究
首先是从小说研究开始的。1980 年和 1981 年,郭豫适出版了《红楼研究小史稿》(上
海文艺出版社,1980 年)和《红楼研究小史续稿》(同上,1981 年),这在古典文学研究中
具有拓荒的意义。"①黄霖先生主编的《20 世纪中国古代文学研究史·小说卷》也说:
"郭豫适自 1960 年起因教学需要,编印了《红楼梦研究简史》的讲义,后不断整补修改,
终于 1980 年 1 月,由上海文艺出版社出版了《红楼研究小史稿》,翌年 8 月,又出版了
《红楼研究小史续稿》。这是《石头记》问世以来第一部研究红学发展史的专著,也是
'文革'以来第一部文学类学术史专著",认为这一部红学史著作"奠定了'红学'发展史
的撰写框架和模式,开启了红学史研究的新阶段。书中随处可见的流畅、严密、左右逢
源的犀利评议语词显示出那一代人的史识与时代意识,著者'秉笔直书'的著史态度与
严谨求实的治学精神对学术史的撰写产生了积极的影响"②。上述评价,我认为是完
全符合实际的。

诚然,郭先生在红学包括红学史方面的研究成果并不局限于《红楼研究小史稿》、
《红楼研究小史续稿》这一部专著,除此之外,他还写了大量论文,其中不少论文,收入
代表最高水准的《红楼梦》研究论文选集,或为有关权威刊物所全文转载。如刘梦溪先
生曾主编取舍甚为谨严的《红学三十年论文选编》,其前言说:"本书共选录了九十七位
研究者的红学论文一百零五篇","同一研究者的文章,一般只选一篇,最多不超过两
篇,以最能代表其学术成果的论题为依归"③。该书收入红学论文两篇的只有俞平伯、
何其芳等少数红学研究名家,而郭先生的论文《论〈红楼梦〉思想倾向性问题》、《西方文
艺思想和〈红楼梦〉研究——评介〈红楼梦〉研究史上的"新谈"、"新评"、"新叙"》就被选

入其中。又如,《索隐派红学的研究方法及其历史经验教训——评近半个世纪海内外索隐派红学》一文,被收入由郭皓政先生主编、陈文新先生审订的《红学档案》,该书"精选了十六篇在红学史上具有重要意义的或代表性的论文,对其加以评介";郭先生此文与其中选入的张庆善先生的一篇文章,被认为"对索隐派和新索隐派的产生发展做了大体的勾勒和鞭辟入里的分析"①。而郭先生发表在《学术月刊》1964 年 2 月号上的《关于〈红楼梦〉思想倾向的讨论》,则曾被《新华月报》1964 年 3 月号全文转载。他如《论"〈红楼梦〉毫无价值论"及其他——关于红学研究中的非科学性问题》、《拟曹雪芹"答客问"——红学研究随想录》、《应该实事求是地评价〈红楼梦〉后四十回——兼评〈红楼梦〉研究史上有关续书问题的评论》、《从胡适、蔡元培的一场争论到索隐派的终归穷途——兼评〈红楼梦〉研究史上的后期索隐派》等等论文,也颇得到学界的好评。郭先生在红学包括红学研究史方面能取得这样非同寻常的学术贡献,即如他的红学史研究专著,在近三十年后尚能得到学界很高的评价,这决不是偶然的。毫无疑问,一个学者要取得学术研究上的成功,勤奋、博学、天分等等当然是不可或缺的,但其学术品格亦极为重要,否则,就难以指望有真正的学术发现与创造。郭豫适先生之所以能在学术研究包括红学历史的研究方面成就卓著,显然也与其学术品格密不可分。在笔者看来,郭先生可贵的学术品格,主要有两点:一、勇于开拓;二、实事求是。这诚然是老生常谈的八个字,郭先生却以他坚实不倦的学术实践,对此作了独到的阐释,而在《红楼研究小史稿》、《红楼研究小史续稿》这一部专书的撰著中,尤有集中的体现。

二

在郭豫适先生研究红学史之前,人们对红学的历史已有一定的研究,但显然不够系统、全面。如阿英在 1936 年发表了《红楼梦书话》,1941 年编定了《红楼梦书录》,白衣香在 1938 年发表了《红楼梦问题总检讨》,杨夷在 1944 年发表了《红学重提》,习之在 1948 年发表了《红学之派别》,这些著述对红学发展的历史阶段与流派有一定的划分、评介,但有不少研究并不允当。如阿英在《红楼梦书录》中将红学的历史划分为这样四个阶段:王希廉的研究为第一个阶段,王国维的研究为第二个阶段,蔡元培的研究为第三个阶段,胡适的研究为第四个阶段,这在今天看来显然不科学;而习之在《红学之派别》中将红学研究的派别分为历史影射派、考据派、哲理派、心理派、统计派、西洋文物考证派、医学派、竹头木屑派、旧学派、时代模拟派，其分类的标准有点随意，甚至有点混乱，也太过于仔细。此后，1954 年对俞平伯先生的批判，1963 年对曹雪芹的纪念及 1973 至 1975 年的评红运动，是解放后大陆比较重要的《红楼梦》研究活动，但其重心显然不在研究红学的历史。这里值得补充说明的是，海外潘重规先生在 1974 年发表了论文《红学六十年》，表面看来似乎意在对此前六十年的红学历史进行总结，但细读潘文就会发现，他所说的"红学"，主要是指有关《红楼梦》的历史文献的研究，因此，该文并不是真正意义上的红学历史的研究，何况所论也只有六十年，并不涉及整个红学的研究历史⑤。这就是说，自《红楼梦》问世以来，真正全面关注《红楼梦》历史研究的学者并不多，而以实际行动、全身心投入，系统地研究红学历史的，即始于郭先生。这其实已成为学界的共识。梅新林先生在其著名的《文献·文本·文化研究的融通和创新——世纪之交红学研究的转型与前瞻》一文中也指出："红学史研究的开创性之作是郭豫适先生的《红楼研究小史稿》。"⑥

自《红楼梦》问世到郭先生的《红楼研究小史稿》与《红楼研究小史续稿》的出版，在这么长的历史期间中，之所以很少有人全面研究红学的历史，这是因为这一研究课题难度甚大；其重要之点，就是资料的匮乏。例如，当代学人非常熟悉的一粟所编的作为"古典文学研究资料汇编"之一种的《红楼梦卷》当时尚未出版——该书收有自乾隆至 1919 年五四运动以前大约 160 年的红学资料；至于五四时期及其以后的红学研究情况，更需要研究者自己去探索。客观地说，无论是五四以前的还是以后的，我国有关红学研究的许多书刊，是新时期以后才有意识地把它们作为有价值的学术史料而加以整理出版的。因此，没有勇于开拓的学术精神，郭先生决不可能完成如此艰巨的写作《红楼梦》研究历史的学术工作。

郭先生在《往事回忆——和青年同志谈治学体会》一文中说："我觉得从事学术事业和从事其他事业一样，不是一桩轻而易举的事，而是从事一项难度高，需要花费很长时间和巨大精力才有可能完成的重大工程，那就需要像古人那样，要立志，要有一点志气。因为人只有确立了理想和目标，立志去完成某项事业后，才能产生并且保持自己的勇气和力量去不断地克服种种困难。我国历史上许多哲人、志士就是这样走过他们的生活之路的。"⑦落实到具体的他之所以敢于承担红学研究史写作工作上，郭先生便以鲁迅先生为楷模。在《应当重视红学史的研究工作》一文中，他曾就受鲁迅先生开创性地写出《中国小说史略》启发，而萌发撰著《红楼梦》研究史稿的想法，写过这样一段话:"试想,在没有前人著述可以师法的情况下,撰写出一部系统的中国小说史,除了需要非常广博的学识,又需要何等勇敢的开拓精神和坚韧精神! 从某种意义上说,中国小说史这条线是由许多作家作品的点连接起来的,那么,从这条线上寻出一个点(《红楼梦》),试着写出这一个点的线(《红楼梦》研究史来),行不行呢? 笔者就是在鲁迅当年结合教学,撰著《中国小说史略》的启迪下,在鲁迅勇于开拓和坚忍不拔精神的感召下,萌发出撰写《红楼梦》研究史稿这样的想法来的。"⑧他最感佩鲁迅先生在《〈奔流〉编校后记》中所说的一句话:"倘若先前并无可以师法的东西,就只好自己来开创。"而在最近的一次学术访谈中他还说:"我最钦佩的是鲁迅先生从事学术研究所具有的那种勇于开拓与勤勉踏实的精神。"⑨

鲁迅先生在学术领域勇往直前的开拓精神显然给了郭先生无穷的精神力量,他试图开创性地写出《红楼梦》研究史稿的信念也就变得更加坚定。在具体的红学史的写作过程中,郭先生异常勤奋,备尝艰辛。当时已出版的一粟所编的《红楼梦书录》固然对他研究红学史有很大的帮助,有的前辈学者如目录版本学家、老编审吕贞白先生等也告诉他有关研究线索,其他学界友人也将有关书籍和资料相借或相赠,但最主要的还是依靠图书馆的藏书。从图书馆与友人处借来的书不能随便涂划,郭先生的办法就是随读随抄,常常一坐一整天,废寝忘食,乐此不疲。那个时候还没有复印机,更不用说电脑,因此,所付出的辛劳也就更为巨大。有的时候,读完一本原著,抄下来的笔记也就成了一个小册子;随后,郭先生反复阅读自己的摘抄本,并在上面点点划划,提示自己着重注意之点,或者在上面写上一点眉批,随时记下阅读的感想。下这样的硬工夫、"笨"工夫,花的时间虽然比较多,但对后来的写作起了很大的作用。就这样,寒来暑往,在极为艰苦的条件下,终于把书稿基本写成了。但接着而来"文化大革命",出版的事也就因而搁置。直到"文革"结束,郭先生被借调到北京参与《鲁迅全集》编注工作,一时难以完成全部《红楼梦》研究史书稿的定稿工作。上海文艺出版社遂跟郭先生商谈,决定将该书稿分为《红楼研究小史稿》(清乾隆至民初)与《红楼研究小史续稿》(五四时期以后),前者先于1980年1月出版,后者于次年8月出版。这部四十多万字的红学史专著从最初起意到正式问世,经历了长达二十年的艰苦奋斗。没有勇于开拓、坚忍不拔学术精神,从事这样极其艰辛、需要耗费大量心力的学术研究工作,是很容易半途而废的。

三

郭豫适先生在《红楼梦》研究史方面取得开创性的成就,勇于开拓固然是其成功的非常重要的一个因素,但还不能忘记他在学术研究上始终追求实事求是。在郭先生那里,实事求是固然是一种可贵的学术品格,但同时也体现为一种独立的追求科学的精神,当然这二者是紧密结合在一起的。他在《往事回忆——和青年同志谈治学体会》中明确地指出"做学问要实事求是"。而在二十年后的一次访谈录里,他于此说得更为具体:"在学术探索中,无论运用怎样层次的治学思想与研究方法,我们必须始终坚持实事求是,这是社会科学研究获得成功的基本保证与正确导向。实事求是是学术研究最高的要求,但同时也是最起码的要求。"他也非常认可这样的观点,即"我们在学术研究中强调实事求是,其实就是追求一种学术独立的科学精神"[⑩]。可见强调做学问要实事求是,是郭先生一以贯之的观点。他的红学史研究,可以说比较集中地体现了他在学术研究上始终追求实事求是的学术品格与学术独立的科学精神。

郭先生在《红楼研究小史稿》之序言中谈到该书的编写原则时就曾明确地说:"笔者主观上根据实事求是的原则作比较客观的评述。"又说:"当然,主观上希望实事求是,希望避免主观主义和片面性,决不等于事实上就已经做到。"可见,实事求是确乎是郭先生写作《红楼研究小史稿》时和《红楼研究小史续稿》至为明确的指导思想。至于郭先生说事实上未必已经做到实事求是,那是他的自谦之辞,同时也是对自己所提出的严格要求。这是因为,如前所说,实事求是同时也是从事学术研究最高的要求。

具体地说,郭豫适先生实事求是的学术品格,主要体现在对学术问题的科学论断与独立判断上。

就对学术问题的科学论断而言,我们不妨先以郭先生对研究红学史来说至为关键的红学发展历史线索的梳理及有关红学史研究重要"类例"的擘画为例。南宋历史学家郑樵在《校雠略》中曾说:"学问之苟且,由源流之不分","类例既分,学术自明"。章学诚《校雠通义》也主张学术研究要"辩章学术、考镜源流"。因此,研究一门学问,探明其源流与历史发展阶段及其关键"类例",甚为重要,否则,其学术研究难免有"苟且"之处。红学研究自然也是如此。例如,我们决不否认阿英先生对中国通俗文学的杰出贡献,但如前举他在《红楼梦书录》中对红学发展阶段的划分,显然并不科学。照他那样的分法,因为不符合红学发展的实际,也不能分出重要的"类例",因此,在此基础上显然难以开展真正全面、深入的红学史研究。阿英先生当年已是古典文学研究的名家,以他的水准尚且不能很好地划分《红楼梦》发展的历史阶段等等,可见初创者之研究红学历史与正确区分红学发展阶段之艰难。这正如鲁迅先生当年,要从倒行的杂乱的作品里,理出一条清晰的中国古代小说发展的历史线索那样,看似不难,而究其实际,决不是一件轻而易举的事。

郭先生以鲁迅先生为楷模,以极大的学术勇气与实事求是的学术品格,开辟榛莽,从繁茂芜杂的红学历史中,科学地清晰地勾勒出红学发展的历史轨迹。诚然,所谓科学地清晰地勾勒出红学发展的历史轨迹,并不是毫无重点地一一胪列、评介红学历史上的著述与现象;如果这样的话,就成为红学发展历史的流水账本,而不是一本严格意义上的红学史著作。因此,红学史的写作,必须既明其源流与嬗变,而又厘清主次,划分如郑樵在《校雠略》中所说的"类例";如此方能正确地描述红学历史的发展线索,而又能纲举目张,突出重点。为此,郭先生为他的红学历史的写作,确立了非常明确的体例,即:"依时分章,举例评述。"郭先生在《红楼研究小史稿》之序言中说:"《红楼梦》评论史上有关的著作和材料实在太多,如何恰当地选择、组织,很不容易掌握。笔者基本上采取依时分章、举例评述的方法。"这在相当程度上其实也就是鲁迅先生《中国小说史略》的著述体例。当然,所谓"依时分章,举例评述",只是为了论述的方便,如同鲁迅《中国小说史略》初看起来似乎只是重点评述不同历史时期的作家作品,而内实有着对中国小说发展历史规律言简意赅的深刻论述那样,郭先生的红学史著作,并不乏对二百多年红学发展历史基本走向的恰如其分的把握。准确地说,郭先生对红学发展历史基本走向的高屋建瓴式的阐述,具体体现在严格的科学的"举例评述"中。这正如陈维昭先生在《红学通史》中所说的那样:"郭著力图捕捉从红学诞生至 1976 年之间的重大事件,对重大事件的过程、主要人物、主要观点进行评介,以此去把握红学史发展的基本动向"[①]。

客观地说,郭先生的《红楼研究小史稿》及其《红楼研究小史续稿》,依照"依时分章,举例评述"的原则,比较科学、清晰地勾勒出红学发展的历史线索,划分红学史研究的重要"类例",建立起如前述黄霖先生主编的《20 世纪中国古代文学研究史·小说卷》中所说的红学发展历史的撰写框架和模式。如郭先生的《红楼研究小史稿》(清乾隆至民初)分为七章,依次是"小说引起的反响和有关见闻";"脂砚斋的评论";"杂评家的评论(上);"杂评家的评论(下)";"评点派的代表作";"索隐派的代表作";"王国维的《红楼梦评论》及其他"。《红楼研究小史续稿》(五四时期以后)分为十四章,依次为"五四时期西方文艺思想和《红楼梦》研究";"胡适的《红楼梦考证》和新红学的产生";"俞平伯的《红楼梦辨》";"鲁迅论《红楼梦》";"后期索隐派的代表作(上)";"后期索隐派的代表作(下)";"李辰冬的《红楼梦研究》";"太愚的《红楼梦人物论》及其他";"周汝昌的《红楼梦新证》";"俞平伯的《红楼梦研究》及其他";"对唯心论的批判和《红楼梦》的讨论(上)";"对唯心论的批判和《红楼梦》的讨论(下)";"五四年后的若干评著和六三年的纪念活动(上)";"五四年后的若干评著和六三年的纪念活动(下)";最后是附录:"《红楼梦》研究中的一股逆流——评'四人帮'的反动'红学'"。郭先生的这种划分既勾勒了红学发展的基本历史线索,又突出重点,并标明红学研究的重要"类例",如"脂砚斋的评论"、"杂评家的评论"、"评点派的代表作"、"索隐派的代表作"、"五四时期西方文艺思想和《红楼梦》研究"、"胡适的《红楼梦考证》和新红学的产生"、"俞平伯的《红楼梦辨》"、"鲁迅论《红楼梦》"等等,因为这样的划分符合红学历史的发展实际,是实事求是的,科学的,经得起历史的检验,故至今犹得到学界的普遍认同。陈维昭先生在《红学通史》中就认为郭先生的红学史研究著作"大体上以时间先后为序,把同一类型的研究归为同一专题进行评述,把纷繁错综的红学现象纳入一个条理清晰的框架之中,从而给读者一个明晰的研究史轮廓。"⑫

郭先生之所以能对红学发展的历史线索及其相关"类例"有较为科学的划分,乃在于他在总体上对整个红学发展的历史有着深刻的把握。由冯其庸、李希凡主编的《红楼梦大辞典》,对郭先生在《红楼研究小史稿》中对红学史的发展在宏观上所作的划分,作了重点介绍,实表达了学界高度赞赏:"作者在《跋》中首先提出红学史的分期问题:第一时期自清乾隆至1921年;第二时期从1921年胡适发表《红楼梦考证》至1954年;第三时期从1954年批判《红楼梦》研究中胡适唯心论以后的时期。"⑬郭先生在《红楼研究小史稿》的《跋》中说:"这三个时期,我们不妨打个比方,第一个时期好比是《红楼梦》研究的'古代史',第二个时期好比是《红楼梦》研究的'近代史',第三个时期好比是《红楼梦》研究的'现代史'。"2007年,由天津人民出版社出版的、由白盾与汪大白先生合著的《红学争鸣二百年》一书的导言性文字——《红楼探索:风雨兼程二百年》,还提到基本赞同郭先生的这种划分。没有对整个红学史发展的深入研究与透彻理解,也即没有卓越的史识,显然难以对二百多年的红学发展历史作如此恰如其分的区划。

诚然,郭先生在学术研究上坚持实事求是,他在红学史方面的科学的论断,更多的是体现在《红楼研究小史稿》与《红楼研究小史续稿》大量的对既往有关《红楼梦》研究的具体评述中,同时显示其难能可贵的学术独立的精神。这正如他在《往事回忆——和青年同志谈治学体会》中所说的那样:"实事求是说起来简单,要真正做到并不容易。在社会科学的研究工作中,常常有些非科学的因素在起重要的乃至决定的作用。"一代有一代之文学,一代也有一代之学术。郭先生这样说,是有感于他曾所处的那个时代,政治运动对学术研究的严重干扰。这是今天的研究者,特别是年青的研究者,所不能深切地体会到的。而郭先生处在那样的环境中,始终坚持实事求是与学术研究的独立性,决不把政治问题与学术问题混为一谈,不扣研究家的政治"帽子",更不以此代替切实的学术分析。

例如,我们今天谈胡适,可以不必有政治上的精神包袱;甚至在有些人那里,谈胡适是一种"时髦"。但在郭先生写作红学研究史的时候,胡适因为与国民党发生过密切的关系,基本上是一个"反面人物",而他在红学史特别是在新红学史上有重要的地位,不能绕开,如何评价他,似乎颇费商量。但在《红楼研究小史续稿》中,郭先生仍然坚持实事求是,他其实是以史家的"实录"精神,不虚美,不隐恶,秉笔直书,给胡适以客观、公允的评价。因此,陈维昭先生在《红学通史》中说:"在这样的时代背景下,郭著依然能够看到胡适《红楼梦考证》的学术性,并对此作出肯定,指出:'胡适撰写《红楼梦考证》政治上的主观意图,跟《红楼梦考证》这篇文章具体的实际内容和价值并不完全是一回事。'这是难能可贵的。"[13]

又如,1945 年任国民党"中央文化运动委员会平津特派员"的李辰冬,1949 年去台湾。李辰冬曾留学法国,1942 年,正中书局曾出版过一本他的《红楼梦研究》,该书是1940 年代《红楼梦》研究者开始注重研究《红楼梦》本身的重要代表作之一。因为李辰冬是国民党的学者,郭先生在写作红学史时,就有友人好心劝他绕过李辰冬,以避免不必要的麻烦。但郭先生考虑到李辰冬对《红楼梦》研究的贡献及其在红学史上的地位,本着实事求是的精神,还是作了深入的研究。《红楼研究小史续稿》共十四章,第七章即独设一章,标为"李辰冬的《红楼梦研究》",下分"李辰冬的《红楼梦研究》概述"、"李辰冬论曹雪芹的时代、个性和人生观"、"李辰冬论《红楼梦》的人物及其世界"、"李辰冬论《红楼梦》的艺术价值及曹雪芹的地位"四节,即用整整一章的篇幅来研究李辰冬的《红楼梦研究》。李辰冬此书约七万字,郭先生的评价就写了两万多字,既指出李辰冬在《红楼梦》研究方面的失误,又客观地评价他将《红楼梦》研究回归到小说的本身,继承了王国维《红楼梦评论》的传统⑮。当近年来有人呼吁"李辰冬不应被'红学'遗忘"⑯,或如有的学者所说"就红学研究界来看,此书(按:指李辰冬的《红楼梦研究》)鲜有人提及,只有1976年曾被摘编在《红楼梦研究参考资料选辑》第三辑中,人民文学出版社出版","有关其研究的专论,目前仅见中国艺术研究院邓庆佑的长文《李辰冬和他的〈红楼梦研究〉》"⑰,其实郭先生对李辰冬的《红楼梦研究》早就作了比较详尽的研究。据笔者所知,郭先生是全面评析并充分肯定李辰冬《红楼梦研究》重要价值的第一人。

就是不涉及政治问题,而对红学研究史上的权威著作,作出实事求是的评价——如果是批评而不是表扬的话,这也不是一件容易的事。这是因为,中国学术界真正能包容别人客观批评的学人并不多,有时就是一些学界的"大人物",也不例外。而郭先生的红学史研究,却并不因为有的学者已是研究《红楼梦》的"权威",而放弃其实事求是的批评原则。如周汝昌先生的《红楼梦新证》在1953年出版后,在学界有很大的反响。但此书在考证问题上,其实有着不少谬误,其核心之点,乃在于将《红楼梦》的"自传说"发展到极致。这正如郭先生《红楼研究小史续稿》第九章中所指出的:"真正把'自传说'发展至最高程度的,却是一九五三年正式出版的周汝昌的《红楼梦新证》。"这是因为,"在《红楼梦新证》里,小说中贾府的人物事件和作家曹雪芹家里的人物事件是被当作一回事来加以互相印证的。"例如,在该书《人物考》一章中,周汝昌先生在论述《红楼梦》的"旧时真本"时,就毫不犹豫地考定曹雪芹是先娶薛宝钗,后娶史湘云。如此等等。因此,郭先生在本书第九章专门列了一节"'写实自传'说的代表作",旗帜鲜明地指出,《红楼梦新证》的基本观点就是"写实自传"。他进而写到:"周汝昌的'自传说'是胡适、俞平伯的'自传说'的继承,但比胡、俞二人更坚决、更彻底,考述也更加详尽。从这些情况来看,《红楼梦新证》是《红楼梦》评论史上主张自传说的一部最大的代表作。"显然,依照中国学术界客观存在的多做表扬,少做批评,甚至不做批评的学术批评"潜规则",这种面对"权威"毫不"苟且"的严肃的学术批评态度,同样是难能可贵的;联系上述在比较严酷的政治环境中对胡适在《红楼梦》研究方面所作的实事求是的评价,郭先生其独立的学术评判立场跃然纸上。

实事求是是中国优秀的学术传统。《汉书》卷五三《河间献王传》所说的"修学好古,实事求是",人们已耳熟能详。不过,笔者更欣赏《清史稿》卷四八二《儒林传》三所说的"实事求是,不立异,不苟同"。所谓"不苟同",对学术研究来说,就是要敢于排除一切非学术的因素,而有自己独立的判断。对一个学者来说,"不立异"并不难,但要真正做到"不苟同",特别是在评判有关比较敏感的人与学术问题时,往往需要非凡的勇气,在特定的历史条件下,还可能付出沉重的代价,因此,非要有优秀的学术品格不可。郭先生以拓荒者极大的勇气全面梳理《红楼梦》研究史,可以说是以他优秀的学术品格全身心地实践了《清史稿》之《儒林传》所说的"实事求是,不立异,不苟同",而终于写出了"自出机杼,成一家风骨"(《魏书》卷八二《祖莹传》中语)的《红楼研究小史稿》与《红楼研究小史续稿》,因而得到学界广泛的赞誉,并对此后古典文学学术史的撰写产生了积极的影响。郭豫适先生的学术成就是多方面的,他的红学史研究,导夫先路,是对古典文学学术史研究所作的杰出贡献。

注

① 胡建次、潘牡芳:《新时期以来中国古典文学学术研究述略》,《社会科学家》2004 年第 4 期。

② 黄霖主编《20 世纪中国古代文学研究史·小说卷》,中国出版集团东方出版中心 2006 年版,第 511 页。

③ 刘梦溪主编:《红学三十年论文选编》,百花文艺出版社 1983 年版。

④ 陈文新:《"红学"的历史、现状与未来——写在〈红学档案〉前面》,见郭皓政主编、陈文新审订的《红学档案》,武汉大学出版社 2007 年版。

⑤ 以上概述,主要参考陈维昭先生《红学通史》中的相关论述,该书 2005 年由上海人民出版社出版。谨此致谢。

⑥ 梅新林:《文献·文本·文化研究的融通和创新——世纪之交红学研究的转型与前瞻》,《红楼梦学刊》2002 年第 2 期。

⑦ 郭豫适:《往事回忆——和青年同志谈治学体会》,《文史知识》1989 年第 5 期。

⑧ 郭豫适:《应当重视红学史的研究工作》,《华东师范大学学报》1982 年第 2 期。

⑨⑩ 钟明奇:《博学慎思,实事求是——郭豫适教授访谈录》,《文艺研究》2009 年第 5 期。

⑪⑫⑭ 陈维昭:《红学通史》(下)第十章《红学的学术史研究》,上海人民出版社 2005 年版,第 645、644 页。

⑬ 冯其庸、李希凡主编:《红楼梦大辞典》,文化艺术出版社 1990 年版,第 1129 页。

⑮ 可参钟明奇:《关于李辰冬研究的补充》,《文汇读书周报》2006 年 12 月 29 日。

⑯ 见《北京青年报》2006 年 5 月 1 日。

⑰ 熊飞宇:《李辰冬〈红楼梦研究〉管窥》,《红楼梦学刊》2010 年第 1 期。

　　(原载《明清小说研究》2011 年第 1 期,作者为杭州师范大学中国古代文学与文献研究中心教授)

论孔携道、易基本格局

——《易传》语篇分析

傅惠生

《易传》思想流派的研究一直是易学研究的重点之一,这主要关系到对于我国古代易学思想史上究竟是儒家还是道家扮演关键性角色的争论,同时也的确影响到我们现在对于传统思想史的认识,对于中国古代哲学史、易学史和儒学史的认识。这里试图从三个方面:1)通过对《易传》中关于什么是《易》和对《易》的认识论几种不同观点语篇的分析;2)对整个《易传》,特别是《系辞》语篇中学术流派的成分进行扫描式的分析,相对明晰其中不同的思想流派成分;3)以西周初期、春秋后期和战国时期的思想文化为背景,将《周易》文本的重要思想观点、孔子对于《周易》的研究,和老子道家思想的融入以及《易传》中不同思想的表达结合起来分析研究,显明《易传》中思想流派的孔携道、易基本格局。

一、《易传》中对《周易》不同认识的语篇分析

《周易》整体反映了什么?对于《周易》本体论的不同回答显示了不同的理解。《易传·系辞》中至少明确有四种不同的回答,很明显,不同的回答并非同一人、同一时代的表述,有累积综合的现象,自然有其历史参考价值。第一篇为《系辞上·第四章》:

> 《易》与天地准,故能弥纶天地之道。仰以观于天文,俯以察于地理,是故知幽明之故;原始反终,故知死生之说;精气为物,游魂为变,是故知鬼神之情状。与天地相似,故不违;知周乎万物而道济天下,故不过;旁行而不流,乐天知命,故不忧;安土敦乎仁,故能爱。范围天地之化而不过,曲成万物而不遗,通乎昼夜之道而

知，故神无方而《易》无体。

这个语篇指出《周易》所反映出的思想原理基本与天地之间的规律是相同的，所以能够反映出天地运行的规律。若从已知的先秦几家学派的特征来看，《易》"与天地准"和"弥纶天地之道"应与道家思想类似，但是有一点，这不是纯粹的老子之道，老子之道本体是"无"，而"与天地准"是"有"，这有很大的不同和差异，所以是《易》之道。知幽明、知死生和知鬼神应属于墨家思想特征的表述。道济天下、乐天知命、安土敦仁和能爱与儒墨两家思想相似。"范围天地之化而不过，曲成万物而不遗，通乎昼夜之道而知，故神无方而《易》无体"则包含有道家、阴阳家和占筮神秘思维的成分，因此如果硬说这篇文字属于某个流派，显然是不太妥当的，其中的综合性很明显，这显示出战国"百家争鸣"后期或之后的一种思想表达。这种综合性的宏观思考，大有包罗万象的气度。

第二篇是《系辞上·第五章》：

> 一阴一阳之谓道。继之者善也，成之者性也。仁者见之谓之仁，知者见之谓之知，百姓日用而不知，故君子之道鲜矣。显诸仁，藏诸用，鼓万物而不与圣人同忧。圣德大业至矣哉！富有之谓大业，日新之谓盛德，生生之谓易，成象之谓乾，效法之谓坤，极数知来之谓占，通变之谓事，阴阳不测之谓神。

这个语篇中，从开头的主句"一阴一阳之谓道"看，无疑是阴阳家的表述；"鼓万物而不与圣人同忧"类似老庄的表述；"君子之道"、"显诸仁"、"圣德大业"则与儒家思想接近，"成象之谓乾，效法之谓坤"似乎是通行语言表述，而"极数知来之谓占"是继承传统的占筮思维表达，"阴阳不测之谓神"既可以是阴阳家的表述，也可以是占筮思维的表述或后期道家或稷下道家的一种表述。这个语篇显然是天道人道合一的思考。

第三篇为《系辞上·第六章》：

> 夫《易》广矣大矣！以言乎远则不御，以言乎迩则静而正，以言乎天地之间则备矣。夫乾，其静也专，其动也直，是以大生焉；夫坤，其静也翕，其动也辟，是以广生焉。广大配天地，变通配四时，阴阳之义配日月，易简至善配至德。

这篇文字整体应该与老子道家思想很接近，所不同的是老子说"道"广且大，是玄且隐的，而这里显然是立足于融老子的思想入《周易》框架的一种道家角度的描述，天地广大，与自然相谐和，以至善的状态达到完美的功用，显示的是与老子道家思想有区别的一种自然主义的思想认识。

第四篇为《系辞上·第七章》：

> 子曰："《易》其至矣乎！夫《易》，圣人所以崇德而广业也。知崇礼卑，崇效天，卑法地。天地设位，而《易》行乎其中矣。成性存存，道义之门。"

这段话无疑是作为孔子的语录流传下来的。孔子读易用功之勤，要从《周易》所反映的"天道"中"知崇礼卑，崇效天，卑法地。天地设位，而《易》行乎其中"来"明人事"，即"崇德广业"，"成性存存"，从中体会人生、社会和政治的极致道理和原则。孔子的这一认识与前三种的认识有一个根本的区别在于思考的纯粹性，而非思想的混杂性。这种纯粹性是对人生理想的一种追求，提倡"崇德广业"是紧贴《周易》文本对整体爻辞深刻的体会和高度的升华。孔子才是第一个真正引老子之道的方法论研究《周易》作整体认识的人。

明确了四种不同的对《周易》本体的认识之后，我们可以看到《易传》究竟是如何进一步分析《周易》表述世界的方式和途径的。这也有四个不同的语篇显示出不一样的观点。第一个语篇是《系辞上·第八章》的第一部分文字：

> 圣人有以见天下之赜，而拟诸其形容，象其物宜，是故谓之象。圣人有以见天下之动，而观其会通，以行其典礼，系辞焉以断其吉凶，是故谓之爻。言天下之至赜，而不可恶也；言天下之至动，而不可乱也。拟之而后言，议之而后动，拟议以成其变化。

这是一个对于《周易》文本的，而且也是对《周易》所反映的自然世界的二元认识论，认为圣人创作《周易》是以一象一爻和一静一动来反映整个天地间的自然变化的规律的，因此告诫人们不可轻看象所反映的隐匿的自然和社会现象，事物运动发展是有序且有规律的，不可以随意违反其规律性。这个认识论应该是比较本色的《周易》认识论。

第二个语篇是《系辞上·第十章》：

> 《易》有圣人之道四焉：以言者尚其辞，以动者尚其变，以制器者尚其象，以卜筮尚其占。是以君子将有为也，将有行也，问焉而以言，其受命也如响，无有远近幽深，遂知来物。非天下之至精，其孰能与于此？《易》无思也，无为也，寂然不动，感而遂通天下之故。非天下之至神，其孰能与于此？夫《易》，圣人之所以极深而研几也。唯深也，故能通天下之志；唯几也，故能成天下之务；唯神也，故不疾而速，不行而至。子曰"《易》有圣人之道四焉"者，此之谓也。

我们从这个语篇中首先可以看到,其开头和结尾都有同样一句话:"《易》有圣人之道四焉",不同的是结尾的这句话前面加了"子曰",并有一个结束推论句"此之谓也",明显是意图说明作者所说的"《易》有圣人之道四焉"应该就是孔子所说的"《易》有圣人之道四焉",而我们从《系辞上·第十二章》中可以看到这位作者的观点与孔子的观点是不一样的。实际上,我们只要读一读这个语篇的内容,就知道孔子肯定不会同意这种观点的。因为这个语篇所表达的神秘性思维的认识论与孔子的理性认识论是属于人类社会发展两个完全不同时代的认识论。孔子亦明确表达过"不占而已",但是这里的第四点正是"卜筮尚其占",明显是对立的认识论观点。所以,对于《周易》神秘性的认识,只能是"将有行也,问焉而以言",《周易》就会"其受命也如响,无有远近幽深,遂知来物。"作者对于这样的认识,自能发出感叹"非天下之至精,其孰能与于此",所以,他的认识只能归结为"绝对神秘",因为"《易》无思也,无为也,寂然不动,感而遂通天下"。可是,作者也知道,《周易》是圣人之作,所以他说"夫《易》,圣人之所以极深而研几也。唯深也,故能通天下之志;唯几也,故能成天下之务",所以才会"唯神也,故不疾而速,不行而至"。显然,所谓"极深"和"研几"是一般人所无法企及的,因此《周易》是神秘的,作者对于《周易》的认识论可以说是不可认识论,或是几乎不可认识论。

第三个语篇是《系辞上·第十二章》的第一部分中的一段:

子曰:"书不尽言,言不尽意。"

然则圣人之意不可见乎?

子曰:"圣人立象以尽意,设卦以尽情伪,系辞焉以尽其言,变而通之以尽利,鼓之舞之以尽神。"

这个语篇显然不完全是孔子的原话,有后人编辑的证据。经过编辑后的这一段话,是将孔子看似矛盾的两段话连接在了一起,形成了一个对言意关系的"不尽"与"尽"的思考与回答。这个语篇由孔子关于"言意"关系"不尽"的表述,通过一个反问,将孔子关于圣人在《周易》中"言意"表达的"尽"连在了一起,发人深思。孔子在谈论"书不尽言"和"言不尽意"关系时,是就一般的言意关系而言的,而"五个尽"的表达是孔子针对圣人所作的《周易》而言的。孔子对于《周易》如此极度赞誉的评价,是紧扣《周易》文本提出的一种理性的认识论,显然有划时代的创新意义。可以说,这正是孔子的伟大之处,这也正是他自己感叹过:"加我数年,五十以学《易》,可以无大过也。"因为《易传》中孔子有两段对于《周易》整体性认识的语录,分别在《系辞上·第七章》和

《系辞上·第九章》中,第七章前面已经引述,第九章为:

　　子曰:"夫《易》何为而作也? 夫《易》开物成务,冒天下之道,如斯而已者也。"

　　孔子为什么对于《周易》会有这样的认识,其大的社会文化背景有两个来源,一个是直接的《周易》文本来源,但是这个文本来源还不能助其达到如此思想的高度,另外一个来源就是中国古代的第一个完整的哲学思想体系老子的《道德经》的影响。显然,孔子不是简单地如《易传》中的一些作者搬用《道德经》中的概念和词句,他是将老子的"道"与"德"的认识论融化在他对《周易》的认识中,所以才能做出两段对于《周易》深刻的概括和做出"五尽"认识论的表述,即孔子将《周易》语言和符号系统作为"言",即圣人立象尽意,设卦尽情伪,系辞尽言,变通尽利,鼓舞尽神,所要表达的世界规律的"赜"看作"意",对于两者之间的关系认为不仅可以认识,而且可以"五尽",这是一个相当乐观的理性主义认识论。陈嘉映在《语言哲学》中论及语言哲学的基本问题时说:"一般认为,语言哲学的中心问题是:一、语言和世界的关系;二、语言或词语的意义问题。哲学问题总是互相钩连的,上面提到的两个大问题是近邻,甚至可以说是从两个角度看待同一问题。"①两相比较,其中有很大的相似性。当然,我们不能因此说孔子是先知,有先见之明,是语言哲学家。孔子只是根据具体的《周易》这个对象所作的思考和表述。但是,他也确实考虑《周易》作为语言符号系统与世界的关系,圣人是如何通过制作《周易》这个语言符号系统来表达意义的。这种与语言哲学基本问题的契合也是符合孔子对于《周易》的认识描述的,这真的说明孔子思想深刻和伟大。因此从语言哲学的角度来看待孔子对于《周易》的这一认识,能够帮助我们深入理解他的易学认识论的深刻性。具体一点说,孔子在这里的认识应该是他以《周易》为基础的认识论的表达。这个认识论就是:《周易》是圣人创制的反映整个自然界规律的语言符号系统,这个语言符号系统的表达是通过立象、设卦、系辞和变通四种言说途径,乃至于"鼓之舞之"完尽地表达自然世界规律之意的。因此,我们可以通过圣人的四种"言"之途径的学习、理解和应用,来达到理解和把握自然世界和人类社会规律之意。正是孔子这种吸收了老子《道德经》对世界的整体认知方式来观察理解《周易》,并指出具体的读《周易》由四种途径而获得圣人之意的认识论表述,沟通了中国古代思想史上两种不同的思想体系,确立了《周易》完全脱离占筮思维的状态并成为探索人生哲学的教科书。我认为正

---

① 陈嘉映.《语言哲学》[M].北京:北京大学出版社,2006.15 页。

是因为这种认识论的创新,确立了孔子在易学史和中国古代思想史上的地位,这是他的伟大之处。

这里有感而发,顺便说点与此相关的认识。翻阅大量通行且权威的中国哲学史著作,孔子研究及儒学史研究著作,和易学研究著作,谈及孔子哲学认识论的学者不多。比较典型和集中讨论孔子认识论问题的一些学者,如钟肇鹏先生在《孔子研究》中认为:在人能不能认识客观世界的问题上,孔子的认识论是属于可知论。孔子的认识论中有唯物主义思想和辩证法的因素,主要来源于他长期的教学实践,有三个特点值得注意:学行并重、学思并重和辩证法的因素。[①] 查阅近二十多年来的各种相关研究资料,相关观点的表述大致类似钟先生的论述,这不能反映孔子认识论的精华。传统的易学研究中,有些学者笼统地将易学归于儒家学说,因此所谓的《周易》哲学认识论似乎就是儒家认识论。现在我们可以肯定,易学哲学认识论不是孔子的认识论。有许多学者将易学哲学主要归功于道家思想者的努力,这又不完全符合历史的实际。改革开放以后,易学研究的一个主要倾向是道家学说成了易学的主体。另外,在中国哲学史的研究中,一个普遍接受的观点是:老子是哲学家,孔子主要是道德家。黑格尔认为孔子"在他那里思辨的哲学是一点没有的"观点似乎已经为我国的哲学家们所接受,[②]这也与中国哲学史的事实不符。《周易》历来是作为儒学主要经典之一而传承的,为什么呢? 似乎至今很少有人能够将这个问题解释清楚。无论有多少已有的解释,总体上看都有孔子附会《周易》之嫌。如果我们能够证明《周易》是孔子认识论中不可分割的一部分,则《周易》作为儒学经典不仅理由充足,而且对于深刻理解孔子的哲学思想也十分有益。进而可以在一定的程度上,可以调整对于孔子哲学思想历史认识的偏差。

第四个语篇是《系辞上·第十二章》下半部分,其表述主要从道家的观点看待《周易》:

> 乾坤,其《易》之缊邪? 乾坤成列,而《易》立乎其中矣;乾坤毁,则无以见《易》;《易》不可见,则乾坤或几乎息矣。是故形而上者谓之道,形而下者谓之器,化而裁之谓之变,推而行之谓之通,举而措之天下之民谓之事业。是故夫象,圣人有以见天下之赜,而拟诸其形容,象其物宜,是故谓之象。圣人有以见天下之动,而观其

---

① 钟肇鹏.《孔子研究》[M].北京:中国社会科学出版社,1991.69—80 页。
② 侯外庐等.《中国思想史》[M].北京:人民出版社,1957.131—171,257—302 页。

会通，以行其典礼，系辞焉以断其吉凶，是故谓之爻。极天下之赜者存乎卦；鼓天下之动者存乎辞；化而裁之存乎变；推而行之存乎通；神而明之存乎其人；默而成之，不言而信，存乎德行。

这一部分认识论表达的一个突出特征，就是其中具有明确道家思想特征两句话的插入，"形而上者谓之道，形而下者谓之器"，我以为从思想和文句的连贯性看，与上下文是不协调的，因为这是老子道德观的经典表述。所谓"形而上"的"道"是"无"，是认识的本体论，按照老子的观点，"形而下"的"器"是"有"，是现实的世界，虽然道与德在一定范围内可以有某种程度的重合或衔接，但是显然与此处语篇的表达意义是不同的，因为《易》是圣人对于"赜"的显现，语言符号化的系统，是"隐"和"有"而非"无"，所以不协调。但是为什么会加进来，显然是作者试图用老子道家思想来解释《周易》，只是理解融合的不好，比较生硬，没有孔子的水平高和看问题深透。仔细地读一读这个语篇，可知作者是个《周易》的二元认识论者或是个二元认识论的赞同者，是个理性主义认识论者，是个道家和儒学结合论者。这个语篇的头四句话，一句是设问"乾坤，其《易》之缊邪？"第二句是重述一种普遍的看法，"乾坤成列，而《易》立乎其中矣"；第三第四句，接连用四个否定词语"毁"、"无以"、"不可"和"几乎息"反复着重强调乾坤卦对于《周易》的重要性。在引用了形上形下概念后，接下来的"化而裁之谓之变，推而行之谓之通，举而措之天下之民谓之事业"，则是试图从道家的视角与对《周易》认识的相衔接或者相融合，显然这里的衔接也是生硬的，更谈不上融合。中间一段二元认识论的文字是对《系辞上·第八章》的文字略作适应性的改动和抄写。接下来，作者试图将道家思想与《周易》二元论认识论进一步融合，所以才会有"极天下之赜者存乎卦；鼓天下之动者存乎辞；化而裁之存乎变；推而行之存乎通"的表述，这段文字的结束确是比较典型的儒家思想，强调人的主观能动性，强调人在学习《周易》中德行的积累。可以说，这段文字是道家思想、《周易》二元论认识论和儒家思想拼接的结果。

从四个不同章节对于《周易》是什么的回答，和四个语篇对于《周易》的构成或认知方法不同的表述，我们无法否认地看到孔子思想、道家思想、《周易》所含有的西周初期的思想、或许还有墨家思想、稷下道家，以及不同但没有留下特殊印记的流派思想的表达。而其中起主要作用的应该是孔子的思想、《周易》文本所含有的西周初期的思想和老子的道家思想。为了进一步探讨这三者之间的关系，有必要进一步对整个《易传》的思想流派现象作一个全景式的扫描。

二、《易传》整体内容思想流派的扫描

从上面的分析可以看出,只有对《易传》中各章进行具体的语篇分析,我们才能够相对有效地把握和了解《易传》文本中思想流派的具体状态。这里试图分五点进行研究:第一、《说卦传》、《系辞下·第二章》和《易传》中有关阴阳说的内容;第二、乾坤卦经文、彖传、象传和《文言传》;第三、《彖传》和《象传》;第四、《系辞传》和第五、《序卦传》和《杂卦传》。

第一、对于《易传》中《说卦传》、《系辞下·第二章》和有关阴阳学说内容的梳理可以让我们对易学发展的历史脉络有个基础的认识。

阴和阳是八卦和六十四卦最基础的概念,阴爻和阳爻自然也是三画卦和六画卦结构中的基础成分,更是整个《周易》的基石。尽管如此,《易传》中专门论述阴阳的文字相对并不多,成篇幅段落论述的文字也不长,主要有两章:即《系辞上·第五章》和《系辞下·第四章》。第五章的内容在第一部分已经有了表述,这里省略。其中思想流派应以阴阳家思想为主,兼有老庄、儒家、占筮思维、或后期道家、或稷下道家、或黄老思想观点。第四章的内容是:"阳卦多阴,阴卦多阳。其故何也?阳卦奇,阴卦耦。其德行何也?阳一君而二民,君子之道也;阴二君而一民,小人之道也。"从阴阳卦的表述看,应该是阴阳家的观点,而谈论德行、君子之道和小人之道,则比较明显偏向于儒家思想观念,也有人认为主要是道家思想。从这两段专门论述阴阳的文字,我们可以看出,基本是阴阳家、道家思想和儒家思想相融合为主的状态。实际上,阴阳在《易传》中有很多变体的表述,如乾坤、刚柔、男女等。从整个人类思维发展史看,阴阳观念的发生与发展与人们的自然生活环境是分不开的,日和月、白天与黑夜、明与暗、男人与女人等等,乃至延伸为主导与顺从,主动与被动等。阴阳概念作为原始思维的基本概念能够逐渐形成《周易》这样一个完整的隐喻世界的符号系统,成为中国传统文化中的一种二元论世界观,可以说这样一对观念既是中国文化最古老的基本观念,也是发展到了极致的一种文化形态。所以,无论是老庄思想中强调阴阳概念,还是以邹衍为代表的阴阳家试图用阴阳五行的世界观去解释世界,也只是一种思想流派的特征,而非整个中国传统阴阳文化的主体,也不能代表《周易》中的整体阴阳观念。从这个角度看阴阳,《说卦传》会给我们很多的启发。

《说卦传》共有十一章,集中记载对于八卦的认识和历史的发展。我们可以发现,逆序阅读《说卦传》,即从第十一章到第一章,思想抽象的程度不断提升。这里可以简略地表述一下《说卦传》的具体内容,以证明其中的诸多观念是后来不同思想流派的基础。在第十一章中,按照八个三画卦的顺序分别罗列了共 112 个意象,总体来看,这些意象大体都与古代先民实际生活所触及的环境有很大的关系,如果我们假设这 112 个意象是一个打碎的瓷瓶,将之拼接起来看,应该是一个与马息息相关,生活在有山靠水的地方生活,食物的来源有水生小动物,如蚌、鳖、蟹之类,有市场、甚至有货币的,部分从事农业生产等等的细节的人的社会。从宏观文化形态角度观察,乾卦显示出的特征较为明显一些,可以略作分析。"乾为天,为圜,为君,为父,为玉,为金,为寒,为冰,为大赤,为良马,为老马,为瘠马,为驳马,为木果。"这里乾卦象征十四个不同的意象,表面看似乎毫不相关,天为大,圜应该与祭祀天的圜丘相关,君父均为国和家的权威者,而先玉后金,也显示出玉金文化在我国古代的统治地位的象征,寒、冰和大赤与天气现象相关,而良马、老马、瘠马和驳马均与智慧、勇敢、忠诚和神奇相关,木果则是有助充饥和营养的食物。这种表达方式虽然没有明显的流派痕迹,但是我们仍可以从中判断出反映的是周初所确立的以天为大的传统文化形态的表达(尽管有后人整理的可能)。第十章将八卦比喻为父母和三个儿子和三个女儿,第九章将八卦比喻为首、腹、足、股、耳、目、手和口,第八章将八卦比喻为马、牛、龙、鸡、豕、雉、狗和羊,第七章将八卦比喻为行为状态:健、顺、动、入、陷、丽、止和说,第六章将八卦除乾坤的其余六卦比喻为化育万物的力量:动万物者莫疾乎雷,桡万物者莫疾乎风,燥万物者莫熯乎火,说万物者莫说乎泽,润万物者莫润乎水,终万物始万物者莫盛乎艮。同时,作者认为这六种事物的特性两两相对,"水火相逮,雷风不相悖,山泽通气",由此变化而成万物。第四章和第三章均是对第六章的完善,第四章是对第六章前半部分八卦特性的一种更加简洁完整的表达:雷以动之,风以散之;雨以润之,日以烜之;艮以止之,兑以说之;乾以君之,坤以藏之;第三章则是对第六章后半部分的更加全面的表达,并强调《周易》的预测性质。第五章是《说卦传》中唯一说明八卦的时和空的特征与万物随季节而发生的周期性变化的,明确表明后天八卦的性质,并明确解释"圣人南面而听天下,向明而治,盖取诸此卦也。"后天八卦传说为周文王根据新的文化观念调整改变先天八卦而成,显示的是西周初期的文化理念。《说卦传》的第一和第二章,明显带有儒学思想的印迹,其中一些文字与《大学》和《中庸》中的用词概念相同,如第二章中的"性命之理"、"仁与义";

第一章中的"和顺于道德而理于义,穷理尽性以至于命"均是儒家的语言表达特征。逆序阅读十一章《说卦传》,除第一二章有明显的儒家文化特征,其余九章有着逐渐的历史演变轨迹,清晰可辨,且其中的第五和第十一章有明显的西周初期的思想文化特征的表述。

《系辞下·第二章》关于八卦的创制和十三个六画卦的解说,显示的则是早于后天八卦近五千年的卦画发展史的一部分。关于八卦的创制,第二章开始的一段文字似是有历史传说的渊源,"古者包牺氏之王天下也,仰则观象于天,俯则观法于地,观鸟兽之文,与地之宜,近取诸身,远取诸物,于是始作八卦,以通神明之德,以类万物之情。"这个八卦应该是先天八卦,"以类万物之情"似乎可以从《说卦传》的第十一章中得以验证。而且,我们从20世纪七十年代末期在河南濮阳西水坡的考古发现中,可以看到距今六千多年的完善的回归年图案,蚌塑龙虎、北斗图案所指示的方向,以及四个小孩所代表的四神所指示的季节切换点,有理由相信,先天八卦所指示的时空合一模式以及夜间观星所固定的方向指示是可信的,是有着悠久历史发展演化且与人的实际生产生活紧密联系的特征的。在十三个六画卦中,包牺氏在世时模仿离卦,制作罗网围猎捕鱼;神农氏当政,模仿益卦,制作耒耜有利耕种,也从噬嗑卦获得启示创建交易市场;到了皇帝、尧、舜的时代,卦画的文化有了更大的发展和利用,从乾坤卦获得了上衣下裳的灵感,舟楫致远的创意来自涣卦,牛马引重致远的灵感来自随卦,重门击柝源自豫卦,杵臼之利来自小过卦,弧矢制作源自睽卦,上栋下宇来自大壮卦,棺椁之用源自大过卦,书契治世来自夬卦。我们知道仓颉造字在黄帝时代,也就是说这篇文字所述没有超越尧舜的时代,且人们应该是先有生活和实践经验,再有思想和符号的抽象,这里的表述从认知途径上看似乎与正常的途径相反,虽然不能令人信服,如此按照历史生活进步的叙述和记录,应该有其历史的根源,不像是凭空捏造出的。

从以上对于阴阳概念的浅析,先天八卦的创制,后天八卦的变化,八卦认识的拓展和抽象;六十四卦历史发展和认识过程,可以看出阴阳观念对于整个《周易》和《易传》的基础性和重要性。阴阳文化观念的发展与《周易》相生相伴的紧密关系和丰富多彩。

第二,乾坤卦与《文言传》显示的思想流派。将乾坤卦、两卦象传和象传及《文言传》合起来分析,是一个从根本上认识《易传》思想流派的关键之处。乾坤卦卦爻辞本身已经显示多种信息,即《周易》本身卦爻辞所显示出的思想色彩,已基本为理性思考的表达,而非以占筮思维为其主要特征。1)两卦的卦辞"元亨利贞"和"元亨利牝马之贞"显示出两者功能上的差异,一是强调乾卦的绝对主导作用,和坤卦顺应乾卦的服从角色,以自然模仿天地之间的关系和差异。这是典型的西周初期的以天为尊的思想观念的体现,将天和地联系起来看,就会有这种认识,我们也不否认,其中有与道家思想相似的色彩,但可以肯定这不是道家思想。有学者认为道家思想从《周易》吸取的思想营养,有可能,但是老子的道家思想显然是从古老的天文学传统发展而来,其道德观与《周易》的乾坤观还是有较大的思想根源上的差异性。2)两卦爻辞的编写有着明显的褒贬差异,按照《易传》中的说法,就是圣人对待乾坤不同,有扬乾贬坤的倾向,最明显的表现在于乾卦比喻的完整性和坤卦比喻的不完整性。3)强调时和位的差异性。这种思想有其深刻所在。因为时和位的不断变化,显示出万事万物变易的特征来,同时也明显透射出西周的礼制思想背景和对时空变化哲学认识的一定程度上的升华。这也是《周易》本身的理性特征和智慧比较重要的一方面。我们也看到所谓"满招损,谦受益"的思想,在六画卦爻辞的整体写作布局中表达的十分明确。4)强调乾坤卦的主次性、互补性,主动领导性与被动顺从性。乾坤两卦的《象传》仔细读来,与老子道家思想相比较显示出不同的特征。乾坤卦的《象传》分别为:"大哉乾元,万物资始,乃统天。云行雨施,品物流行,大明终始,六位时成,时乘六龙以御天。乾道变化,各正性命,保合太和,乃利贞。首出庶物,万国咸宁",和"至哉坤元,万物资生,乃顺承天。坤厚载物,德合无疆,含弘光大,品物咸亨;牝马地类,行地无疆,柔顺利贞;君子攸行,先迷失道,后顺得常;西南得朋,乃与类行;东北丧朋,乃终有庆;安贞之吉,应地无疆。"乾坤卦《象传》所显示的思想可以叫做自然主义思想,其玄思的色彩不如老子道家思想中道、德关系的思辩性浓厚,且关注乾坤之间的和谐与顺动性质,以及万事万物能够"各正性命,保合太和","含弘光大,品物咸亨"。从乾卦《象传》结尾的两句话"首出庶物,万国咸宁"来判断,可以说具有黄老道家思想的特征。整体来看,表达的是一个光昌流丽的天地和谐的自然景象,作者的立意和思想境界自非一般人所能企及的。作为补充和完善《象传》的《大象》,"天行健,君子以自强不息"和"地势坤,君子以厚德载物"具有夏代传承的大禹精神,偏重于儒墨思想特征。两卦《小象》均为两卦爻辞的补充,其自身的学派性特征不强。作为对乾坤两卦后来的补充和发挥,《文言传》以二比一的篇幅区别乾卦对于坤卦的优势,其中的儒家思想特色十分鲜明。两个突出的段落,一是"元亨利贞"的四德说,表达对一个理想的君子所应具有的四种美德的细说。这种四德之说有其悠久的历史传承,在《左传》中有记载,《子夏传》中也有类似表述,这里更加细致并扩充了其中的内容,文字风格也书面语体化更强。还有一段孔子对于乾卦六爻发挥,表述自己关于一个完美人生的理想。而《文言传》乾卦的后一种对于卦辞"元亨利贞"和爻辞的解说,"乾始能以美利利天下,不言所利。大矣哉,大哉乾乎!刚健中正,纯粹精也;六爻发挥,旁通情也;时乘六龙,以御天也;云行雨施,天下平也。"这是一种重复乾卦象传内容的自然主义色彩浓厚的语言表达。在解释一二爻时,有"君子以成德为行,日可见之行也",和"君子学以聚之,问以辨之,宽以居之,仁以行之",这带有明显的儒家思想的色彩和痕迹。在解释三四爻时强调两者均重刚而位置不处中间,强调"重刚"是一种新的认识和说法,与道家思想有关。在解释九五爻时有"夫大人者,与天地合德,与日月合其明,与四时合其序,与鬼神合其吉凶;先天而弗违,后天而奉天时。天且弗违,而况于人乎?况于鬼神乎?"这段话有强调自然主义色彩的思想,也有占筮思维的色彩,也有学者认为是道家思想的,或许是墨家思想的表达。因此,这种解释有新时代的思想特征,也有古老的占筮思想,有典型的墨家思想内容,有儒家思想的内容,同时也有类似道家思想的自然主义思维特征的语言表述。总之,乾坤卦、两卦象、象传和两卦《文言传》作为《周易》的核心部分,其思想流派的分析表明有传统的西周敬天的思想,有儒家的人生理想的追求,有自然主义的天地认知,也有道家刚柔的表述,还有少量的相信鬼神的占筮思想或墨家思想,还有道家思想的色彩。

　　第三,《彖传》与《象传》中的思想流派。通过对《彖传》结构的分析,可以断定《象传》的产生,不论《大象》还是《小象》,都是缘自《彖传》结构写作的不规范性和不完整性。例如,《彖传》解《睽》卦卦象有四种意思:"睽,火动而上,泽动而下;二女同居,其志不同行。说而丽乎明,柔进而上行,得中而应乎刚",即火泽,二女,说丽,刚柔。而在解释《涣》卦时,却一个卦象解释都没有,"刚来而不穷,柔得位乎外而上同"中的刚柔均是指爻。这种解释的不规范和不完整现象在六十二卦中是普遍存在的,这在某种程度上为《大象》、《小象》的补充完善预留了一定的空间。由于这样一种关系和写作时空的不同,《彖传》与《象传》的思想差异自然相对比较大。《彖传》释卦的大体结构可以分为三部分:第一部分是对每个卦画结构的上下卦和关键的爻加以解说,对于卦画结构解说多局限于上下两卦的关系和称谓的相对固定,学派性的表达不是特别明显,而对于关键爻的解释多用刚柔、中正、位当与位不当,刚柔是否有应,以及志行为主要的概念。若从流派的特征来判断,刚柔应与阴阳有关,或是道家思想相关?而中正、位当与不当应与西周礼制的概念相关,所以这里的解释思想流派应是偏向于西周易学传统的一部分,但是显然其中的占筮思维的色彩比较淡薄,人的主观能动性或理性的意识得到了相对的强化;第二部分是对卦辞的解说,这一部分的思想倾向性与对卦画的解释相似或基本一致;第三部分总体看来,文字的思想和水平都比较高,眼界开阔,善于宏观思考问题,思辨能力强。文字表述着眼于从具体到抽象,从个别到一般,从眼前到永恒。一共只有 31 卦有这一部分的文字,占总数的一半还不到,似有补充附加的痕迹,且与乾坤卦的象传文字水平相似,有自然主义的思想特征。这一部分文字最大的一个特征就是对"时"的感叹,共 12 卦有"卦名+之时义大矣哉"的感叹句式,占有此类文字卦数量的三分之一强。除此之外,还有一些相关对于"时"的表述,如:豫:天地以顺动,故日月不过而四时不忒;观:观天之神道,而四时不忒;贲:观乎天文以察时变;剥:君子尚盈虚消息,天行也;恒:天地之道恒久而不已也。日月得天而能久照,四时变化而能久成,圣人久于其道而天下化成,观其所恒,而天地万物之情可见矣。遯:刚当位而时应,与时行也。损:损益盈虚,与时偕行。益:凡益之道,与时偕行。革:天地革而四时成;汤武革命,顺乎天而应乎人。丰:日中则仄,月盈则食;天地盈虚,与时消息,而况于人乎?况于鬼神乎?节:天地节而四时成。这种对于"时"的感悟和思索,体现了对天地时空中的最具变动因素"时"的哲学反思,加上其中不避鬼神的言辞,如:谦:天道下济而光明,地道卑而上行,天道亏盈而流谦,鬼神害盈而福谦,人道恶盈而好谦。观:观天之神道,而四时不忒;圣人以神道设教,而天下服矣。丰:日中则仄,月盈则食;天地盈虚,与时消息,而况于人乎?况于鬼神乎?等等。虽然这种表达,儒家和道家思想家们也常说,这部分文字的主要思想倾向应该是《周易》的西周思想传统和自然主义较为突出一些。《大象》和《小象》的出现与《象传》关系紧密,形成了隐和显两重关系。《大象》建立标准化的解说格式,这种格式可以分成三个标准的部件:上下卦画的关系、卦名、引申意。卦名是已经存在且是不可修改的,大象作者必须受之约束。以此为先决条件,在四个字的篇幅内表述上下卦的关系,因此很难说这些内容中有流派思想的表达。从卦名和引申意句式的关系看,它们之间是一种因果关系。如,蒙,君子以果行育德。蒙的意义启发了君子去"果行育德"。这种因果关系,如果没有卦画和卦名之间关系的参与,意义整体上也是不完整的。也就是说,"以"字同时也连接卦画的解说和卦名,而这种关系和引申句之间的关系是一种类比和联想的关系。从引申句的内容来看,其主要部分应该是属于儒家思想无疑,其中大多涉及具体地如何治理天下和君子修身的,显然,因为所述内容的广泛,法家思想、道家思想和其他流派的思想多多少少都融入其中。《小象》因为结构简单,内容简洁,从表面上看不出明显的思想流派。因为《小象》句式结构第一部分基本为文字重复部分,与爻辞内容一致,第二部分经过字频统计和语域分析处理,除去三个出现频率最高的虚词"也"字447,"不"75和"以"54外,出现频率最高的四个实词:志48,中46,位31,行30,其中有两个字"中"和"位",显然表明作者对于爻处位中间和对爻的位置的重视,同时对于某种状况的可行性的思考颇多关注,最特别的一点是"志",表明个性的意愿,频率如此之高,显示出作者对主观能动性的肯定。在20—29词频栏中,当27,道22,正27,上23四个字合在一起看,可以说明作者倾向于做事理性,积极向上,强调正派,合乎规范和原则。其次还有义14,常4,安4,德4,君4,命4,律1,尚3,贞1等字,可以合并在同一范围来看。大量的字与行为的方式有关,敬12,顺17,承5,从9,柔5,合4,卑1,臣1,服2,辅1,容2等,表示恭顺谨慎的行为方式和态度。并且与行为的结果有关:得23,功6,光13,明10,终20,足4,福3,固3,晖1,吉11,而从这些字的集合,强调的是美好、圆满的结局和光明的前景。同时还有约相等量的关于否定和失败的字。不75,未42,失21,咎16,穷11,害5,乱6,凶7,尤6,灾8,丑4,反4。在20—29词频栏中,失21,无24,这一系列的否定字,加上其他字,如败2,悖3,窜1,犯2,弗3,患1,疾1,戒1,困1,吝3,灭1,莫2,难1,逆1,丧2,伤1,亡2,罔1,危2,违1,勿1,在不大的空间里,形成了一个大的否定网络,否定字大量的使用反映了作者的一种严肃、禁忌态度,做人处事比较谨慎,尽量避免出现不好的结局。个性的特征和作用以及心理活动:志48,心6,信4,愿6,自10,独4,孚1等这些字反映出的是有关个性的独立自主去选择和判断,充分发挥人的主观能动性。我们大体上可以说,《小象》的主要内容是关心每一爻所代表的个体行为的标准和规范与否,是否积极向上,有智慧地顺从规范和原则,而不是叛逆和违犯规范和原则,争取好的结果,避免而不是招引或导致灾害和凶乱。同时,它更加强调个人的意愿、选择和决策,更加强调主观能动并显示其理性的色彩。可以说,《小象》的思想流派既有西周初期思想文化的特征,也有比较明显的儒家思想和道家思想倾向。

第四,最能够显示易学思想流派观点的文字应该是在《系辞》中。今本《系辞》一般分为二十四章,实际是二十四段长度不等的文字:最长的篇幅有682字,最短的篇幅只有34字。《系辞上》十二章共2131字;《系辞下》十二章共2369字,总共4500字。《系辞》集中了自《周易》诞生之后至西汉留存下来的易学内容的主体。因此,通过以下列表的方式,将24章各章中的思想流派作简洁语篇分析和标注,由此可以大致了解其基本特征和状态。

[系辞上]	核心词汇和句式	思想流派的语篇综合判断
第一	天尊地卑,乾坤定矣。卑高以陈,贵贱位矣。动静有常,刚柔断矣。刚柔相摩,八卦相荡。日月运行,一寒一暑。乾道成男,坤道成女。贤人之德,贤人之业。天下之理得,成位其中	乾坤定位,天尊地卑,反应的是传统西周时期尊天思想,包括礼制思想,其中刚柔相摩,日月寒暑变化一般属于道家思想,但是有阴阳家色彩,贤人德业的说法则是儒家思想。整个语篇有杂合性特征
第二	刚柔相推生变化,昼夜之象,六爻之动,三极之道,君子居则观象玩辞,动则观变玩占	刚柔相推等应该属道家思想,而后半部分观象玩辞句近似儒家思想
第三	象、爻、吉凶、悔吝、无咎等概念解释,贵贱存位,小大存卦,卦有大小,辞有险易	提及贵贱存位,与儒家思想和西周礼制接近,卦有大小则属于道家或阴阳家易学思想
第四	《易》与天地准,能弥纶天地之道。观天文察地理,知幽明;原始反终知死生;精气为物,游魂为变,知鬼神。不违天地,道济天下,乐天知命,安土敦乎仁。范围天地之化不过,曲成万物不遗,通乎昼夜之道而知,神无方《易》无体	弥纶天地之道,原始反终为道家思想,幽魂为变,知鬼神,神无方,易无体则是墨家思想特征,或占筮思维特征,安土敦仁则是儒家思想,范围天地,曲成万物,通乎昼夜之道则为道家思想
第五	一阴一阳谓之道,鼓万物不与圣人同忧,盛德大业,阴阳不测,极数知来谓之占	一阴一阳之谓道属于道家或阴阳家思想,鼓万物不与圣人同忧为道家思想,盛德大业则为儒家思想,阴阳不测为占筮思维
第六	《易》广大,言远不御,言迩静正,言天地之间则备。乾静专动直,大生;坤静翕动辟,广生。广大配天地,变通配四时,阴阳之义配日月,易简之善配至德	主要为道家思想,并具有阴阳家思想色彩
第七	《易》其至矣乎! 天地设位,《易》行其中。崇德广业,崇效天,卑法地	孔子之言(儒家思想)
第八	本章为两部分内容:第一象爻二元认识论,第二孔子对七条爻辞的解说,言行谨慎为做人的枢机	前一段《周易》象爻二元认识论,归纳陈述经文现象,战国早期儒家或道家认识特征,后七条孔子之言(儒家思想)

（续表）

［系辞上］	核心词汇和句式	思想流派的语篇综合判断
第九	大衍之数五十,成变化行鬼神,显道神德行,可与佑神。子曰:知变化之道者,其知神所为	传统占筮思维指导的占筮方法,墨家思想特征,最后有孔子之言,崇知
第十	《易》有圣人四道:言尚辞,动尚变,制器尚象,卜筮尚占。君子将有为有行,问以言,其受命如响,无有远近幽深,遂知来物。《易》无思,感而遂通天下,非天下之至神,其孰能与于此,唯神也,不疾而速,不行而至	占筮思维占主导,或墨家思想
第十一	《易》开物成务,冒天下之道。圣人通志定业断疑。一阖一辟谓之变,太极生两仪、四象、八卦。成天下之亹亹者莫大乎筮龟	有孔子之言,有阴阳家思想表达,也有典型的道家思想表述,和传统占筮思想
第十二	孔子:书不尽言,言不尽意。五尽。形而上,形而下。神而明之存乎其人,存乎德行	其一部分儒家思想占主导,中间部分道家思想特征明显,最后为儒家思想
［系辞下］		
第一	整体解释一般名词象、爻、刚柔、系辞,吉凶悔吝等。有天地之道、日月之道,贞夫一者等语,何以守位?曰仁	有道家思想特征,也有儒家思想色彩
第二	伏羲创八卦,十三个六画卦代表的历史文明进步	历史描述,自然史观
第三	易、象、彖、爻解释	无流派特征
第四	阳卦多阴,阴卦多阳,一君二民,二君一民	此篇为阴阳家思想特征明显、也有认为道家思想
第五	孔子释九爻	孔子之言(儒家思想)
第六	子曰:乾坤,其《易》之门邪?乾阳坤阴,阴阳合德、刚柔有体,因贰以济民	有孔子之言为首句,其后为道家思想或阴阳家思想
第七	三陈九卦,论德	与西周礼制文化近,与孔子思想近,不似道家之言
第八	《易》不可远,为道屡迁,唯变所适。苟非其人,道不虚行	理性思维特征强,注重人的主观能动,稷下道家思想或黄老道家思想

[系辞下]		
第九	《易》原始要终以为质,六爻相杂唯其时物,爻位论,刚柔贵贱	论爻位贵贱特征,其设定有西周礼制特征,后期道家思想(?)
第十	三才之道	卦画结构天地人之说,每才均有阴阳之分。若从思想流派特征说,可以看作是道家思想
第十一	《易》兴之时、事?《易》道甚大,百物不废。惧以终始,乃《易》道	史家之论,"惧以终始"有儒家思想特征
第十二	乾至健,德行恒易知险;坤至顺,德行恒简知阻。象事知器,占事知来。人谋鬼谋,百姓与能	儒、墨或更多流派的杂合观点

很显然,《系辞》二十四章中的大多数都存在着思想流派的综合性和混杂性状态,这说明主要成文于战国时期的这些文字折射了这一时期多种思想流派的思想家对于《周易》的认识,如何对这一复杂现象有更好的认识,显然需要结合文化背景作综合性分析。

第五,《序卦传》和《杂卦传》的流派特征不强,很难断定两者属于何种思想流派。司马迁在《史记》中没有提到这两个传。若从《序卦传》上下篇天地定位和家庭男女为始,似与传统西周观念、礼制思想和儒家思想较为接近。若以二元思维看待世间万物,似受道家老子思想影响为大。但是这种认识的根据是不足的,因为天地定位和六画卦的时位观念本身就设定有一个序列探讨的诱惑和空间。相对而言,即便是受到老子二元对立思考问题方式的影响,《杂卦传》主要还是依据卦形的两两相对并附会一定意义的一种思考和表达方式。

总之,对于《易传》或《十翼》从检视思想流派并语篇分析的角度进行整体的扫描,尽管这里对于思想流派的判断并不准确和到位,就目前的研究状态也难以做到精确,但是从这一做法中我们可以感受到,1)整个《易传》内容的时间跨度是很大的,从伏羲创八卦到西汉初期,特别是《易传》中《说卦传》、《系辞下·第二章》和阴阳概念具有历史文化基础概念和文化概念的历史,不存在所谓春秋战国时的思想流派的判别问题;2)乾坤卦、卦传和《文言传》作为易学的核心焦点之一,主要集中表达了西周初期统治思想、自然主义的天地观、儒家思想和道家思想的认识;3)《彖传》和《象传》则主要与道家思想和儒家思想为主的综合其他不同思想流派;4)《系辞》的二十四章除唯一署名的部分纯粹儒家思想的开创者孔子的言论外,少量纯粹道家思想的表达,其余大多是战国时期,可能主要是中后期以道家思想为主,融合儒家、墨家、西周传统思想和礼制思想、稷下道家,黄老道家等杂合、综合和融合状态的易学研究的论说。5)而《序卦传》和《杂卦传》则是对《周易》本身特点内容和形式内涵的研究,不好附加具体思想流派的标签。

三、《易传》中孔携道、易基本格局的描述

对于《周易》是一部什么样书的不同回答,对于如何认识《周易》这样一种文化思想显示出的不同路径,表达的都是百家争鸣的思想发展状态在《易传》中的沉淀和集结。对于《易传》思想流派整体的语篇分析扫描让我们看到了其在不同语篇的综合性和融合性状态。因此,应该有与这种综合性和融合性相适应的方式方法来描述和解释这一现象。同时,我认为传统的《易传》研究方法有三个值得注意的倾向:一、经传分离的研究格局;二、重词句轻语篇的分析方法;三、与整体文化背景关联性关注还不足够。

研究《易传》不应该经、传分开加以研究,无论后来的思想如何发挥和偏离原来的经文文本或是如何《周易》注我",总应该是与经文有着千丝万缕的联系。《易传》历史上称作《十翼》,所谓"翼"是不能脱离主体的,否则是无法发挥作用的。也就是说,易学思想的根本,首先在于《周易》文本本身完整的存在作为一种坚实的易学现实基础。不管后来的《易传》中的思想流派有多少,都不应彻底脱离文本来发挥、研究和评说。至少在《易传》研究的一些主要的方面,《周易》文本本身具有一些西周统治集团的主要思想观念和特征在易学研究中起着一定的基调和主导作用。限于篇幅,我在这里至少可以说五个属于《周易》文本的基本特征。第一,尊天。西周人通过"尊天"来提升其王权统治的权威性。这一观念被实在地体现在《周易》经文的乾坤卦画排列的先后顺序上,同时也充分地体现在两卦的卦辞和爻辞上。可以很明显地看出,两者之间不仅有高低之分,也有主从之分和卑贱之分。在两卦卦辞中"乾卦卦辞:元亨利贞,和坤卦:元亨利牝马之贞","牝马之贞"表达的是对乾卦的顺从和谦卑,而在两卦爻辞中,坤卦六爻爻辞比喻的不统一规整,与乾卦的统一以龙为喻的设计,也显示出高低贵贱之分来。所以,《易传》中任何类似的表达不管其出自哪家哪派,其思想特征仍然是属于西周早期

统治者的,《系辞上》第一章开头所表达的"天尊地卑,乾坤定矣。卑高以陈,贵贱位矣"就是易学研究的一个基础观点。孔子说过类似的话,黄老道家说过类似的话,战国时期可能其他思想流派的学者也说过类似的话,我们不能因此将之判为儒家、道家、黄老或其他思想流派。第二,崇德。对于西周的统治集团来说,尊天和崇德是一个问题的两个方面,尊天是为了确立自身的权威,崇德是为了更好地巩固自身的权威。一个典型"尊天敬德"的例子是在《尚书·召诰》中描述营建洛邑时:

> 越七日甲子,周公乃朝用书,命庶殷,侯、甸、男、邦伯。厥既命殷庶,庶殷丕作。太保乃以庶邦冢君出取币,乃复入锡周公,曰:"拜手稽首,旅王若公。"诰告庶殷越自乃御事:"呜呼!皇天上帝,改厥元子兹大国殷之命,惟王受命,无疆惟休,亦无疆惟恤。呜呼!曷其奈何弗敬。天既遐终大邦殷之命,兹殷多先哲王在天。越厥后王后民,兹服厥命。厥终,智藏瘝在。夫知保抱携持厥妇子,以哀吁天,徂厥亡,出执。呜呼!天亦哀于四方,其眷命用懋,王其疾敬德。"

> 今译:又过了七天,在甲子日的早晨,周公便向殷民和各诸侯国的首领颁发了营建洛邑的命令。之后,殷民便大举动工了。太保和诸侯国的国君取出礼品,再入内赠给周公,说:"请接受我们的礼拜请让我们把向王陈述的意见陈述给你。"然后把这些意见写成命令,发布给殷民和那些治事诸臣:"啊!上天上帝,更改了殷国的大命,不再让他统治天下。我们周王接受了上天的大命,无限美好,但也有无限的忧虑,为什么不应该有所警惕呢?上天既然结束了大国殷的大命,这殷国的许多圣明的先王还在天上。后来到了殷纣,一开始和臣民都还能勤勉地根据先王的命令行事。待到纣的末世,有本领的人都匿藏起来,小民都离家行役,人民痛苦到了极点。有了家室的成年男子,都抱着他们的婴儿,携带着他们的妻子,在一起悲痛地呼吁苍天,诅咒殷纣,希望他快点灭亡,以求跳出灾难的深渊。啊!上天也哀怜四方小民,他看到这种情形,便把大命由商转移给我周。王啊!希望你赶快敬重德行。①

西周统治者非常强调德政、德行和德教,在《尚书》中,我们可以在与西周相关的文献中,反复读到关于"德"的多种表述。孔子在《易传》中多次说到崇德广业、进德修业,实际上就是对西周文化的一种张扬和继承。第三,重占。西周文化重视占卜。《尚书·

---

① 孔子文化大全编辑部.《尚书》.王世舜今译.济南:山东友谊出版社,1993.220—222页。

洪范》中周武王在向殷朝的箕子咨询治国安民之策时,箕子所说的洪范九畴的九种办法中,第七种就是占筮。占筮在当时是被看作解决治理国家疑难问题的办法,统治者自然不会不重视。西周人的确继承了这些传统和做法。一个典型的案例就是《尚书》中《金縢》篇所描述的故事,即周公以自己的身体和性命为周武王占卜,祈求他的康复,这足以说明西周人敬天事鬼神的治理国家和日常的生活方式。阅读《尚书》中有关西周的历史文献记载,敬天、事鬼神、崇德和广业是其中的核心观念和内容,以此作为基本的依据来阅读《易传》中的文字,我们就可以大致判断出西周的思想文化和易学传统的内容,即便是不同思想流派对其中某一方面有所发挥和创新,没有独立标新和自成体系,在某种程度上是不难理解的。第四、阴阳观念是《周易》的根本。阴阳的研究可以独立成为阴阳学派,或属于道家,或属于儒家后继的发展,或属于其他思想派别。但是《周易》中的阴阳是一个根深蒂固发育于源头的基本历史事实和自成完整体系的阴阳文化,易学中的阴阳与道家所说的阴阳或是阴阳家所说的阴阳有相似的基础,但是有不一样的成长历史,不同的认识概念,不同的思考方式,以及不同的表述和应用。所以易学中的阴阳应该与其他思想流派有所区别,不应混为一谈,为他人作嫁衣裳。第五、隐喻的思维表达方式。整个《周易》六十四卦所形成的卦画符号和卦爻辞体系就是一个完整的隐喻表达系统,本身就是一整套推天道、明人事的表述方式,也是一种普遍的人类认知世界和事物的方式和语言表达方式。如果我们从今天的角度来看待这种占筮系统,可以说这是以某种媒介(龟甲或筮草)的复杂操作方式引诱出多种不同的隐喻表达途径和方式并附加诸多神秘色彩和思维方式的一种多用于预测人事的行为。《周易》的这些基本特征在很大程度上直接影响了《易传》的研究和表达。

从古至今的《易传》研究成果已经表明,道家学者在《易传》形成和发展的过程中作出了很大的贡献,战国时期诸多道家学者的著作中都发现了与《易传》文本相同或相似的词汇和句式。总起来看,《易传》中道家学者的研究成果至少有:第一、将老子的道德观应用于对《周易》的认识,更加明晰地指出"《易》与天地准,故能弥纶天地之道",或是"一阴一阳谓之道。"这种改造使得原来在《道德经》中的玄远之"道",变成了以《易》为认识对象和范围的表述。很显然,道家学者的易之道与老子之道,虽然表面仍然用的同一个字,两者已经有了本质上的差异。最根本的一点,是继孔子之后,使得《周易》脱离了占筮思维的理解和应用历史阶段的束缚而进入更为全面清晰理性思维的理解、阐释和发挥的历史阶段。第二、道家易学研究者的这种"道"的易学转身,将其视线的注意力转移至对《周易》所表达的天地之间自然规律的描述和认识，及其对人类思想和活动影响的探讨。第三、吸收了老子庄子有关阴阳的表述和思想，同时吸收了阴阳家思想的观点，并在《周易》文本所展示的无数阴阳变化现象和规律基础之上，对阴阳关系作了较为充分的描述、发挥和总结。第四、将道家对于《周易》作为天地自然结构和规律的认识应用于对《周易》卦画结构微观的分析和发挥上，有诸多的发明和新意。第五、特别是战国中后期的道家易学学者的思想吸收了不同学派的观点，综合性和灵活性比较强，因而也更突出了《周易》学习和应用的灵活性。结合春秋战国这样一个实际历史语境，回味一下司马谈在《论六家之要旨》中所说的道家："其为术也，因阴阳之大顺，采儒墨之善，撮名法之要。与时迁移，应物变化，立俗施事，无所不宜。指约而易操，事少而功多。"可以看出，这一说法与我们对《易传》中道家学者的易学研究表述基本上是契合一致的。这种融合各家思想成果集结在道家旗帜下的历史时段可能也就是集中在战国后期或末期与西汉初期，因为很快汉武帝便树立起"独尊儒术"的大旗，而班固写《汉书·艺文志》时对于道家思想的描述和归纳："道家者流，盖出于史官，历记成败、存亡、祸福、古今之道，然后知秉要执本，清虚自守，卑弱自持，此君人南面之术也。"这基本上回归到了老子的历史主义，连道家的对于哲学本体的玄思都抹去了。由此也可以看出道家思想发展的一个历史跨度和周期，而《易传》中道家思想发展的杂糅现象正是道家发展高峰期的一种折射。

我在学习道家易学研究者诸多成果的同时，也发现其中一些明显的问题。这些问题主要有：第一、《周易》和《道德经》是两个不同思想体系的著作，在关键的地方有两者没有融通的硬性结合的表述。例如，本文前面第一部分对于《系辞上》第十二章中文字的语篇分析所展示的。第二、《周易》文本本身积极的涉世生活态度与老子和庄子某种程度上相对消极的涉世生活态度表述不一致，同时可能因为战国时期大的形势发展，从阴阳转变成刚柔本身就意味着有一种从自然自为的状态过渡到人的意志干涉和有为的状态，诸多类似文字的表述使得即便是道家学者的论述，也容易让人感到向儒家思想的靠近，或是向着黄老思想发展，或是不同的中间过渡状态。第三、道家易学学者的成果虽然丰富，没有如孔子一样有一个独树一帜的典型道家易学派别，因为我们在阅读了《易传》中诸多道家学者的表述后，没有一种突出的学术观点，要么我们说这是道家的老子观点的易学应用，要么是道家的庄子观点的易学解释，要么可能是稷下道家易学学者的观点表述，要么是战国中后期的黄老思想的一种或多种阐释。第四，综合杂糅现象比较突出。在本文第二部分对《系辞》各章所作的语篇分析中，我们可以看到在思想内涵较为丰富的篇章中，有较大比例章目中存在着不同流派思想的杂糅现象，不能截然划分归为道家学派、儒家学派、墨家思想，或是其他思想流派。

《易传》研究史上的儒家和道家主体之争似乎将老子为代表的道家和孔子为代表的儒家推到了怒目对峙的状态，实际并非如此。第一，没有老子，很难想象有孔子的易学。孔子"晚而喜易"有一个历史契机，就是在春秋晚期孔子所处的特定环境下，中国第一个比较完整的哲学思想体系著作老子的《道德经》已经问世传播。司马迁曾说，老莱子"著书十五篇，言道家之用，与孔子同时云"。① 这个说法应该可以和孔子拜访请教老子的故事联系起来看，因为在拜访过老子后，孔子对他的弟子赞扬老子说："鸟，吾知其能飞；鱼，吾知其能游；兽，我知其能走。走可以为罔，游可以为纶，飞可以为矰。至于龙吾不能知，其乘风云而上天。吾今日见老子，其犹龙邪！"② 可见，他是真正地佩服老子。因此，在勤苦读《易》，"韦编三绝"之后，孔子有了整体的感悟，叹道："夫《易》开物成务，冒天下之道，如斯而已者也。"（《系辞上·第十一章》）尽管老子的"道"与孔子所说的"天下之道"不一样，他将对老子之道的领悟应用到读《易》上，是完全可以触类旁通的。从整个西周和春秋时期的文化背景来看，没有《道德经》，孔子是难以整体把握和领悟《周易》，并作出划时代的开拓的。第二，正是这种触类旁通的感悟，孔子确立了基于《周易》的认识论。前面已经讨论过这个问题，这里再略加发挥。孔子通过对圣人建构和使用《周易》方式的观察，回答了两个重要的问题：一是《周易》的言意关系问题，一是《周易》与世界的关系问题。而这两个问题正是当代语言哲学所关心的两个基本且相互关联的问题。这种经过近 2500 年后认识上的巧合性，足以让我们重新反思孔子在中国古代易学史上的贡献，以及他在中国哲学史上的贡献。第三、孔子引领了思想发展的潮流。孔子的这种以道家之"道"感悟《周易》之"道"，不仅连通了《道德经》与《周易》的关系，也为后来的道家学者和各学派学者研究《周易》打开了大门。在那个"百家争鸣"的战国时代，为人们提供了一个发挥思想的平台，去探讨和思考人对天地之间种种现象的认识。第四、孔子的这种《周易》研究揭去了仍然蒙在《周易》使用和研究上占筮思维的面纱，以一种理性思维的面貌，将《周易》推向了中国思想研究的

---

① 司马迁.《史记·老子韩非列传》[M].北京：中华书局，1959. 2141 页。
② 同上，2140 页。

学术中心。一方面这种研究沟通了古今中国文化发展的认识，上可推至伏羲创八卦，下可以连通当代；一方面也从《道德经》对于道和德的玄思，对于政治、人生和社会的老子式的历史主义观察、总结和反思转向对于人生理想的追求和个人现实生活智慧的探求，显示出贴近生活细致的人文关怀。在《文言传》中，孔子描绘了一个读懂《周易》的理想人生蓝图：

> 子曰："龙德而隐者也。不易乎世，不成乎名，遁世无闷，不见是无闷。乐则行之，忧则违之。确乎其不可拔，潜龙也。"

> 子曰："龙德而正中者也，庸言之信，庸行之谨。闲邪存其诚，善世而不伐，德博而化。《易》曰：'见龙在田，利见大人。'君德也。"

> 子曰："君子进德修业，忠信所以进德，修辞立其诚所以居业也。知至至之，可与言几也；知终终之，可与存义也。是故居上位而不骄，在下位而不忧。故乾乾因其时而惕，虽危无咎矣。"

> 子曰："上下无常，非为邪也；进退无恒，非离群也；君子进德修业，欲及时也，故无咎。"

> 子曰："同声相应，同气相求；水流湿，火就燥；云从龙，风从虎；圣人作而万物睹；本乎天者亲上，本乎地者亲下，则各从其类也。"

> 子曰："贵而无位，高而无民，贤人在下位而无辅，是以动而有悔也。"

这段话是孔子针对乾卦六爻所作的阐释和发挥，深刻精彩，不仅描绘了他自己的理想人生，也为后世无数中国人的人生追求，确立了一种形象和目标。此外，我们还在《系辞上·第八章》和《系辞下·第五章》中看到孔子对于《周易》爻辞的解释和发挥，限于篇幅，各举一例说明。第八章里孔子集中谈论一个人应该注意自己的言行，他对中孚卦九二爻的解释和发挥：

> 子曰："君子居其室，出其言善，则千里之外应之，况其迩者乎？居其室，出其言不善，则千里之外违之，况其迩者乎？言出乎身，加乎民；行发乎迩，见乎远；言行，君子之枢机。枢机之发，荣辱之主也；言行，君子所以动天地也，可不慎乎？"

在第五章中，他对咸卦九四爻作了如下的发挥：

> 子曰："天下何思何虑？天下同归而殊途，一致而百虑，天下何思何虑！日往而月来，月往而日来，日月相推而明生焉；寒往则暑来，暑往则寒来，寒暑相推而岁

成焉。往者屈，来者信也，屈信相感而利生焉。尺蠖之曲，以求信也；龙蛇之蛰，以存身也。精义入神，以致用也；利用安身，以崇德也。过此以往，未之或知也；穷神知化，德之盛也。"

正是这种对个人言行对他人影响的关注，对从多种自然现象中感悟如何屈信安身，表达的是孔子对现实生活中人如何为人，理想是什么和保身立命的思考和关心。

孔子对于周代文化继承的最大贡献，显然充分表现在他晚年对《周易》勤奋学习上。《论语·八佾》中孔子说"周鉴于二代，郁郁乎文哉！吾从周。"他对于周代文化的热爱，以及对于继承和发展《周易》思想文化所作出的贡献，特别是他专注人的研究，同样也是《周易》所关注的中心话题，这就使得战国时期诸多道家思想学者对于《周易》研究的贡献都没有能够真正超越他。认识到孔子的易学贡献，我们也就明白了为什么《周易》属于儒学必读经典之一了。尽管如此，难道不是儒、道与众多思想流派的学者携手努力，共同继承并造就了以《周易》和《易传》为核心深厚丰富的易学思想文化吗？！

小　结

基于对《易传》的整体语篇分析并结合《周易》经文，可以得出《易传》思想流派以孔携道、易为基本格局的认识。孔子思想在《易传》中起着主导作用的理由：1)在整个《易传》中，只有孔子作为发言人的名字出现，且频率较高。2)语篇分析显示，以《系辞》二十四章和《文言传》篇幅为整体计算，孔子之言占到其中的八分之一左右。进一步考虑到"子曰"部分在《系辞传》中所辐射的范围涉及八个章节，在五个章句中虽然只是一句或两三句，却起到关键句的作用，若以八个章节篇幅计算，"子曰"部分在《系辞传》中占总量篇幅的三分之一，这可以证明孔子思想在《易传》中占有绝对重要的地位。3)从"子曰"文字部分的具体阅读中，无论从考虑问题的着眼点、思想的深度、语言的成熟性和表达的凝练和优雅，均呈现出一种独特的风格。4)孔子以极度投入的"韦编三绝"钻研精神反复阅读《周易》，以老子之道的认知方式整体把握《周易》的符号系统，具体明确认知途径和体会其中所透出的人世的原则和道理，提出自己的人生理想和做人的智慧。5)从历史时间顺序来看，还没有人在孔子之前对于《周易》有如此突出的提倡和重视。

道家思想在《易传》中是个宽泛的概念，由于按照传统的认识，孔子只讲人伦德行，其他一切自然方面的问题均可归于道家，这样道家所涉及的范围就十分广泛了，通过语篇分析，我认为：1）道家学者广泛介入《周易》的研究，也有可能是研究《周易》后被称为道家，因为从《乾》、《坤》卦的象传和部分其他卦的象传中我们可以读到自然主义思想浓厚的表述，这种自然主义的观点虽然思辨味道很浓，似乎与我们历史传统意义上的以老庄为代表的道家思想流派并没有什么直接的关联。2）道家思想的创始人老子应该与《易传》没有什么直接的关系，因为我们从语篇分析中并没有发现与《道德经》基本相似的文字表述；道家思想典型的代表人物庄子也没有略为大一点的语言篇幅有类似《庄子》中的语言表达。3）在《系辞上·十二章》的下半部分最具代表性的道家思想的"形而上"和"形而下"的表述中老子的道之无有与《周易》的"赜"与"象"关系的直接等同，这种衔接表述明显比较生硬。4）道家思想对于天地自然的卦画结构的小型化，和卦画内在关系的复杂化应该是贡献很大的，这对于拓展这一符号系统的内涵发挥了至关重要的作用。5）至于《易传》语篇中的具体内容，我们从中读出与后期道家思想、稷下道家、黄老道家等不同道家思想流派的表述，应该肯定他们的贡献，但是没有一家有旗帜鲜明的思想理论观点给我们留下深刻的印象，较多的是在《周易》文本范围内的结合时代认识的阐释和延展。

《周易》对于《易传》的形成起到了一些决定性的作用：1）《周易》文本的很多特征在《易传》中被引申和阐释，其整体结构的乾坤定位，应该是决定了《易传》中无论什么思想派别表述的界限。2）卦画具体结构和卦爻语篇的形态在一定程度上限定了发挥的形式和范围。3）《周易》的传统功能，如占筮思维和操作方式的思维仍然影响着后来的思想的表达等。虽然也有许多其他思想流派的内容在《易传》中的表达，它们并不起主导作用，如阴阳问题，在《周易》中是基本的卦画符号，每一个结构中均有阴阳因素，但是《易传》中的"一阴一阳之谓道"算是道家思想流派，而阴卦和阳卦的"一君二民"和"二君一民"的说法则应近似儒家思想派别，所以很难说是阴阳家在《易传》中起主导作用。又如，《大象》中法家思想的表述，很难说其发挥主导作用等等。因此，我们有理由认为《易传》中的思想流派的混杂和糅合中，孔子个人的历史作用和思想起到了引领作用，在推天道明人事方面是继承和发挥了《周易》的传统的，其次才是各派道家的发挥和《周易》经文作为基础，三者依主次层级在《易传》中展示着自身的存在。

参考书目

1) 陈鼓应.《易传与道家思想》[M].北京:生活读书新知三联书店,1996

2) 黄寿祺、张善文.《周易译注》[M].上海:上海古籍出版社,2005

3) 朱伯崑.《易学哲学史》[M].北京:昆仑出版社,2005

4) 陈嘉映.《语言哲学》[M].北京:北京大学出版社,2006

5) 钟肇鹏.《孔子研究》[M].北京:中国社会科学出版社,1990

6) 侯外庐等.《中国思想史》[M].北京:人民出版社,1957

7) 司马迁.《史记》[M].北京:中华书局,1959

8) 孔子大全编辑部.《尚书》[M].济南:山东友谊出版社,1993

(原载《华东师范大学学报》哲学社会科学版 2012 年第 1 期,作者为华东师范大学对外汉语学院教授)

术语的解读:中国小说史研究的特殊理路

谭 帆

引 言

从 20 世纪初开始,小说研究渐成为中国古典文学研究之"显学",而自鲁迅《中国小说史略》问世后①,"小说史"研究也越来越受到研究界之关注,近一个世纪以来,小说史之著述层出不穷,"通史"的、"分体"的、"断代"的、"类型"的,名目繁多,蔚为壮观。然就理论角度言之,一个不容忽视的现实是:"小说史"之梳理大都以西方小说观为参照,或折衷于东西方小说观之差异而仍以西方小说观为圭臬。流播所及,延而至今。然而,中国小说实有其自身之"谱系",与西方小说及小说观颇多凿枘,强为曲说,难免会成为西人小说视野下之"小说史",而丧失了中国小说之本性。近年来,对中国小说研究之反思不绝于耳,出路何在? 梳理中国小说之"谱系"或为有益之津梁,而术语正是中国小说"谱系"之外在呈现。所谓"术语"在本文中是指历代指称小说这一文体或文类的名词称谓,这些名词称谓历史悠久,涵盖面广,对其作出综合研究,在某种程度上可以考知中国小说之特性,进而揭示中国小说之独特"谱系",乃小说史研究的一种特殊理路。自《庄子·外物》"小说"肇端,至晚清以"说部"指称小说文体,小说之术语可谓多矣。大别之,约有如下数端:(一)由学术分类引发的小说术语,如班固《汉书·艺文志》列"小说家"于"诸子略",乃承《庄子》"小说"一脉,后世延伸为"子部"之"小说";刘知几《史通》于"史部"中详论"小说","子"、"史"二部遂成中国小说之渊薮。"说部"、"稗史"等术语均与此一脉相承。此类术语背景最为宏廓,影响最为深远,是把握中国小说"谱系"之关键。(二)完整呈现中国小说文体之术语,如"志怪"、"笔记"、"传奇"、"话本"、"章回"等,此类术语既是小说文体分类的客观呈现,又显示了中国小说的文体发展。(三)揭示中国小说发展过程中小说文体价值和文体特性之术语,如"演义"本指"言说",宋儒说"经"(如《大学衍义》、《三经演义》)即然,而由"演言"延伸为"演事",即通俗化地叙述历史和现实,乃强化了通俗小说的文体自觉。(四)由创作方法引申出的文体术语,如"寓言"本为"修辞",是言说事理的一种特殊方式,后逐步演化为与小说文体相关之术语;"按鉴"原为明中后期历史小说创作的一种方法,推而广之,遂为一阶段性的小说术语,即所谓"按鉴体"。由此可见,小说术语非常丰富,基本呈现了中国小说之面貌。

一、术语与中国小说之特性

近代以来,"小说史"之著述大都取西人之小说观,以"虚构之叙事散文"来概言中国小说之特性,并以此鉴衡追溯中国小说之源流,由此确认中国小说"神话传说—志怪志人—传奇—话本—章回"之发展线索和内在"谱系"。此一线索和"谱系"确为近人之一大发明,清晰又便利地勾画出了符合西人小说观念的"中国小说史"及其内在构成。然则此一线索和"谱系"并不全然符合中国小说之实际,其"抽绎"之线索和"限定"之范围是依循西方观念之产物,与中国小说之传统其实颇多"间隔","虚构之叙事散文"只是部分地界定了中国小说之特性,而非中国小说之本质属性。那么中国小说之本质属性是什么呢? 以"小说"和"说部"为例②,我们即可明显地看出中国小说的丰富性和独特性。

(一)中国小说是一个整体,在其长期的发展过程中,无论"文白",不拘"雅俗",古人将其统归于"小说"(或"说部")名下,即有其内在逻辑来维系,其丰富之性质远非"虚构之叙事散文"可以概言。作为一个"通名"性质的术语,"小说"之名延续久远,其指称之对象颇为复杂。清人刘廷玑即感叹:"小说之名虽同,而古今之别则相去天渊。"③概而言之,主要有如下内涵:1."小说"是无关于政教的"小道"。此由《庄子·外物》发端,经班固《汉书·艺文志》延伸,确立了"小说"的基本义界:即"小说"是无关于大道的琐屑之言;"小说"是源于民间道听途说的"街谈巷语"。此"小说"是一个范围非常宽泛的概念,大致相对于正经著作而言,大凡不能归入正经著作的皆可称之为"小说"。后世

"子部小说家"即承此而来，成为中国小说之一大宗。2."小说"是指有别于正史的野史和传说。这一观念的确立标志是南朝梁《殷芸小说》的出现，清姚振宗《隋书经籍志考证》卷三二云："案此殆是梁武作通史时事，凡此不经之说为通史所不取者，皆令殷芸别集为《小说》，是此《小说》因通史而作，犹通史之外乘也。"④而唐刘知几的理论分析更为明晰："是知偏记小说，自成一家。而能与正史参行，其所由来尚矣。爰及近古，斯道渐烦，史氏流别，殊途并骛。"⑤"偏记小说"与"正史"已两两相对，以后，司马光撰《资治通鉴》，明言"遍阅旧史，旁采小说"⑥，亦将小说与正史对举。可见"小说"与"史部"关系密切，源远流长。3."小说"是一种由民间发展起来的"说话"伎艺。这一名称较早见于南朝宋裴松之注《三国志》所引《魏略》中"诵俳优小说数千言讫"一语⑦，"俳优小说"显然是指与后世颇为相近的说话伎艺。《唐会要》卷四言韦绶"好诙戏，兼通人间小说"⑧，唐段成式《酉阳杂俎》续集卷四记当时之"市人小说"⑨，均与此一脉相承。宋代说话艺术勃兴，"小说"一辞遂专指说话艺术的一个门类⑩。以"小说"指称说话伎艺，与后世作为文体的"小说"有别，但却是后世通俗小说的近源。4."小说"是虚构的叙事散文。此与现代小说观念最为接近，而这一观念已是明代以来通俗小说发展繁盛之产物。"说部"亦然，作为小说史上另一个具有"通名"性质的术语，"说部"之名亦源远流长，其指称之对象亦复与"小说"相类。一般认为，"说部"之体肇始于刘向《说苑》和刘义庆《世说新语》，而"说部"之名称则较早见于明王世贞《弇州四部稿》，所谓"四部"者，即《赋部》、《诗部》、《文部》和《说部》。明邹迪光撰《文府滑稽》，其中卷九至卷一二亦名为《说部》。至清宣统二年（1910），王文濡主编《古今说部丛书》十集六十册，乃蔚为大观⑪。清朱康寿《〈浇愁集〉叙》曾对"说部"指称之沿革作了历史清理，认为"说部"乃"史家别子"、"子部之余"⑫。清李光廷亦分"说部"为"子"、"史"二类⑬。近代以来，"说部"专指"通俗小说"，王韬《〈海上尘天影〉叙》云："历来章回说部中，《石头记》以细腻胜，《水浒传》以粗豪胜，《镜花缘》以苛刻胜，《品花宝鉴》以含蓄胜，《野叟曝言》以夸大胜，《花月痕》以情致胜。是书兼而有之，可与以上说部家分争一席，其所以誉之者如此。"⑭显然，"说部"指称之小说也远超我们对小说的认识范围。

由此可见，作为"通名"之"小说"、"说部"，均从学术分类入手，逐步延伸至通俗小说，由"子"而"史"再到"通俗小说"乃"小说"、"说部"指称小说之共有脉络。其中最切合"虚构之叙事散文"这一观念的仅是通俗小说。故以"虚构"、"叙事"等标尺来追寻中国小说之源流其实并不合理，乃简单化之做法，这种简单化的做法使我们对中国小说性质的认识无限狭隘化，而中国小说"神话传说—志怪志人—传奇—话本—章回"之发展线索和内在"谱系"正是这种"狭隘化"认识的结果，"小说"之脉络固然清晰，但却是舍去了中国小说的丰富性和独特性。

（二）中国小说由"子"而"史"再到"通俗小说"，而在这一"谱系"中，"子"、"史"二部是中国小说之渊薮，也是中国小说之本源。从班固《汉书·艺文志》始，历代史志如《隋书·经籍志》、新、旧《唐书》及《四库全书总目》等大都隶"小说家"于"子部"，"子部"之书本为"言说"，"小说家"亦然，故《隋书·经籍志》著录之"小说家"大都为"讲说"之书（余者为"博识类"），《旧唐书·经籍志》因之。史志"子部小说家"之著录至《新唐书·艺文志》而一变，除承续《隋书·经籍志》外，一些本隶于"史部·杂家"类之著述及少数唐代传奇集（唐人视为偏于"史"之"传记"）被阑入"子部小说家"；至此，"小说家"实际已糅合"子"、"史"，后世之公私目录著录之"小说家"大抵如此。⑮而其中之转捩乃魏晋以来史部之发展及其分流，"杂史"、"杂传"之繁盛引发了史学界之反思，刘勰《文心雕龙·史传》、《隋书·经籍志》、刘知几《史通》等均对此予以挞伐，于是一部分本属"史部"之"杂史"、"杂传"类著述改隶"子部小说家"。宋元以来，中国小说之"通俗"一系更是讨源"正史"，旁采"小说"，所谓"正史之补"的"史余"观念在通俗小说发展中绵延不绝。故"子"、"史"二部实乃中国小说之大宗。而"子"、"史"二部与叙事之关系亦不可不辨，按"说"之本义有记事以明理之内涵，晋陆机《文赋》曰："奏平彻以闲雅，说炜晔而谲诳。"李善注曰："说以感动为先，故炜晔谲诳。"方廷珪注曰："说者，即一物而说明其故，忌鄙俗，故须炜晔。炜晔，明显也。动人之听，忌直致，故须谲诳。谲诳，恢谐也。"⑯故中国小说有"因言记事"者，有"因事记言"者，有"通俗演义"者，"因言记事"重在明理，即"子之末流"之小说；"因事记言"重在记录，乃"史之流裔"；而"通俗演义"方为"演事"，为"正史之补"，后更推而广之，将一切历史和现实故事作通俗化叙述者统名之曰"演义"。

（三）中国小说糅合"子"、"史"，又衍为"通俗"一系，其中维系之逻辑不在于"虚构"，也非全然在"叙事"，而在于中国小说贯串始终的"非正统性"和"非主流性"。无论是"子部小说家"、"史部"之"偏记小说"还是后世之通俗小说，其"非正统"和"非主流"乃一以贯之。小说是"小道"，相对于"经国"之"大道"，是"子之末流"；小说是"野史"，与"正史"相对，是"史家别子"。此类言论不绝如缕。兹举清人两例申述之，纪昀于《四库全书总目》"子部小说家类二"有"案语"曰："纪录杂事之书，小说与杂史，最易相淆。

诸家著录，亦往往牵混。今以述朝政军国者入杂史；其参以里巷闲谈、词章细故者，则均隶此门。《世说新语》，古俱著录于小说，其明例矣。"⑰"杂史"之属本在史部不入流品，而"小说"更等而下之。在《四库全书简明目录》"小说家"类的评论中，纪昀更是明辨了所谓"小说之体"："（《朝野佥载》）其书记唐代轶事，多琐屑猥杂，然古来小说之体，大抵如此。""（《大唐新语》）《唐志》列诸杂史中，然其中谐谑一门，殊为猥杂，其义例亦全为小说，非史体也。""（《菽园杂记》）其杂以诙嘲鄙事，盖小说之体"⑱。其中对小说"非主流"、"非正统"之认识已然明晰。清罗浮居士《〈蜃楼志〉序》评价白话小说亦然："小说者何？别乎大言言之也。一言乎小，则凡天经地义、治国化民，与夫汉儒之羽翼经传、宋儒之正诚心意，概勿讲焉；一言乎说，则凡迁、固之瑰玮博丽，子云、相如之异曲同工，与夫艳富、辨裁、清婉之殊科，《宗经》、《原道》、《辨骚》之异制，概勿道焉。其事为家人父子、日用饮食、往来酬酢之细故，是以谓之小；其辞为一方一隅、男女琐碎之闲谈，是以谓之说。然则最浅易、最明白者，乃小说正宗也。"⑲在中国古代，"小说"出入"子"、"史"，又别为通俗小说一系，虽文类庞杂，但"非正统"、"非主流"依然如故。浦江清对此的评断最为贴切："有一个观念，从纪元前后起一直到十九世纪，差不多两千年来不曾改变的是：小说者，乃是对于正经的大著作而称，是不正经的浅陋的通俗读物。"⑳于是，小说之功能在中国古代便在于它的"辅助性"，"正统"、"主流"著述之辅助乃小说之"正格"。故"资考证"、"示劝惩"、"补正史"、"广异闻"、"助谈笑"是中国小说最为普遍之价值功能㉑，从"资、示、补、广、助"等语词中我们不难看出小说的这种"辅助"作用。

综上，将中国小说之特性定位于"虚构之叙事散文"，并以此作为研究中国小说之逻辑起点实不足以概言中国小说之全体；以"神话传说—志怪志人—传奇—话本—章回"作为中国小说之"谱系"亦非中国小说之"本然状态"，脱离"子"、"史"二部来谈论中国小说之"谱系"，实际失却了中国小说赖以生存的宏廓背景和复杂内涵；而小说"非正统"、"非主流"之特性更是显示了小说在中国古代的存在价值和生存状态。

二、术语与中国小说之文体

中国小说文体源远流长，且品类繁多，各有义例。梳理其渊源流变，前人已颇多述作㉒，概而言之，一是从语言和格调趣味等角度分小说为文、白二体；二是在区分文、白之基础上,再加细分,以如下划分最具代表性:"古代小说可以按照篇幅、结构、语言、表达方式、流传方式等文体特征,分为笔记体、传奇体、话本体、章回体等四种文体。"⑳古人对"文白二体"在术语上各有表述,而四种文体在中国小说史上亦各有其"名实",即均有相应之术语为之"冠名",虽然其"冠名"或滞后,如"传奇"之确认在唐以后,"章回"之名实相应更为晚近;或"混称",如"话本"、"词话"、"传奇"等均有混用之现象。然细加条列,仍可明其义例,分其畛域,故考索术语与中国小说文体之关系对理解中国小说之特性亦颇多裨益。鉴于学界对此已有一定研究,系统梳理亦非单篇著述所可概言,兹仅就术语与中国小说文体关系紧密者,举数例作一讨论:

(一)"演义"与中国小说文体之发展关系密切。在中国小说史上,白话小说(含章回与话本)之兴起乃中国小说发展之一大转捩,如何界定其文体性质是小说家迫切关注的问题,"演义"这一术语的出现即顺应着小说发展之需要,实则是旨在强化白话小说在中国小说史上的"文体自觉"。"演义"作为白话小说之专称始于《三国志通俗演义》,本指对史书的通俗化,渐演化为专指白话小说之一体⑳。这一"文体自觉"主要表现在两个方面:首先是"明其特性","演义"一辞非始于白话小说,章太炎序《洪秀全演义》谓:"演义之萌芽,盖远起于战国,今观晚周诸子说上世故事,多根本经典,而以己意饰增,或言或事,率多数倍。"⑳并将"演义"分成"演言"与"演事"两个系统,所谓"演言"是指对义理之阐释,而"演事"则是对史事的推演。明代以来,白话小说繁盛,"演义"便由《三国志通俗演义》等历史小说逐步演化为指称一切白话小说,而其特性即在于"通俗"。雉衡山人《〈东西晋演义〉序》云:"一代肇兴,必有一代之史,而有信史,有野史。好事者丛取而演之,以通俗谕人,名曰演义,盖自罗贯中《水浒传》、《三国传》始也。"⑳故"通俗"是"演义"区别于其他小说的首要特性,《〈唐书演义〉序》说得更为直截了当:"演义,以通俗为义也者。故今流俗即目不挂司马、班、陈一字,然皆能道赤帝,诧铜马,悲伏龙,凭曹瞒者,则演义之为耳。演义固喻俗书哉,义意远矣。"⑳其次是"辨其源流","演义"既以通俗为归,则其源流亦应有别。绿天馆主人《〈古今小说〉叙》谓:"若通俗演义,不知何昉。按南宋供奉局,有说话人,如今说书之流。其文必通俗,其作者莫可考。泥马倦勤,以太上享天下之养。仁寿清暇,喜阅话本,命内珰日进一帙,当意,则以金钱厚酬。于是内珰辈广求先代奇迹及闾里新闻,倩人敷演进御,以怡天颜。然一览辄置,卒多浮沉内庭,其传布民间者,什不一二耳。然如《玩江楼》、《双鱼坠记》等类,又皆鄙俚浅薄,齿牙弗馨焉。暨施、罗两公,鼓吹胡元,而《三国志》、《水浒》、《平妖》诸传，遂成巨观。"⑩以"通俗"为特性，以说话为源头，以"教化"、"娱乐"为功能是"演义"的基本性质，这一"文体自觉"对白话小说的发展无疑是有积极作用的。可见，"文白二体"是中国小说最显明之文体划分，古人从"特性"、"源流"、"功能"角度辨别了"演义"（白话小说）之性质，其义例、畛域均十分清晰。

（二）"笔记"为中国小说之一大体式，是文言小说之"正脉"，但"笔记"一体尚隐晦不彰，究明"笔记"之名实可以考知"笔记体小说"之源流义例。"笔记"一体之隐晦乃事出有因，1."笔记"在传统目录学中并未作为一个"部类"名称加以使用，一般将此类著作归入"子部·杂家"、"子部·小说家"或"史部·杂史"、"史部·杂传记"等，也即"笔记"乃"隐"于"子"、"史"二部之中，其"名实"并不相应。2."笔记"之内涵古今凡"三变"，其实际指称亦复多变不定。"笔记"一辞源出魏晋南北朝，"辞赋极其清深，笔记尤尽典实"⑫，"今之常言，有文有笔，以为无韵者笔也，有韵者文也"⑬。故笔记或泛指执笔记叙之"书记"⑭，或泛指与韵文相对之散文，而非特指某种著述形式。至宋代，"笔记"始为书名而成为一种著述体例，宋祁《笔记》肇其端，宋以降蔚然成风，此类著作大都以随意札记之形式，议论杂说、考据辨证、记述见闻、叙述杂事。相类之名称还有"随笔"、"笔谈"、"笔录"、"漫录"、"丛说"、"杂志"、"札记"等。宋以来，对"笔记"之界定亦时有之，洪迈《容斋随笔》卷一释"随笔"就涉及了此类著述之体例："予老去习懒，读书不多，意之所之，随即纪录，因其后先，无复诠次，故目之曰随笔。"⑮《四库全书总目》将"笔记"作为指称议论杂说、考据辨证类杂著之别称："杂说之源，出于《论衡》。其说或抒己意，或订俗讹，或述近闻，或综古义，后人沿波，笔记作焉。大抵随意录载，不限卷帙之多寡，不分次第之先后，兴之所至，即可成编。"⑬ 20世纪初以来，"笔记小说"连用⑭，成为一个相对固定的文类或文体概念。1912年，王文濡主编《笔记小说大观》，收书二百多种，以"子部小说家"为主体，扩展到与之相近的"杂史"、"杂传"、"杂家"类著作。"笔记小说"由此被界定为一个庞杂的文类概念。1930年，郑振铎撰《中国小说的分类及其演化的趋势》一文，将"小说"划分为短篇小说（笔记、传奇、评话）、中篇小说、长篇小说，其中，"笔记小说"被界定为与"传奇小说"相对应的文言小说文体类型："第一类是所谓'笔记小说'。这个笔记小说的名称，系指《搜神记》（干宝）、《续齐谐记》（吴均）、《博异志》（谷神子）以至《阅微草堂笔记》（纪昀）一类比较具有多量的琐杂的或神异的'故事'总集而言。"⑮至此，"笔记小说"乃作为一个文体概念流行开来。

"笔记"从"泛称"到"著述形式"再到"文类文体概念"，其内涵和指称对象是多变的，而"笔记"在目录学中又非单独之"部类"，这一境况致使"笔记"一体隐晦不彰。然则"笔记"作为"小说"文体类别还是有迹可循的，其作为"小说"文体概念也有其理据。而其关捩或在于辨其"名实"，"名实"清则笔记一体之源流义例随之豁然。而笔记一体之"名实之辨"实为"体用之辨"，以"小说"为"体"（内容价值），以"笔记"为用（形式趣味）。

所谓以"小说"为"体"是指从内容价值角度可以为"笔记体小说"划分范围。这在唐刘知几《史通》中就有明确表述，在《杂述》一篇中，刘知几划分"偏记小说"为十类，其中"逸事"、"琐言"、"杂记"三类即为"笔记体小说"。"逸事"主要载录历史人物逸闻轶事，如和峤《汲冢纪年》、葛洪《西京杂记》、顾协《琐语》、谢绰《拾遗》等；"琐言"以记载历史人物言行为主体，如刘义庆《世说》、裴荣期《语林》、孔思尚《语录》、阳玠松《谈薮》等；"杂记"则主要载录鬼神怪异之事，如祖台之《志怪》、刘义庆《幽明》、刘敬叔《异苑》等⑥。明胡应麟《少室山房笔丛·九流绪论》将"小说家"分为六类，其中"志怪"相当于刘知几所言之"杂记"，"杂录"相当于刘知几所言之"逸事"、"琐言"，再加上"丛谈"中兼述杂事神怪的笔记杂著均可看作"笔记体小说"；《四库全书总目》"小说家序"谓："迹其流别，凡有三派：其一叙述杂事，其一记录异闻，其一缀缉琐语也。"⑦三派都可归入"笔记体小说"。而笔记之价值亦有说焉，曾慥《〈类说〉序》："小道可观，圣人之训也……可以资治体，助名教，供谈笑，广见闻，如嗜常珍，不废异馔，下箸之处，水陆具陈矣。"⑧《四库全书总目》"小说家序"称："中间诬谩失真，妖妄荧听者，固为不少，然寓劝戒、广见闻、资考证者，亦错出其中。"⑨所谓以"笔记"为"体"是指从形式趣味角度为"笔记体小说"界定其特性。《史通·杂述》谓："言皆琐碎，事必丛残。固难以接光尘于《五传》，并辉烈于《三史》。古人以比玉屑满箧，良有旨哉。"⑩纪昀《姑妄听之》谓"陶渊明、刘敬叔、刘义庆，简淡数言，自然妙远"⑪，均表达了笔记的形式旨趣。

概而言之，"笔记体小说"的主要文体特性可概括为：以记载鬼神怪异之事和历史人物轶闻琐事为主的题材类型，"资考证、广见闻、寓劝戒"的价值定位，"据见闻实录"的写作姿态，以及随笔杂记、简古雅赡的篇章体制。

（三）中国小说之诸种文体有不同的价值定位，这同样体现在"术语"的运用之中。古人将"传奇"与"笔记"划出畛域，又将"演义"专指白话小说，即有价值层面之考虑，其目的在于确认文言小说为中国小说之正宗，笔记又为文言小说之正脉。譬如"传奇"。在中国古代，"传奇"作为一个术语，内涵颇为复杂，既可指称小说文体，也可指称戏曲文体,还可表示一种创作手法。在小说领域,"传奇"首先是作为书名标示的,如裴铏《传奇》(元稹《莺莺传》亦名《传奇》);宋元以来,专指一种题材类型,为说话伎艺"小说"门下类型之一种(如"烟粉"、"灵怪"、"传奇"),以表现男女恋情为其特色;以后又指称文言小说之一种体式,专指那种"叙述宛转、文辞华艳"的小说作品。但综观"传奇"一词在小说史上的演变,我们不难看到一个"奇怪"的现象:当人们用"传奇"一词指称与"传奇"相关之书籍、创作手法乃至文体时,往往含有一种鄙视的口吻。我们且举数例:宋陈师道《后山诗话》:"范文正公为《岳阳楼记》,用对语说时景,世以为奇。尹师鲁读之曰:'《传奇》体尔!'。"㊷此针对由裴铏《传奇》引申的一种创作手法,而其评价明显表现出不屑之口吻。元虞集以"传奇"概括一种小说文体,然鄙视之口吻依然,其《道园学古录》卷三八《写韵轩记》谓:"盖唐之才人,于经艺道学有见者少,徒知好为文辞。闲暇无所用心,辄想象幽怪遇合、才情恍惚之事,作为诗章答问之意,傅会以为说。盖簪之次,各出行卷以相娱玩。非必真有是事,谓之'传奇'。"㊸明胡应麟专门评价裴铏《传奇》谓:"唐所谓传奇,自是小说书名,裴铏所撰,中如《蓝桥》等记,诗词家至今用之,然什九妖妄,寓言也。裴,晚唐人,高骈幕客,以骈好神仙,故撰此以惑之。其书颇事藻绘而体气俳弱,盖晚唐文类尔。"㊹对"传奇"之鄙视以清代纪昀最为彻底,其《四库全书总目》摒弃"传奇"而回归"子部小说家"之纯粹(欧阳修《新唐书·艺文志》将唐代传奇阑入"子部小说家")。而在具体评述时,凡运用"传奇"一辞,纪昀均带有贬斥之口气,如"小说家类存目一"著录《汉杂事秘辛》,提要谓:"其文淫艳,亦类传奇。"《昨梦录》提要云:"至开封尹李伦被摄事,连篇累牍,殆如传奇,又唐人小说之末流,益无取矣。"㊺而细味纪昀之用意,传奇之"淫艳"、"冗沓"、"有伤风教"正是其摒弃之重要因素,其目的在于清理"小说""可资考证"、"简古雅赡"、"有益劝戒"之义例本色,从而捍卫"小说"之传统"正脉"㊻。

"演义"亦然。将"演义"专指白话小说,突出中国小说的"文白二分"也有价值层面之因素。虽然人们将"演义"视为"喻俗书",但在总体上没能真正提升白话小说之地位,"演义"之价值仍然是有限的。这只要辨别"演义"与"小说"之关系便可明了,"演义"与"小说"是古人使用较为普遍的两个术语,两者之间的关系大致这样:"小说"早于"演义"而出现,其指称范围包括文言小说和白话小说两大门类,"演义"则是白话小说的专称;而在价值层面上,"演义"与"小说"则有明显的区别。我们且举两例以说明之:明胡应麟曾对"演义"与"小说"作过区分,其所谓"小说"专指文言小说,包括"志怪"、

"传奇"、"杂录"、"丛谈"、"辨订"、"箴规"六大门类,而"演义"则指《水浒传》、《三国志通俗演义》等白话小说。《少室山房笔丛·庄岳委谈下》云:"今世传街谈巷语有所谓演义者,盖尤在传奇、杂剧下。"又云:"关壮缪明烛一端则大可笑,乃读书之士亦什九信之,何也? 盖由胜国末村学究编魏、吴、蜀演义,因传有羽守邸见执曹氏之文,撰为斯说,而俚儒潘氏又不考而赞其大节,遂致谈者纷纷。按《三国志》羽传及裴松之注及《通鉴》、《纲目》,并无其文,演义何所据哉?"⑩其鄙视之口吻清晰可见。而清初刘廷玑的判定则更为斩钉截铁:"演义,小说之别名,非出正道,自当凛遵谕旨,永行禁绝。"⑱胡、刘二氏对小说(包括文言白话)均非常熟悉,且深有研究,其言论当具代表性。

要而言之,从术语角度观照中国小说文体,可以清晰地梳理出中国小说之文体构成和文体发展,且从价值层面言之,术语也显示了小说文体在中国古代的存在态势,那就是"重文轻白"、"重笔记轻传奇",这一态势一直延续到晚清。

三、术语与 20 世纪中国小说之研究

20 世纪以来,小说研究取得了丰硕的成果,形成了自身的特色,我们完全可以认为,20 世纪是中国小说研究史上最为丰收的一个世纪,小说研究从边缘逐步走向了中心,而小说作为一种"文体"也在中国文学创作中渐据"主体"之地位。促成这一转变的有多种因素,而其中最为关键的仍然在术语——"小说"与"novel"的对译。

一般认为,现代"小说"之观念是从日本逆输而来的,"小说"一词的现代变迁是将"小说"与"novel"对译的产物。从语源角度看,最早将小说与"novel"对译的是英国传教士马礼逊的《华英字典》(1822),在日本,出版于 1873 年的《外来·の·源》、《附音插图英和字·》也收有"novel"的译语"小说",但两者影响均不大。而真正改变传统小说内涵、推进日本现代小说发展的是坪内逍遥(1859—1935)的《小说神髓》(1885),坪内逍遥"试图把中国既有的'小说'概念和戏作文学(日本江户后期的通俗小说)统一到'ノベル'(novel)这一西方的新概念上来。"⑲由此,"小说"在传统基础上被赋予了新的内涵,即以西方"novel"概念来限定"小说"之内涵。近代以来,中国小说之研究和创作受日本影响是显而易见的,其中最为本质的即是小说观念,而梁启超和鲁迅对后来小说之研究和创作影响最大⑳。

"小说"与"novel"的对译对 20 世纪中国小说研究史和小说创作史都有深远的影

响，在某种程度上我们可以说，它使中国小说学术史和中国小说创作史翻开了新的一页。从研究史的角度而言，经过梁启超等"小说界革命"的努力，小说地位有了明显的提升，虽然近代以来人们对传统中国小说仍然颇多鄙薄之辞，但"小说"作为一种"文体"的地位有了根本性的改变，"小说为文学之最上乘"的言论在 20 世纪初的小说论坛上成了一个被不断强化的观念而逐步为人们所接受①。正是由于这一观念的推动，近代以来的小说研究开启了不少前所未有的新途，如王国维尝试运用西方美学思想来分析中国传统小说，虽不无牵强，却是开风气之先；胡适以考据方法研究中国小说，虽方法是传统的，但运用考据方法研究中国小说则是以对小说价值的重新体认为前提的；而鲁迅等的小说史研究更是以新的文学史观念和小说观念为其理论指导。而所有这些研究方法之新途都和"小说"与"novel"的对译关系密切，小说地位的确认和"虚构之叙事散文"特性的明确是中国小说研究形成全新格局的首要因素。这一新的研究格局在 20 世纪的中国小说研究史上，虽每个时期有其局部之变化，但总体上一以贯之。从创作史角度来看，"小说"与"novel"的对译也促成了中国小说创作的质的变化，在这一过程中，如果说，梁启超等所倡导的"新小说"只是着重在小说表现内涵上的"新变"，其文体框架仍然是"传统"的，所谓"新小说"乃"旧瓶装新酒"；那么，以鲁迅为代表的小说创作则完成了中国小说真正意义上的"新旧"变迁，开启了全新的现代小说之格局。而小说新格局的产生在根本意义上是中国小说"西化"的结果，郁达夫在其《小说论》中即明确认为"中国现代的小说，实际上是属于欧洲的文学系统的"，而现代小说也就是"中国小说的世界化"②。

由此可见，"小说"与"novel"的对译，表面看来似乎只是一个语词的翻译问题，实则蕴涵了深层次的思想内核，是中国小说研究和创作与西方小说观念的对接，中国现代学术史范畴的"小说"研究和中国现代文学范畴的"小说"创作均以此作为"起点"，其影响不言而喻，其贡献也不容轻视。然而，当我们回顾梳理这一段历史的时候，我们也不无遗憾地发现，由"小说"与"novel"对译所带来的"小说"新内涵在深刻影响中国小说研究和创作的同时，也对中国小说研究和创作带来了不少"负面"影响，尤其在小说研究和创作的"本土化"方面更为明显。这主要表现在如下两个方面：

（一）小说研究的"古今"差异所引起的研究格局之"偏仄"。20 世纪以来中国小说研究的"时代特性"是明显的，古今之研究差异更是十分鲜明的。从总体来看，中国小说研究的古今差异除了研究方法、理论观念等之外，最为明显的是对研究对象重视程度的差异：由"重文轻白"渐演为"重白轻文"，从"重笔记轻传奇"变而为"重传奇轻笔记"。而观其变化之迹，一在于思想观念，如梁启超"小说界革命"看重小说之"通俗化民"；一在于研究观念，如鲁迅等"虚构之叙事散文"的小说观念与传奇小说、白话小说更为符契；而50年代以后之"重白轻文"、"重传奇轻笔记"则是思想观念与研究观念合并影响之产物。在20世纪的中国小说研究中，白话通俗小说成了小说研究之主流，而在有限的文言小说研究中，传奇研究明显占据主体地位，其研究格局之"偏仄"成了此时期小说研究的主要不足。更有甚者，当人们一味拔高白话通俗小说之历史地位的时候，所持有的从西方引进的小说观念却是一个纯文学观念（或雅文学观念），这种研究对象与研究观念之间的"悖离"致使20世纪的白话通俗小说研究也不尽如人意，其中首要之点是研究对象的过于集中，《水浒》、《三国》、《红楼梦》等有限几部小说成了人们津津乐道的小说研究主体。文言小说研究亦然，当"虚构的叙事散文"成为研究小说的理论基础时，"叙述婉转"的传奇便无可辩驳地取代了"粗陈梗概"的笔记小说之地位，虽然笔记小说是传统文言小说之"正脉"，但仍然难以避免被"边缘化"的窘境。其实，浦江清早在半个世纪前就提出了不同的看法："现代人说唐人开始有真正的小说，其实是小说到了唐人传奇，在体裁和宗旨两方面，古意全失。所以我们与其说它们是小说的正宗，无宁说是别派，与其说是小说的本干，无宁说是独秀的旁枝吧。"⑤此论惜乎没能引起足够的重视。由此可见，20世纪中国小说研究的这一"古今"差异对中国小说研究的整体格局有着很大的影响。

（二）小说内涵之"更新"所引起的传统小说文体之"流失"。随着小说与"novel"的对接，人们开始尝试研究小说的理论和作法，而在研究思路上则由"古今"之比较演为"中外"之比较，并逐步确立了以西学为根基的小说创作理论。刘勇强在《一种小说观及小说史观的形成与影响》一文中对此作了分析："五四"时介绍的西方以"人物、情节、环境"为小说三元素的理论在当时颇有影响，"清华小说研究社的《短篇小说作法》，郁达夫的《小说论》，沈雁冰的《小说研究ABC》等，都接受了这种新的三分法理论。西方小说理论的兴盛，意味着对中国小说的批评从思想层面向文体层面的深入，而古代小说一旦在文体层面纳入了西方小说的分析与评价体系，它要得到客观的认识势必更加困难了"⑥。其实，这种影响非独针对中国传统小说之批评，它对当时小说创作之影响更为强烈，尤其"要命"的是，这些小说理论的研究者往往又是小说的创作者，理论观念的改变无疑也会改变他们的创作路数，所谓现代小说的产生正是以这一背景为依托的。于是,在这一"中外"小说及小说观念的大冲撞中,传统小说文体被无限地"边缘化"。一方面,传统章回体小说"隐退"到小说主流之外,蛰伏于"言情"、"武侠"等小说领域,且在"雅俗"的大框架下充任着不入流品的"通俗小说"角色;同时,颇具中国特色的笔记体小说在中国现代小说史上更是越来越难觅踪影,笔记体小说固然良莠不齐,但优秀的笔记体小说所体现出的创作精神、文体轨范、叙述方式、语言风格却是中国传统小说之菁华。近年来,当作家们感叹小说创作难寻新路,读者们激赏孙犁、汪曾祺小说别具一格的传统风神时,人们自然想到了中国文言小说之"正脉"的笔记体小说。然而,一个世纪以来对传统小说文体的"抑制"和在西学背景下现代小说的"一枝独秀",已从根本上颠覆了中国古代小说之传统。这或许是 20 世纪初中国小说研究者在开辟新域时所没有料到的结局。

结　语

以上我们从三个方面清理了术语与中国小说之关系。由此,我们大致可以延伸出如下观点:(一)中国古代小说是一个整体,无论"文白",不拘"雅俗",古人将其统归于"小说"之名,即有其内在逻辑来维系,其中"子"、"史"二部是中国古代小说之渊薮,今人以"虚构之叙事散文"观念来梳理和限定中国古代小说其实不符合中国小说之实际。(二)中国小说乃"文白二分",文言一系由"笔记"、"传奇"二体所构成,而在漫长的古代中国,小说之"重文轻白"、"重笔记轻传奇"是一以贯之的传统。(三)20 世纪以来中国小说研究的基本格局是"重白轻文"和"重传奇轻笔记",而形成这一格局的根本乃是"小说"与"novel"的对接,这一格局对中国小说研究产生了深远影响,中国现代学术史范畴的"小说"研究由此生成,同时也影响了现代小说的创作。然而,这一格局也在某种程度上使中国小说研究和创作与传统中国小说之"本然"渐行渐远。其实,从小说术语的解读中,我们已不难看到,中国传统小说是一个非常广博的系统,是中国传统文化中的重要组成部分,其虽然始终处于"非主流"、"非正统"的地位,但所体现的文化内核还是非常丰富的,尤其与"子"、"史"二部之关系异常紧密。而当我们仅从"虚构之叙事散文"来看待和限定中国传统小说时,我们的研究和创作在很大程度上"失去"了与传统中国小说的血脉联系,其中最为突出的是"失去"了中国小说的"丰赡"和中国小说家的"博学"。

注

① 胡从经《中国小说史学史长编》(香港中华书局 1999 年版)认为最早在理论上倡导小说史研究的是天僇生,他发表于《月月小说》1907 年第 1 卷第 11 期的《中国历代小说史论》,第一次明确提出了"中国历代小说史"的概念。从现有论著来看,最早对中国小说史进行历史清理的是日本学者笹川临风的《中国小说戏曲小史》(东京东华堂 1897 年发行),国人的最早著述是张静庐的《中国小说史大纲》(泰东图书局 1920 年版)、鲁迅《中国小说史略》(北京大学新潮社1923—1924 年版)。但从影响而言,开小说史研究之风气者无疑是鲁迅的《中国小说史略》。参见黄霖、许建平等著《20 世纪中国古代文学研究史》(小说卷)第四章《"中国小说史"著作的编纂》(东方出版中心 2006 年版,第 71 页)。

② 在中国古代,具有"通名"性质的小说术语主要有两个:"小说"和"说部"。其他术语或指称某一小说文体,如"笔记"、"传奇"等,或具有阶段性之特征,如"演义"、"按鉴"等,惟有"小说"、"说部"可以基本笼括中国小说之全体,故以此来抉发中国小说之特性有其合理性。

③㊽ 刘廷玑:《在园杂志》,中华书局 2005 年版,第 82—83 页,第 125 页。

④ 姚振宗:《隋书经籍志考证》卷三二,《续修四库全书》,上海古籍出版社 2002 年据浙江图书馆藏开明书店铅印师石山房丛书本影印,史部第 915 册第 499 页。

⑤㊱㊵ 刘知几:《史通·杂述》,浦起龙《史通通释》,上海古籍出版社 2009 年版,第 253 页,第253—255 页,第 257 页。

⑥ 司马光:《进书表》,《资治通鉴》,中华书局 1956 年版,第 9607 页。

⑦《三国志·魏书·王卫二刘傅传》裴松之注引《魏略》,中华书局 1959 年版,第 603 页。

⑧ 王溥:《唐会要》卷四,中华书局 1955 年版,第 47 页。

⑨ 段成式:《酉阳杂俎》,中华书局 1981 年版,第 240 页。

⑩ 吴自牧《梦粱录》卷二〇《小说讲经史》:"说话者,谓之'舌辩',虽有四家数,各有门庭。且小说名'银字儿',如烟粉、灵怪、传奇、公案、朴刀杆棒发发踪参之事。"(《东京梦华录(外四种)》,上海古典文学出版社 1956 年版,第 312 页。)

⑪ 参见刘晓军《"说部"考》,载《学术研究》2009 年 2 期。

⑫ 朱康寿《〈浇愁集〉叙》:"说部为史家别子,综厥大旨,要皆取义六经,发源群籍。或见名理,或佐纪载;或微词讽谕,或直言指陈,咸足补正书所未备。自《洞冥》、《搜神》诸书出,后之作者,多钩奇弋异,遂变而为子部之余,然观其词隐义深,未始不主文谲谏,于人心世道之防,往往三致意焉。乃近人撰述,初不察古人立懦兴顽之本旨,专取瑰谈诡说,衍而为荒唐假诡之辞。于

是奇益求奇，幻益求幻，务极六合所未见，千古所未闻之事，粉饰而论列之，自附于古作者之林，呜呼悖已！"（邹弢：《浇愁集》，黄山书社 2009 年版，第 4 页。）

⑬ 李光廷《〈蕉轩随录〉序》："自稗官之职废，而说部始兴。唐、宋以来，美不胜收矣。而其别则有二：穿穴罅漏、爬梳纤悉，大足以抉经义传疏之奥，小亦以穷名物象数之源，是曰考订家，如《容斋随笔》、《困学纪闻》之类是也；朝章国典，遗闻琐事，钜不遗而细不弃，上以资掌故而下以广见闻，是曰小说家，如《唐国史补》、《北梦琐言》之类是也。"（方濬师：《蕉轩随录·续录》，中华书局 1995 年版，第 1 页。）

⑭ 王韬：《〈海上尘天影〉叙》，司香旧尉《海上尘天影》，《古本小说集成》本，上海古籍出版社 1994 年版，第 2 页。相似之表述尚有梁启超《译印政治小说序》："今中国识字人寡，深通文学之人尤寡，然则小说学之在中国，殆可增《七略》而为八，蔚四部而为五者矣。"（光绪二十四年十一月十一日《清议报》第一册，中华书局 1991 年影印本，第 54 页。）康有为《日本书目志·小说门》"识语"："易逮于民治，善入于愚俗，可增《七略》为八，四部为五，蔚为大国，直隶《王风》者，今日急务，其小说乎？仅识字之人，有不读经，无有不读小说者。"（姜义华编校《康有为全集》第三集，上海古籍出版社 1992 年版，第 1212 页。）

⑮ 参见潘建国《中国古代小说书目研究》第二章《历代公私目录与古代文言小说的著录及其观念之嬗变》，上海古籍出版社 2005 年版。

⑯ 张少康：《文赋集释》，人民文学出版社 2002 年版，第 118 页。

⑰㉝㊲㊴《四库全书》研究所整理《钦定四库全书总目》，中华书局 1997 年版，第 1870 页，第 1636 页，第 1834 页，第 1834 页。

⑱ 永瑢等：《四库全书简明目录》，上海古籍出版社 1985 年版，第 531、550 页。

⑲ 庾岭劳人：《蜃楼志全传》，百花文艺出版社 1987 年版。

⑳㊾ 浦江清：《论小说》，《浦江清文录》，人民文学出版社 1958 年版，第 193 页，第 186 页。

㉑ 这种多元的价值功能就是在通俗小说中也得到认可，如晚清王韬评《镜花缘》："《镜花缘》一书，虽为小说家流，而兼才人、学人之能事者也……观其学问之渊博，考据之精详，搜罗之富有，于声韵、训诂、历算、舆图诸书，无不涉历一周，时流露于笔墨间。阅者勿以说部观，作异书观亦无不可……窃谓熟读此书，于席间可应专对之选，与它说部之但叙俗情羌无故实者，奚翅上下床之别哉？"（王韬：《镜花缘图像序》，中国书店 1985 年据 1888 年上海点石斋版《绘图镜花缘》影印本。）

㉒ 如胡怀琛《中国小说研究》（商务印书馆 1933 年版）第三章《中国小说形式上之分类及研究》划分为记载体、演义体、描写体、诗歌体；郑振铎《中国小说的分类及其演化趋势》（载《学生杂志》1930 年 1 月第 17 卷第 1 号）划分为短篇小说（笔记、传奇、评话）、中篇小说、长篇小说，青木正儿《中国文学概说》（开明书店 1938 年版）第二章《文学序说》（二）"文学诸体之发达"划分为笔

记小说、传奇小说、短篇小说、章回小说。石昌渝《中国小说源流论》(三联书店 1994 年版)、孙逊、潘建国《唐传奇文体考辨》(载《文学遗产》1999 年 6 期)均将小说文体分为"笔记"、"传奇"、"话本"和"章回"四体。

㉓ 孙逊、潘建国:《唐传奇文体考辨》,载《文学遗产》1999 年 6 期。

㉔ 一般认为,"演义"是小说类型概念,指称白话小说中的历史演义一种类型,其实不确,"演义"在明清两代是一个小说文体概念,统称白话小说这一小说文体(参见拙作《"演义"考》,载《文学遗产》2002 年第 2 期)。

㉕ 章炳麟:《洪秀全演义·章序》,黄小配《洪秀全演义》,上海古籍出版社 1981 年版,第 1 页。

㉖ 雉衡山人:《〈东西晋演义〉序》,《东西晋演义》,《古本小说集成》本,上海古籍出版社 1990 年版,第 1 页。

㉗ 《〈唐书演义〉序》,无名氏《〈唐书志传〉题评》,《古本小说丛刊》本,中华书局 1991 年版,第 1—2 页。

㉘ 绿天馆主人:《〈古今小说〉叙》,冯梦龙编《古今小说》,《古本小说集成》本,上海古籍出版社 1994 年版,第 2—4 页。

㉙ 《艺文类聚》卷四九引梁王僧孺《太常敬子任府君传》,上海古籍出版社 1982 年版,第 879 页。

㉚ 范文澜:《文心雕龙注》,人民文学出版社 1958 年版,第 655 页。

㉛ 《南齐书》卷五二《丘巨源传》:"议者必云笔记贱伎,非杀活所待;开劝小说,非否判所寄。"(中华书局 1972 年版,第 894 页。)

㉜ 洪迈:《容斋随笔》卷一,上海古籍出版社 1978 年版,第 1 页。

㉞ 在古代文献中,"笔记"和"小说"绝少连用,史绳祖《学斋占毕》卷二:"前辈笔记小说固有字误或刊本之误,因而后生末学不稽考本出处,承袭谬误甚多。"此"笔记小说"当为并列词组。

㉟ 郑振铎:《中国小说的分类及其演化的趋势》,《郑振铎古典文学论文集》,上海古籍出版社 2009 年版,第 331 页。

㊳ 曾慥:《〈类说〉序》,曾慥《类说》,文学古籍刊行社 1955 年影印本,第 29 页。

㊶ 纪昀:《阅微草堂笔记》,上海古籍出版社 1980 年版,第 359 页。

㊷ 陈师道:《后山诗话》,何文焕辑《历代诗话》,中华书局 1981 年版,第 310 页。

㊸ 虞集:《道园学古录》,商务印书馆 1937 年版,第 645 页。

㊹㊼ 胡应麟:《少室山房笔丛·庄岳委谈下》,上海书店出版社 2009 年版,第 424 页,第 432、436 页。

㊺ 潘建国:《中国古代小说书目研究》,上海古籍出版社 2005 年版,第 57 页。

㊻ 胡之昀:《论唐代笔记杂录》(稿本),华东师范大学 2005 年硕士论文。

㊾ 何华珍:《"小说"一词的变迁》,载香港中国语文学会《语文建设通讯》2002 年第 70 期。

(50) 何华珍《“小说”一词的变迁》：“戊戌变法失败后，梁亡命东瀛。航海途中，偶翻日人小说《佳人之奇遇》，由于满纸汉字，梁氏当时虽还不识日文，却也能看个大概。抵日后，创办《清议报》(1898 年)，发表《译印政治小说序》，翻译《佳人之奇遇》；继之，又创办《新小说》(1902 年)，发表《论小说与群治之关系》。可见，‘新小说’的兴起，不但与梁启超有关，而且与日本密不可分。”鲁迅作《中国小说史略》受盐谷温之影响也是显见的，而盐谷温之中国小说研究已是“折衷了当时东西方不同的小说史观和方法论来进行工作的。”(黄霖、许建平等著《20 世纪中国古代文学研究史》(小说卷)第四章《“中国小说史”著作的编纂》，东方出版中心 2006 年版，第 73 页。)

(51) 楚卿：《论文学上小说之位置》，载《新小说》第七号光绪二十九年(1903)七月十五日，上海书店 1980 年复印本。

(52)(54) 刘勇强：《一种小说观及小说史观的形成与影响——20 世纪“以西例律我国小说”现象分析》，载《文学遗产》2003 年第 3 期。

(原载《文艺研究》2011 年第 11 期，作者为华东师范大学中文系教授)

《诗义集说》中元代"股体"诗义著者考略

张祝平

八股文及八股取士是中华民族文化发展的非常重要的历史事件,研究它的形成发展史对研究中国思想文化发展史具有重要的意义。有关八股文在宋、元时期的演变,正愈来愈引起学界的重视。关于八股文在宋、元时期的形态,最突出的成果是朱瑞熙先生的论文《宋元的时文——八股文的雏形》,[①]他对自北宋以来宋、元时文进行了研究,特别提出经义、论、策在宋元之际形成了一种包括破题、承题、小讲、缴结、官题、原题、大讲、余意、原经、结尾十个段落在内的时文体式"宋元十段文"。但其文详于宋而略于元,没从"股体"发展的角度去研究宋、元时文。笔者从朱熹所说"如今时文……若一句题也要立两脚,三句题也要立两脚"的情况看,[②]至少在宋宁宗时期,科举时文就已经讲究"脚"之说法,出现"股""脚"之说可能更早。从其后宋末魏天应编、林子长笺注的《论学绳尺》笺注所提"股"、"脚"名称并用的情况看来,宋末对时文的写作评价,就提出了注意"股"、"脚"的要求。而元代科举时文的实际写作中也有人提出了分"股"的要求。元曹居贞《诗义发挥》于《诗·兔罝》云"然三章则当顺题分章截上下股。若混截上下作两股则非诗意矣。"元彭士奇《诗经主意》于《诗·甘棠》云"此亦须分章截上下股。"元谢升孙《诗义断法》于《诗·公刘》云"此题难分上下股。"[③]笔者认为宋元"股体"时文概念的演变与"宋元十段文"之演变有着密切的关系。明代八股文正是两者密切结合的产物。由于元代"股体"时文的文献材料存世甚少,所以对它的研究还是空白,尤应深入研究。历代为科举而作的程墨、拟题、选本、房稿等汗牛充栋,但由于历代政府和正统文人对这类书籍不予重视,认为是书坊射利,令士人专事剽窃之文,所以屡遭查禁,政府不收,藏书家不重,目录学不讲,损毁严重。因此研究宋元"股体"时文的关键是要从文献入手,爬罗剔抉,捃遗拾漏,方能有所斩获,有所突破。笔者经过十多年的搜讨发现现存元代最完整的谈及"股体"时文作法的材料在元代一些《诗经》注本中较好的保留下来,而这些注本的一些主要内容,集中保存在明初孙鼎编辑的《诗义集说》中,所以弥足珍贵。④

一、关于《诗义集说》

关于《诗义集说》,黄虞稷《千顷堂书目》(民国适园丛书本)卷一《诗类》著录云:

> 孙鼎《诗义集说》四卷,正统十二年丁卯序。

清阮元《研经室外集》(四部丛刊景清道光本)卷五《诗义集说四卷提要》云:

> 《诗义集说》四卷,明孙鼎撰。鼎字宜铉,庐陵人,永乐中领乡荐任松江教授,擢监察御史,提督南畿学政。是编凡四卷,盖采取《解颐》、《指要》、《发挥》、《矜式》等书,择其新义,汇为一编,仍分总论、章旨、节旨各类,展帙厘然,颇属精备,其中所引如彭士奇《诗经主意》、曹居贞《诗义发挥》,朱彝尊则云未见,谢升孙《诗义断法》则云已佚。考之黄虞稷《千顷堂书目》知是书成于正统十二年。《经义考》曾列此书而注云:"未见",此则从原刻影钞,惜其序文已佚耳。

明代叶盛《水东日记》(清康熙刻本)卷六有这样一段记载与《诗义集说》有关:

> 古廉李先生在成均时,松江士子新刊孙鼎先生《诗义集说》成,请序,先生却之,请之固,则曰:"解经书自难为文,近时惟东里杨先生可当此。况《六经》已有传注,学者自当力求。此等书吾平生所不喜,以其专为进取计,能怠学者求道之心故也。"

明张萱辑《西园闻见录》(民国哈佛燕京学社印本)卷八也有类似的记载。李先生之所以拒绝作序,"以其专为进取计",是看出其书专为科试作义而作的缘故。

从黄虞稷《千顷堂书目》著录可知,其书原本有作于正统十二年丁卯序,本可从《序》中了解到所引录著作及著者情况,"惜其序文已佚",故无法知悉。由于有些著作已佚,著者情况不明,造成了后人的误解,如本书所引录著作除《诗解颐》作者朱善为明人外,其余都是元代人,而《续修四库全书总目提要(经部)》则云:"《诗义集说》惟其所纂辑皆明人说《诗》之书。"⑤再如《江西通志》、朱彝尊《经义考》皆将《诗义断法》著者元人谢升孙误说成了宋人。元代参与科试的江西庐陵人彭士奇著《诗经主意》、曹居贞著《诗义发挥》、谢升孙著《诗义断法》,福建人林泉生著《诗义矜式》等都倡导并作"股体"《诗经》经义,体现了解经与科举制义的密切关系,因此有必要对这些著作、著者以及他们的科举活动进行一些考察。

二、《诗义集说》元代"股体"诗义著者考略

《诗义集说》四卷共收入元彭士奇《诗经主意》、元曹居贞《诗义发挥》、元谢升孙《诗义断法》、元林泉生《诗义矜式》、元无名氏《诗经旨要》、明朱善《诗解颐》几家对《诗经》经义的解读。其中彭士奇《诗经主意》、曹居贞《诗义发挥》,林泉生《诗义矜式》、谢升孙《诗义断法》、无名氏《诗经旨要》都谈及"股体"经义,因无名氏《诗经旨要》无法进一步考察,明朱善《诗解颐》又与股体无关,故对二者不做探讨。现根据各种文献记载对元代四家有姓名的著者和著作考辨如下:

(一) 元谢升孙《诗义断法》

1. 文献的著录:

(1) 明夏良胜撰《(正德)建昌府志》(明正德刻本)卷八典籍:

《诗义断法》,谢升孙著。

(2) 明夏良胜撰《(正德)建昌府志》(明正德刻本)卷十六,人物,文学,宋:

谢升孙,号南窗,南城人,举进士,官至翰林编修。

官翰林,以文学名世,朝野之士尊称之曰"南窗先生"。有《诗义断法》行于世。《旧志》

(3) 清谢旻修(康熙)《江西通志》(清文渊阁四库全书本)卷八十三,人物十八,建昌府,宋:

谢升孙,南城人,举进士,官翰林编修。以文章名,世人称南窗先生。有《诗义法》行世。《林志》(按:即明嘉靖二年江西布政司参政林庭㭿等修撰的《江西通志》)

(4) 朱彝尊《经义考》(清文渊阁四库全书本)卷一百八,《诗》十一(宋代部分):

谢氏升孙《诗义断法》,佚。《江西通志》"谢升孙,南城人,举进士,为翰林编修官。朝士称之曰:南窗先生。"

(5)《四库全书总目》(中华书局 1965 年版)卷十七《诗类存目》一:

《诗义断法》五卷,浙江范懋柱家天一阁藏本。不着撰人名氏。卷首有建安日新书堂刊行字,又有至正丙戌字,盖元时所刻。朱彝尊《经义考》载:宋谢叔孙《诗义断法》,不列卷数。注引《江西通志》曰:叔孙,南城人,举进士,官翰林编修。又载《诗义断法》一卷,不着名氏,注曰:"见《菉竹堂书目》,并云已

佚。"此本五卷,与后一部一卷之数不符,其叔孙之书欤。首有自序,词极鄙俚,殆不成文。卷前冠以作义之法,分总论、冒题、原题、讲题、结题五则,次为学诗入门须知,次为先儒格言,次为总论六义,皆剽窃陈言,不出兔园册子。又书中但列拟题,于经文刊削十七,始于《墉风》之《干旄》,不知何取。盖揣摩弋取之书,本不为解经而作也。

2. 谢升孙与《诗义断法》考

由各家著录可知谢升孙著有《诗义断法》一书。前举(康熙)《江西通志》卷八十三云:

"谢升孙,南城人,举进士,官翰林编修。以文章名。世人称南窗先生。(《林志》)"此卷于谢升孙后十位又载:"谢元礼,南城人。通五经,尤长于《易》,以德行、文学称。元程钜夫志其墓。(《林志》)"程钜夫《谢元礼墓志铭》云:"南城谢元礼先生以至大四年八月八日卒,年八十四。将以皇庆二年某月某日葬太平乡金塘之原。其友潮阳尹赵艮塘等十人为书,介其子升孙所次行实来京师,请铭其墓。……长通六经,长于《易》,……子男二:长升孙,慎修好学。次谦孙,蚤世。"⑥ 由此可知谢升孙其父谢元礼也通六经,谢升孙出自书香门第,有家学渊源。明王圻《续文献通考》(明万历三十年松江府刻本)卷一百七十三《经籍考》"《诗经发挥》,吉水杨舟授《诗经》于谢南窗作。"(康熙)《江西通志》卷七十六(元)载:"杨舟,字道济,吉水人。授《诗》学于谢南窗,作《诗经发挥》。(《林志》)"可知谢升孙《诗》学得之于杨舟。沈仁国《元泰定丁卯科进士考》依据虞集《汪县尹墓志铭》所说谢升孙和汪英同年进士,亦是同郡人,因此断定两人皆为泰定丁卯科进士。⑦ 由此可见谢升孙是元代人。由于明嘉靖二年林庭㭿等修《江西通志》时将其错列为宋人,并将其父谢元礼名列其后十位,朱彝尊《经义考》也从《江西通志》将其列为宋人,《四库全书总目》更将其名由"升孙"改成了"叔孙",一错再错。谢升孙还曾设帐授徒,明宋濂撰《故东吴先生吴公墓碣铭》云:"泰连生偁仪,仪字明善,世称为东吴先生。自幼以缵承家学为事,鸡初号辄起,秉火挟册而读之。时建昌江公存礼、谢公升孙皆前进士,先生负笈从之游,继登乡先达虞文靖公集之门,于是博极群书,其学绝出于四方。"⑧ 明陈谟《元故隐君峻极郭先生墓志铭》亦云:"隐君讳宗,字宗大,学者称峻极先生。……通《诗经》,得六义邃深处。侍江华公建昌时,进士谢南窗先生,《诗经》巨擘也,其称誉之。"⑨ 明初硕儒吴仪、郭宗等都曾受学于谢升孙,郭宗的《诗》学还曾得其教诲。谢升孙精于《诗》学,还有虞集所言为证,虞集在《送吴尚志序》中言:"子之乡,有前进士江君学庭者,《礼》士也;谢君子顺,《诗》士也,于予有文学之契焉。"⑩谢升孙在元代不仅在《诗经》学上颇有名望,而且在经义作法也很有研究,他提出的作义见解,被收入《作义要诀》、《举业筌蹄》中,对后代作义产生了影响。据元倪士毅《作义要诀序》言:"今之经义不拘格律,然亦当分冒题、原题、讲题、结题四段。愚往年见弘斋曹公《宋季书义说》,尝取其可用于今日者摘录之。兹又见南窗谢氏、临川章氏及诸家之说,遂重加编辑条具如在以便初学云。谢氏、章氏说已载《举业筌蹄》中,兹不复录。"⑪然《四库全书总目》则指出《作义要诀》存本为《永乐大典》本:"原序称兼采谢氏、张氏之说,《永乐大典》注'其说已载《举业筌蹄》卷中,故不复录'。今是卷适佚,姑仍旧本阙之。然大旨则已具于此矣。"⑫由此可知,谢升孙作义之说先收入《作义要诀》,后也被收在《举业筌蹄》中⑬。

清瞿镛《铁琴铜剑楼藏书目录》(清光绪常熟瞿氏家塾刻本)卷十七,子部五著录有这样一本元代刊本书:

> 汉唐事笺对策机要前集十二卷后集八卷(元刊本)
>
> 题进士盱黎朱礼德嘉著,有至正元年盱江谢升孙序……考江西通志科目无朱礼名,此所称进士殆乡贡进士也。其书取汉唐政典分门纂记加以论断并为笺释。前集皆属汉事,后集皆属唐事,叙次贯穿,议论平允,实有裨于经世之学,不徒供科举之用也。按谢《序》云:"《汉唐事要》吾友朱君所作。"是此书原名《汉唐事要》,其所为"对策机要"者,想当时刊书人所加,以邀易售,故前集第七卷又有《新笺事要策场足用》之名,书估无识,妄改名目绝可哂也。目录后有正书墨图记曰:至正丙戌日新堂版。旧为泰兴季氏藏本,见延令书目。(卷中有周印天球文点停云馆珍藏,彭城开国钱氏藏,季振宜印沧苇裘曰修审定董诰印蔗林诸朱记)

从此书题要中可看出谢升孙也曾经为其友所编科试策论书做序,对科举用书比较关注。

清曾燠辑《江西诗徵》(清嘉庆九年刻本)卷三十四(元代部分)对谢升孙介绍云:"升孙字子顺,号南窗,南城人。与孙存吾善。"又云:"存吾,字如山,庐陵人。官儒学学正,与清江傅习诠次《皇元风雅》前后集。《元风雅》前有至元二年(1336)丙子三月晦日谢升孙所作的《元风雅序》:"诗者,斯人性情之所发,自《击壤》来有是矣。然体制随世道升降,音节因风土变迁。以近代言,唐诗不与宋诗同,晚唐难与盛唐匹。我朝混一海宇,方科举兴时,天下能言之士一寄其情性于诗。虽曰家藏人诵,而未有能集中州四裔文人才子之句汇为一编,以传世后者。庐陵孙君存吾有意编类雕刻以为一代成书,其志亦可尚已。……编诗者当以是求读者,亦以是观则得之矣。子其遍历《风》、《骚》之国而搜访焉,庶乎是集可无遗憾,若夫可否去取,自有当今宗匠在。"⑭《四库全书总目》云:"《元风雅》二十四卷,前集十二卷乃元傅习采集时人之诗而儒学正孙存吾为之编类者,后集十二卷则存吾所独辑也。……观谢升孙、虞集俱为之序,盖在元末颇有时名者。"⑮

元朱公迁撰《诗经疏义会通》卷十《彤弓之什二之三》,《增释》引南窗谢氏曰:

> "彤弓弨兮",有其器也;"我有嘉宾",有其人也;"钟鼓既设",有其礼也。既有其器,复有其人,必有其礼,此燕有功之意也。"受言藏之",器之重也;中心贶之,一朝飨之,礼之专也。既重其器,必当其人,又专其礼,此燕有功之诚也。故歌咏之间凡意之出于诚者,反复言之。

此段即引自谢升孙《诗义断法》,从其文意看层层推进,逻辑谨严。《四库全书总目》所云天一阁藏无名氏五卷本《诗义断法》是否为谢叔孙所作值得怀疑,从其身为进士,官翰林编修,为好友《元风雅》作序来看,那"词极鄙俚,殆不成文"之《诗义断法》不太可能为他所著。而明初孙鼎编的《诗义集说》所收《诗义断法》倒确实为其所作。

(二) 元彭士奇与《诗经主意》

1. 文献的著录:

(1)《文渊阁书目》卷一《地字号第二厨书目》,《诗》:

彭士奇《诗经主意》,一部一册。

(2) 明夏良胜撰《(正德)建昌府志》卷八《典籍》(明正德刻本):

《诗经主意》,彭士奇著。

(3) 朱彝尊《经义考》一百十二《诗》十五:

彭氏奇《诗经主意》未见。按:奇,未详何时人,书载叶氏《菉竹堂目录》。

2. 元彭士奇科举活动及著述考

据元刘诜《建昌经历彭进士琦初》墓志铭所言:

> 余友彭君琦初以至顺二年九月二十一日没于五羊官舍。……其季子镱跣足迎丧。踰年十一月庚午,奉枢葬于庐陵化仁乡印山新塘之原。请铭,余惟知琦初久莫如余,不得辞也。……延祐初元,仁宗皇帝诏天下以科举取士,士气复振,咸奋淬以明经为先,而琦初以四年魁乡贡,至治癸亥又贡,遂擢第授南昌县丞。秩满。调建昌路经历。未两月有诉吏役不均者仇家共构陷,坐解职。参政耿公叹

曰:"玉石俱焚,若此何以劝善。"会广选行荐为广东盐官,居官数月以病终,享年六十有六。……偻居一室,图史萧然。独四方求文者满座。读书夜分无毫末官宦意,故巳仕而人信其能有守。平生教人倾竭不吝,校文江、广,见黜卷有可取者,必为抄录,曰:"吾恨不能尽收。"又建言欲于贡额外取士。故事不必尽达而人信其用心之广。其于学破猎万卷,诗文随意引笔不为棘艰。……遗稿可数十卷,有《理学意录》,有《闻见录》、《杜注参同》。初名庭琦,字士奇,自号冲所。既以士奇入仕,改字琦初。世居庐陵白珏,自宋太博齐后,分徙化仁乡福塘。曾祖文益。祖子深,学者称坦轩先生。父季庆,宋两与乡贡,国朝赠吉水州判官。曾祖妣胡氏。祖妣郭氏。妣刘氏,赠宜人。娶罗氏,赠宜人。三子,长镛。次铉,先卒。次铦。⑯

从刘诜所作墓志铭中可知:彭士奇(1265—1331),初名庭琦,字士奇,自号冲所。入仕后改字琦初。泰定元年考上进士,59 岁任南昌县丞,后任建昌路经历,至顺二年,66 岁死于广东盐官任上。彭士奇之先祖为宋太常博士彭齐,祖彭子深、父彭季庆皆为读书人,父亲在宋代还曾参加科试。由此可以确证彭士奇为元代人,以释朱彝尊"奇未详何时人"之疑。

关于他的科举活动主要有两段经历:

其一是他参加科举考试的记录,康熙间编《江西通志》卷五十一《选举三》载:"至治三年癸亥乡试,彭士奇,庐陵人。……泰定元年甲子张益榜,彭士奇,庐陵人。"而雍正间编的《江西通志》卷五十一《选举三》则载:"延祐四年丁巳乡试,彭士奇,庐陵人。……至治三年癸亥乡试,彭士奇,庐陵人。……泰定元年甲子张益榜,彭士奇,庐陵人。……彭冲所,庐陵人。"雍正间《江西通志》编写者,不知"彭冲所"就是"彭士奇",重复著录了。至于雍正《江西通志》比康熙《江西通志》多出彭士奇参加延祐四年丁巳乡试的记载,我们来看一下元代科试记录,元刘贞所辑元至正年余氏勤德堂刻本《新刊类编历举三场文选诗义》八卷系元代科举《诗经》科试卷选编,⑰经查收录彭士奇的材料和试卷如下:

第二卷

延祐四年丁巳(公元 1317)江西乡试试卷

试题:邦畿千里,维民所止,肇域彼四海(《商颂·玄鸟》)

第四名　彭士奇　吉安庐陵县人

第四卷

至治三年癸亥(公元 1323)江西乡试试卷

试题:维天之命,於穆不已,於乎不显,文王之德之纯(《周颂·维天之命》)

第五名　彭士奇

泰定元年甲子(公元 1324)中书堂会试试卷

试题:夙夜基命宥密,於缉熙,单厥心,肆其靖之(《周颂·昊天有成命》)

第二十一名　江西彭士奇

根据刘诜所作墓志铭载"而琦初以四年魁乡贡,至治癸亥又贡",以及科试试卷可见彭士奇的确参加了延祐四年、至治三年两次乡试,并在泰定元年会试考上了进士。

其二是他担任考官的经历可考的至少有两次,一次是泰定丙寅湖广乡试以县令身份担任考官,刘贞所辑《新刊类编历举三场文选诗义》详细记录了他对考生聂炳试卷的批语和自作的《冒子》:

第五卷

泰定丙寅(公元 1326)湖广乡试试卷

试题　颙颙卬卬,如珪如璋,令闻令望,岂弟君子,四方为纲(《大雅·卷阿》)

第十三名　聂炳韫夫武昌江夏县人

[考官彭县丞士奇批]:余以《诗》学两诣礼部,所见荆楚同经之士襄然,贡且第者数人。此来本房得卷近百,《书》卷四十,《诗》且半之,意可快睹杰作其间……此卷虽不尽合,盖铁中之铮铮者矣。

[考官彭县丞自作诗经冒子]:王者惟能备天下之德而后足以系天下之心。……要必如上章之得贤而后有是章之全德。

[彭县令自批云]:此题头绪最多,必如此说庶几包括题目方尽,而于朱子"四方以为纲"一意亦发明颇彻,故以一冒从明经者商之。士奇拜丰。

另一次担任江西乡试考官,见载于明解缙撰《伯中公传》,言伯中"天历己巳(公元1329)与弟蒙俱试,江西主事林兴祖欲举为首,彭士奇私于夏日孜,兴祖怒甚,捧两卷却立楹下,徐第为四、五,乃兄弟不失伦焉。"[18]

元代揭傒斯《刘福墓志铭》记载一个自幼热衷科举的人物刘福:

庐陵刘福,五岁好学,日记千言,不知有童子之乐。父母每怜之,十岁闻科举行,即大喜,忘昼夜,废寝食,搜猎经史,旁入捷出,务为无所不知……,父母皆以为忧。乡先达刘岳申、彭士奇、罗曾深爱之,亦皆以为忧……泰定三年十有二月八日呕血死。⑱

元代李祁撰《萧氏瞳吟四叶序》云：

> 所谓瞳吟集行于世者，则季韶雪崖翁之所作也。季韶之诗，如静得王先生、青山赵先生皆称道之。二先生号以诗鸣，则其所称道者必不苟矣。季韶之子公翰，公翰之子与敬皆深于诗者。与敬尝受《诗经》于冲所彭先生，故其温柔敦厚之教为有源委。至其子谦用所作尤清俊可爱。里人左起中集其四世诗名曰《瞳吟四叶》⑳

从彭士奇关心刘福，教授《诗经》于季与敬来看，他对科举活动是非常关注的。

正如刘诜作墓志铭所言"平生教人倾竭不吝，校文江（江西）、广（湖广），见黜卷有可取者，必为抄录，曰：吾恨不能尽收。又建言欲于贡额外取士。"从彭士奇参加元代的科试活动可见他是元代科举的重要参加者和见证人。彭士奇是元代"股体"时文的倡导者和典型的代表人物。如将彭士奇既当考生（延祐四年丁巳乡试第四名、至治癸亥乡试第五名、泰定甲子会试二十一名）的本人《诗经》经义试卷，后又当考官对他人《诗经》试卷的批语（泰定丙寅乡试聂炳卷），以及他在其《诗经主意》中所主张提倡的"股体"作义这三者结合起来，就能从考试实际、评判标准、作义理论完整系统地考察研究元代"股体"时文的发展的实况。从第一手文献资料的分析入手，会使得我们的立论坚实有据。

关于彭士奇的著述，各家著录对彭士奇著《诗经主意》一书皆无疑问。彭士奇之著述除《诗经主意》外，据元刘诜《建昌经历彭进士琦初》墓志铭所言"遗稿可数十卷，有《理学意录》，有《闻见录》、《杜注参同》。"现存还有（元）佚名所编《元赋青云梯》卷上收入的彭士奇《泰阶六符赋》（清嘉庆宛委别藏本）。清阮元《元赋青云梯三卷提要》云："无编纂姓氏，从元人墨迹影写。上卷录赋三十六篇，中卷录赋三十九篇，下卷录赋三十六篇，凡一百十一篇。盖当时应试之士选录以作程序者。"㉑可见也是从科试古赋类试卷所选。

在这里我们要特别提到元代欧阳玄《圭斋文集》中的《彭功远先世手泽》一文：

> 先参政冀公，曩善庐陵彭君士楚。先公上庠高选，虽治《春秋》，能通诸经，忍见前代时文散逸，每属士楚收拾，士楚至则稛载充牣。先公暇日，乱绌而泛阅之，择其尤者别汇为帙。士楚亦能朗诵先世《诗》义，宾至迭论。玄兄弟漫不及省，先公鬻之曰："黄册子会有行世时，儿曹毋忽也。"先公薨之七年，科举兴。玄首擢第，

追忆先训。泰定甲子彭公冲所，以《诗经》擢进士，为士楚从弟，于是其家学益振。他日，冲所子功远来京师，袖其曾祖坦轩、祖碧野二先生及一门诸父旧业程文，盖冲所题识手泽，谒余求一言，是盖吾先公平日之所购求，而士楚之所乐诵者。彭氏世科之左券，不在兹乎？俯仰四十余年，科目废而熠兴，兴而欻废，今明诏复饬中书举行。玄叨尘从臣，初议阙下，力赞其成，又适秉笔代言，播告海内矣。会将见程文复盛当世，喜而志于斯。[22]

此文还被明叶盛《水东日记》引用，叶盛所见欧阳玄之文，系其手书，与收入《圭斋文集》略有差异，特以括号标出，兹引如下：

圭斋题彭氏程文

予性颇不喜场屋程文，异时所作《四书》经义亦不多，惟《书经》大小题俱有破题，又有删节王滹南《书》义一帙，此外惟论十数通、表二十余道耳。乙丑叨第后，即为人持去，无一存者，迄今亦不留意。偶见欧阳圭斋所题彭氏一经，乃知前辈之于程文，其不轻乃尔。徐图访得，以示儿辈。圭斋文今附录焉：

先参政冀公，曩善庐陵彭君士楚。先公(宋)上庠高选，虽治《春秋》，能通诸经，(不)忍见前代时文散逸，每属士楚收拾，士楚至则稇载充牣。先公暇日，乱紬而泛阅之，择其尤者别汇为帙。士楚亦能(诵读)先世《诗》义，宾(主)迭论。玄兄弟漫不及省，先公勗之曰：“黄册子会有行世时，儿曹毋忽也。”先公薨之七年，科举兴。玄首擢第，追忆先训。泰定甲子(庐陵)彭公冲所，以《诗经》擢进士，为士楚从弟，于是其家学益振。他日，冲所子功远来京师，袖其曾祖坦轩、祖碧野二先生及一门诸父旧业程文，(兼)冲所题识手泽，谒(予)求一言，是盖吾先公平日之所购求，而士楚之所(恪)诵者。彭氏世科之左券，不在兹乎？俯仰四十余，科目废而(猬)兴，兴而欻废，今明诏复饬中书举行。玄叨尘从臣，初议阙下，力赞其成，又适秉笔代言，播告海内矣。会将见程文复盛当世，喜而志于斯(后)。至元六年庚辰夏五中澣翰林侍讲学士、通奉大夫、知制诰、同修国史欧阳玄书。[23]

此处之所以不厌其烦的将这段话引述出来，是因为这则史料对了解宋、元科举经义时文的编辑以及明代八股文形成的情况都是非常重要的材料。首先欧阳玄是延祐元年(1314年)元仁宗开科取士的首科参加者，延祐二年(1315年)取中进士第三名，为官40余年先后六入翰林，两为祭酒，两任主考千生。是元代科举的实施者和见证人。其父欧阳龙生(1252—1308)浏阳人。字成叔。宋季从醴陵田氏受《春秋三传》，试国学,以春秋中第。世祖至元中,侍父还浏阳,左丞斌台之,以亲老辞。后荐为文靖书院山长,迁道州路教授卒。后至元四年被追赠中奉大夫,湖广等处行中书省参知政事护军,追封冀郡公。彭士楚是彭士奇的堂兄,能诵先世《诗》义,帮助欧阳龙生收集宋代时文。彭士奇对彭氏一门旧业程文进行了抄录和编辑,其中有其祖父彭子深(坦轩先生)、其父彭季庆(碧野先生,咸淳三年曾考上解元^㉑)及家族其他人的程文,成为"彭氏世科之左券"。彭士奇去世后其子彭功远携此科试程文集找至欧阳玄,欧阳玄为其写下了这段话。明叶盛"偶见欧阳圭斋所题彭氏一经,乃知前辈之于程文,其不轻乃尔。徐图访得,以示儿辈。"使其成为教子之书。黄虞稷《千顷堂书目》卷三十二著录:"《四书程文》二十九卷、《易经程文》六卷、《书经程文》六卷、《诗经程文》六卷、《春秋程文》二十二卷、《礼记程文》十卷、《论程文》十卷、《策程文》缺卷,右八种见叶盛《菉竹堂书目》,皆明初场屋试士之文。"结合叶盛《水东日记》所云,彭士奇所编宋元旧业程文应当包括在内的。叶盛成化三年,入为礼部右侍郎,太学生张用光向他极力推荐后来成为明代八股文大师的王鏊,叶盛遂荐于礼部,厢房奖励备至,使鏊名盛一时。由此,我们可以这么说彭士奇等人所编科举程文及在明代的应用,反映了宋、元经义对明代八股文形成的影响。

(三) 元林泉生《诗义矜式》

1. 文献著录:

(1)《文渊阁书目》卷一《地字号第二厨书目》,《诗》:

林泉生《诗义矜式》,一部一册。

(2)黄虞稷《千顷堂书目》卷一《诗类·补》:

林泉生《诗义矜式》十卷,字清源,三山人。

(3)黄虞稷《千顷堂书目》卷二《春秋类·补》:

林泉生《春秋论断》,字清源,福州永福人,天历二年进士,邃于《春秋》,官翰林直学士知制诰,同修国史。谥文敏。

(4)朱彝尊《经义考》一百十一《诗》十四:

林氏泉生《诗义矜式》十二卷,存。缪泳曰:"此专为科举而设,无足存也。"按:泉生《行状》、《墓志》俱吴海作,平生著述祇载《春秋论断》而无《诗义矜式》一书,殆书贾所托也。

2. 元林泉生与《诗义矜式》考略:

林泉生是元代名吏,记载文献不少,《新元史·循吏传》有如下叙述:

林泉生字清源，兴化莆田人，父士霆，兴化录事判官。泉生幼精敏嗜学，天历二年进士，授同知福清州事。……改翰林待制，出为福建理问官，廉访使郭兴祖妒其能，以飞语诬之，泉生乃自免归。寻擢郎中，使招抚乱党，迁漳州路总管，复召为翰林直学士，知制诰同修国史。至正二十一年卒，年六十三。赐谥文恪。著有《春秋论断》及诗文集。⑥

林泉生《诗义矜式》，是孙鼎《诗义集说》所采诸家《诗经》注本中唯一完整保存下来的注本。⑧然朱彝尊《经义考》根据吴海作《行状》、《墓志》没有提及此书以及此书乃为科举而设的时文，判断其为"书贾所托"。民国《嘉业堂丛书》影明成化旧抄本元吴海的《闻过斋集》卷五有为林泉生作的《觉是集序》。《三山新志》收有吴海所作《文敏林清源先生泉生墓志铭》云："卒，谥文敏。泉生邃于《春秋》，工诗文，多权略，有将才，屡建武功。然以志略自负，不能下人，以此多得谤者。后稍自晦抑，署其斋曰'谦牧'。晚益折节，更号'觉是轩'。为文宏健雅肆，诗豪宕遒逸。所著有《春秋论断》及《觉是集》二十卷。"《福建通志》卷六十八《艺文一》、《闽中理学渊源考》卷三十五皆据吴海所言认为林泉生著有《春秋论断》及《觉是集》而无《诗义矜式》。陶宗仪《南村辍耕录》卷二十八《非程文》："各行省乡试，则有人取发解进士姓名一如登科记，锓梓印行，以图少利。至正四年甲申，江浙揭晓后，乃有四六长篇，题曰《非程文》，语与抄白省榜同时版行，不知何人所造，而路府州县盛传之。语曰：设科取士，深感圣世之恩，倚公挟私，无奈吏胥之弊。……（建德知事剑镇）藉开元真人之力，叶氏（叶瓒，信州）礼经。依永嘉县尹（林泉生）之门，江郎兄弟（辉、晃，建宁）。……《麟经》错乱因赂取，林泉之生生何如（永嘉尹林泉生）？《易》义驳杂以名寻，夏日之孜孜安用（会滑尹夏日孜）？其余泛泛，不必叨叨。分经考卷，得便私情，自开科曾无此例。"《非程文》所言林泉生是否舞弊受贿，已不可知，但让我们知道至正四年甲申林曾任江浙乡试考官，并且主考《春秋》（麟经），没提林曾作过《诗》义，似乎为林泉生没有作《诗义矜式》间接做了佐证，然这种说法尚难以作为定论，现附两则材料如下：

其一是元李孝光有《赠林泉生兄弟》诗二首，其序言曰："予八月十八日至钱塘，二十二日吴明之自三山来会，明日林氏兄弟曰泉生、同生亦来假馆，因为借仙林僧房居之。临别作此为赠。林少年有才情，能为时文，闻其父颇种德，是二子者食其报者也。然二子之瑰奇敦雅，非长者正其身欤。泉生字清源，同生字清流，一字亦流。"李孝光见林泉生时林还是青年，此则材料证明林泉生擅长作时文。

其二是明杨士奇《新编葩经正鹄序》云："梁君本之佐教筼庠时,虑学者于精深蕴奥不易入也,偕其内弟陈赏取朱备万所为《解颐》,何伯善、曹居贞所为《主意》,林泉生所为《矜式》,篇别而章附之,合为一名曰《葩经正鹄》,使学诗者读之大要了然,无复他岐之惑,诚亦《三百篇》之指南也。"㉑梁本之,名混,以字行,别号坦庵,洪武中以明经举。陈赏,永乐九年进士。《新编葩经正鹄序》所云梁本之、陈赏取林泉生所为《矜式》之事,梁本之、陈赏生活在元明之交,应对林泉生所著有所了解。

从《诗义矜式》为元代刻本,本身写作水准较高,又被明初学者、学政高官㉒收入《新编葩经正鹄》、《诗义集说》等书,林泉生又擅长时文等因素看,笔者倾向于林泉生曾作《诗义矜式》。

（四）元曹居贞《诗义发挥》

1. 文献著录：

（1）清谢旻修（康熙）《江西通志》卷七十七《人物》十二,吉安府三,明：

曹居真,庐陵人。著《诗义发挥》行于世,今多采入《诗经大全》,学者宗之。（《林志》）

（2）黄虞稷《千顷堂书目》卷一《诗类·补》：

曹居贞《诗义发挥》,庐陵人。

（3）朱彝尊《经义考》卷一百十一,《诗》十四：

曹氏居贞《诗义发挥》,未见。《江西通志》：曹居真,庐陵人。著《诗义发挥》,永乐中修《大全》多采之。

2. 曹居贞与《诗义发挥》考略

曹居贞由各家著录知其为江西庐陵人。郭钰是由元入明之人,著有《静思集》十卷,《四库全书总目》称集中"又有《乙卯新元六十生辰诗》,则其入明已八年矣。"㉓"乙卯"为洪武八年（公元1375）,则知其入明时已有52岁,主要活动在元代。《静思集》卷一有《曹居贞进士月下弹琴图引》诗,卷七有《白鹭洲晚泊呈天隐兄山长兼柬曹居贞》一诗,卷八有《曹居贞先生求挽诗》,可以看出郭钰与曹居贞关系非常密切,且曹向其求挽诗时年事已高,曹居贞应是元人。《曹居贞先生求挽诗》郭钰注曰："自述墓志",诗云："老子悬车尚黑头,中堂进士晋风流。延年好待桃千树,观化深知貉一丘。墓碣自题成早计,儒冠不改配前修。郎君爱日情如海,春满舼船任拍浮。"从郭称其"进士","中堂进士晋风流"句可知曹居贞参加过元代科举考试,为元代进士。曹居贞著《诗义发挥》,诸家著录并无疑义。前举明杨士奇《东里集·续集》卷十四《新编葩经正鹄序》云："何伯善、曹居贞所为《主意》。"恐不细察之误，但也说明曹居贞的确著有解《诗》之作。康熙间编《江西通志》卷七十七从明嘉靖《林志》云："著《诗义发挥》行于世，今多采入《诗经大全》，学者宗之。"朱彝尊《经义考》亦从《江西通志》云"永乐中修《大全》多采之。"然据台湾学者伍纯娴《〈诗传大全〉与〈诗经传说汇纂〉关系探讨：简析明代〈诗经〉官学的延续与发展》一文统计，胡广等所编《诗传大全》共引录曹居贞《诗义发挥》11 次。②《江西通志》所云显然夸大其词。经笔者统计明何楷撰《诗经世本古义》(明崇祯十四年刻本)引"曹居贞"言共计 9 次，清钱澄之《田间诗学》(清文渊阁本四库全书本)引"曹居贞"言共计 8 次。而《诗义发挥》却被大量引录保存在明初孙鼎的《诗义集说》中。曹居贞曾参加科举活动并著《诗义发挥》这是可以肯定的。

　　由于文献资料的缺乏，学术界对宋元"股体"时文的研究还不能深入，对宋、元时期"股体"时文的演变过程至今仍不甚了然。还有很大的研究空间和空白需要填补。从拓展文献资料入手，注重对常见文献的深入探究，寻求域外汉籍(流散到海外的中国古代科举材料)和地方志中的科试记载，就能发现宋元"股体"时文的确凿材料，基于文献资料的突破及研究视角和方法的改进，从而会对宋元"股体"时文有更深入的研究。本文对《诗义集说》中引录的元代谢升孙《诗义断法》、彭士奇《诗经主意》、林泉生《诗义矜式》、曹居贞《诗义发挥》四家著者和著作进行了一些考辨，确认这四位著者都是元代进士，他们的著述以及他们的科举活动与元代科举及元代"股体"时文的发展密切相关。这些考辨为解决宋元"股体"时文发展演变的问题提供了研究的基础和铺垫。

注

① 朱瑞熙《宋元的时文——八股文的雏形》，《历史研究》，1990 年 3 期，第 29—43 页。

② 宋黎靖德编《朱子语类》卷一百三十九，《论文上》。

③ 三者均见明孙鼎辑《诗义集说》四卷，江苏古籍出版社，1988 年版，第 6、12、343 页。

④《诗义集说》现存版本主要有：1.《新编诗义集说》四卷，明孙鼎辑，明抄本。藏国家图书馆善本特藏部。2. 清阮元据明抄本影印的明孙鼎辑《诗义集说》四卷，收在《宛委别藏》第六册，江苏古籍出版社 1988 年 2 月版。

⑤ 中国科学院图书馆整理《续修四库全书总目提要（经部）》，中华书局，1993 年，第 318 页。

⑥ 元程钜夫《雪楼集》卷十九，《四库全书》文渊阁本，台北商务印书馆，1983 年。

⑦ 见南京大学民族研究所等编《纪念韩儒林教授诞辰一百周年元史国际学术研讨会论文集》，南方出版社，2002 年。

⑧ 明宋濂《宋学士文集》卷第四，《四部丛刊初编》本，上海商务印书馆，1922 年。

⑨ 明陈谟撰《海桑集》卷八，《四库全书》文渊阁本，台北商务印书馆，1983 年。

⑩ 元虞集《道园学古录》卷之三十四，四部丛刊景明景泰翻元小字本。

⑪ 元陈悦道《书义断法·附作义要诀》，《四库全书》文渊阁本，台北商务印书馆，1983 年。

⑫《作义要诀提要》，《四库全书总目》卷一百九十六，中华书局，1965 年，第 1792 页。

⑬《举业筌蹄》一书，明杨士奇编《文渊阁书目》卷四黄字号第三厨书目"经济"类著录："冯子亮《举业筌蹄》一部一册（阙），倪士毅《作义要诀》一部一册（阙）。"明晁瑮《宝文堂书目》"子杂"一类中也著录："《举业筌蹄》。题名明李贽的《四书评·大学》云："故知《大学》一书，平天下之底本也。有志者，岂可视为《举业筌蹄》而已耶！"由此可知《举业筌蹄》与《作义要诀》都对明代科举作义产生了相当大的影响。另据清蒋彤《养一子述》言其师李兆络道光年间针对"先是江阴相习为举业之下者"的情况，"子痛绳以先正理法，重刊明人《举业筌蹄》，颁给之以为楷法。"（见《丹棱文钞》卷三，上海书店出版社 1994 年版《丛书集成续编》，第 226 页）《举业筌蹄》在清代仍被人作为"楷法"。

⑭《元风雅·原序》，《四库全书》文渊阁本，台北商务印书馆，1983 年。

⑮《元风雅提要》，《四库全书总目》卷一百八十八，中华书局，1965 年，第 1709 页。

⑯ 元刘铣《桂隐文集》卷二，《四库全书》文渊阁本，台北商务印书馆，1983 年。

⑰ 现藏国家图书馆善本特藏部，著录为：新刊类编历举三场文选诗义八卷，元刘贞辑，元刻明修本 十四行二十四字黑口左右双边。

⑱ 明解缙《文毅集》卷十一，《四库全书》文渊阁本，台北商务印书馆，1983 年。

⑲ 元揭傒斯《揭文安公全集》卷之十三，四部丛刊景旧钞本。

⑳ 元李祁《云阳集》卷四，《四库全书》文渊阁本，台北商务印书馆，1983 年。

㉑ 清阮元《揅经室集外集》卷第四，《四部丛刊初编》本，上海商务印书馆，1922 年。

㉒ 元欧阳玄《圭斋文集》卷十四，《四库全书》文渊阁本，台北商务印书馆，1983 年。

㉓ 明叶盛《水东日记》卷九，清康熙刻本。

㉔《江西通志》卷五十一，《四库全书》文渊阁本，台北商务印书馆，1983 年。

㉕ 柯劭忞《新元史》卷二百二十九，列传第一百二十五《循吏》，中国书店影印本，1988 年，第 1323 页。

㉖ 现藏国家图书馆善本特藏部，著录：《明经题断诗义矜式》十卷，元林泉生撰，元刻本十一行廿

一字黑口四周双边。

㉗《南村辍耕录》卷二十八,《四部丛刊·三编·子部》,上海商务印书馆初版影印本,1936 年。

㉘ 元李孝光《五峰集》卷五,《四库全书》文渊阁本,台北商务印书馆,1983 年。

㉙ 明杨士奇《东里集·续集》卷十四,《四库全书》文渊阁本,台北商务印书馆,1983 年。

㉚ 孙鼎"永乐中领乡荐任松江教授,擢监察御史,提督南畿学政"。

㉛《四库全书总目》卷一百六十八,中华书局 1965 年,第 1458 页。

㉜ (台)《中山人文学报》20(Summer2005)98 页。

(原载《历史档案》2012 年第 1 期,作者为南通大学文学院教授)

历史小说与《三国演义》、《水浒传》

[韩国] 金泰宽

一、绪　　论

　　研究者习惯于将《三国演义》和《水浒传》相提并论。这两部作品同为通俗章回小说的开山之作，但它们又各自具有独特的风格。《三国演义》无疑是一部典型的历史演义小说，而以《三国演义》的标准衡量性质不同的《水浒传》，就失去了适当的归属处。鲁迅先生《中国小说史略》把《水浒传》归纳为"讲史小说"，孙楷第先生《中国通俗小说书目》把它归纳为"侠义小说"。两位先生都没有明确地说明过其分类标准，世人也不大注意这一问题，因此《水浒传》仍归似乎是归属未定的作品。本文拟发表以下粗浅的看法。

二、历史小说的概念

　　"历史文学"是"历史"和"文学"两个范畴的复合概念，它取材于历史，但不等同于历史，而是诸多文学样式中的一种，然而它与历史科学有着不解之缘。前一点，是历史文学不同于一般文学的特殊个性。这就是说，无论从哪个角度出发，首先不要忘记，历史文学是艺术的一种，这是不能含糊的。不能用研究历史科学的原则，要求历史文学。但与此同时，又万万不可忽略，历史文学毕竟是在"取材于历史"的大格上，总不该与历史的真象完全弄拧了。①

现实文学取材于现实生活,但它对现实生活的反映并不是完全直接照搬,而是通过概括提炼、以典型来表现一般等艺术手段作反映。同现实文学一样,历史文学也通过艺术手段来反映历史上的现实,但它所反映的历史现实毕竟不同于即时展开的社会生活。人们对历史的了解主要是凭借历史文献,可是历史文献中记载的主要是军国大事以及典章礼仪一类,对那个时代的日常生活、气氛或历史人物的音容笑貌等,都描写得不多。很显然,仅根据历史记载无法撰写出成功的历史文学作品,作者须得进行必要的虚构和合理的想象,才能在作品中塑造出鲜明的人物形象,并使作品含有完整的情节和较丰富的生活细节。正因为如此,历史文学的作者都不可避免地要遇上如何正确地处理"历史真实"与"艺术真实"这一关键问题。

历史小说是历史文学的一种,所以具有历史文学共有的普遍特性,同时具有不同于其他文学样式的小说文学独有的特殊个性。历史小说,作为文学作品,首先需要虚构,因为没有虚构就没有小说。对一部小说来说,如果不从它的美学意义,它的艺术的想象和概括以及典型形象的创造来考察,就永远不能解开它之所以具有不朽的艺术魅力之谜,而对较特殊的历史小说来说,其取材就决定了它必然受史实的制约,否则历史真实感就无从谈起,同时有关史料的略阙,使得这些创作尤其要依赖于合理的虚构和想象,所以对历史小说的创作来说,如何处理史实与虚构的关系,确实是一个关键问题。②

文学艺术作品是通过具体事物的感性形象揭示事物的本质,它与历史科学用理性的推理判断和概念去揭示客观事物的本质不同,表现出两者在认识活动上的不同。而历史小说则要求把历史科学中的概念转化为形象,把抽象的理论再现为具体的感性形象,并通过这个形象揭示客观事物以及历史上某个时期的本质,这也与以现实生活题材的小说在艺术构思上有所不同。

小说和历史的一个根本性的区别,就是历史科学力求客观的叙述事实,而小说却有着强烈鲜明的倾向性。历史家当然有自己的立场、观点,也有自己的倾向性,但历史家叙述历史事实时应不违背历史的客观实际。小说则不同,它必须要有强烈鲜明的倾

① 参《关于〈三国演义〉的研究方法》,刘敬圻,《明清小说研究》,1986年,第257—258页。
② 参《略论〈三国志通俗演义〉的艺术风格》,陈阵,同上书,第231页。

向性。

综合上述的论点,历史小说须得满足两个条件:第一"历史小说"是"小说",小说是有意思的故事,其目的就不同于历史书籍或学术书籍,为了达到娱乐目的而采用所谓虚构的手段,小说里使用的虚构是合情合理的虚构,所以小说里的事情就是"可能发生"的事情,它完全不同于违反生活逻辑的编造;第二"历史小说"取材于历史。历史决不允许假定法。历史一允许假定法,就变为史实的捏造,因而不但违背历史事实,而且违背整个历史发展的框架。于是我们的结论是历史小说取材于历史,在不违背历史的大框架或历史事件的结果的范围之内,通过艺术手段创造出艺术的真实。

三、取 材 于 历 史

《三国演义》和《水浒传》都是世代累积型作品,同样经过了史书记载、民间传说、民间技艺人的说书和杂剧阶段,最后由作者写定为通俗章回小说。但由于其故事性质的不同而其取材过程显示出相当大的差异。①

《三国演义》取材于从黄巾起义到晋完成统一的九十八年的历史,其故事情节以表现各封建割据集团之间政治、军事等方面的斗争为主,与史书的记载基本相似。三国时期战争连年不断,根据粗略的统计,一共发生过十多次大的战役和一百余次重要的战斗。作品里的故事都是军国大事或典章礼仪,所以后来主要史书例如《后汉书》、《三国志》、《晋书》、《资治通鉴》以及《通鉴纲目》对此皆有详细记载。并且每个故事都有较强的因果关系,缺少一个情节,前后脉络就不同。作者取材时,无疑着重于史书。例如《全相三国志平话》已有上五万字的篇幅,从平话的内容和结构来看,已粗具有《三国演义》的规模,但是全书的内容大半是不同于正史的附会和传说,像司马仲相断狱的因果报应故事、张飞殴打常侍段珪、杀定州太守以及刘、关、张太行山落草等情节都很离奇,它们都来自民间相传的三国故事,没有多少正史的依据。作者取材一律删削荒诞而没有历史真实感的故事,保留了合情合理的情节。因此清人章学诚曾说《三国演义》是"七实三虚",这正好说明作者取材时着重于史书,同时也采用民间流传的故事情节(包括民间传说、说话以及杂剧在内)而进行"滚雪球式"的改编。

---

① 现今中国文学史皆详论《三国演义》和《水浒传》的成书过程,因而在本稿不必详论。

《水浒传》取材于历史上的宋江起义事件。但是史书和《宋书·徽宗本纪》、《宋书·张叔夜传》以及《东都事略·侯蒙传》等皆有零星的记载而难以知道历史上宋江起义事件的全貌。但从宋江起义到《水浒传》成书的二百多年，正是女真、蒙古族先后南下，广大人民群众在民族和阶级双重压迫之下，纷纷高举义旗，结聚山寨进行反抗的时候，在这特定的背景下，宋江等三十六人的英雄事迹，也就成为人民可颂的对象。南宋遗民公开的《宋江三十六人赞》、南宋罗烨《醉翁谈录》中"公案类石头孙立"、"朴刀类青面兽"、"杆棒类花和尚"、"武行者"记录、《大宋宣和遗事》以及《录鬼簿》等所记的杂剧篇目和现传杂剧六篇，从这些资料我们可得而知宋江等人的水浒故事广泛流传于民间的消息。

《水浒传》作者在创作时，主要是取材于民间传说、说话（话本和说书）以及杂剧等民间流传故事。有的是独立性较强的个别英雄故事，有的是结构松散的几个英雄集合的故事，有些作品如《大宋宣和遗事》和《李逵负荆》等已具有粗略的全体框架式的故事情节。由于资料的缺乏，不能详细地知道作者写作时，多少依靠民间传说，但是从上述现传的资料，我们不难推测作者写作时相当部分依靠它们。民间流传故事本身就有随时随地临场应变的属性，所以各地流传的故事，流传越广，时间越久，显示出了人名、地名、官名的出入，故事情节也就相距越远了。作者聚合广泛流传的故事之后，按照自己设定的原则，改编而成。值得注意的是宋江起义在史书上有记载，其历史作用虽然没有提及，但是正如我们大家所知，并没有起什么改朝换代的作用。更值得注意的是其故事皆发源于历史上的宋江起义，所以作者写作时着重取材于民间传说，但是大的框架上仍然受史实的制约。

《三国演义》和《水浒传》同样是世代累积型作品，但是由于其在史书上所占地位的不同，其取材过程有相当大的差异。《三国演义》着重取材于史书记载，已决定了作品的性格，多受史实的制约。《水浒传》着重取材于民间传说，民间流传故事本身是随时可变的，因此作者写作时相对自由地展开虚构。

四、作者写作动机

元末明初已经广泛流行说话演唱和杂剧。《清平山堂话本》、《京本通俗小说》所录的一些作品、《全相平话五种》所收录的五篇作品以及《大唐三藏取经诗话》、《五代史平话》、《宣和遗事》、《吴越春秋连像平话》和《薛仁贵征辽事略》等现传的作品已经不少，再加上已失传的作品，其数目无疑相当可观。《三国演义》和《水浒传》是通俗章回小说的开山之作，为什么当时作者对三国故事和水浒故事特别感兴趣呢？

1. 通俗小说不同于学术书籍，必须要有强烈鲜明的倾向性，这强烈鲜明的倾向性就是广大群众读者的审美理想，同时也许是作者的审美理想。由于资料的缺乏，无法详知当时的情况，但根据上节所述取材过程，不难推知三国和水浒故事在当时受到了最广泛的欢迎。通俗小说的作家在创作时，选择这些故事为题材是理所当然的。

2. 与作者生平有关系。元末明初是中国历史上最动荡不安的时期之一，而且作者生活在战乱相继的江淮一带。当时江淮一带，朱元璋、陈友谅、张士诚、方国珍和明玉珍等群雄起义而各占一方，其形势非常相像于三国时代的群雄割据，正如洪武四年朱元璋致书故元将军纳哈出，谈论元末明初的历史说："元明疆宇非不广，人民非不多，甲兵非不众，城郭非不坚。一旦红军起于汝，群盗遍满中原，其间盗名字者凡数人：小明王称帝于亳，徐真一（徐寿辉）称帝于蕲，陈友谅称帝于九江，张九四（张士诚）称王于姑苏，明升（明玉珍之子）称帝于西蜀。彼四帝一王，皆用甲兵，有二十万者，有二十五万者，有十五万者，有十万者，相与割据中夏，有二十年。"[1]又至正二十五年（1365），明玉珍遣使与朱元璋通好，朱元璋致书明玉珍说："昔者曹操虎据中原，假汉之名以号令天下，操日夜思并吞吴、蜀，吴、蜀不能合从以拒操，而屡起衅端，自相攻伐，岂不失计之甚哉！今之英雄，据吴、蜀之地者，果欲与中国抗衡，延国祚而保社稷，惟合从为上谋。足下处西蜀，予居江左，盖有类昔之吴、蜀矣。"[2]朱元璋把他与西蜀明玉珍的关系比做三国时代的吴、蜀，主张联合起来抗衡北方，意外之意那盘踞北方的元朝就是曹魏了。至正十一年（1351）红巾起义到洪武二十年（1387）纳哈出投降，辽东全部平定，前后三十多年，其间英雄并起，合纵连横，彼消此长，演出一幕又一幕的惊心动魄的历史活剧。这一段历史的政治和军事经验无疑为作者写作《三国演义》提供了现实感觉。

如上面所述，元末明初的军雄割据异常像三国形势。换个角度，把所有的群雄起义——分开来看，个别英雄起义就变成为个别农民起义的模式。《水浒传》的作者生活在农民起义核心地带之一的江浙一带，很可能亲身经历过或亲眼目睹过不少农民起

---

① 参《明太祖实录》，此处转引自石昌渝著《中国小说源流论》，第 298 页。
② 参《明太祖实录》，转引处同上书，第 299 页。

义。农民起义的原因、各式各样的或主动或被动参加起义队伍、起义发展到形成很大的努力、最后或被剿灭或接受招安或建立新的王朝,作者很可能了解农民起义的全过程,把这些经验用在宋江起义上,有声有色地描写出宋江起义的全过程,从而使作品具有相当的历史真实。

3. 与官方的文化政策有关系。元末明初是思想统治非常苛酷的时代。相继不断的文字狱以及各种官方的高压政策,使作者难以着手于现实生活或正在进行的时事而反映现实生活,只能迂回以历史故事反映现实生活。

一部文学作品通过其独特的方式反映作者写作时的彼时彼地的现实生活。《三国演义》和《水浒传》的作者通过不同的方式表达出他们写作时的现状。正如朱元璋把他与西蜀明玉珍的关系比做三国时的吴、蜀那样,《三国演义》的作者借助于历史上的事件而反思当时的现实处境,通过作品的倾向性表达出广大群众的审美理想。《水浒传》的作者在题材选择方面不同于《三国演义》的作者,他是通过现实生活中的广泛经验,分析当时农民起义的发生、发展到失败的全过程而找到线索,提炼所聚合的题材而艺术地再现出历史上的宋江等英雄人物和起义事件。两部作品同样描写历史上的战争,但是它们反映现实的方法判若两样。

五、章回小说的出现

章回通俗小说可以说是一种新产生的文学样式。就文学流变现象而言,所有新的文学样式,必由传统演变而形成新的风格。新的文学样式的产生,不仅直接受到上一代的影响,也可能接受前溯数代的影响。

《三国演义》和《水浒传》是大家公认的通俗章回小说的执鼎之作。而且具有七十万字强的宏大规模。凭空出现这样大作,是万万不可能的,以下从文体和结构两方面来探讨章回小说的产生背景。

1. 通俗章回小说的文体就是章回体,它是由《三国演义》和《水浒传》所奠定的。一部小说分为章回,每回都有回目,回目有用单句的,也有用偶句的,用以概括本回的主要内容。每回都在一个故事的紧要处打住——“欲知后事如何,请看下回分解”,使读者欲罢不能,还要继续读下去。章回小说的文体如同话本小说,保留着“说话”的鲜明胎记,因而可以说是章回小说的文体直接继承话本而来的。说书是民间技艺,说书人的底本就是话本。话本本身具有浓厚的故事性,若除去其表演性,虽然极粗略,而已经具备小说文学的基本要素。现传的主要几部话本作品几乎都最先被改编为章回小说,这一事实也可反证章回小说从文体和内容两方面皆继承话本而产生的。

但是严格地分辨两者的性质,两者之间尚存相当大的差异。话本是说书人的底本,具有"诉诸听觉"的属性,其故事细节一般都是由说书人临场发挥而演述,因此底本上大多没有细节描写。章回小说本身就是"供案头阅读"的作品,因此一旦创作完成,作者与读者之间就很少能有直接交流的通道,所以作品中的细节描写必须由作者在创作时完成。

从诉诸听觉到供案头阅读的质的转变意味着文人的参与。举例来说,现传话本当中比较完整的《全相三国志平话》,不但文字粗略、结构松散,而且还有不少人名地名方面的错误,由此可以断定话本作者文化水平并不高,作品尚未经过文人的详细润色。由《三国演义》和《水浒传》的问世,我们不难看出某些士人已经开始重视话本,这一事实预示话本的性质变化。因为读书人本身已有由来已久的案头阅读的习惯。

文人的参与带来了令人刮目相看的质变,比话本更着重细节描写,但是或多或少仍然保持了话本小说的风格,其形式仍旧采用章回体。其主要描写方式也是白描手法,其文字简练,情节发展线索单纯,主要通过人物的语言和行动,直截了当的单线式的描写人物和事件。西方小说没有经历过"说话"阶段,而直接继承了神话、传说和民谭等叙事文学的传统,它们虽然偶尔也采用章节法,但是其章节划分较"话本"少,其用法也显然不同。其叙事方式着重描写人物性格,采用渲染烘托的描写方法。因而可以说是章回体小说直接继承"说话"的传统而奠定了独具中国风格的小说文体。

2. 《三国演义》和《水浒传》都是约七十万字的篇幅宏大的巨著。当时《史记》、《汉书》、《三国志》、《资治通鉴》以及《通鉴纲目》等主要史书著作虽有如此的规模,但这在文学创作中却是空前未有的。《三国演义》和《水浒传》的出现首先是文学创作不断向前发展的结果,它们之所以能具有如此宏大的规模,却又和《史记》、《三国志》以及《资治通鉴》等史学著作有着密切的关系,作者们正是借助于它们的叙述方法,才将各种庞杂的内容组织为一个有机的整体。

中国史传有编年体和纪传体两种基本形式。《春秋》和《左传》是编年体。编年体以年月时序为经,以事实为纬,对于历史人物和事件的星移斗转,对于历史大潮的此起彼伏,可以作连贯的记叙,这是它的长处。但就单个事件而言,则不免显得支离破碎。

司马迁鉴于此而创立了纪传体，以"互见法"显示完整的历史事件。《史记》确立的纪传体，将史书分为"本纪"、"表"、"书"、"世家"和"列传"。五体中主要部分"本纪"、"世家"和"列传"，《史记》一百三十篇中"列传"独占了全书的半数强。如果说《春秋》、《左传》等编年体史书以事为中心，那么《史记》、《三国志》等纪传体（重点在于列传）史书则以人物为中心。①

至于《三国演义》，其故事情节以表现各封建割据集团之间的政治、军事等方面的斗争为主，与三国历史的内容基本上相似。作者非常精密地构思"围剿黄巾起义"、"讨伐董卓"、"官渡战役"、"赤壁战役"、"取西川"、"收东川"、"彝陵战役"、"七擒孟获"、"六出祁山"、"八伐中原"、"平蜀"、"灭吴"等十余次战役，作为小说的主干，又在三国鼎立的准备时期、确立时期和后期穿插了四十七次战斗情节，共构成大小战斗一百五十多次，线索贯通、层次分明、艺术地概括了三国历史全貌。②《三国演义》基本上以事件为中心，按照战争发生的前后顺序逐一叙述，可以说是基本上维持了"编年体"史书的叙事方式，但又不是简单的模仿，它已经吸取了宋代以后广泛普及的"纪事本末体"和"纲目体"等优良历史记述方法。

《水浒传》以各式各样的英雄人物为纲而叙述纷繁复杂的历史事件，我们不难看出纪传体结构的影子。《水浒传》可以看做是梁山泊农民起义兴亡的历史，作者显然不是采用编年体方式，而用类似纪传体的方式设计结构，分别为主要人物立传。《水浒传》的七十回以前基本上是"列传体"结构，作者似乎是分别给人物写传，其排列顺序是：鲁智深—林冲—杨志—晁盖—宋江—武松等等。梁山聚义、三打祝家庄以后按编年体，其间也有纪传体结构的交叉。

小说是叙事文学，西方小说直接继承了神话、传说以及民谭等叙事方式，通过发端、发展、高潮以及结局等层次，主要采用纯虚构的方式。中国小说，特别是通俗小说中最先出现的讲史演义，在结构上相当部分吸取了史传文学的结构方式和叙事方式，并且中国本身又有"教化为先"和"羽翼信史"的传统，带有更严格地要求"历史真实"的倾向。把《三国演义》和《水浒传》相对而论，《三国演义》相对更重视"历史真实"，《水浒传》相对更重视"艺术真实"，因而《水浒传》相对地说，更接近于第一节所设定的"历史

① 参"史传文学对小说之影响"，石昌渝《中国小说源流论》，第 67 页。
② 参《略论〈三国志通俗演义〉的艺术构思》，《明清小说研究》，1986 年，第 235 页。

小说"的要求。

通过理想对章回小说产生背景的讨论，可以得出这样的结论，章回小说在文体方面直接继承话本，结构方面则经历了史学叙事方式的酝酿，而这两部经典之作则是在这两者结合的基础上产生的。值得注意的是，这两部开山之作由于故事性质的不同在史书上所占的地位显然不同，所以《三国演义》采用"编年体"叙事方式，开了（讲史）演义小说的先河；《水浒传》采用"纪年体"（特别是列传体）的叙事方式，开了后来传记体小说的先河。

六、艺 术 构 思

《三国演义》和《水浒传》皆不是文人独创的作品，而是在已有作品（体裁并不限于小说）的基础上或多或少进行改编而创作。作者在改编时，无疑有着自己的审美倾向和原则。

《三国演义》的作者构思这部小说时，反复阅读和研究了《三国志》裴松之《注》和《资治通鉴》等历史著作，对头绪繁杂的事件和人物，作分析和综合，从一般中寻找个别，并通过个别把握一般，把个别历史事件和历史人物所表现的具体的现象以及它们所包含的意义，重新进行一番感受和理解，并在感受和理解的基础上，运用娴熟精湛的技艺写作而成。

1. 作者仔细分析了三国时期由统一到分裂和由分裂到统一的历史进程，精心选择和提炼题材，把它抽象为一个"合久必分，分久必合"的对立与统一的过程，情节的结合始终围绕这一线索展开。首先作者把整个作品时代框架定为从黄巾起义到晋统一的九十八年，显然不同于一般的王朝历史。再次群雄的离合集散也基本上围绕着这一线索展开。

2. 作者仔细分析了民间传说、平话以及杂剧等已有作品，改编时进一步突出了处于战争中的广大人民群众拥护仁政，渴望统一的感情和愿望，这种感情和愿望与"尊刘贬曹"的观念相联，同时显示了人民群众的审美理想。就这个意义而言，《三国演义》所表现出的"尊刘贬曹"的思想倾向可以说是体现了一种真实的历史精神，而这一体现则使作品在总体上具有了历史的真实感。三国鼎立之前各占一方的群雄和确定鼎立之势后的刘备，曹操和孙权等主要领导人物皆是按照这个思想倾向而塑造出的典型人物形象。

3. 作者仔细分析了个别战争和人物，总结了"斗智胜于斗力"的战争经验。在三国历史上，以弱胜强，以少胜多，"施用计谋战胜自己对手的事件，可以说是不胜枚举，小说以斗智作为组合故事的基础，反映了三国历史的主要特点。作品里出现了几百位文官、武将以及谋士等人物，作者以智谋为衡量人物的标准，逐一塑造出典型人物的形象，因此谋士的活动特别生动逼真。中国有句俗话说："少不读《水浒》，老不读《三国》。"正好说明《三国演义》多示计谋。

《三国演义》的作者在理想三点审美理想的指导之下，取舍选择获得题材，并以此为基础进行改编，对桃园三结义、三顾草庐等故事则尽力铺叙，增添了史书不载或语言不详的情节，正如正允的连环记、关云长的千里走单骑、过五关斩六将以及诸葛这借东风等故事。作者主要取材于历史上的真人真事，但又不局限于此，而通过对历史和民间传说的分析研究，将自己经过生活体验所获得的审美理想，贯穿于整个改编工作。

《水浒传》的作者不仅是生活在元末明初这样特定的非常时期，而且又生活在社会尤为动荡不安的江淮一带。他亲身经历过或亲眼目睹了大小农民起义，并在现实生活中所获得的感受和理解，如实地反映在作品里。

1. 作者分析和综合了农民起义的发生，发展到失败的全过程，把农民起义的原因总结为"官逼民反，乱由上来"的严峻历史法则，情节的组合始终围绕着这一线索而展开。《水浒传》的作者主要取材于民间淬故事，以两条线为主而发展：第一是大纲式的英雄群体故事，例如龚开的《宋江三十六人传》、《大宋宣和遗事》里的有关水浒故事以及元杂剧《李逵负荆》所示的"一百零八人聚义"和"梁山泊规模的奠定"等皆是；第二是独立性较强的个别英雄故事，例如《醉翁谈录》所示题目的"公案类石头孙立"，"朴刀类青面兽"，"杆棒类花和尚、武松"以及元杂剧中现传的六篇作品所见"李逵"、"宋江"、"燕青"等人的故事皆是。值得注意的是，无论哪一类故事，都缺乏比较完整的有系统的封建官僚方面的故事，而在《水浒传》中作者有意识地在这方面作了许多努力，描写了官方的模式，其中有以四大奸臣为首的高官大臣、武将、外戚、地方官僚、豪族劣绅以及市井恶霸等各种各样的人物，把它们有机地结合起来，组成网罗式的集团，其人物的作品中之角色皆附合于历史发展的规律和现实生活的逻辑。以宋江为首的起义集团，作品中虽然占了重要地位，但在史书上所占的仍然是次要地位。除了宋江一人之外，其他人物几乎都没有史书记载，但宋江起义是历史上实有的事件，起义队伍中不会没有其他英雄好汉,因而其他人物都靠着宋江的地位而被赋予相类似的历史地位,同时作者高度提炼题材,以与四大奸臣为一方的时代背景和社会背景紧密地错综在一起巧妙配合,皆具有历史真实感。就这样完成官民互相矛盾对立的框架,赋予整个故事以强烈的历史真实感。(即是艺术真实)

2. 作者分析民间传说、平话和杂剧等已有故事,并且通过他亲身经历的或目睹过的农民起义所获得的生活体验,观察到广大人民群众的思想倾向是"只反贪官,不反皇帝"的封建忠君思想。《大宋宣和遗事》借天书指出"天书付天罡院三十六员猛将,使呼保义宋江为帅,广行忠义,殄灭奸邪",《水浒传》借娘娘法旨指出"宋星主,传汝三卷天书,汝可替天行道,为主全忠仗义,为臣辅国安民,去邪归正"(第四十二回)。无论通过什么方式表达,这些思想就反映出广大人民群众的心愿。在当时的历史阶层和思想还未成熟的条件之下,对农民来说,起义成功,它们只不过是被利用改朝换代的工具而已,一失败就被剿灭,任何结果都不能说是理想的,因此广大人民群众渴望社会早日安定,把"扶危济贫"的强烈愿望寄托在英雄好汉之身上。宋江为整个故事的主要人物,作者塑造宋江这一复杂多端的典型人物而把广大群众的心愿寄托在一人之身上,因此"接受招安"已被广大群众心愿早就决定的,最后作者为了解决"历史真实"与"艺术真实"之间的关系,不得不创造出艺术性突出的悲剧结局。

3. 作者取材于民间流传故事中的人民生活而反映出现实社会中的人民生活。广大人民群众本身就持有"爱忠义憎奸邪"的鲜明审美意识。这些爱憎不是研究什么高尚的哲学或研究历史而获得的,而是通过生活实践自然而然地获得的。因为没有经过观念化、理论化的过程,所以作品里所有的人物和事件皆是现实生活中经常见到的人物和事件。由此善恶是非的标准都是相对的,彼更恶而此相对善,彼更非而此相对是。《水浒传》里的一百零八个英雄人物当中几乎没有一个全善或全恶的人物,也没有全是或全非的人物,显然不同于古典主义作品里的人物。所以历代批评家时常提出不同的评价,引起无数争论。

作者在上述三点审美理想的指导之下,既虚构出与起义集团互相对立的官方集团。突出当时的时代和社会背景,同时又把独立性较强的民间流传英雄故事逐一有机地联缀而织成一部《水浒传》。作者在官民互相矛盾对立的框架之下,通过个别英雄人物之特殊境遇,透露出各种各样的社会矛盾,通过不同出身、不同境遇的英雄人物被赴上梁山的同一途径而塑造出鲜明对照的各有其特色的典型人物形象,甚至个别英雄物的外貌也各具有其独特的风貌。

七、小　结

　　如上述每一节所分析,《三国演义》和《水浒传》有许多重要的共通点,但也有相异的成书过程和特殊风格,将它们放在一起讨论,有助于我们对作品的理解。《三国演义》无疑是历史小说的典范,但由《三国演义》的标准来衡量性质不甚相同的《水浒传》,并断定它不是历史小说,这恐怕有些失真。笔者认为《水浒传》应当归属于历史小说,因为如上面所探讨,《水浒传》完全符合于第二节所设定的两大条件,正如鲁迅先生后来在《致徐懋庸》说:"艺术的真实非即历史上的真实,我们是听到过的,因为后者须有其事,而创作则可以缀合、抒写,只要逼真,不必实有其事也。"《三国演义》和《水浒传》同样是通俗章回小说的开山之作,而《三国演义》首开了"演义体小说"之先河,《水浒传》则首开"传记体小说"之先河。

　　（原载韩国《中国语文论集》第九辑,作者为韩国东义大学教授）

《水浒传》在古代朝鲜的传播和影响

［韩国］郑沃根

1. 序　　言

　　中韩两国土壤接近，历史上接触很频繁，学术文化上的交流源远流长，就中国小说而言，《山海经》、《太平广记》、《剪灯新话》、《三国演义》、《西游记》、《红楼梦》等作品曾在韩国广泛流传。本文拟对中国古代小说《水浒传》在韩国流传和影响问题作考察。《水浒传》同《三国演义》一样是古代聚合式累积成书的典型作品。最初是以口头说唱的形式流传，罗烨《醉翁谈录》甲集卷一记小说的名目下就有"石头孙立，青面兽，武行者，花和尚"四种，说明这些故事在宋代已广泛流传。后来随着《大宋宣和遗事》的出现，元代水浒戏的兴盛，在此基础上，元末明初施耐庵创作了《水浒传》。在《水浒传》的成书过程中，汇聚了数代文人的叙述才能和审美智慧，后世对这部巨著推崇备至，清代小说理论家金圣叹为之倾倒："夫固以为《水浒》之文精严，读之即得读一切书之法也。汝真能善得此法，……便以之遍读天下之书，其易果如破竹也者，夫而后叹施耐庵《水浒传》真为文章之总持。"①

　　这部被后世学者叹为观止的巨著，大约1607年以前传入古代朝鲜，在古代朝鲜遇到怎样的礼遇，是本文所考察的主要内容。

---

① 金圣叹，《贯华堂第五才子书水浒传·序三》。

2. 《水浒传》传入古代朝鲜的时间

首先需要讨论的是《水浒传》是在何时,以怎样的方式,由于什么样的原因而传入韩国以及在韩国的影响如何。据目前所知,韩国著录《水浒传》的最早记载是许筠①(1569~1618)的《惺所覆瓿稿》,其卷十三写道:

> 余得戏家说数十种,除《三国》、《隋唐》外而《两汉》龉,《齐魏》拙,《五代残唐》率,《北宋》略,《水浒》则奸骗机巧,皆不足训,而著于一人手,宜罗氏之三世哑也。

许筠的后辈李植(1584~1647)也说,许筠读《水浒传》达一百次后,才写成《洪吉童传》②。许筠的《惺所覆瓿稿》成书于1611年(《世界人民大事典》,李丙焘、安秉煜、赵演铉外11人,玄文社,1975年,附录2,国史、世界史比较年表,1611年条,p.1641),即朝鲜光海君三年(明万历三十九年),至迟在这一年以前,《水浒传》已经传入了韩国,在这以前,韩国的历史文献论及中国小说时没有提到《水浒传》,如《朝鲜王朝实录》中有下列二则记载,《燕山君日记》其卷六十二燕山君十一年(1505)四月壬辰著录:

> 传曰:"《剪灯新话》、《剪灯余话》、《效颦集》、《娇红记》、《西厢记》等,令谢恩使贸来。"

《宣祖实录》其卷三,宣祖二年(1569)六月著录:

> 上御夕讲于文政殿,进讲《近思录》第二卷。奇大升进启曰:"顷日张弼武引见时,传教内张飞一声走万军之语,未见正史,闻在《三国志衍义》云,此书出来未久,小臣未见之,而或因朋辈间闻之,则甚多妄诞,如天文地理之书,则或有前隐而后著,史记则初失其传后难臆度,而敷衍增益,极其怪诞。臣后见其册,定是无赖者衺集杂言,如成古谈,非但杂驳无益,甚害义理。自上偶尔一见,甚为未安,就其中而言之,如董承衣带中诏,及赤壁之战胜处,各以怪诞之事,衍成无稽之言。自上幸恐不知其册根本,故敢启,非但此书,如《楚汉衍义》等书,如此类不一无非害理之甚者也。诗文词话,尚且不关况,《剪灯新话》、《太平广记》等书皆足以误人心志

---

① 许筠,朝鲜光海朝时文人、学者,诗、文、小说诸方面很工巧,官至刑曹参议,左参赞。曾数次出使中国。其后,因参与组织秘密团体,计划推翻暴君光海,失败后被处死刑。他著作颇丰,如诗、文、小说等,《洪吉童传》是他写的几部韩文小说之一,被后人评价为韩文长篇小说之开山之作,所以他被称为朝鲜小说之父。

② 《中国故事与小说对朝鲜小说的影响》,(韩)金东旭(韦旭升译);《中国传统小说在亚洲》之一文,(法)克劳婷,苏尔梦编著(颜保等译),国际文化出版公司,1989.2,第46页。

者乎。自上知其诬而戒之,则可以切实于学问之功也。"又启曰:"正史则治乱存亡
俱载,不可不见也。然若徒观文字而不观事迹,则亦有害也。经书则深奥难解,史
记则事迹不明,人之厌经而喜事,举世皆然。故自古儒士,杂驳则易,精微则难矣。
《剪灯新话》鄙亵可愕之甚者,校书馆私给材芥料,至于刻板,有识之人,莫不痛心,
或欲去其板本而因循至今,间巷之间,争相印见,其男女会淫神怪不经之说,亦多
有之矣。《三国志演义》则怪诞如是,而至于印出,其时之人岂不无识,观其文字亦
皆常谈,只见怪僻而已。"

根据以上两则记载,可以了解中国古代小说当时在韩国传播的部分情况,奇大升
对《三国志演义》说:"出来未久,小臣未见之",可见《三国志演义》在 1569 年,即宣祖二
年(明隆庆三年)不久,就已经传入韩国,而且拥有了不少读者。当时在韩国士大夫(奇
大升之朋辈)之间较流行的是"诗文词话",是韩国的稗官小说,和《楚汉衍义》、《剪灯新
话》、《太平广记》、《三国志演义》等中国小说,其中《剪灯新话》于燕山君十一年(1505,
明弘治十八年)之前已传入韩国,"校书馆私给材料",到奇大升论及这部作品时,其传
播已相当广泛,"间巷之间,争相印见"。可是以上两则记载都丝毫没有提到《水浒传》,
如果这部与《三国演义》齐名的作品已经传入韩国,那么就不可能出现这种未有记载的
现象。由此推测,《水浒传》传入韩国的时间要比《三国演义》迟一些,当在 1569 年至
1607 年之间,韩国研究古代小说的权威金台俊先生在《朝鲜小说史》里记:"许筠读《水
浒传》达一百次后写成《洪吉童传》",《洪吉童传》的写成年代是 1607 年,所以我把《水
浒传》传入年代的下限定为 1607 年。

概括来说,《水浒传》与《三国演义》是施耐庵与罗贯中在长期的群众创作基础上,对
有关的材料如传说、话本、戏曲并结合正史记载再作综合整理加工出现的中国最早的通俗
小说,同时也是章回体小说的开山之作,这两部作品艺术方面的价值很高,它们不仅对中
国,而且也对其他国家的文艺创作和生活方面产生了很大影响,韩国的情况就是如此。可
是《水浒传》和《三国演义》在中国元末明初问世以后,再过约二百多年以后,才传入了韩国,
进来的时间较迟,但是这里面有一定的道理,根据在《通俗小说的历史轨迹》一书中①分析:
因印刷业落后的制约、封建统治者的高压控制、抑商政策造成的伤害等,带来了通俗小

---

① 《通俗小说的历史轨迹》,陈大康著(郭豫适审订),湖南出版社,1993.1,第 33 页;第二章"通俗小说近二百
年停滞局面的形成"。

说从明初至嘉靖朝近二百年的停滞局面,一直到嘉靖元年(1522)和十六年(1537)之间,《三国演义》和《水浒传》才分别刊印成书,随后在中国普遍盛行。至于传入韩国,《三国演义》是在 1569 年之前,《水浒传》约在 1607 年之前。那么,为什么在中国同时刊印且又齐名的《三国演义》和《水浒传》传入韩国时间却会相差约四十年?譬如本文在前面提及的《剪灯新话》、《剪灯余话》、《效颦集》等在中国印刊未久就传入韩国了。再譬如说在韩国流行很广泛的《太平广记》也是这样。中国小说传入韩国一般都是相应地随着它们在中国出版的次序。那么,为什么《水浒传》传入韩国要比《三国演义》迟得多?这很可能和当时社会形势很有关系。如果现在能对《水浒传》传入时间问题明确地解决的话,可以更深入地理解《水浒传》及其他中国古代小说在韩国流传和影响的一般情况和历史意义。我认为这就是我们中韩两国古代小说比较研究者的重要研究课题之一。为了解释这个问题,先需要讨论《水浒传》传入韩国的方式、原因以及传入后在韩国的影响等问题。

3.《水浒传》在古代朝鲜传入的方式

中国古代书籍一般以四种方式传进韩国:商人贸易、皇帝下赐、留学生带回和进贡燕行使节团购纳回来。但是《水浒传》以前面三种方式传入的可能性不大。因为中朝之间的贸易在唐到元朝很盛行,到了明朝不允许商人的自由来往,去中国留学的人也是这样①,到明朝除了朝鲜太祖时有一次从明朝得到允许之外,有关其后任何时期去明清朝留学的记录不存在,皇帝下赐给朝鲜的方式,因为《水浒传》是一部通俗小说,也不大可能。因此,我认为《水浒传》多半是随着使节团贸带回来的方式传入韩国。朝鲜第二十二代王正祖(在位 1776～1800 年)认为:当时文风之弊害是由于使节带来的稗官杂书所产生的,所以他颁布禁输命令,《正祖实录》卷三十六,正祖十六年(1792)十月甲申条中写道:

> 如欲拔本而塞源,则莫如杂书之初不购来,前此使行,固已屡饬,而今行则益加严饬,稗官小记姑无论,虽经书史记,凡系唐板者,切勿持来,还渡江时一一

① 《明清小说传入朝鲜的历史过程考略》,金秉洙,延边大学学报(社会科学版),总第 46 期,1984 年第一期,第 112 页。

搜验。

朝鲜时代中国书籍的传入和中朝学者们的交往主要依靠燕行使节团。一年平均去大陆至少有 7～8 次,人数极多时,一次达到 200～300 名,最少时也有 40 名,在燕京滞留时间是 40 天到 60 天左右①,因此现在韩国存在古代朝鲜人写的各种燕行录约有126 种②。明朝陈继儒《太平清话》里写朝鲜使节团到中国来购书情况。

> 朝鲜人最好书,凡使臣之贡限五十人,或旧典新书,稗官小说,在彼所缺者,日出市中,各写书目,逢人便问,不惜重值购回,故彼国反有异书藏本。

当时朝鲜人为何需要买大量中国小说? 首先,元、明、清三代的小说或剧本,无论是它们扣人心弦的故事情节,还是其结构、描写、语言技巧以及作品所表现出的浪漫主义或现实主义创作方式等等都吸引了当时在这个方面所缺乏的朝鲜读者③。其次,1592 年在朝鲜发生壬辰倭乱,明朝万历皇帝命令 20 万大军前来助战击退倭寇以后,朝鲜人民是万分感激,明政府的这一行动,大大增加了朝鲜对明朝的信赖和对中国文化的了解。朝鲜实学者朴齐家(1750～1805)在他的《北学议》写道:

> 我国臣事明朝二百余年,及夫壬辰之乱,社稷播迁,神宗皇帝动天下之兵,驱倭奴而出之境,东民之一毛一发,罔非再造之恩。

经过这次战役之后,朝鲜老百姓很希望知道这次战役的具体经过和民族英雄的活跃形象,应于这种要求,在朝鲜出现了《壬辰录》等所谓"军谈小说"的流行。壬辰倭乱前后的现实,为迎来明朝小说大量传入朝鲜,提供了直接的社会基础。明清小说大量传入朝鲜的局面,正是此时候开始形成的。再次,在壬辰倭乱后不久,又有清兵两次侵略朝鲜,因为绝和等理由,朝鲜人民迎清兵奋力抗击,但寡不敌众,终于 1637 年朝鲜仁祖在三田渡向清太宗降服称臣。经过了壬辰倭乱和两次胡乱,朝鲜士大夫清醒意识到四面八方皆敌,朝鲜需要自力更生,所以他们开始力求学习传播到清朝的西洋文化和中国的新文化,同时主张实用主义思想和政策。因此,"实事求是"和"利用厚生"的精神成为当时社会统治阶层的主要潮流。他们所谓实学派(北学派)利用随着燕京使节

---

① 《明清小说传入朝鲜的历史过程考略》,金秉洙,延边大学学报(社会科学版),总第 46 期,1984 第一期,第112 页。

② 《中国文学在朝鲜》,韦旭升,花城出版社,1990.3,第 342 页。

③ 《明清小说传入朝鲜的历史过程考略》,金秉洙,延边大学学报(社会科学版),总第 46 期,1984 第一期,第111、112 页。

赴大陆来的机会接触到很多文物和文化,尤其是和清代文人交往颇多,购回的书比以前更多。朝鲜朝著名实学者丁若镛(1762~1836)在《茶山诗文选·送韩教理使燕序》中,颇为批评的态度来写有关当时朝鲜学者很愿意赴燕京的情况。

> 东国之人,而游乎中国者,人莫不叹诧歆艳,……吾友奚甫,将衔命赴燕,颇以游乎中国,自多于色。

《三国演义》、《水浒传》、《西游记》、《剪灯新话》等明代小说和清代大量的中国小说都是以这种方式传入的。除了这三种原因之外,当时实学派的盛行对中国小说在韩国传播也起了很大的作用,所以我要说明当时实学派的活动情况。

实学派的主要成员即洪大容、朴趾源、朴齐家、李德懋、柳得恭、金在行、柳连、金正喜、丁若镛等。他们都是很反对空谈而主张研究实用学问的社会改革派的思想家,在文学上反对吟风弄月,无病呻吟,主张描写"真境",要有"美刺劝惩"。其中朴趾源写《两班传》、《许生传》、《虎叱文》等小说,一边讽刺抨击两班阶层的虚礼虚式,一边强调工商和农业的重要性。另外有一位比较特殊,即丁若镛,他也主张文化的实用性和现实性,在精神文化方面,一直强调中国古代四书五经等经典的重要性,可是他很反对当时朝鲜人到大陆去学习文化、文物,甚至从中国买小说带回来,学习诗歌和小说等文艺性较强的文章,科举制度的恶习。他对当时清朝的看法是这样,在我前面提出的《茶山诗文选·送韩教理使燕序》的那些文章后面又写道:

> 即所谓中国者,何以称焉,有尧舜禹汤之治之谓中国,有孔颜思孟之学之谓中国,今所以中国者,何存焉。若圣人之治,圣人之学,东国既得而移之矣,复何必求诸远哉,唯畴种植之有便利之法,而使五谷茁茂焉,则是古良吏之遗惠也。文词艺术之有博雅之能,而不为鄙俚焉,则是古名士之余韵也。今所宜取益于中国也者,斯而已。外是,则强京鸷悍之风,淫巧苛诡之技,夷礼俗,荡人心,而非先王之所务也。

他认为朝鲜已经学到中国优秀文化的真髓,并一直很好地保存着,应该要把那些优秀文化发扬而应用,不应该眼红于清朝的夷文化,否则会导致"夷礼俗"、"荡人心"的后果,我觉得丁若镛的观点是有一定道理的。它是对当时盛行的文化潮流刺的针砭。历史上韩国的文化具有极大的依赖性,在当时的朝鲜朝更是如此,这可能导致本民族文化为异民族文化所同化以及本民族文化的湮灭。他的这样主张在研究朝鲜朝文化政策或者古代文学的观点上比较重要。因为他这个主张和正祖十六年(1792)开始的所谓"文体反正"的文化政策很有密切的关系。他的和正祖施行文化政策的观点几乎一致。例如，正祖几次下禁书命令，甚至虽然是经书，只要是唐板，就一律禁止，在《朝鲜王朝实录》中，《正祖实录》其卷三十六写道：

> 经史则异于杂书，如是严禁，虽似过矣，而我国所存咸备无阙，诵此读此，何事不稽，何文不为。

可是，当时一般文人不接受丁若镛的指摘，也不理会正祖禁书措置的打击，主张需要多接触当时中国大陆文化与学问的意见占了上风，他们对丁若镛的这种立场也很反对。他们主张说：来中国学习的真正目的不是学习清朝的满族文化。他们接触的人物主要是顾炎武、袁枚、纪昀等在清朝廷上别无重用的文人、学者。实际上他们来清朝学习的真正目的是"学胡反胡"，所以朴齐家在他的《北学议》中又写道：

> 世传丁丑之盟，清汗欲令东人胡服，九王谏曰：朝鲜之于辽沈，肺腑也，今若混其衣服，通其出入，天下未平，事未可知也。不如仍旧，是不拘而囚之也。汗曰："善。"遂止。自我论之，幸则幸矣。而由彼之计，不过利我之不通中国也。昔赵武灵王，卒变胡服，大破东胡，古之英雄有必报之志，则胡服而不耻。今也，以中国之法而可学也。

实际上朝鲜朝第十七代王孝宗（在位 1649～1659）曾为实现这种想法而努力。他当为凤林大君时，因丁丑年（朝鲜仁祖 15 年：1637 年）三田渡屈辱之事，当为人质，被在清廷拘留了 7 年（1638～1645），所以他在 1649 年即位后，为了雪耻，一直准备所谓"北伐"计划，后来实际上并没有施行。在朝鲜后期这种社会风气下，当时用韩文创作而严格批评的角度来描写封建观念与描写科举制度和两班制度的矛盾和讴歌自由恋爱等小说大量出现，同时从中国传入的小说也更多了。据我了解，由最主要上面这四种社会之原因，中国的明清小说大量传入，在当时朝鲜社会和文学创造方面起了很大的借鉴作用。总的说来，中国小说在韩国传进来和影响是和当时朝鲜国内外这种社会形势很有关系。

4. 《水浒传》在古代朝鲜的传播上与《三国演义》不同

那么，《水浒传》在古代韩国怎么传播？人们一般认为，《水浒传》与《三国演义》一样，自一引进韩国，就得到了广泛传播。很多学者在他们的著录里也主张：《水浒传》和《三国演义》同时流行老百姓之间，可是他们没有根据。我认为《三国演义》在韩国流传很广泛，因为朝鲜宣祖二十五年（1592，明万历 20 年）发生壬辰倭乱，仁祖五年（1627，明天启七年）和十四年（1636，明崇祯九年）发生两次胡乱。经过这种战役后，很流行过

《三国演义》和取材于三国故事的小说。其原因在于16、17世纪外族入侵造成的创伤所激起的爱国义愤以及渴望出现民族英雄人物的心理,所以壬辰倭乱直后开始出现《壬辰录》等很多所谓"军谈小说"并很流行。这些军谈小说中所出现的一切军队的发展方式、军人制服、武器、战术,以及必然由此而产生的英雄人物的形象都很明显地受《三国演义》的影响,《壬辰录》写刘备与张飞分别投胎为中国的明神宗与朝鲜的宣祖,当倭寇入侵时他们就联合抗日,留在天上的关羽也下凡助战,故事在这背景下展开,而且两部作品情节有许多相似之处。如《三国演义》中孔明(草船借箭)的故事,《壬辰录》中有李舜臣将军草人置于船上欺骗敌人,耗尽敌人箭丸。当时流行的《壬辰录》的这样描写更引起朝鲜人民对《三国演义》的兴趣,其后摘出《三国演义》中的部分故事而翻印出流行,就是《华容道》、《山阳大战》、《赤壁大战》、《刘忠列传》、《姜维实记》、《玉人记》、《魏王别传》等。其中《赤壁大战》改成为韩国五大讲唱文学艺术(春香歌、沈清歌、水宫歌、兴夫歌、赤壁歌)之一。更加上战役结束后立刻在官方倡导下,在朝鲜各处(汉城、平壤、南原、安东等地)建立关王庙,特别在汉城四大门外各建立一座关王庙祭祀关王为保卫汉城的守护神,虽然《三国演义》在朝鲜影响这么大,可是我认为,《水浒传》尽管在朝鲜文人、士大夫当中流传较广泛,但在一般民众之间并未广泛地流传。此文章主要从古代小说的传播原因进行分析,并辅以历史记载或古代人的文章记录佐证之。

一般说来,古代中国小说传入韩国以后,主要是通过书面和口头两大途径进行传播的。书面方式又分三种。首先,是通过原本或笔写本传播。其次,是翻印本传播。最后,是译本笔写本和译本的刊本传播。前两种传播方式在朝鲜文人、士大夫之间很普遍,因为他们看得懂汉文,一般老百姓看不懂,译本的传播对象主要是宫中、闺房妇女们和下层老百姓。口头传播方式主要是下层老百姓之间,主要场所是射场、药局、市肆、路上、客店、要路院、酒幕等民间交往多的地方和一般家庭里①。这与中国大陆当时的情形相类似,如,朝鲜实学派代表人物之一,著名汉文小说家朴趾源(1737～1805)曾记录了当时中国大陆口传水浒故事的情况。他在《热河日记》中写道:

> 庙中无赖游子数个人,闹热如坊屋,有坐读《水浒》者,众人环坐听之。

这是他随燕京使节来大陆目睹之事,而朝鲜当时亦与相似。赵秀三(1762～1845年)在《秋斋集》中有这样一段记录:

① 《要路院夜话记研究》,李树凤,太学社,1984.12,第27页。

传奇叟,居东门外,口诵谚课稗说,如《淑香传》、《苏大成》、《沈清》、《薛仁贵》等传奇也。月初一日坐第一桥下,二日坐第二桥下,三日坐梨岘,四日坐校洞口,五日坐大寺洞口,六日坐钟楼前,溯上既自七日沿而下,下而上,上而又下,经其月也。改月亦如之。而以善读,故旁观匝围。夫至最吃紧甚可听之句节,忽默而无声。人欲听其下回,争以钱投之,日此乃"邀钱法"云。

因此,不仅当时中国有说书先生,朝鲜也有传奇叟。有人把传奇叟的种类分三种,即讲谈师、讲读师、讲唱师,有的传奇叟金户主博览古谈而做为户主(农村里一个部落的代表者),"声名赫赫",其家计也因专谈十年传奇后而富裕①。这说明,口头传播途径在当时的朝鲜老百姓之间不仅存在,而且很广泛。

那么,《水浒传》是不是与其他中国古代小说一样在朝鲜士大夫和老百姓之间流传很广泛呢? 我觉得,尽管现在大部分人认为《水浒传》与《三国演义》在朝鲜的流传情形是一样的,但其中的确有值得商榷之处,我们先分析一下一部中国古代小说《水浒传》在朝鲜传播的具体过程。

5.《水浒传》在古代朝鲜的传播上与《三国演义》不同之一

我们知道,朝鲜下层老百姓要想了解水浒故事,主要是通过口头传播方式,而口头传播的依据是译本,当然水浒故事只能通过懂汉文的朝鲜文人、士大夫们翻译介绍给老百姓。因此,文人和士大夫们在小说的传播环节中起着关键作用,他们的态度决定了水浒故事的传播范围。

实际上,朝鲜士大夫和文人对《水浒传》的内容其本执否定的态度,因此限制了它在民间的传播范围。朝鲜文人和士大夫虽然对《水浒传》的内容执否定态度,那么对其文辞表达,或艺术结构是什么态度呢? 我觉得,他们对《水浒传》的态度具有矛盾性。对于《水浒传》的内容,经学家和理学家尖锐地批评了《水浒传》对民心的迷惑。要求政府把国内的"稗官杂书""聚而焚之",把从燕京买回"稗官杂书"之人"断以重律",但是,大部分文人、士大夫们的观点都不是如此极端。一方面,他们从统治阶级的利益出发,非常反对《水浒传》宣扬暴力造反的内容。另一方面,他们极为欣赏《水浒传》的文采。这种观点的代表

① 《要路院夜话记研究》,李树凤,太学社,1984.12,第29页。

人物是李德懋(1741~1793)和许筠(1569~1618)。李德懋在《青庄馆全书》中写道：

> 余当闻明末流贼,多水浒传中强盗名字,是亦感激人心之一助哉,其写人情物态处,文心巧妙,可为小说之魁,合乎绿林董狐,然士大夫一向沉湎。

我对这段话从三个方面来考虑。首先,全盘的角度来看,他坚持批评的态度,在他的语气上看,还离不开封建时代统治阶层的观点,他说"明末流贼,多《水浒传》中强盗名字,……合乎绿林董狐",这是否定其内容的态度;其次说"其写人情物态处,文心巧妙,可为小说之魁",在艺术方面坚持很肯定的态度;最后,"然士大夫一向沉湎",介绍传入朝鲜以后在文人、士大夫之间很流行的情况。其他古代朝鲜人的记录颇多出现对《水浒传》的褒贬,但大部分都不超越李德懋的三个观点。根据古代朝鲜人的有关记录,有李晚秀者"平生不知稗说为何书",但他读了金圣叹批注的《水浒传》和《西厢记》后,才知道了"文字的变幻",而有人把它们作为"文章机轴",甚至李晚秀是在朝鲜正·纯朝做官作为文衡,可以想象到文人、士大夫对《水浒传》文辞方面的支持和欣赏。这表明了李德懋等一批士大夫对待《水浒传》的基本态度,通过文字记录,他们一方面批评《水浒传》对社会的消极影响,另一方面又欣赏它的写作技巧以及构思的精彩,因而"士大夫一向沉湎"。可是我们把这句话从全盘的角度来看,他坚持批评的态度,在他的语气上看,一方面还离不开封建时代统治阶层的观点,一方面坚持欣赏《水浒传》的态度,所以他说"水浒传中强盗名字"、"可为小说之魁"。许筠也对《水浒传》持有不同的两个观点,他在《惺所覆瓿稿·十掌之故》中借用明代袁宏道的有关文字说:"传奇则《水浒传》、《金瓶梅》为逸传(典)",他又借用田汝成的文字在该书卷十三写到:"《水浒》则奸骗技巧,皆不足训,……宜罗氏之三世哑也"。他对《水浒传》的观念上表露二重性的态度。但是他读《水浒传》达一百次后,写成在韩国第一部韩文小说《洪吉童传》。《洪吉童传》是许筠的代表作,也是朝鲜最早的韩文长篇小说,作品写洪吉童不堪忍受封建家庭的压迫(主要是嫡庶差别)出走,参加农民起义,因武艺高强,被推为首领,组织"活贫党"。他劫富济贫,反贪官污吏,与官府作对,后在海外建立一个"理想国"①。可见他一直对父母和朝廷忠孝,他也一次受招安,他很像《水浒传》里的宋江形象。那么,一个对《水浒传》丝毫没有兴趣的文人怎么能读一百次后,模仿而写成另外一个作品呢?许筠的行为说明他很敬佩《水浒传》的文采,甚至有李晚秀者"平

---

① 《中外文学系年要览》,陈志强主编,辽宁人民出版社,1988,第299页。

生不知稗书是何物",但他读了金圣叹批注的《水浒传》和《西厢记》后,才知道了文字的变幻①。因此完全推崇《水浒传》的人也不少。如沈绰(朝鲜正祖时人)在他的《松泉笔谭》写道:

> 按《西游记》、《水浒传》,文章机轴,稗书中大家数也。先辈或有发迹,于是书而成文章者云。

概括地说,朝鲜文人和士大夫对《水浒传》的内容和形式有着截然相反的看法,这就是导致了他们对《水浒传》态度的矛盾性。由于政治上的需要,对《水浒传》内容上的否定占了上风,此使得《水浒传》在朝鲜士大夫和文人中间虽有流传,但广大老百姓之间全然不一样。因为当时古代韩国人没有几本遗下来《水浒传》的译本,有关《水浒传》译本的记录也几乎没有(请参考后面附录一、二),证明这与《三国演义》流传的范围差距很大。那么,如果士大夫和文人与当时社会形势对《水浒传》的内容和形式都持有肯定的态度的话,他们就会像对待《三国演义》一样,将《水浒传》介绍给广大老百姓,使其广泛流传,但事实并非如此。士大夫和文人对水浒故事在下层老百姓之间传播没有起什么作用,其原因在于为了维护统治阶级的利益。因此,《水浒传》在朝鲜民间的传播并不像《三国演义》那样广泛。

6. 《水浒传》在古代朝鲜的传播上与《三国演义》不同之二

另外,文体上《水浒传》是白话体,《三国演义》是文言文,此也是所以《水浒传》在文人、士大夫之间没有《三国演义》广泛流行的客观原因之一。因为,传入中国小说的朝鲜第一桥梁是文人、士大夫,他们都是认识汉字的人,他们的认识和支持之下,从口头、翻译、翻刻、手抄等方式来传给下面之间流行。当时朝鲜士大夫比较熟悉文言文性质的文章,所以《水浒传》传入不久,连文人、士大夫受到还没习惯白话体《水浒传》中的有些语辞,传入朝鲜以后最先接受的文人、士大夫受到一些文字上的障碍,所以在朝鲜朝后期出版《水浒志语录》、《西游记语录》来解决这个问题。然而他们阅读《西游记》、《水浒传》等白话文中国通俗小说以后,认识其"文字之变幻"而称赞为"文章机轴"。这种认识对后来的小说观念带来很大的变化,所以对朝鲜朝后期文章产生了很大的影响。

---

① 《林下笔记》,李裕元(1814~1888)。

7. 结　语

《三国演义》与《水浒传》相比较，两者在文采上各有所长。但前者的内容较易为统治阶级所赞。因此，朝鲜士大夫和文人积极推动《三国演义》的传播。这使得三国故事在民间广为流传，而歌颂农民起义的《水浒传》就只能流传于某些士大夫中间，整修封建统治期间的情形基本如此。一直到韩国沦为日本的殖民地以后，才出现了一部可以算说韩国真正的《水浒传》的《林巨正传》。这部作品的内容和《水浒传》很像。作者洪命熹在历史人物林巨正①（？～1562）造反事迹的基础上，模仿《水浒传》作了一些虚构而写成。这和当时的社会要求恰恰相合。所以我觉得文学作品是社会的产物，应社会的要求而产生，反映其社会，终于归属于其社会。

以上从中国古代小说在韩国传播的情况下，分析而得到《水浒传》在韩国古代民间难以广泛流传的结论，事实上也有证据佐之。从下面附录一、二两则资料，大家知道，《水浒传》在韩国传播以后，翻印出来的版本连一本也没有。《水浒传》韩文翻译本也很少，其中最早出来的活字版译本是 1913 年，而在这之前，《三国演义》和有关故事的译本不少，有几十种。译本是老百姓接触中国小说的主要途径。译本很少，这说明这部小说在民间流传不广。因此，《水浒传》在民间并不像《三国演义》那样，一从引进韩国就得到了广泛的传播。

总的来说，《水浒传》在老百姓之间没什么广泛流行，其理由是文人、士大夫等当时统治阶层对《水浒传》的态度的二重性，《三国演义》的广泛流行很可能对《水浒传》的流行引起了一定的负面作用。其主要传播范围是部分士大夫之间，特别是两班阶层里面的部分疏外阶层则庶孼和中人阶层之间很流行②。许筠晚年主要交流的是沼阳江上

---

① 《中国文学在朝鲜》，韦旭升，花城出版社，1990.3，第 364 页。
② 《正始文程》中正祖的一文写到："更有余意之搀及者，有才而等于蔑如，斋志而无以自炫，甘与草木同腐者，俗谓一名是已。俗识人伦之常，礼则反慕千里，不同俗之俗，自知征之莫混，则嗜看十七子发愤之谭。至于咳唾挥弄之味，而动相摸画，惚惚窃窃，鲜有能超然，耸拨于那里，斯亦朝廷之责，非渠之罪也。"可看，从许筠以后，再过一百七、八十年，《水浒传》还在庶孼之间很流行。于是正祖一边命令禁输唐板书，一边废止嫡庶差别制度。正祖以后，到十九世纪初受前代北学派的影响而开始很流行所谓委巷文学，是比士大夫下一层的中人阶层（医生、译官等）和庶孼、吏胥等组织'诗社'等而展开文学活动的一种新的文学潮流。可推测在朝鲜后期《水浒传》等中国小说在中人阶层和庶孼、吏胥等疏外阶层之间更广泛流行。

的竹林七贤；朴应犀、徐羊甲、沈友英、李耕俊、朴致仁、朴致义、金庆孙等，他们很喜欢《水浒传》内容，"以其贼将别各占为外号"①。许筠虽然不是庶孽，可是很同情他们而谋义造反，被发觉而同归于死，他们的行动和《洪吉童传》里的洪吉童的行动很有相似之处。在作品里描写洪吉童是庶孽，而被迫出走，洪吉童离家出走以后和《水浒传》里的宋江逼上梁山以后的形象也很有相似之处，这很能说明朝鲜的当时社会风气和《水浒传》、《洪吉童传》的关系，即是许筠、当时朝鲜社会形势、《水浒传》，就是作者、社会环境启发作用对出现韩国第一部韩文长篇小说《洪吉童传》提供必要充分条件，所以我在这里可以说虽然《水浒传》在韩国当时老百姓之间流行的范围不是很广，可是通过《洪吉童传》等受到《水浒传》的影响而写成的一些作品，在当时韩国作品创作或老百姓生活方面上，也间接地受到较大的影响。我前面提出为什么《水浒传》传入韩国要比《三国演义》迟得多的问题，那么这能不能算是回答呢？

最后，《水浒传》在韩国文人、士大夫之间很流行，但一般老百姓之间没有那么流行，其原因是内容、文体和当时朝鲜社会的感受和交流问题。《水浒传》在朝鲜受到和《三国演义》不同待遇，主要是前70回的内容不符合当时朝鲜统治阶层忠义为主的教化政策，所以未能在民间很广泛流行。在韩国1607年出现了受《水浒传》的影响而写成的韩国第一部韩文长篇小说《洪吉童传》，这部小说反映当时社会黑暗形势，反抗当时统治集团残酷压迫人民，可以说是所谓韩国社会小说中的"义贼"小说的开山之作。到了日占时期，洪命熹受《水浒传》的影响写了巨大规模的《林巨正传》(1928年11月21日—1937年12月12日连载于《朝鲜日报》)，被称为韩国的《水浒传》。该书描写林巨正为首领的农民起义，反对贪官污吏，反抗朝廷的故事。它实际上描写历史上的事实来反映抵抗日本帝国主义的侵略，鼓吹民族精神，激励义兵的出现。到了本世纪七十、八十年代，黄晳暎在《韩国日报》连载《张吉山传》，小说连载的时间十年之久，反映了七十、八十年代反抗独裁的精神。在历代义贼小说当中，我们把这三部作品称为韩国三大"义贼"小说。这三部小说都是受《水浒传》的影响而来的。所以《水浒传》非但在古代朝鲜，而且在现代韩国社会上颇有意义的作品。《水浒传》在文人、士大夫之间很流行，而在民间方面不太流行的原因，当然起因于其作品的内容带来的某些问题，我们在这里不讨论《水浒传》的思想内容的好坏，但是当时朝鲜社会上流阶层文人、士大

---

① 参见《泽堂杂著散录》。

夫以为《水浒传》是"海盗"的作品。许筠在《水浒传》传入朝鲜后不久,受它的影响而写成《洪吉童传》以外,又参加推翻光海朝的活动,人家都以为这次活动是受《水浒传》的影响。因此,这种情况之下,无论是翻译这部小说,还是宣传、传播方面都有害怕之处,所以现在在韩国所看见的中国小说目录当中,连一本韩国刊印本也看不到,就翻译本来说1884年左右朝鲜朝廷组织译官们翻译近一百种中国小说时,才出来韩国第一个《水浒传》翻译本,这可以证明这种事实。

参考文献

1. 著书

1)《通俗小说的历史轨迹》,陈大康著(郭豫适审订),湖南出版社,1993.1。

2) 容与堂本《水浒传》,上海古籍出版社,1988.11。

3)《朝鲜时代中国通俗小说翻译本的研究》,朴在渊,韩国外国语大学校,博士论文,1993.2。

4)《中国传统小说在亚洲》,(法)克劳婷,苏尔梦编著(颜保等译),国际文化出版公司,1989.2。

5)《中国文学在朝鲜》,韦旭升,花城出版社,1990.3。

6)《水浒传研究》,李慧淳,正音社,1985.8。

7)《朝鲜小说史》,金台俊,图书出版礼文,1989.8。

8)《要路院夜话记研究》,李树凤,太学社,1984.12。

9)《高丽朝鲜两朝的科举制度》,(韩)李成茂著(韩瑶瑰译),北京大学出版社,1993.6。

10)《小说大辞典》,王先主编,长江文艺出版社,1991。

11)《比较文学》,李慧淳编,文学与知性社,1985.4。

12)《朝鲜后期文学思想史》,郑玉子,SEOUL大学出版部,1990.7。

13)《中国小说绘摸本》,文善在,江源大学校出版部,1993。

14)《韩国古代小说论与史》,朴晟义,集文堂,1992.8。

2. 论文

1)《明清小说传入朝鲜的历史过程考略》,金秉洙,延边大学学报(社会科学版)总第46期,1984第一期。

2)《明代小说对李朝小说之影响》,赵英规,国立政治大学 中文研究所 硕士论文,1967.6。

3)《李朝军谈小说与〈三国演义〉》,金宽雄,延边大学学报,第八十六期,1993.4,第61—64页。

4)《朝鲜的中国书籍轮入和燕行的机能》,郑锡元,延世大学中语中文学会,《文镜》第四号,1992,

第 71—92 页。

5)《中国古代小说在韩国的流传和影响》,拙文,华东师范大学学报(哲学社会科学版),1994,第
四辑,韩国研究中心专辑之一文,第 93 页。

（原载韩国《中国学论丛》第六辑,作者为韩国东义大学教授）

明清戏曲小说批评中的"化身"说及相关话语

王进驹

　　"化身"作为一个固定用语来源于佛教。佛教认为佛有三身：法身、报身和化身，其中化身是指佛为度脱世间众生，随应三界六道不同状况与需要而变现之佛身。在文艺领域，"化身"一词主要见于涉及宗教人物的一些诗文和书画作品。明代之前，"化身"一词很少用到文艺批评之中。从晚明开始，"化身"在戏曲小说批评中出现，之后相关话语的使用渐多，涉及戏曲小说的创作、表演、阅读（观看）及评点活动等各环节，是具有一定理论内涵与实际应用价值的批评话语。但在现当代的古文论研究中，尚未见到专以"化身"及相关话语作为一类批评概念进行系统研究的成果。有鉴于此，笔者拟对这一论题进行探讨，主要梳理和分析与戏曲小说之创作相联系的"化身"说及相关话语，而与表演、阅读等活动相联系的"化身"说则另文论述。与"化身"相关的话语有："现身""现身说法""后身""替身""置身""身""设身处地""以身代""化""为"等，还有些评论虽不出现上列词语，但表达出相类似的意涵，在精神实质上相通，也将其纳入"化身"话语的范围。

一、"化身"说在创作中的指称意义

　　明清戏曲小说作家、批评家对创作活动的特征、规律性进行探索总结时提出了"化身"说。由于他们所考察和概括的创作现象，有时是整体性的，有时是个别性的，因而所用"化身"话语的指称意义也有总指的、普遍性的与专指的、特殊性的不同。我们大体上可以把"化身"话语的指称意义分为两种：一是总指作者与其创造的各种人物形象

的关系和状态,二是专指作者与其创造的特定人物形象的关系和状态。下面分而论之:

1. 第一种指称意义

明代著名戏曲家孟称舜在《古今名剧合选序》中说:

> 吾尝为诗与词矣,率吾意之所到而言之,言之尽吾意而止矣。至于曲,则忽为之男女焉,忽为之苦乐焉,忽为之君主、仆妾、金夫、端士焉。其说如画者之画马也,当其画马也,所见无非马者,人视其学为马之状,筋骸骨节,宛然马也。而后所画为马者,乃真马也。学戏者,不置身于场上,则不能为戏;而撰曲者,不化其身为曲中之人,则不能为曲,此曲之所以难于诗与辞也。①

"化其身为曲中之人",这是"化身"说的具有概括力的纲领。在此之前,王骥德《曲律·论引子第三十一》在论戏曲的引子时曾指出:"引子,须以自己之肾肠,代他人之口吻。盖一人登场,必有几句紧要说话,我设以身处其地,模写其似,却调停句法,点检字面,使一折之事头,先以数语该括尽之,勿晦勿泛,此是上谛。"②已经触及了戏曲创作的"代言"和体验剧中人物情境的重要问题,只是他主要从写作戏曲"引子"的角度去论述,而没有把它作为戏曲创作的全局性问题来看待。孟称舜则将其提升到戏曲这一与诗词不同的艺术样式的总体创作特征进行辨析,指出剧中人物性别身份、命运遭遇差异及变化极大,作者要把自己当作剧中人物,揣摩想象人物的状貌言动,性情行事,才能把这种认识体验表现出来,达到我与剧中人物的契合交融状态。除了用画家模仿马的例子作比喻,孟称舜还指出作者应"身处于百物云为之际,心通乎七情生动之窍"。孟称舜所说的"曲中之人",是泛指戏曲中各种人物而不限于某一特定人物,所以其"化身"话语对人物形象创造活动具有普遍性指称意义。

与戏曲批评相应,金圣叹的小说批评也出现了类似的话语:

> 耐庵写豪杰,居然豪杰,然则耐庵之为豪杰可无疑也。独怪耐庵写奸雄,又居然奸雄,则是耐庵之为奸雄又无疑也。虽然,吾疑之矣。夫豪杰必有奸雄之才,奸雄必有豪杰之气;以豪杰兼奸雄,以奸雄兼豪杰,以拟耐庵,容当有之。若夫耐庵之非淫妇、偷儿,断断然也。今观其写淫妇居然淫妇,写偷儿居然偷儿,则又何也?噫嘻。吾知之矣!非淫妇定不知淫妇,非偷儿定不知偷儿也。谓耐庵非淫妇非偷儿者,此自是未临文之耐庵耳。……惟耐庵于三寸之笔,一幅之纸之间,实亲动心而为淫妇,亲动心而为偷儿。既已动心,则均矣,又安辩泚笔点墨之非入马通奸,

泚笔点墨之非飞檐走壁耶？（五十五回总评）③

金圣叹的评点虽未出现"化身"的字样，但所谈是在同一作者笔下出现的各色人物，其身份性格行事都要合乎情理、真切生动的问题，与孟称舜的论题同一性质。金圣叹认为施耐庵能以一心所运，达到"一百八人各自入妙"的境界，是因为他善于格物，格物的方法是忠恕，而要懂得忠恕必先知道因缘生法，"耐庵作《水浒》一传，直以因缘生法，为其文字总持"，"格物""忠恕""因缘生法"这些源于儒学佛学的概念，在流变过程中颇多歧义，金圣叹借用来作文学批评时又掺进了自己的理解，故要梳理清楚较为繁琐，好在目前已有不少小说理论学者的研究成果可供参考④。倒是金圣叹在直接回答为什么施耐庵并非淫妇、偷儿，却能"写淫妇居然淫妇，写偷儿居然偷儿"时，用"实亲动心而为淫妇，亲动心而为偷儿"的话，言简意赅地把《水浒》人物塑造的创作心理和艺术思维特征揭示了出来。尽管"动心"本来也有佛学的渊源，但用在此处却可不必知道来源就能理解其含义。"动心"具有与"化身"相同的意义和指称功能，作为佐证之一的是金圣叹在谈作者如何体验描写对象的情态时，也跟孟称舜一样举了画家模仿马的例子，如在第二十二回武松打虎时评道："传闻赵松雪好画马，晚更入妙，每欲构思，便于密室解衣踞地，先学为马，然后命笔。一日管夫人来，见赵宛然马也。今耐庵为此文，想亦复解衣踞地，作一扑、一掀、一翦势耶？……我真不知耐庵何处有此一副虎食人方法在胸中也。"佐证之二是继批《水浒》之后的《西厢记》评点中，也使用了"化身""现身"的说法：

> 我请得化身百亿，既为名山、大河、奇树、妙花，又为好香、好茶、好酒、好药，而以为赠之。则如我自化身于后人之前，而后人乃初不知此之为我之所化也。……我请得转我后身便为知心青衣，霜晨雨夜，侍立于侧而以为赠之。

> 正即观世音菩萨经所云，应以闺中女儿身得度者，即现闺中女儿身而为说法。盖作者当提笔临纸之时，真遂现身于双文闺中也。⑤

塑造人物形象是戏曲家和小说家的共同任务，而揣摩体验创作对象的状貌和精神心理则是其中之关键，所以"动心说"与"化身说"在探索创作心理和艺术思维特征方面构成了相通互应的关系。金圣叹论施耐庵凭"动心"之本领写出豪杰、奸雄、淫妇、偷儿的逼真形象，其创作内涵指涉的自然是小说中各类人物而不限于某类和某一特定人物，所以"动心说"也具有对人物形象创造活动的普遍性指称意义。

金圣叹的有关评点后来无论对小说还是戏曲都产生了影响，如李渔在论戏曲创作时说：

　　　　言者,心之声也,欲代此一人立言,先宜代此一人立心。若非梦往神游,何谓
　　设身处地? 无论立心端正者,我当设身处地,代生端正之想;即遇立心邪辟者,我
　　亦当舍经从权,暂为邪辟之思。务使心曲隐微,随口唾出,说一人,肖一人,勿使雷
　　同,弗使浮泛,若《水浒传》之叙事,吴道子之写生,斯称此道中之绝技。⑥

李渔的论述,着眼于戏曲的代言特点,但其以立心去立言,设身处地,洞达心曲隐微的
要求,与小说的写人叙事实则相通(他同时也是小说家),这正是对金圣叹关于施耐庵
写豪杰奸雄时可以有"豪杰之气"与"奸雄之才",而写淫妇偷儿时则又"亲动心而为淫
妇,亲动心而为偷儿"评论的概括,明显是受到金圣叹的影响,与"动心"说可谓一脉相
承。当然,李渔作为富于实际创作经验的戏曲家,对于代言性艺术的特征更有着自己
的独到体会:"笠翁手则握笔,口却登场。全以身代梨园,复以神魂四绕,考其关目,试
其声音,好则直书,否则搁笔,此其所以观、听咸宜也。"⑦李渔兼作者、演员、听(观)众
于一身,如此去代人物立言,自然能取得极佳效果。至近代人谈戏曲代人立言亦不脱
李渔之轨范,如王季烈《螾庐曲谈》卷二《论作曲·论作曲之要旨》云:"至传奇则全是代
人立言,忠奸异其口吻,生旦殊其吐属,总须设身处地,而后可以下笔。"⑧

　　2. 第二种指称意义

　　明代戏曲家张凤翼《青衫记序》云:

　　　　予读白氏《长庆集》至《琵琶行》,不能不掩卷而叹也。……不意有慕其事,复
　　演而为传奇若松陵君者,第令香山再生,且当雁行乐天矣。……夫以乐天后身,传
　　乐天往事,何异镜中写真,虽事近虞初,而才情互发,无俟入口吐音,盖掷地可令有
　　声也,岂独并驱东嘉哉! 乐天有灵,亦当领之矣。⑨

张凤翼认为《青衫记》作者顾大典的经历和情感意趣与白乐天相似,他"以乐天后身,传
乐天往事,何异镜中写真",也就是把自己当成白乐天去写,剧中的乐天实则为作者化
身。这样的戏曲小说批评更关注作者与作品特定人物形象之间的关系,强调创作主体
对描写对象的思想情感投射作用。这种情形在金圣叹的《西厢记》评点中也可看到:

　　　　夫天下后世之读我书者,然则深悟君瑞非他,君瑞殆即著书之人焉是也;莺莺
　　非他,莺莺殆即著书之人心头之人焉是也;红娘、白马,悉复非他,殆即为著书之人
　　力作周旋之人焉是也。⑩

金圣叹是主观色彩异常浓烈的批评家,在他眼里剧作家也是把自己的身心都融注
到描写对象身上去的,应该说这种观点对于明清戏曲中大量具有"自况"即自我表现性

质的创作现象是一种概括,对后来的创作和批评都有着很大影响。

与剧作家化为特定的"戏中之人"相同,小说家也常化为书中之主人公,小说批评中不乏这样的评点。如《红楼梦》第二十七回写黛玉哭吟《葬花吟》,庚辰本眉批:

> 余读《葬花吟》凡三阅,其凄楚感慨,令人身心两忘,举笔再四,不能加批。有客曰:"先生身非宝玉,何得而下笔,即字字双圈,料难遂颦儿之意。俟看过玉兄后文再批。"噫唏!客亦《石头记》化来之人,故掷笔以待。

接着的第二十八回开头承上回交代林黛玉葬花吟诗缘由,然后写"不想宝玉在山坡上听见",庚辰本眉批:

> 不言炼句炼字辞藻工拙,只想景想情想事想理,反复推求,悲伤感慨,乃玉兄一生之天性。真颦之知己,玉兄外实无一人。想昨阻批《葬花吟》之客,嫡是宝玉之化身无疑。余几作点金为铁之人。笨甚笨甚。

这两条批语中说"阻批《葬花吟》之客",是"《石头记》化来之人""嫡是宝玉之化身",也就是指作者,正因他是设想自身为宝玉,所以才能以黛玉知己之心写出宝玉听了《葬花吟》之后那种"想景想情想事想理,反复推求悲伤感慨"的"天性"来。赵冈先生认为这两条批为脂砚斋所为,"这位'客'不是别人,多半就是作者曹雪芹。"①这是有道理的。

在胡适论证《红楼梦》"自传说"之前已有不少评点家指出《红楼梦》的自况创作性质,如涂瀛《红楼梦论》、解庵居士《石头臆说》等,而他们主要是从作者之精魂心魄与作品形象的幻化关系去看待《红楼梦》创作性质的,这远比落实为作者生平家世实录的"自传说"更准确合理。

二、"化身"说的创作动力学与艺术思维学性质

在一些作家和批评家的戏曲小说序跋和评点中,往往有关于写作原因和目的的介绍说明,这些文字有的把创作动因目的与创作过程中的艺术想象、心理活动以及人物形象、艺术境界联系起来作描述,从而使"化身"说兼具创作动力学与艺术思维学的性质。

程羽文《盛明杂剧序》说:

> 曲者歌之变,乐声也;戏者舞之变,乐容也。皆乐也,何以不言乐?盖才人韵士,其牢骚、抑郁、啼号、愤激之情,与夫慷慨、流连、谈谐、笑谑之态,拂拂于指尖而

津津于笔底,不能直写而曲摹之,不能庄语而戏喻之者也。……凡天地间知愚贤
否,贵贱寿夭,男女华夷,有一事可传,有一节可录,新陈言于牍中,活死迹于场上,
谁真谁假,是夜是年,总不出六人搬弄(外、末、净、丑、生、旦)。状忠孝而神钦,状
奸佞而色骇,状困窭而心如灰,状荣显而肠似火。状蝉蜕羽化,飘飘有凌云之思;
状玉窃香偷,逐逐若随波之荡。可兴,可观,可惩,可劝,此皆才人韵士以游戏作佛
事,现身而为说法者也。⑫

戏曲的创作和演出能表现各色人等的生活,描摹他们的品格性情与人生情态,达
到鲜活真切的境地,这都是才人韵士为了宣泄牢骚抑郁和愤激慷慨之情,取得兴观惩
劝的功效,而"以游戏作佛事,现身而为说法者也。"这里的"现身"一方面含有"化身现
形"的意思,与创作思维及艺术形象的呈现相联系,另一方面又与"说法"即劝惩意图结
合在一起而与创作动机目的相联系。

张竹坡对《金瓶梅》作批评时,亦使用"化身""现身说法"的话语,如:"作《金瓶梅》
者,乃善才化身,故能百千解脱,色色皆到,不然正难梦见。"(《金瓶梅读法》五十七);
"一心所通,实又真个现身一番,方说得一番。然则其写诸淫妇,真乃各现淫妇人身,为
人说法者也。"(《金瓶梅读法》六一);"其书凡有描写,莫不各尽人情。然则真千百化身
现各色人等,为之说法者也。"(《金瓶梅读法》六二);"则此回又代普净禅师现身说法
也。"(第五回总评);"后半梵僧一篇文字,能句句以'现身'二字读之,方知其笔之妙也"
(第四十九回总评⑬)

张竹坡赞叹《金瓶梅》作者能够以自己一心所通,各尽人情,像佛菩萨那样千百化
身现各色人等,为人说法。这也是既指出了作家通过化身创作,描摹人物形象达到生
动逼真的程度,又强调了这些写法所包含的劝惩意图和作用。

相对于这些着重于一般社会伦理的创作动机目的之"化身"批评,那些突出了由作
者个人遭际而激发起强烈的创作冲动,通过想象幻设种种人生境界,将自己置身于其
中的"化身"话语,更能体现出创作的主体意识,也最能反映出创作活动中"化身"的艺
术思维的活跃程度与丰富性。这以清初李渔和才子佳人小说作者的创作告白为典型。
李渔在谈到自己嗜好写作戏曲的原因时说:

文字之最豪宕,最风雅,作之最健人脾胃者,莫过填词一种。若无此种,几于
闷杀才人,困死豪杰。予生忧患之中,处落魄之境,自幼至长,自长至老,总无一刻
舒眉。惟于制曲填词之顷,非但郁藉以舒,愠为之解,且尝僭作两间最乐之人,觉

富贵荣华,其受用不过如此,未有真境之为所欲为,能出幻境纵横之上者:我欲做官,则顷刻之间便臻荣贵;我欲致仕,则转盼之际又入山林;我欲作人间才子,即为杜甫、李白之后身;我欲娶绝代佳人,即作王嫱、西施之元配;我欲成仙作佛,则西天蓬岛即在砚池笔架之前;我欲尽孝输忠,则君治亲年,可跻尧、舜、彭篯之上。⑭

虽然文中没有直接出现"化身"的词语,但其含义正与前面所说的"化其身为曲中之人"一致,而且是孟称舜纲领式命题的进一步展开,"我欲……则"就是"化身"的具体例释。与李渔的言论相近的又如才子佳人小说家天花藏主人为自己小说所作的序:

予虽非其人,亦尝窃执雕虫之役矣。顾时命不伦,即间掷金声,时裁五色,而过者若罔闻罔见。淹忽老矣!欲人致其身,而既不能,欲自短其气,而又不忍,计无所之,不得已而借乌有先生以发泄其黄粱事业。有时色香援引,儿女相怜;有时针芥关投,友朋爱敬;有时影动龙蛇,而大臣变色;有时气冲斗牛,而天子改容。凡纸上之可喜可惊,皆胸中之欲歌欲哭。⑮

李渔和天花藏主人都从个人落魄不遇的人生境况去说明爱好创作戏曲小说的原因和目的,并生动描述了由此创作动机激发而产生的异常丰富的艺术想象,以及创作活动中自我融化到艺术形象和意境中去的思维特征和情感体验。这是戏曲小说理论中关于创作动力和创作心理研究的重要进展,无疑对后来的创作和批评都具有不可忽视的影响。如清中叶的宋廷魁在《介山记自跋》中所说的,就几乎是李渔和天花藏主人文字的翻版:

盖吾辈境地有限,而笔有化工,则无形不造,亦无人不为,故忽而为幽燕老将,忽而为三河少年;忽而为下吏,忽而为显宦;忽而为翠袖佳人,忽而为荷衣仙子;忽而为鬼怪,忽而为神灵;忽而俗,忽而雅;忽而痴,忽而黠;忽而身在九天之上,忽而身在九府之下,忽而身在八极之遥。极宇宙荒荡必不可至之境,极人生尊显奇幻必不可为之人,而皆可以至之,而皆可以为之。盖作者直以亿千万手目,化作亿千万色目,而实以一身而化作亿千万身也。是则传奇之笔,岂非吾辈抒写幽恨,涤荡湮郁,极豪爽,极隽雅,极奇快之事也哉。⑯

在这里宋廷魁把自己承接甚至是模仿李渔的论述概括为"作者直以亿千万手目,化作亿千万色目,而实以一身而化作亿千万身也。"从此也可见李渔的理论确可归纳于"化身"说。

三、"化身"说在文学批评史上的意义

以上大致梳理了与戏曲小说的创作相联系的"化身"批评话语,在此基础上试对"化身"说在文学批评史上的意义作初步探讨。

1. "化身"说具有新兴文体的针对性

"化身"说是针对戏曲小说塑造人物形象的文体特征而出现的理论批评。

中国古代文学以诗文为正统,小说戏曲成熟较晚,地位低下,文人也少有关注。只是随着小说创作的发展,《西游记》《金瓶梅》等相继问世,到了晚明才有像李贽、叶昼、谢肇淛等一批文人加以批评揄扬,造成声势。而至明末清初,金圣叹、毛宗岗父子、张竹坡等专事《水浒》《三国》《金瓶梅》的评点研究,古代小说理论批评达到了高峰。小说批评中有关人物塑造的理论,是从李贽开始的,其后有叶昼的评点,他们提出来的"同而不同"说等为小说人物批评理论开了先声,后来金圣叹吸收了李贽、叶昼的理论,将小说人物理论发展到较为系统深入的更高水平,其中包括了"动心说"这样富于创造性的重要理论。在金圣叹之后,李渔、张竹坡、脂砚斋等人对"化身"说都作了一定的补充和丰富。其他人的小说批评或受上述几位批评家的影响,或随着小说创作的变化发展而提出了与"化身"说相关的一些见解。在戏曲方面,元杂剧和南戏的繁荣标志着中国戏曲的成熟,其辉煌成就也带来了元后期至明中叶前后戏曲论著的产生,如《录鬼簿》、《中原音韵》、《青楼集》、《太和正音谱》、《曲品》、《曲律》等。这些著作在剧目、作家、音韵音律、演员、剧作体式、题材类型、风格等方面做了载录和研究,而对戏剧人物形象的探讨则未出现。一直到明末,与金圣叹小说批评的人物论出现相应,戏曲批评中才对人物塑造问题予以了关注,产生了孟称舜为代表的"置身为场上之人"和"化身为曲中之人"等关于戏曲创作、表演中如何塑造人物的重要理论。其后李渔等戏曲家、批评家继续丰富和深化了这一理论。[①]

"化身"说是针对戏曲小说"代言"、"拟言"与"寓言"(虚构叙事)的文体特性提出的理论批评。

戏曲的"代言"性质最为突出。其"代言"又可分为两个主要的方面,一为由演员扮演角色在场上以人物自我之身份口吻说话(演唱)、行动(表演),"代"剧作者表达其创作的意旨,这是由剧本到搬演的"代言";另一"代言"则是剧作家在创作剧本时为剧中

人物设想揣摩,用第一人称口吻写出人物在故事中所应说应做的话和事,这是代人物之言。由前一方面的代言特征导致产生了演员要"置身于场上",化身为剧中人表演剧情;后一方面的代言特征则促使作者"以自己之肾肠,代他人之口吻"、"化身为曲中之人"去创作出剧中的人物和故事,于是分别带来了关于演员表演的化身和作家创作过程中的化身两个方面的戏曲批评。

小说是以语言为媒介的叙事文学,古代小说大多数是以第三人称之口吻去叙述人物故事,它没有戏剧通过演员场上扮演故事人物这一层面的"代言"性,但是在以第三人称叙述的总体故事中,涉及人物对话、心理活动时仍然要从人物的身份、口吻去表述,此时就有了"代言"的性质,与剧作家写作剧本时为人物"立言"属于同样的文学机理,因而小说创作也具有"代言"性质。

与"代言"相应,小说戏曲在总体上属于一种虚构性叙事的文学样式。小说戏曲(成熟状态)不但要"代言""拟言",还要"臆造人物,虚构境地",虚构叙事就成为戏曲小说在文体上的一种整体特征。小说和戏曲虚构叙事的创作方法已为许多小说戏曲家掌握,而批评者也能认识到这种方法并进行总结研究时,与之相联系的"化身"说才同时被提出来,它与戏曲小说理论的其他方面一起反映出创作的实际,并对创作产生影响。

2. "化身"说拓展了古代创作心理学的范围,丰富了艺术思维论的内容

在戏曲小说成熟和繁荣之前,传统文学批评中关于创作和欣赏的艺术心理的研究,主要针对诗文词赋这些文学样式,其理论范畴是心物对应论、兴感论和构思论,关注的主要是心与外物(更多是自然物),情与景(亦以自然为主)的关系,研究范围主要是抒情文学的文体。直到戏曲和白话通俗小说的成熟、繁荣带来戏曲小说批评的兴盛,才产生了对叙事文学创作、表演、欣赏活动中的心理研究,这种研究突破了传统艺术心理停留于心与物、情与景之间关系的局限,而把审视的目光放到了戏曲小说的创作主体与创作对象——人物的关系上,拓展了研究的范围,丰富和发展了古代文学创作的艺术心理学。这可从下两个方面看。

在创作主体与创作客体的关系上,确立了人物形象作为客体的地位,同时凸显了主体的能动性。古代文论中关于创作主体与客体关系的观点可以刘勰《文心雕龙·物色》篇所论为代表:"写气图貌,既随物以宛转;属采附声,亦与心而徘徊。"刘勰的观点反映了前人在创作主客体关系上的比较科学的认识,而明清戏曲小说批评中的"化身"说,其实质也属于文学创作中的主体与客体的"融汇交流"状态,因此从理论的基本性

质而言,"化身"说也是古文论"心物"说的一种新品种。

以塑造人物为中心,把传统文论的创作动力学与艺术思维学结合起来,揭示出以社会人事活动为主要表现对象的叙事文学的艺术想象特征,丰富了古文论艺术思维学的内容。

古文论对艺术想象的特征有很好的认识和概括,如陆机《文赋》:"精骛八极,心游万仞。""观古今于须臾,抚四海于一瞬。"刘勰《文心雕龙·神思》:"思理为妙,神与物游。""化身"说的一些作家、评论家,在谈论戏曲小说创作的想象活动时,能将其视野投向人间社会的生活万象,并以人物的情感和命运为具体内容。如孟称舜在论诗词与戏曲的不同特点时说:"盖诗辞之妙,归之乎传情写景。顾其所谓情与景者,不过烟云花鸟之变态,悲喜愤乐之异致而已。境尽于目前,而感触于偶尔,工辞者皆能道之。迨夫曲之为妙,极古今好丑、贵贱、离合、死生,因事以造形,随物而赋象。时而庄言,时而谐诨,狐末靓狙,合傀偏于一场,而征事类于千载。笑则有声,啼则有泪,喜则有神,叹则有气。非作者身处于百物云为之际,而心通乎七情生动之窍,曲则何能工哉!"这就把戏曲跟诗词的不同表现对象和如何表现的不同艺术思维特征生动地描述了出来。

特别是一些作家联系着创作的动机目的,把激发想象活动的原动力揭示出来,以人物形象塑造作为实现创作目标的途径,循此方向展开联想想象,体现出叙事文学创作中的想象特点,如前文所引李渔的描述最为典型:与陆机、刘勰的艺术想象论比较,也可隐约感到其呈现的超越时空,自由驰骋的思维特征与前者之内在脉络,但却无前者的空泛不实,虚无缥缈。在这里,其想象之翅所飞历的是有迹可稽的历史时空,其向导是作者的人生理想,达到之处均为传统社会里普遍追求的人生境界。

综上所述,"化身"说及相关话语总结了明清戏曲小说创作的有关经验,探索了一些具有规律性的问题,它们和其他方面的批评话语一起作为明清戏曲小说理论的重要构成,对创作、演出、阅读(观赏)的实践和批评起到了引导和推动的作用。

注

① 俞为民、孙蓉蓉:《历代曲话汇编》(明代编第三集),合肥:黄山书社2009年版,第465页。

② 俞为民、孙蓉蓉：《历代曲话汇编》（明代编第二集），合肥：黄山书社 2009 年版，第 97 页。

③ (明)金圣叹评点：《第五才子书施耐庵水浒传》，郑州：中州古籍出版社 1985 年版，第 898 页。

④ 王先霈、周伟民：《中国小说理论史》，广州：花城出版社 1986 年版；陈洪：《中国小说理论史》，合肥：安徽文艺出版社，1992 年版。

⑤ (明)金圣叹批评，傅晓航校点：《贯华堂第六才子书西厢记·序二》，卷六中批语，兰州：甘肃人民出版社 1985 年版，第 6 页、第 220 页。

⑥⑦⑭ 李渔：《闲情偶记》，《中国古典戏曲论著集成》(七)，北京：中国戏剧出版社 1959 年版，第 54 页，第 54—55 页，第 53—54 页。

⑧ 俞为民、孙蓉蓉：《历代曲话汇编》（近代编第一集），合肥：黄山书社 2009 年版，第 361 页。

⑨⑫ 俞为民、孙蓉蓉：《历代曲话汇编》（明代编第一集），合肥：黄山书社 2009 年版，第 566—567 页，第 423 页。

⑩ (明)金圣叹批评，傅晓航校点：《贯华堂第六才子书西厢记》卷四《惊艳》总评，第 57 页。

⑪ 赵冈：《红楼梦新探》第二章，北京：文化艺术出版社，1991 年版。

⑬ 王汝梅校点：《张竹坡批评金瓶梅》，济南：齐鲁书社 1991 年版。

⑮ 《平山冷燕》卷首，《古本小说集成》影印本，上海：上海古籍出版社 1993 年版。

⑯ 俞为民、孙蓉蓉：《历代曲话汇编》（清代编第二集），合肥：黄山书社 2009 年版，第 241 页。

⑰ 谭帆、陆炜：《中国古典戏剧理论史》第四章第五节，北京：中国社会科学出版社 1993 年版。

（原载《文艺理论研究》2011 年第 6 期，作者为暨南大学中文系教授）

论《三国志通俗演义》对于朝鲜历史演义汉文小说创作的影响
——以朝鲜汉文小说《壬辰录》、《兴武王演义》为考察中心

赵维国

16 世纪末至 17 世纪中叶,朝鲜历史上发生了壬辰倭乱与丙子胡乱,对于朝鲜的政治、经济、文化皆产生了重大影响。从小说创作而言,两次重大的历史事件之后,朝鲜文人依据壬辰之乱、丙子胡乱的历史史实创作了《壬辰录》、《林忠臣庆业传》等历史演义小说,塑造了李舜臣、林庆业等英雄形象。在《壬辰录》创作的影响下,自肃宗朝(1674—1719)至英祖朝(1724—1775)之间,朝鲜汉文小说的创作达到了高潮,出现了《洪吉童传》、《九云记》、《南征记》等优秀的小说作品,同时也出现了《壬辰录》、《薛仁贵传》、《洪吉童传》、《朴氏传》、《女子忠孝录》、《洪桂月传》、《刘忠烈传》、《李泰景传》、《苏大成传》等朝鲜语小说,朝鲜学者常常把这些小说称之为军谈小说。① 中国著名的中韩比较文学研究学者韦旭升先生称其为军功小说。② 这一部分小说内容比较复杂,有的采录史料、文人笔记连缀成文,内容基本符合史实;有的以历史史事或历史人物为题材,在历史真实的基础上虚构情节;有的以士子佳人的爱情为题材,借助于战争背景描写男女要妙之情。这些小说无论是题材上还是故事情节上,均与中国小说有密切的文化关系。朝鲜小说史研究的开拓者金台俊先生早在 20 世纪 30 年代已经注意到这一文化现象:"壬辰之乱发生在明神宗时期,这正是嘉靖、万历文化发展的全盛期,中国的著作诞生以后,作为两国交流的手段依次输入到朝鲜,自然对当时正处于萌芽阶段的朝鲜小说产生了直接或间接的影响。尤其是在朝鲜备受欢迎的《三国演义》也是在壬辰前后引进的。"③ 由于时代的关系,金台俊先生对于朝鲜小说与中国小说的关系没有展开论述。20 世纪 80 年代以来,韦旭升先生对于中国文学与朝鲜文学的比较研究建树甚多,著述颇丰。在《朝鲜文学史》、《抗倭演义(壬辰录)研究》、《〈抗倭演义〉和〈三国

演义》》等著述中,韦先生专门论及《三国志通俗演义》对于《壬辰录》的影响,论述较为全面。由于文献资料的关系,韦先生研究《壬辰录》主要依据朝鲜民主主义人民共和国所藏的朝鲜语本和汉文本两种,未涉及韩国所藏的汉文小说《壬辰录》,也未论及《三国志通俗演义》一书在朝鲜半岛传播的始末。另外,金秉洙《明清小说传入朝鲜的历史过程考略》、许辉勋《试谈明清小说对朝鲜古典小说的影响》④等论文从宏观角度论述了明清小说在朝鲜半岛传播的状况,拓展了中韩小说比较研究的广度。由于国内有关朝鲜小说的文献资料匮乏,研究者很难进一步深入、挖掘。本文在前辈学者研究的基础上,搜集并整理韩国文献资料,以《壬辰录》、《兴武王演义》作为研究中心,论述《三国志通俗演义》在朝鲜半岛传播的始末及其对朝鲜汉文小说创作的影响,进而挖掘朝鲜汉文小说与中国小说的文化渊源。

一、《三国志通俗演义》在朝鲜半岛的传播及朝鲜历史演义小说的创作

《三国志通俗演义》在朝鲜传播的最早记载见于《宣祖实录》卷三"宣祖二年六月壬辰"条:

> 上御夕讲于文政殿,进讲《近思录》第二卷。奇大升进启曰:"顷日张弼武引见时,传教内"张飞一声走万军"之语未见正史,闻在《三国志衍义》云。此书出来未久,小臣未见之,而或因朋辈间闻之,则甚多妄诞。如天文地理之书,则或有前隐而后著,史记则初失其传,后臆度而敷衍增益,极其怪诞。臣后见其册,定是无赖者袭杂言,如成古谈,非但杂驳无益,甚害义理。自上偶尔一见,甚为未安。就其中而言之,如董承衣带中诏、及赤壁之战胜处,各以怪诞之事衍成无稽之言。自上幸恐不知其册根本,故敢启。⑤

朝鲜宣祖二年即明隆庆三年(1569),奇大升启奏宣祖时声称"此书出来未久""后见其册",那么此书传入朝鲜的最迟时间应为隆庆三年。奇大升对于《三国志通俗演义》的内容甚为熟悉,以《三国志》正史的标准评判其"怪诞"。实际上,在《三国志通俗演义》传入朝鲜半岛之前,朝鲜士子文人对于中国三国史籍、三国故事耳熟能详,广为传播,在他们的诗文论等著述中常常涉及中国三国史事。如高丽朝李穀(忠烈王二十四年,1298—忠定王三年,1351)《稼亭集》卷15《咏史》二首《吕布》、《蒋干》,朝鲜士子金时习《诸葛亮传》⑥等,征引史料依据《三国志》及其裴松之注。士子文人对于三国史传人

物的传播，为《三国志通俗演义》在朝鲜半岛的传播奠定了深厚的文化基础。

《三国志通俗演义》传入朝鲜之后，它主要在奇大升等身居高位的文人士子阶层流传，在社会上并没有产生太大影响，但发生在万历二十年（1592）的壬辰之变，推动了《三国志通俗演义》一书在朝鲜半岛的传播。万历壬辰年，日本侵犯朝鲜，烧杀抢劫，攻占朝鲜都城王京。据《明史》卷二〇《神宗本纪》载：

> 五月，倭犯朝鲜，陷王京，朝鲜王李昖公奔义州求救。
>
> 冬十月壬寅，李如松提督蓟、辽、保定、山东军务，充防海御倭总兵官，救朝鲜。
>
> 二十一年春正月甲戌，李如松攻倭于平壤，克之。……夏四月癸卯，倭弃王京遁。⑦

明朝大将李如松于万历二十年十月率兵入朝鲜，经过平壤、开城、王京等战役，救助朝鲜王廷于危难之际，多次打败倭寇，取得阶段性胜利，于第二年十二月受诏还朝。直至万历二十六年十二月，才最终平定倭乱。在壬辰倭乱之后，朝鲜人民对于明朝兵将加以神化，士子文人根据李如松等人的平倭史事传说撰写《壬辰录》，把关羽推崇为朝鲜的保护神，虚构了关羽帮助朝鲜军民抗击倭寇、护佑朝鲜国王恢复王京的故事情节。随着朝鲜本土汉文小说《壬辰录》的广泛流传，关羽、《三国志通俗演义》知名度迅速提高，士子文人的阅读需求促使朝鲜书坊翻刻《三国志通俗演义》。朝鲜仁祖五年（明天启七年 1627），朝鲜书坊依据万历年间的周曰校本刊刻《新刊校正古本大字音释三国志通俗演义》，现藏于首尔大学校奎章阁图书馆。在朝鲜刻本问世之前，《三国志通俗演义》一书作为天朝典籍秘藏于文人士子之手，阅读者多为社会上层。此刻本问世之后，此书在古代朝鲜各阶层开始传播。朝鲜学者李植（1584 年，宣祖 17 年—1647 年，仁祖 25 年）《泽堂集》卷一五载：

> 演史之作，初似儿戏，文字亦卑俗，不足乱真。流传既久，真假并行，其所载之言，颇采入类书。文章之士，亦不察而混用之。如陈寿《三国志》，马、班之亚也，而为演义所掩，人不复观。今历代各有演义，至于皇朝开国盛典，亦用诞说敷衍，宜自国家痛禁之，如秦代之焚书可也。⑧

李植去世于朝鲜仁祖二十五年，即清顺治四年，他谈及陈寿《三国志》"为演义所掩，人不复观"。所称"皇朝"即明王朝，"皇朝开国盛典，亦用诞说敷衍"当指演义明开国事迹的《皇明英烈传》，说明《三国志通俗演义》及其他历史演义小说在壬辰之乱后的仁祖年间开始广泛流传。朝鲜学者金万重（朝鲜仁祖十五年，1637—朝鲜肃宗十八年，1692）

在《西浦漫笔》中也证实了壬辰之乱之后《三国演义》在朝鲜传播的历史事实："又今所谓《三国志演义》者,出于元人罗贯中,壬辰后,盛行于我东,妇孺皆能诵说,而我国士子多不肯读史,故建安以后,数十百年之事,举于此而取信焉。"⑨"妇孺皆能诵说"、"士子多不肯读史",而以《三国志通俗演义》中的故事津津乐道,并把小说中的三国故事当作正史,其书在朝鲜半岛的传播及其影响超越了正史《三国志》。

朝鲜丙子(崇祯九年,1636)胡乱至朝鲜英祖年间,《三国志通俗演义》在朝鲜半岛的流传达到繁盛时期。朝鲜仁祖十三年冬十一月,清太宗皇太极亲率大军攻打朝鲜。第二年正月朝鲜国王李倧投降,朝鲜世子作为人质随清兵入盛京,朝鲜国每年向清贡奉方物,朝鲜史书称其为"丙子胡乱"。丙子胡乱对于朝鲜朝廷、士子等各阶层影响甚深。朝鲜地处半岛,土地贫瘠,物产不丰。无论是精神上还是财富上,丙子胡乱给古代朝鲜人民带来的沉重负担是空前的。仁祖朝大臣赵锡胤上书国王云:

> 噫!东方之民,陷于涂炭久矣。逮至丙子之乱,死于锋刃者几何?填于沟壑者几何?系累而变为异类者又几何?丧亡之余,疮痍未完,而重困于诛求供给,饥寒流离,父子不相保。况乎缚束催迫,驱之于不测之海路。斯民之疾苦冤痛,靡有其极,亢旱大无之灾,又胡然而荐臻哉?⑩

此剳子上书于庚辰年(1640),战争给朝鲜人民带来的灾难是极其深重的,尤其是精神层面的道德困境。因为壬辰之乱后,朝鲜王室与明朝廷关系甚为密切,视天朝大明为君父之邦。朝鲜王朝投降清廷之后,朝鲜士子在伦理道德方面陷入尴尬之境,觉得背叛明廷,即是背离了仁义礼智信。朝鲜文人宋穉圭为仁祖朝大臣崔鸣海作行状时阐释甚明。崔鸣海潜心经学,以忠义激励自己,感念神宗皇帝:"我国壬辰后,保有疆土,赡养民庶。国而君臣,家而父子者,莫非神宗皇帝至恩盛德!"丙子之变时,他书写神宗皇帝之灵位,组织义兵抗击清兵。他说:"我国之于皇朝。义则君臣。恩犹父子。而不能举义讨虏。反受其锋。此正主辱臣死之日也。"⑪崔鸣海的心态代表了大多数朝鲜士子普遍心理,丙子胡乱的结果给他们带来沉重的精神压抑。丙子胡乱之后,朝鲜士子阶层忠义观念思想的反思与《三国志通俗演义》所推崇的忠义观念相互契合,小说所弘扬的忠义思想渐渐演变为朝鲜民族文化、社会道德观念的重要组成部分,因此,《三国志通俗演义》在朝鲜半岛的传播也达到鼎盛时期。如当时的学者崔奎瑞(孝宗元年,1650—英祖十一年,1735)非常崇敬诸葛亮的忠义思想:

> 其初见先主时,座隅垂荆益图,人以其已知创基于荆、益,神之。……以关羽

守荆州,不知其骄慢之必败;白帝之役,未尝谏止,而后乃追思法孝直,其长中所谓成败利钝,非臣之明所能逆睹者,实忠实语也。观孔明者,当于前后两表上求之,以其忠义之如此。故当其暗主在上,居外专政,终其身而小人不敢乘间。李平廖立见废而无怨,此其所以难也,先儒所称三代上人物,岂虚也哉?⑫

随着《三国演义》的传播,《三国演义》的忠义思想越来越受到朝鲜正统文人的认同,远远超越了它在国内稗说小道的文化地位,朝鲜士子文人把它和经史并举,成为科举考试的题目。据朝鲜学者李瀷《星湖僿说·人事门》:云:"在今印出广布,家户诵读,试场之中,举以为题,前后相续,不知愧耻,亦可以观世变。"⑬又肃宗朝大提学李彝仲曾以《三国演义》命题考试士子。据金万重记载:

> 李彝仲为大提学,尝出《风雪访草庐二十韵排律,以试湖堂诸学士》。余谓:"令公何以'衍义'出题?"李笑曰:"先主之三顾,实在冬月,其冒风雪,不言可知矣。"⑭

李彝仲(仁祖十一年,1633—肃宗十四年,1688)于肃宗六年、肃宗十年两次官拜大提学,金万重与他关系密切,金万重《西浦集》、李彝仲《西河集》中收录了相当数量的两人相和的诗作。金万重所载李彝仲事当非虚言。实际上,当时的文人士子熟读《三国演义》,常常在诗文杂录中引用其中的故事情节。如李敏求《东州集》卷一《与李泰之书》云:"蜀将黄忠老而膂力弥壮,斩夏侯渊于汉川。及为后将军,则关羽羞与为伍。"⑮金昌翕《三渊集拾遗》卷之二十四《杂说》载:"近日洞内多梁上君子,重门厚墙之家,鲜免其偷,独我无墙者尚免。此在兵法,虚虚实实之术也。诸葛孔明尝开门鼓琴,贼不敢犯。"⑯关羽羞与黄忠为伍出自《三国演义》第七三回,诸葛孔明空城计出自《三国演义》第九五回。朝鲜士子文人对于《三国演义》的故事已经耳熟能详,在闲谈杂录、书信往来中以典故的形式通常征引,朝鲜士子所能阅读到的小说及其小说的鉴赏水平,以及对三国故事的熟知程度,恐怕远远超过我们的想象。生活在肃宗、英祖年间的朝鲜画家尹德熙(1685—1766)在其文集《私集》卷四载《小说经览者》一篇,抄录中国小说目录127种。这些小说既包括《三国演义》等历史小说,也包括话本、公案、人情等小说,在中国本土较有影响的通俗小说基本载于这篇书目。

朝鲜正祖时期,朝鲜王朝的政治、文化发展均达到鼎盛阶段。朝鲜正祖李算博学多才,熟读经史,是朝鲜历史上颇有作为的一代国王。其后的纯祖(1801)至高宗甲午更张(1894)时期,朝鲜国运渐渐走向衰落。这一时期,《三国志通俗演义》在朝鲜的传播也由鼎盛渐渐走向衰微。正祖即位之际,正是通俗小说在古代朝鲜广为流传时期。据赵秀三(1762—1845)在《秋斋集》卷七《纪异·传奇叟》云:

> 传奇叟,居东门外,口诵谚深稗说,如《淑香》、《苏大成》、《沈清》、《薛仁贵》等传奇也。月初一日,坐第一桥下,二日坐第二桥下,三日坐梨岘,四日坐校洞口……六日坐钟楼前。⑰

又《李朝实录·正祖实录》正祖十四年(庚戌)八月戊午条:

> 谚有之,钟街烟肆,听小史稗说,至英雄失意处,裂眦喷沫,提折草剑,直前击读的人,立毙之。⑱

从这些文献资料可知,到了正祖年间,小说的传播已不仅以书籍的阅读、传抄为主要接受方式,说书艺术也成为人们接受小说的一种主要传播方式,小史稗说的说话表演已成为人们娱情消遣、喜闻乐见的一种艺术形式。在通俗小说广泛传播的文化背景下,正祖十一年,正祖开始查禁明清人文集及稗官小说,认为:"最所切可恶者,所谓明末清初文集及稗官杂说,尤有害于世道。观于近来文体,浮轻嚓杀,无馆阁大手笔者皆由于杂册之多出来。"⑲同时,正祖国王立足于传统儒学来界定小说的文化特质:"小说蛊人心术,与异端无异。而一时轻薄才子,利其捷径而得之,多有慕效。而文风卑弱委靡,与齐梁间绮语无异。"⑳正祖十六年,再次强调"文体反正"、查禁稗官小说的文化政策:

> 而近来士趋渐下,文风日卑,虽以功令文字观之,稗官小品之体人皆仿用,经传菽粟之味便归弁髦,浮浅奇刻,全无古人之体,嚓杀轻薄,不似治世之声,有关世道,实非细扰。……如欲拔本而塞源,则莫如杂书之初不购来。前此使行,固已屡饬,而今行则益加严饬,稗官小记姑无论,虽经书史记,凡系唐板者,切勿特来。

朝鲜正祖把国家政权的命运与文风联系在一起,书籍的管理非常严格,对于中国通俗小说在朝鲜半岛的传播起到了极大的抑制作用。正祖推崇传统儒学、整顿文风的文化措施,在学术界也产生了深远影响,朝鲜文人士子也随之推波助澜。当时著名的学者李德懋认为小说有三惑:"小说有三惑:架虚凿空谈鬼说梦作之者,一惑也;羽翼浮诞鼓吹浅陋评之者,二惑也;虚费膏晷鲁莽经典看之者,三惑也。"甚至把小说视作乱书。"夫小说,乱书也;元,乱国也。其作俑者,可以加乱民之诛矣。汉之党论、晋之清谈、唐之诗律犹有气节风流之可观处,然亡国而害道,彼小说安可方乎此三者哉?"㉑在批评通俗小说时,李德懋特别提及《三国志通俗演义》"乱正史、坏心术"。在正祖年间,《三国志通俗演义》的传播虽然受到一定的影响,但也有一些学者以为小说具有补史的社会功能,如李圭景(1788 年—?)专门著文《稗官小说亦有微补辨正说》,以为小说不可尽废,"或可补史牒"。其后纯祖至高宗的 90 多年间,《三国志通俗演义》的传播不仅没有停滞,反而更加广泛,朝鲜后期的《缉敬堂书目》、《大畜观书目》等书目中均著录《三国演义》,另外,韩国文人的各种朝鲜语翻译本,版本众多,可以明确具体刊刻、抄写时间的有两种,如金东旭先生收藏的 1859 年红树洞刊木刻本、韩国中央图书馆藏 1871 年李氏《三国志》17 卷 17 册抄本等等,其他无法明确具体时间,朝鲜后期朝鲜文译本有 10 余种。②同时,朝鲜文人根据读者的阅读需求,把人们喜欢的故事情节进行节选,译成朝鲜文本,如《华容道实记》、《赤壁大战》、《三国大战》、《山阳大战》、《赵子龙实记》、《关云长实记》、《大胆姜维实记》、《黄夫人传》、《梦诀楚汉讼》、《梦见诸葛亮》、《五虎大将记》等。这足以说明,《三国志通俗演义》在朝鲜后期的传播比起前期更加普及,深入民间。

《三国志通俗演义》在朝鲜半岛流传的过程中,朝鲜文人在阅读历史演义小说的同时,也开始以汉文创作历史小说。其历史题材主要有两种,一是以朝鲜历史人物题材为主的,其代表作品主要有反映壬辰之乱的《壬辰录》、丙子胡乱的《林将军传》、朝鲜三国史事的《兴武王演义》等;一是以中国题材为主的,如《薛仁贵传》、《帷幄龟鉴》(项羽、刘邦楚汉相争题材)等。以朝鲜历史为题材的小说具有强烈的朝鲜民族文化特征,反映了朝鲜王朝的政治历史,寄寓了朝鲜文人士子的民族文化观念。而以中国历史为题材的这类小说,多是在中国小说基础上的改写,内容、故事情节与中国小说近同。如《薛仁贵传》,又作《白袍将军传》,全文 1 万 4 千字左右,主要内容包括三部分,薛仁贵出身、征辽救主屡立战功、凯旋受赏。所叙故事情节均依据清姑苏茹莲居士编六卷四十二回《薛仁贵征东全传》。由于朝鲜文人所著汉文历史演义小说体现其独特的历史文化观,反映了各个时代朝鲜文人的民族文化心理,因此,对于这类小说的深入研讨具有重要的学术价值。

二、《三国志通俗演义》对于《壬辰录》创作的影响

在壬辰倭乱之前,虽然奇大升等士大夫已经阅读过《三国志通俗演义》,但由于该书刊刻的数量有限,恐怕大多数士子文人接触到它的机会并不多。其后的壬辰之乱长达六年,遭遇祸乱的地域北到义州,南到南海,占朝鲜半岛的百分之八十,战争给朝鲜

人民带来的灾难是空前的,在这一时期,《三国志通俗演义》广泛传播的可能性不大。那么,壬辰倭乱平定之后,朝鲜朝野为何广泛传播《三国志通俗演义》呢? 根据朝鲜文献考辨发现:在壬辰之乱中,朝鲜人民接受三国故事并非阅读《三国志通俗演义》,而是从关羽崇拜中获得的。壬辰倭乱平定之后,在关羽崇拜的基础上,《三国志通俗演义》一书才在朝野之间广泛传播并产生深远的影响。

　　在中国宋元时期,关羽崇拜逐渐形成,据元初郝经《汉义勇武安王庙碑》云:"其英灵义烈遍天下,故所在庙祀福善祸恶,神威赫然,人咸畏而敬之,而燕、赵、荆、楚为尤笃,郡国州县乡邑闾井皆有庙。"㉒到了明代洪武年间,由于明廷在边疆地区设置卫所,戍守军人及其家属成为移民主体。由于关羽忠义神勇,辅助汉室,关羽成为边疆地域军民心中的佑护神灵。正德年间漳州府铜山卫《鼎建成铜城关王庙记》载:"国朝洪武二十年,城铜山以防楼寇,刻象祀之,以护官兵,官兵赖之。"这一时期,西北陕西、甘肃,西南云贵、东南福建均修建关庙,具有很强的军事色彩。至嘉靖年间,东南地区倭寇横行,明朝军民积极抗击倭寇。每取得胜利之时,明朝廷及其军民均把抗倭的胜利归功于关圣。如嘉靖三十四年,赵文华、胡宗宪受命平定倭贼。"倭寇继乱东南,天子命赵公文华统师讨之,师驻嘉兴。军中若见关侯灵应相助我师者,已而,师大捷。赵公请于朝,立庙于嘉兴,以祀侯。"㉔又张寰《寿春庵新建汉寿亭侯关王祠记》载:"(胡宗宪)练兵于吴山之寿春庵,侯示之梦,若有相于公者。已,果连破贼数阵。"随后,胡宗宪为关羽立庙祭祀。到了万历时期,关羽崇拜达到鼎盛时期。万历十年封协天大帝,㉕万历二十二年,道士张通元向朝廷请求,进关羽爵为帝,庙曰"英烈";四十二年又敕封为"三界伏魔大帝神威远震天尊关圣帝君"。㉖在明代,由于朝野均把关羽视作佑国安民之神而崇拜,所以关羽庙宇遍及州县,香火极其旺盛。尤其在军中,关羽成为官兵们崇拜的军神,出征打仗、凯旋归来,官兵们都要祭祀关羽,希望他庇护人们英勇杀敌,取得战争胜利。在朝鲜壬辰之乱平定过程中,明朝军队自壬辰年七月入朝平倭开始,直至戊戌年(万历二十六年)十一月彻底平定倭乱,明朝军队先后有数十万军队在朝鲜半岛作战,始终是平倭的主力军队,左右着朝鲜战局。既然明朝数十万大军先后在朝鲜半岛浴血奋战六年有余,那么明朝军队的宗教文化信仰——关羽崇拜必然带到了朝鲜半岛。根据朝鲜文献史料记载:"戊戌正月初四日退师,有游击将军陈寅力战中贼丸,载还汉都调病。乃于所寓崇礼门外山麓创起庙堂一坐,中设神像,以奉关王。"㉗关庙塑神像三尊,关帝居中,左右为关平、周仓。庙外立两长竿两旗,一旗书"协天大帝",一旗书"威震华夷"。另外,还有丁酉年明朝游击将军茅国器在星州建关庙,戊戌年明朝都司薛虎臣在岭南安东建关庙,戊戌年水军都督陈璘在古今岛建关庙。在关羽庙兴建的当年,明、朝联军平定了倭寇,人们自觉地把战争的胜利和关羽的神灵联系在一起。"未几,倭酋关白平秀吉死,倭诸屯悉皆撤去,此亦理之难测者也。岂偶然耶?"⑥戊戌年(1598)平定倭乱之后,协天大帝关羽的事迹及其灵应故事在朝鲜半岛广为传播,随之《三国志通俗演义》小说也开始在朝野之间广为流传。由于阅读的需要,朝鲜书坊在仁祖五年(1627)刊刻《三国志通俗演义》,三国历史演义题材为《壬辰录》的创作提供了创作思路与文化依据。

在壬辰之乱之中及其后,亲身经历倭乱的李舜臣、柳成龙、李恒福、金千镒、安邦俊等载录了这场祸乱的始末,以日记、杂录、传记等形式为后世留下了大量信实的史料。现存的汉文小说《壬辰录》即是在壬辰史料的基础上加以演义、虚构而成书的。根据韩国古小说研究会编《韩国汉文小说目录》⑦统计,韩国现存《壬辰录》版本12种,均为抄本,多为个人所藏。除此之外,朝鲜金日成综合大学图书馆藏《壬辰录》抄本一种,中韩文学比较研究著名学者韦旭升先生整理并在国内出版。在诸抄本之中,笔者能够阅览到的主要有三种:

(1)姜铨燮藏,抄本,首页题"《壬辰录》,岁在壬辰年日",扉页题"岁在壬辰十一月二十九日"。

(2)高丽大学藏本,题《壬辰录兼兔事》,抄本,每半页10行,每行字数不一。篇末题"乙未十二月十三日始草十五日终",抄写字体工整清晰,出自一人之手。

(3)韦旭升先生整理的金日成综合大学藏本。⑧韦先生评述其原本说:"原本纸张粗糙,毛笔抄成,字迹大多清楚,且字体不一,各页疏密不同,显然是经多人之手抄录的。"

三种异本分为两个系统,笔者把它称为简本和繁本。简本系统包括姜铨燮藏本和高丽大藏本。姜铨燮抄本与高丽大藏本内容虽有些差异,但二者内容近同,创作者以怪诞传说演述历史,以虚构为主。姜铨燮本为全本,内容完整;高丽大藏本明显以姜铨燮抄本系统为底本而抄录的,抄录者对底本进行删节,抄录错误甚多。繁本系统即金日成综合大学藏本,创作者熟知壬辰之乱史事,在史实上略作艺术加工,其史料价值明显高于简本系统。简本与繁本的作者并非出自一人之手,具体的写作年代也难以考辨。

从简本《壬辰录》内容来看,小说应该出自下层文人之手,故事取材多源于民间传说。如李恒福、李德馨入明朝求助援兵之事。根据历史史事,出使明朝求助的是李德馨一人,李恒福并没有随行。小说虚构两李觐见神宗皇帝,神宗拒绝出兵。李恒福唯恐宣祖大王着急,还国报信。倭兵进犯,事态紧急,恒福再次赴中原。恒福路宿荒村,遇到一老妪。老妪手拿一幅李如松的画像,向李恒福出售画像,并告诉李恒福,解救朝鲜危难非此人不可。第二天天亮,荒村化为平地,原来是神人相助。又李如松索龙肝事。李如松接到出兵朝鲜的命令后,向李恒福索要龙肝,否则不愿出兵相助。李恒福非常郁闷,在白马江上痛哭一昼夜,感动白马江龙,愿献肝于恒福。在历史上,李恒福虽没有出使中原,但《壬辰录》的作者把李恒福求助天朝的故事写得栩栩如生,这些恐怕出自朝鲜民间对于李恒福的传说。李恒福(1556年,明宗11年—1618年,光海君10年),壬辰之乱中首倡请援于明朝,先后辅助明将李如松、杨镐平定倭乱,有《白沙集》传世。由于李恒福功勋卓著,朝鲜民间自然赋予其很多神异色彩。在简本《壬辰录》中,作者明显受到《三国志通俗演义》的影响。如金德亮刺杀西飞,西飞"其目翻之则不睡,不翻则睡之",西飞之描述源自张飞;又如金德亮匹马单枪杀入倭阵:

> 之南之北,东破西伤,触处死者不知几千余。北地望见曰:"此乃飞将军也,胜于蜀将赵云之勇也。"乃下令军卒信听我言,从鼓声合力终死,急促围之,庶可斩之。

这段描写直接模仿《三国志通俗演义》赵云长坂坡之战。除此之外,关羽托梦显圣的故事也是简本所独有的。在简本系统中,作者三次虚构了关羽显圣的故事。小说开篇即写关羽向宣祖托梦:

> 七日夜,大王正寝宫殿,偶得一梦,有一将军披甲杖剑,自南而来,扣门大呼曰:"王宿耶?未耶?"王答曰:"谁也?"对曰:"古汉中郎将关羽也,急传消息而来矣。明日君之国内有大患矣,风雨到于先陵,自汉以东人火绝矣,何其偃蹇鼾睡?"[③]

关羽告诉朝鲜宣祖,倭僧刻木为人,在木像背后写上古代名将的名字,然后装在竹笼里。倭僧一旦用道术把这些木偶幻化为人祸乱朝鲜,朝鲜将要大难来临。在关羽的帮助下,朝鲜大将崔致白擒获并斩杀倭僧。第二次显圣甲午三月初三日夜,关羽托梦给宣祖大王:"方今平秀吉陷庆尚道,遍杀将卒,再佑束手北地据忠清道,人民偷生。贺罗北陷京城,王即是避逃不如还宫。"随后,关羽率神兵为先锋,打败倭将贺罗北,帮助宣祖恢复王京。第三次写关羽托梦给明军统帅李如松,向李如松推荐朝鲜水军将领李舜臣。从小说取材来看,小说作者是一位下层文人,对于朝鲜民间的传说非常了解,并且具有深厚的民族思想,所创作的《壬辰录》并不拘泥于史实,以壬辰之乱为背景,以李舜臣、金德亮等人物为中心,根据自己的思想观念虚构壬辰倭乱。

从繁本《壬辰录》故事情节、语言风格来看,其作者是一位学识较高的朝鲜文人,他创作的《壬辰录》与简本《壬辰录》内容完全不同。作者熟知史料,并善于运用史料编撰故事,是一部史料价值颇高的历史演义小说。从《壬辰录》故事内容来看,作者对于中国小说《三国志通俗演义》非常熟悉,作品中的人物常常引用《三国志通俗演义》中的故事及人物。朝鲜将领金梦瑞善于舞剑,问明军统帅李如松说:"若比于古人,何如于关云长?"李如松回答说:"汝何言耶? 汝十人,不能当我神将乐尚智,乐尚智十人,不能当我。以我十人,不能当常遇春。常遇春十人不能当关云长。"又丁酉年二月,水军大将李舜臣在唐项浦结船阵,倭兵皆溺水而死,独统帅平行长逃脱。水军大将李舜臣嗟叹曰:"昔诸葛亮南征孟获,而烧尽胜甲兵三万名,自叹其十年减寿,而吾亦今日之事杀人名几何,而减其寿不得善终矣。"在繁本《壬辰录》中,作者也虚构了关羽显圣故事,其叙述明显要比简本《壬辰录》艺术化,故事情节曲折。李信忠到倭营中商谈议和之事,每夜入关王庙祷告:"英灵义魂,万古不死,勇冠三国,威震华夏,岛夷作乱,贼京城陷没。念关王:马有赤兔,剑有青龙,一奋神勇,击逐倭贼。"当倭将回军到东大门时,灵风顿起,关羽率领神兵在空中杀伐。倭兵死伤无数。最后,倭将不得不逃离京城。关王显圣的故事不再是简本《壬辰录》简单的托梦,而是把朝鲜将领的祈祷、显灵、倭寇退兵联系在一起,通过关羽显圣描写人物,推动故事情节的发展。在《三国志通俗演义》中有多处反间计的描写,《壬辰录》作者描写倭将使用反间计陷害李舜臣时借鉴了《三国志通俗演义》,而不是简单地因袭模仿。李舜臣在唐项浦大败倭将平义智,平义智败归对倭将统帅平行长说:"统制使李舜臣在世,则吾以百万之兵不能窥朝鲜,尽为海中之鱼矣!"然后平行长利用朝鲜将领李舜臣与金梦瑞、元均的矛盾,金梦瑞、元均构害舜臣,舜臣入狱。总之,繁本《壬辰录》虽然拘泥于历史史实,所载录的人物事迹都有史料依据,但这部小说在创作中对于《三国志通俗演义》的借鉴是非常明显的。

总之,从内容上判断,简本、繁本《壬辰录》在创作过程中均受到《三国志通俗演义》的影响,是两部完全不同的小说作品。简本故事情节虚构性强,塑造了李舜臣、金德亮等抗倭英雄人物,小说色彩浓厚;繁本采用实录的笔法,虚构较少,众多的抗倭英雄多有史料依据。由于历史上缺乏《壬辰录》作者的文献资料,再加上简、繁本两个系统的小说在朝鲜流传的过程中均以抄本传世,在传抄中不断被修改,抄本之间差异较大,所以很难考辨《壬辰录》作者及具体的成书时间。

三、《兴武王演义》对于《三国志通俗演义》的模仿

《兴武王演义》,又名《兴武王实记》、《角干先生实记》《开国公实记》、《兴武王三韩传》等,版本众多。小说采录三国史料为依据,以新罗名将金庾信为中心,叙述金庾信辅助武烈王、文武王联唐灭百济、高句丽的故事。金庾信一统三韩,功勋卓著,是韩国历史上最为著名的英雄人物。作者李鼎均(1852年—1899年),字顺九,号云樵。籍贯延安,生于朝鲜哲宗壬子六月二十四日,卒于光武三年己亥十一月二十三日,未有科举记录。李鼎均孝友淳笃,言行谨慎,乡党敬重,富有才名。九岁时,以《萤火》作诗曰:"落地无烟火,飞天有翼星。"世以神童称之。由于未入仕途,朝鲜史籍未载其生平事迹。《兴武王演义》一书在朝鲜后期广为传播,在朝鲜小说史上,具有重要的学术地位。

《兴武王演义》最早刊刻于1899年,三卷三册,卷首李鼎均序、其次目录,不分回,正文以则分。此本现藏韩国光州朝鲜大学校。李鼎均序末署"崇祯纪元后五周丁亥二月己卯延安后人李鼎均谨序"。丁亥年即1887年,序称:"自早岁得见兴武事略于《文献录》中,以寓景仰之慕者有年矣,幸去年冬寓得本传于王远裔之家,而平生伟绩载录无遗,披读再三,击节称赏。"于是李鼎均参考韩国古代史籍,博采众说,著《兴武王演义》三卷。金容淳跋云:"故丙申秋龟城李鼎均氏以中郎讳茂之后孙为有通家之宜,搜采异说,辑成文卷三编,名曰《兴武王演义》,匡合伟绩,开卷了然。""戊戌(1898)冬,从弟容旭与族人钟乐甫合谋刊布,相与尽诚,逾年而屡功,因嘱余以记之。"此跋写于己亥年正月。从序跋可知,李鼎均对于兴武王庾信的事迹非常推崇,在丙戌年(1886年)得到金庾信后裔所藏家传,采录史料,创作《兴武王演义》。第二年(丁亥年,1887)二月完稿并作序,藏书稿于家中。1898年,金庾信后裔金容旭、金钟乐合谋刊刻,第二年刊刻竣工。其后,这一小说在朝鲜半岛广为传播。在金容旭、金钟乐刊刻的同一年,金钟万也刊刻该书,名之为《兴武王实记》,三卷三册,卷首曹始永序,无目录,正文部分不分则,现藏于韩国首尔大学奎章阁。卷首序末题"崇祯纪元后五己亥庆尚南道观察使夏山曹始永谨序",并称受金庾信后裔金钟万所委托而作序。曹始永、金钟万未知小说创

作者的姓名,也未说明小说文本的来源。

李鼎均依据史料,虚构历史演义小说,在朝鲜大学校藏本《兴武王演义序》中阐述甚明:"是书也虽若浮虚夸张,大略几越乎家传及东史之本旨也,使端人正士读之,则似不免于轻薄之辞,然特以钦敬之切有所称之耳!"其书是在家传、史书的基础上进行虚构敷演,属于小说家言。在韩国历史上,金庾信的名字可谓家喻户晓,无论是官方正史还是文人士子史论著述,金庾信的事迹广为流传。高丽王朝金富轼修纂《三国史记》时以三卷的篇幅撰写《金庾信》,超过新罗太宗武烈王、文武王的篇幅。金庾信,年十五岁为花郎,新罗真平王四十六年随父亲舒玄攻打高句丽,在兵败之际,率新罗军突围,一举成名。其后参加了平百济、高句丽的数次战役,功勋赫赫。唐高宗麟德二年,被唐帝封为平壤郡开国公。咸亨四年去世,享年79岁。新罗兴德王时,赠王爵,谥号"兴武",后人称其为兴武王。金富轼评价云:观夫新罗之待庾信也,亲近而无间,委任而不贰。谋行言听,不使怨乎不以,可谓得六五童蒙之吉。故庾信得以行其志,与上国协谋,合三土为一家,能以功名终焉。虽有乙支文德之智略,张保皋之义勇,微中国之书,则泯灭而无闻,若庾信则乡人称颂之,至今不亡,士大夫知之可也,至于刍童牧竖亦能知之,则其为人也必有以异于人矣。®在朝鲜王朝时期,权近《三国史略》、徐居正《东国通鉴》、《三国史节要》、无名氏《朝鲜史略》等文献均详载其事迹。朝鲜时代崔溥(端宗二年,1454—燕山君十年,1504)评云:"尚论新罗人物,则英雄豪杰莫如金庾信。……庾信,出入宣力,左右太宗,平丽定济,成混合之功。鞠躬尽瘁,死而后已。其奇勋伟烈,世不常有矣!"®又朝鲜肃宗朝学者朴世采评云:"至如金庾信忠义智略,终能协赞唐师,统合三韩,是殆郭汾阳、徐中山之流亚,东方一人而已。"®金庾信不仅为史家所关注,也常常成为士子文人咏怀的题材,如洪世泰的《金庾信墓》:"将军背上七星文,壮志终成统一勋。东国至今传异梦,西风有客吊孤坟。"®朝鲜后期的李鼎均采录前代史料,博览文人杂录,以朝鲜三国时期的军事、政治斗争为社会背景,以新罗、高句丽、百济三国的军事斗争为中心,以武烈王、金庾信、盖苏文等人物为描写对象,描述了三国时代政治集团之间的诡谲权变,展现了新罗王朝一统三韩的历史过程。

朝鲜王朝后期,中国历史演义小说在朝鲜半岛已广泛传播。从《兴武王演义》名称来看,这部小说的名目明显源自中国历史演义小说。从内容来看,无论其思想内涵、人物塑造,还是故事情节的设置,都明显模仿《三国志通俗演义》。

首先,李鼎均有意识地把新罗、高句丽、百济比作蜀汉、曹魏、孙吴三大政治集团,以新罗王朝为正统,描写了一个君仁臣贤、上下同心同德的政治集团,寄托了李鼎均的仁政理想。在卷二《集庆殿大宴勋臣》中,作者借助于新罗武烈王之口叙述道:

> 且吾观我东三国恰似汉代三国,以其形势言之。则高句丽之有盖苏文即丽之曹孟德也,其子男生、男建即曹丕、曹植也,延寿惠真即丽之夏侯渊、张郃也,阳春,丽之孔文举;高文,丽之张辽也;孙伐音,丽之许褚也;高正义,丽之荀文若也。以百济论之,其王义慈,即孙皓之荒暴,而其臣成忠、兴首,济之周瑜、鲁肃也;殷相,济之甘宁也;阶伯、义直,济之吕蒙、黄盖也;相如、常之,济之陆逊、张悌也。

武烈王把高句丽、百济比作曹魏、孙吴,同时把新罗臣属比作蜀汉臣属:

> 金公之才略英特,忠烈炳赫,鞠躬尽瘁,死而后已,我之诸葛孔明也;文颖之智谋过人,我之庞士元也;竹旨之雄猛,我之关云长也;日原之骁勇,我之张翼德也;镜恺之猛健,我之马孟起也;沈那之胆略,我之赵子龙也;天存之壮烈,我之黄汉升也;品日之勇健,我之魏延也;真珠之强毅,我之吴班也;钦纯之明敏,我之费祎也;正福之智计,我之姜维也;高纯之托志忠良,我之蒋琬也;文训之秉心公亮,我之董允也;钦突,我之董厥也;真钦,我之廖化也;述实,我之周仓也;都儒,我之糜竺也;义光,我之张翼也;仁仙,我之法正也;良图,我之杨仪也;裂起,我之马岱。

虽然武烈王谦说不敢自比刘备,但他实际上是以这种特殊的方式肯定了自己的正统地位。武烈王谦让云:"况昭烈堂堂帝胄,英才盖世,虽未能平一四海,断以春秋之义,则承刘氏之正统无疑矣。论其才德,可与高、光并称,而以际遇论之,无异于三代之圣王矣,如寡人者,安敢及其万一哉?"小说正是通过对武烈王、金庾信细致描述来反映作者的这一政治理念。在《三国史记》中,武烈王在位八年,金富轼对他并没有赞语。而在小说中,作者把武烈王虚构为礼贤下士、贤德爱民的仁君形象。武烈王看到百济王残暴统治,人民倒悬,决心灭百济,救民于水火之中。当平定百济之后,武烈王召见百济故臣:"济王无道,自绝于天,予不忍生灵之涂炭,今已扫灭,诸公得无亡国之憾乎?凡有政令之苛刻,徭役之烦剧者,吾当一切革之,使百济遗民晏堵如旧。"同时,小说作者把金庾信作为"东国诸葛亮"来描写,如武烈王闻知金庾信贤名,枉顾杞溪求贤。金庾信为武烈王的诚意所感,纵论三国时势。然后出山辅助武烈王,联唐灭百济、高句丽,辅助武烈王、文武王,忠心不贰。小说作者对于新罗君仁臣贤政治模式的描写,明显源自于《三国志通俗演义》。

其次,在故事情节、人物描写上,李鼎均大段地因袭《三国志通俗演义》,致使《兴武王演义》的很多故事情节与《三国志通俗演义》相似。比勘两部小说,其雷同处列表如下:

《兴武王演义》	《三国志通俗演义》	情节雷同
卷一月城公子访隐者	第37回司马徽荐名士刘玄德三顾茅庐	《兴》:春秋遇百结先生,百结先生荐庾信 《三》:刘备遇司马徽,司马徽荐孔明
卷一公子枉杞溪草庐	第37回司马徽荐名士刘玄德三顾茅庐	《兴》:春秋访庾信于草庐 《三》:刘备访孔明于茅庐
卷一金将军出师迎公子	第42回张翼德大闹长坂坡,刘豫州败走汉津口	《兴》:庾信喊声震箕叔堕马而死 《三》:张翼德声震夏侯杰堕马而死
卷一克大梁城品释归枢	第84回孔明巧布八卦图	《兴》:百济大将入太乙阵 《三》:陆逊误入八卦阵
卷一道霍城水鸟呈祥	第93回姜伯约归降孔明	《兴》:庾信命人假扮李正福,行反间计降服正福 《三》孔明命人假扮姜维,行反间计降服姜维
卷二伐伐浦唐将钓龙	第44回孔明用智激周瑜	《兴》:庾信奇谋,唐将苏定方设计害庾信 《三》:孔明奇谋,周瑜设计害孔明
卷二伐伐浦唐将钓龙	第56回曹操大宴铜雀台	《兴》唐将、罗将射箭比武,赢者得宝剑 《三》曹氏宗族、非曹姓将军射箭比武,赢者得战袍
卷二金官城临政败还	第50回关云长义释曹操	《兴》:百济太子临政败走,李正福义释 《三》:曹操败走,关羽义释
卷三开国公坐算平壤	第107回魏主政归司马氏	《兴》男生出游,兵权被男建夺取 《三》:曹爽田猎,兵权为司马懿夺取

从两者相似的故事情节来看,《兴武王演义》的故事情节相对于《三国志通俗演义》而言,叙述比较简略,但李鼎均为了突出庾信的谋略,以为其才略堪比管仲、诸葛孔明,不

惜用大量的笔墨进行虚构。如卷一《月城公子访隐者》中的百结先生,在《三国史记》卷第四八有其本传,他是一位隐者,安身立命,不求闻达。但李鼎均为了强化金庾信的才略,把他描写成《三国志通俗演义》中的司马徽式的人物,向公子春秋举荐庾信:"仆闻杞溪人金庾信有经天纬地之才,管、萧之亚也,公子其不知乎?"随之叙述公子春秋枉顾草庐。这些故事虽脱离了历史史实,但其传奇性更吸引读者。因为李鼎均对于《三国志通俗演义》的模仿、改写过于明显,情节雷同处甚多,所以《兴武王演义》创作明显受到《三国志通俗演义》的影响。

总之,李鼎均在创作《兴武王演义》时,不仅模仿《三国志通俗演义》的创作思路,因袭并借鉴《三国志通俗演义》的故事情节,而且也寄寓了他的政治理想。李鼎均创作《兴武王演义》时期,正是朝鲜甲午变革时期的前夜,朝鲜王朝政治腐败,国势衰弱,统治集团与人民之间矛盾激烈。作者对于武烈王仁政的描写,对于金庾信的推崇,借金庾信的事迹寄托了自己的政治理想,希望国家政治清明,君仁臣贤。实际上,作者的政治理想代表了朝鲜后期广大人民的政治愿望,是一种普遍的社会心理。

参考文献

① 金东旭《韩国小说史》,韩国首尔,现代文学出版社,1990 年版,第 282 页。

② 韦旭升《韦旭升文集》第一卷《朝鲜文学史》,北京,中央编译出版社,2000 年版,第 454 页。

③ (韩国)金台俊《朝鲜小说史》,北京,民族出版社,2008 年版,第 48 页。

④ 金秉洙《明清小说传入朝鲜的历史过程考略》,《延边大学学报》(社科版)1984 年第 1 期;许辉勋《试谈明清小说对朝鲜古典小说的影响》,《延边大学学报》(社科版)1987 年第 1 期。

⑤ 转引自(韩国)柳铎一《韩国古小说批评资料集成》,韩国首尔,亚细亚文化社 1994 年版,第 21 页。

⑥ (朝鲜)金时习《梅月堂文集》卷二〇,《韩国文集丛刊》,韩国首尔,民族文化推进会 1981 年影印本,第 13 册 375 页。

⑦《明史》卷二〇,北京,中华书局 1974 年版,第 274 页~276 页。

⑧ (朝鲜)李植《泽堂集别集》卷一五,《韩国文集丛刊》第 88 册第 530 页。

⑨ (朝鲜)金万重《西浦漫笔》,通文馆 1971 年版,第 650 页。

⑩ (朝鲜)赵锡胤《虚静集》卷十三《玉堂应旨进言剳》,《韩国文集丛刊》第 105 册第 466 页。

⑪（朝鲜）宋穉圭《刚斋集》卷一三《三湖崔公行状》，《韩国文集丛刊》第 271 册 290 页。

⑫（朝鲜）崔奎瑞《艮斋集》卷一五《病后漫录》，《韩国文集丛刊》第 161 册第 286 页。

⑬（朝鲜）李瀷，《星湖僿说》，转引自《韩国古小说批评资料集成》第 84 页。

⑭（朝鲜）金万重《西浦漫笔》，，通文馆 1971 年版，第 650 页。

⑮（朝鲜）李敏求《东州集》，《韩国文集丛刊》第 94 册第 266 页。

⑯（朝鲜）金昌翕《三渊集》，《韩国文集丛刊》第 167 册 120 页。

⑰（朝鲜）赵秀三，《秋斋集》，《韩国文集丛刊》第 271 册 491 页。

⑱《正祖实录卷三一》，引自《韩国古小说批评资料集成》，韩·柳铎一，亚细亚文化社 1994 年版，第 34 页。

⑲《正祖实录》卷二四，引自《韩国古小说批评资料集成》第 34 页。

⑳（朝鲜）正祖《弘斋全书》卷一六五，《韩国文集丛刊》第 267 册第 231 页。

㉑（朝鲜）李德懋《青庄馆全书》卷之五《婴处杂稿》，《韩国文集丛刊》第 257 册 97 页。

㉒（韩国）闵宽东，《中国古典小说在韩国之传播》，学林出版社 1998 年版，第 78 页、第 81 页。

㉓（元）郝经《陵川集》卷三三《汉义勇武安王庙碑》文渊阁四库全书本。

㉔（明）唐顺之《常州新建关侯祠记》，引自《汉前将军关公祠记》卷八《艺文中》，明·赵钦汤辑，明万历三十一年刻本。

㉕（清）陈宏绪《江城名迹》卷三，文渊阁四库全书本。

㉖（清）赵翼《陔余丛书》卷三五《关缪公》，中华书局 1963 年版，第 756 页。

㉗㉘（朝鲜）柳成龙，《西厓集》卷一六《记关王庙》，《韩国文集丛刊》第 52 册 321 页。

㉙韩国古小说研究会编《韩国汉文小说目录》，《古小说研究》第 9 辑，2000 年 6 月。

㉚《韦旭升文集》第二卷《壬辰录》整理本。

㉛《壬辰录》（汉文本），姜铨燮藏本。

㉜（高丽）金富轼《三国史记》卷第四三，影印本，第 445 页。

㉝（朝鲜）崔溥《锦南集》卷一《东国通鉴论》，《韩国文集丛刊》第 16 册 389 页。

㉞（朝鲜）朴世采《南溪集》卷五四，《韩国文集丛刊》第 140 册 120 页。

㉟（朝鲜）洪世泰《柳下集》卷八，《韩国文集丛刊》第 167 册 450 页。

（原载《文学评论》2011 年第 3 期，作者为上海师范大学人文与传播学院教授）

一个被误解被丑化了的女性形象
——论夏金桂

李新灿

　　从争取女性权利的角度看,夏金桂形象的积极意义远在林黛玉、薛宝钗、王熙凤等金陵十二钗之上,然而长期以来,这一形象没有得到研究者的足够重视和理解。研究论文少不说,在仅有的几篇论文中,研究者还多对其给予了否定性评价。如蔚然和顾克勇在他们合撰的论文中说:"纵观《红楼梦》诸女儿群像大多如宝玉所言,是'水做的骨肉',极清爽洁净,她们或姿容秀美,或敏慧超群,虽不无瑕疵,却都不失为美的化身。夏金桂则集众恶于一身,与她们反差极大,在作品中极为醒目。"①(此处与后此着重号均为笔者所加)那么,集中于夏金桂身上的"众恶"到底是什么呢? 对此,研究者邓桃莉作出了全面总结,她认定集中于夏金桂身上的"众恶"是"泼"、"妒"、"淫",说什么"夏金桂从做女儿时就是一个恶女,到出嫁后成为一个泼妇、妒妇、淫妇",是"集泼妇、妒妇、淫妇于一身的恶女形象。"②为什么会出现这样的局面? 笔者认为,《红楼梦》作者曹雪芹、续作者高鹗在写作夏金桂时均被潜意识深处的男权意识所左右,前者对夏金桂的描写虽很精准,但他不理解或者说误解了她的言行举止,一再给予其否定性评价,而后者则对夏金桂有意进行曲解甚至恶毒的丑化,而《红楼梦》读评者之所以异口同声地对夏金桂做出了偏激的否定性评价,除了受潜意识深处的男权意识制约外,则是因为受到了作者和续作者的影响。

一

　　先看曹雪芹对夏金桂的描写与评价。

　　在前八十回中,曹雪芹写到夏金桂的有三回,分别是第五回、第七十九回、第八十回。

　　第五回写夏金桂的笔墨极少,甚至连夏金桂的名字都没有出现,读者们是通过对上下文进行综合分析判断,才认定该回描写贾宝玉梦游太虚幻境时翻看的金陵十二钗副册的一段预言香菱的命运的文字涉及夏金桂:

　　　　宝玉看了不解。遂掷了这个,又去开了副册厨门,拿起一本册子,揭开看时,只见画着一株桂花,下面有一池沼,其中水涸泥干,莲枯藕败,后面书云:

　　　　　　根并荷花一茎香,平生遭际实堪伤。

　　　　　　自从两地生孤木,致使芳魂返故乡。

"根并荷花一茎香",写的是香菱。甲戌本夹批云:"却是咏菱,妙!"在小说第七回,香菱首次出现在贾府的时候,脂砚斋在香菱的名字旁又写了一条批语:"二字仍从'莲'上起来。盖英莲者,'应怜'也;香菱者,亦'相怜'之意。此改名之英莲也。"能证明香菱即是甄英莲的,还有甄家附近葫芦庙里的小沙弥。在小说第四回,小沙弥告诉贾雨村被拐子拐卖给薛蟠的香菱就是甄英莲,他说:"当日这英莲,我们天天哄他顽耍,虽隔了七八年,如今十二三岁的光景,其模样虽然出脱得齐整好些,然大概相貌自是不改,熟人易认。况且他眉心中原有米粒大小的一点胭脂计,从胎里带来的,所以我却认得。""自从两地生孤木",写的则是夏金桂。甲戌本脂批提示:"拆字法"。根据提示,学者们认为,"孤木"是木字旁,"两地"是两个土字,合起来就是"桂花"的桂字,③而夏金桂"家多桂花,他小名儿就唤做金桂"(《红楼梦》第七十九回)。对香菱的悲剧命运,曹雪芹无限同情,说:"平生遭际实堪伤",这是正确的;但在判词中他将香菱的悲剧完全归咎于夏金桂——"自从两地生孤木,致使芳魂返故乡"——则纯属皮相之见。笼统地说,香菱的悲剧是社会造成的,一是社会司法太差,人贩子无法无天,肆意拐卖人口,得不到惩治,暴徒随意打死人,官府却曲意阿附豪门使之逍遥法外,二是不合理的一夫多妻制。具体地说,如果不是人贩子拐卖,香菱是小康人家的娇小姐,会得到父母的宠爱,日子会过得很滋润,被拐卖前事实上也是如此;退一步说,即使被拐卖,如果不是暴徒薛蟠打死酷爱她的买主冯渊,她和冯渊很可能比翼双飞白头到老;再退一步说,即使被薛蟠抢去,如果法律禁止男人以娶妻纳妾的名义同时占有两个或两个以上的女人,那么她也不至于那么惨——既要遭受薛蟠的蹂躏又要忍受夏金桂的欺压。所以香菱的悲剧是"三部曲":先是被拐子拐卖,再是被薛蟠强占,最后是同时被夏金桂刁难和被薛蟠毒打，直至"莲枯藕败"、"芳魂返故乡"。很明显，夏金桂不是香菱人生悲剧苦"果"的原初起"因"，她只是香菱在苦海中陷于灭顶之灾时的增上"缘"而已。

对于香菱的人生悲剧，虽然夏金桂难免也要负一定的责任，但她对香菱的所作所为却有迫不得已的苦衷。两性之爱是排他的，主体意识强烈的夏金桂怎能容忍丈夫身边睡着另一个妙丽的少妇呢？反复阅读小说，我们可以确信，曹雪芹不仅知道她的苦衷，而且对她的个性生成环境有清醒的认识。尽管如此，曹雪芹对她的行为依然是全面否定的。在小说第七十九回，曹雪芹一反自己"追踪蹑迹，不敢稍加穿凿"的让读者自己判断是非善恶的现实主义写法，对夏金桂的婚前生活作了主观色彩极浓的评判与粗线条勾勒：

> 原来这夏家小姐今年方十七岁，生得亦颇有姿色，亦颇识得几个字。若论心中的邱壑经纬，颇步熙凤之后尘。只吃亏了一件，从小时父亲去世的早，又无同胞弟兄，寡母独守此女，娇养溺爱，不啻珍宝，凡女儿一举一动，彼母皆百依百随，因此未免娇养太过，竟酿成个盗跖的性气。爱自己尊若菩萨，窥他人秽如粪土；外具花柳之姿，内秉风雷之性。在家中时常就和丫鬟们使性弄气，轻骂重打的。……因他家多桂花，他小名就唤做金桂。他在家时不许人口中带出金桂二字来，凡有不留心误道一字者，他便定要苦打重罚才罢。

这段不足三百字的粗笔勾勒极具概括力，它让读评者对夏金桂的婚前生活有一个较为全面的了解。读评者们在赞叹作者巨笔如椽时，不知不觉间被作者牵着鼻子走，接受了他对夏金桂的否定评价——"娇养太过，竟酿成个盗跖的性气"。曹雪芹对夏金桂的判断并不是出于一时冲动，而是出于他的理性思考，在该回标题上联"薛文龙悔娶河东狮"中，他毫不犹豫地将"河东狮"这一在他看来极为耻辱的悍妇标志"烙印"在夏金桂"脸"上。

人们不禁奇怪，曹雪芹怎么会被潜在的男权意识所左右呢？他不是借其心爱的小说人物贾宝玉表达了他对男性的贬抑和对女性的推崇吗？贾宝玉的高论——"女儿是水做的骨肉，男人是泥做的骨肉。我见了女儿，便清爽；见了男子，便觉浊臭逼人"，"凡山川日月之精秀，只钟于女儿，须眉男子不过是些渣滓浊沫而已"——几乎成了尽人皆知的经典名言。在很多人眼里，曹雪芹被视作典型的、地地道道的女性主义者。实事求是地说，由于跳不过时代思想局限，曹雪芹算不上一个女性主义者，退一万步说，即使将他视作女性主义者，也不是一个纯粹的女性主义者。不错，曹雪芹对女性的确是充满了同情,但连他自己都不知道的是,他的同情是有限度的,在关系到女性最根本利益的婚姻制度方面,他认可对女性极不公平的一夫多妻制度。因此,在他的笔下,能赢得他艳羡或部分赏识的女性无一不是认可一夫多妻制者,如林黛玉、薛宝钗、香菱、晴雯、袭人等。毋庸讳言,出于天然的爱的排他性,认可一夫多妻者有时也会对丈夫纳妾产生强烈的抵触情绪甚至残忍的抵制破坏行为,如王熙凤,对于这类女性,作者、读评者甚至整个社会都会对她们采取爱恨交加的态度。至于被社会习俗定格于第二性地位却立意要与丈夫抢夺家庭统治权的女性,自然更容易被思想观念没有得到彻底更新的作者、读评者甚至整个社会目为"异类"甚至怪物了。夏金桂就是这样的女性,新婚伊始,她就准备打出自己的威风,颠覆家里的男权统治。对此,曹雪芹洞若观火,他在小说第七十九回准确地描写了夏金桂婚后的行为心理:

> 今日出了阁,自为要作当家的奶奶,比不得作女儿时腼腆温柔,须要拿出这威风来,才钤压得住人;况且见薛蟠气质刚硬,举止骄奢,若不趁热灶一气炮制熟烂,将来必不能自竖旗帜矣;又见有香菱这等一个才貌俱全的爱妾在室,越发添了"宋太祖灭南唐"之意,"卧榻之侧岂容他人酣睡"之心。

夏金桂自我感觉良好,认为自己"作女儿时腼腆温柔",读评者也许会哑然失笑:夏金桂"爱自己尊若菩萨,窥他人秽如粪土;外具花柳之姿,内秉风雷之性。在家中时常就和丫鬟们使性弄气,轻骂重打的。""他在家时不许人口中带出金桂二字来,凡有不留心误道一字者,他便定要苦打重罚才罢。"这样的人还认为自己"腼腆温柔"不是太没有自知之明或恬不知耻吗? 问题其实并没有这样简单,夏金桂的野蛮霸道行为是以主人身份加之于奴婢身上的,这是主子的特权,哪个主子不是如此呢? 只不过她的野蛮霸道程度也许比一些主子更严重罢了,但她的野蛮霸道程度肯定不是最严重的,因为她身上起码没有发生命案,我们不能苛求她,只要万恶的主奴制度不废除,又有多少人能自觉地做善良的好主人甚至主动放弃做主子的特权呢? 作为与"男儿"相对的"女儿",夏金桂并没有对"男儿"施暴的前科,不然,与她"从小儿都一处厮混过"且在择妻一事上十分挑剔的薛蟠怎么可能从她家一回来"就咕咕唧唧"求其母薛姨妈派人"去求亲"呢?

可是,这桩被当事人双方与双方家长、亲朋看好(薛姨妈与王夫人、王熙凤商议过)的婚姻为什么最终会结出苦果呢? 问题出在夏金桂那强烈的女权意识上,结缡之始,她想的不是夫唱妇随而是"自树旗帜"。这就必然对约定俗成的一夫多妻的社会不成文法则造成冲击和破坏,影响家庭乃至影响社会稳定。夏金桂追求女权的努力,在旁人看来,在觉悟程度不高的作者和读评者看来,是泼,是妒,是悍,是不守妇道。如果站在今天所能达到的思想高度看问题,我们很容易判定,夏金桂所生活的那个一夫多妻合法化的社会是一个病态社会,但在当时人们大多对这一病态社会习以为常,病态社会在习以为常的人看来自然是常态社会了,相反,反病态社会的先行者则会被人们视作变态狂,若是女性,则容易被视作泼妇、妒妇、淫妇。这是夏金桂的悲哀,可是今天我们如果仍然简单粗暴地将她视作集泼、妒、淫于一身的"恶之花",那就不能不说是我们的悲哀了。

客观地说,夏金桂很有魄力和能力,曹雪芹将她与王熙凤相提并论真是慧眼独具。夏金桂的一生可分为两个时期,一是身为女儿时期,一是身为少妇时期。在前一时期,由于经济宽裕,母亲溺爱,既没有父权的监督,又没有夫权的羁勒,只要不触犯政权,她可以随心所欲地行使主子之权,因此,她的主体意识得以全面张扬,可以说这一时期是她的生活的巅峰时期。但少女时期的人生经验与幸福是不全面的,如要全面实现自己的潜能和人生价值,她必须像所有健全女性一样拥有为人妻、为人母的快乐。可是在实行一夫多妻制的病态社会,女性的婚姻像风险极大的博彩游戏,她们中的绝大多数将不得不为婚姻输掉主体性,物化为男人发泄性欲和生儿育女的工具,更可悲的是,她们还不得不因与丈夫身边的其他女人争风吃醋而背上泼妇、妒妇甚至淫妇的骂名。夏金桂嫁给薛蟠,从少女变为少妇,但她却不愿意像大多数女性那样放弃主体性物化为客体。她要"自竖旗帜",然而她也清楚地意识到自己处于孤军作战的境地,至少面临着来自三个方面的威胁:一是丈夫难于控制,他气质刚硬,举止骄奢,打死人命都能像没事人似的;二是婆婆薛姨妈和小姑薛宝钗会妨碍自己主体精神张扬,她们为人八面玲珑,城府极深,且有贾府、王府作靠山;三是眼中钉肉中刺香菱——薛蟠婚前所纳美妾,她有可能均沾甚至全部夺走丈夫对自己的"爱"。

面对如此复杂局面,夏金桂头脑十分清醒,没有采取同时四面出击的愚蠢做法,而是选择了在不同时间段集中精力去各个击破的斗争策略。第一步,降伏丈夫;第二步,贬低小姑,顶撞婆婆,排挤香菱;第三步,摆布宝蟾。很明显,夏金桂要实现的斗争目标有两方面,一为软性的,任谁都不能损害她当家作主的主人翁地位,一是硬性的,排挤香菱后再摆布宝蟾。在前两个阶段,她取得了阶段性的胜利,但在最后一个阶段,她遭遇了宝蟾的顽强反抗,矛盾双方处于僵持局面。

对于薛蟠,夏金桂利用其"怜新弃旧"的好色弱点,趁他"正在新鲜兴头上,凡事未免尽让着"自己,她"便也试着一步紧似一步。一月之中,二人气概还都相平;至两月之后,便觉薛蟠的气概渐次低矮了下去。"初战告捷,其后夏金桂又抓住薛蟠的一件错事将其降伏。到底是什么错事呢? 曹雪芹故意含糊其辞说:"一日薛蟠酒后,不知要行何事,先与金桂商议,金桂执意不从。薛蟠忍不住便发了几句话,赌气自行了,这金桂便气的哭如醉人一般,茶汤不进,装起病来。请医疗治,医生又说:'气血相逆,当进宽胸顺气之剂。'"(第七十九回)曹雪芹越是含糊其辞,就说明该事越是不雅驯甚至丑恶。薛蟠"赌气自行了"的事,张乘健先生认为是"夏金桂在合法婚姻的名义下遭到薛蟠强奸。"①笔者同意张乘健先生的说法,但要补充说明的是,这可不是一般意义上的婚内强奸,而是薛蟠在夏金桂身体不适或处于特殊时期如经期等状态下对她的施暴行为。为什么这样说,因为古代中国女权极端匮乏,如果不是在上述特殊情况下,夏金桂是没有理由拒绝丈夫的性要求的。这种事估计也常常发生在温顺的奴隶香菱身上,不然她为什么会认为薛蟠娶夏金桂对于自己是"得了护身符",可以分去"自己身上"的"责任"呢? 可是薛蟠这样的暴行一旦降临在主体意识很强的夏金桂头上,则给她的身心造成了严重伤害,她"气的哭如醉人一般,茶汤不进",这固然有作秀成分在内,但也不完全是装模作样,因为婆家请来的医生也认为她"气血相逆,当进宽胸顺气之剂"。但曹雪芹不理解甚至很反感反抗夫权、破坏家庭社会"安定团结"局面的女性,轻描淡写地说夏金桂"装起病来"。随后薛姨妈骂薛蟠,"薛蟠后悔不迭,反来安慰金桂",金桂却"总不理薛蟠"。应该说金桂的行为是正义的、合理的,只有这样,才能让薛蟠长点记性,今后不犯或少犯这类"错误"。可是作者主观色彩极强的评述却让读者以为夏金桂的行为是得了便宜又卖乖,他说:"金桂见婆婆如此说丈夫,越发得了意,便装出些张致来"。但作者毕竟是超一流的伟大作家,尽管他不认可夏金桂的做法,但还是如实写出了她这样做的积极效果:十天半月之后,薛蟠"自此便加一倍小心,不免气概又矮了半截下来"。

降伏薛蟠后,夏金桂曾想一气呵成地将薛姨妈、薛宝钗拉下马来,经过试探,她放弃了这一做法,应该说她这样做是很明智的。但作者在叙述这一事件过程中,再次否定了夏金桂行为的正义性,他说:

> 那金桂见丈夫旗蠹渐倒,婆婆良善,也就渐渐的持戈试马起来。先时不过挟制薛蟠,后来倚娇作媚,将及薛姨妈,后又将至薛宝钗。宝钗久察其不轨之心,每随机应变,暗以言语弹压其志。金桂知其不可犯,每欲寻隙,又无隙可乘,只得曲意俯就。(第七十九回)

所谓"婆婆良善",即是说夏金桂并非善类,"渐渐的持戈试马"是说她得寸进尺不知好歹,"挟制"与"倚娇作媚"是说她的手段并不光明正大,"不轨之心"是说她的目的邪恶且不合法,"弹压其志"是说她犯上作乱必须由薛宝钗居高临下地进行压制,"每欲寻隙"是说她总想无理取闹,"又无隙可乘,只得曲意俯就"是说她找不到宝钗的岔子,只好假意向宝钗投诚。

扳不倒薛姨妈与薛宝钗,夏金桂只好退而求其次。她蓄意贬低小姑宝钗,借此抬高自己,当她问知香菱一名是姑娘宝钗取的时,冷笑说:"人人都说姑娘通,只这一个名字就不通。"香菱与其辩解时,她引诱香菱说出其名讳。当丫鬟宝蟾喝斥香菱、香菱道歉时,夏金桂却假装很有雅量地笑对香菱说:"这有什么,你也太小心了。但只是我想这个'香'字到底不妥,意思要换一个字,不知你服不服?"她的恩威并施换来了香菱奴性十足的回答:"奶奶说那里话,此刻连我一身一体俱属奶奶,何得换一个名字反问我服不服,叫我如何当得起。奶奶说那一个字好,就用那一个字。"(第八十回)于是她不费吹灰之力就将香菱的名字改成了"秋菱"。看到香菱好拿捏,她加快了摧残陷害香菱的步伐。为了借薛蟠之手排挤打击香菱,当她看到好色的薛蟠与轻浮的宝蟾相互勾搭时,她虽然当面点破:"两个人的腔调儿都够使了。别打谅谁是傻子",弄得"薛蟠低头微笑不语,宝蟾红了脸出去",但随后她就对薛蟠市恩,叫他"别偷偷摸摸的","爱谁,说明了,就收在房里,省得别人看着不雅。"次日午后,她还"故意出去,让个空儿与他二人。薛蟠便拉拉扯扯的起来。宝蟾心里也知八九,也就半推半就,正要入港",但就在这个节骨眼上,夏金桂却幕后让丫鬟小舍儿吩咐香菱往房里取手帕,结果香菱破坏了薛蟠与宝蟾的"好事",恼羞成怒的薛蟠给予香菱的自然是打骂。出其不意地使香菱成为"恶人"后,夏金桂再次冒充好人,她暗中主动让宝蟾和薛蟠当晚在香菱房中成亲,自己则将香菱叫到身边陪睡以便进行折磨。她先是命香菱在"地下铺睡",香菱"刚睡下,便叫起倒茶,一时又叫捶腿,如是一夜七八次,总不使其安逸稳卧片时。"这还在其次,更要命的是她还设计诬陷香菱用镇魇法儿谋害她,使薛蟠激怒得暴打香菱,薛姨妈为香菱辩解,她便寸步不让地顶撞,语言锋利程度恐怕只有王熙凤才能与其"媲美"。她赢得了"斗争"的胜利,香菱接受了被排挤的命运,"跟随宝钗到园内去了"。为了"扩大战果",随后"金桂又吵闹了数次,气的薛姨妈母女惟暗自流泪。"

排挤掉香菱后,夏金桂开始摆布宝蟾,她以为这是比较容易的,因为宝蟾不但是自己的人,而且还是自己的"仆人"(婢女),除了接受摆布外,还能怎么样? 实践证明,夏金桂大错特错。有了男主人薛蟠的宠幸,宝蟾"便把金桂忘在脑后。近见金桂又作践他,他便不肯低服容让半点。"对于金桂的打骂,"他虽不敢还言还手,便大撒泼性,抬头打滚,寻死觅活,昼则刀剪,夜则绳索,无所不闹。"(第八十回)从表面上看,这对主仆战成了平局,但从斗争目的与全局看,夏金桂经受了严重的挫败:早知宝蟾比香菱更难控制的话,当初她就应该善待香菱,阻止宝蟾与薛蟠的勾搭,至少不能让他们的性关系合法化,可偏偏是她自己急于排挤香菱而让他们"成亲"的。搬起石头砸了自己的脚,夏金桂的痛苦没有人同情,非但没有人同情,反而因为她打破了平衡,将"好好的"一个家搅得七零八落,引起了周围人们以及作者与读者的不理解甚至厌恶。曹雪芹如下描写最能说明问题:

> 金桂不发作性气,有时欢喜,便纠聚人来斗纸牌、掷骰子取乐。又生平最喜啃骨头,每日务要杀鸡鸭,将肉赏人吃,只单以油炸焦骨头下酒。吃的不耐烦或动了气,便肆行海骂,说:"有别的忘八粉头乐的,我为什么不乐!"薛家母女总不去理她。薛蟠亦无别法,惟日夜悔恨不该娶这搅家星罢了,都是一时没了主意。于是宁荣二宅之人,上上下下,无有不知,无有不叹者。(第八十回)

在这里,曹雪芹再次鲜明地表达了自己对夏金桂的否定态度。斗纸牌、掷骰子本是贵族之家常见的娱乐活动,贾母、薛姨妈、王熙凤等不是经常斗牌吗,曹雪芹不是将她们的斗牌活动写得十分富有生活情趣吗? 可是写到夏金桂与人斗牌时,他用了一个用于干非法勾当的贬义词"纠聚"。在饮食方面有不同的爱好也是人之常情,被誉为"英豪阔大宽宏量"的史湘云曾有不合名门闺秀身份的烧烤鹿肉之举,然而曹雪芹的标题"脂粉香娃割腥啖膻"却将这一举动定格于豪爽豁达,并通过史湘云的磊落坦荡凸显这一举动的诗情画意:"是真名士自风流"。可是一旦写到夏金桂的饮食习惯时,他却又不动声色地进行了贬抑:"生平最喜啃骨头",富家小姐、少夫人"啃"骨头,多不雅观,而且将肉赏人吃,自己"只单以油炸焦骨头下酒",这不是变态么? 至于说骂人,那也是人们发泄愤怒的常见行为,只要骂得正当合理,不但能得到人们谅解,甚至还能获得别人激赏,可是曹雪芹认为夏金桂骂人是无理取闹,所以他又用了一个贬义词:"肆行海骂"。他将同情给予薛姨妈母女甚至还给予薛蟠,说薛家母女总不去理夏金桂,意思是说惹不起还躲不起吗,说薛蟠悔恨不该娶夏金桂这搅家星,意思是说娶夏金桂是薛家吃了亏的错误行为。除此之外,作者还用包括宝玉在内宁荣二宅之人的叹息和纳闷对夏金桂进行了全面否定。

应该说，天才作家对夏金桂的一系列行为和众人反应的描写十分精准，然而他对夏金桂的评价却落伍了，完全没有超越男权社会普通人的思想水平。如果确认一夫多妻制天然合理，那么薛蟠果然吃亏了，他不能安享左拥娇妻、右抱美妾的艳福，甚至还不得不因为无法调停妻妾矛盾而躲了出去；薛姨妈母女也受害了，她们没有惹夏金桂，相反她一次次找她们的岔子；香菱更遭罪了，她曾"巴不得"夏金桂"早些过来"，以为这样"又添一个作诗的人了"，但夏金桂初来乍到就将她列为排挤打击的目标，必欲除之而后快。怪不得薛蟠、荣宁二府之人、作者以及当今的许多读评者都认为夏金桂是"搅家星"呢！当今大多数读评者已然认识到一夫多妻制的不合理，但出于对作者的崇拜，没有经过独立思考，就在不知不觉间接受了作者的结论。

只要我们不被作者耀眼的光环眩晕了头脑，我们就能从作者的描写中看出夏金桂的悲剧与深层痛苦。出于性爱之间的排他性，她吃醋拈酸讨厌一夫多妻制是正常的，但她却不能公开反对一夫多妻制。一方面她要排挤香菱，一方面她又要证明自己不是"那吃醋拈酸容不下人"的人，于是她只好用自己觉得便于控制的人宝蟾去顶替香菱。夏金桂这样做是很痛苦的，当宝蟾与薛蟠享受"新婚"之乐时，她暗暗地发恨道："且叫你乐这几天，等我慢慢的摆布了来，那时可别怨我。"特别是宝蟾与薛蟠"成亲"的那个晚上，夏金桂更是彻夜难眠，她认为香菱是一切痛苦的根源，但她刚开始时还是部分地压抑了自己对香菱的愤怒，对香菱的发泄与折磨仅限于"总不使其安逸稳卧片时"。排挤掉香菱后，夏金桂发觉自己陷入更为痛苦的境地，宝蟾比香菱更难对付。吵闹打骂等均告徒劳后，夏金桂只好接受现实并自我宽解"不发作性气"或者强装笑脸"有时欢喜"，其灵魂深处的痛苦只能靠"斗纸牌、掷骰子"来麻醉，只有靠啃"油炸焦骨头"等反常行为来发泄缓解，但这些都不足以完全排除其痛苦，她还要继之以骂："有别的忘八粉头乐的，我为什么不乐！"她的骂决不是满无目标的"海骂"而是有所指的，针对对象是薛蟠和宝蟾。夏金桂的悲剧是以个人之力遮遮掩掩地反抗现有习俗和制度，结果无异于鸡蛋碰石头。更可悲的是没有人同情她这只碰破的"鸡蛋"，相反因为碰破的"鸡蛋"的"蛋汁"溅到周围人的"身上"、"脸上"、"身边"而引起他们由衷的厌恶。

二

夏金桂"举止形容也不怪厉，一般是鲜花嫩柳，与众姊妹不相上下的人，焉得这等样情性,可为奇之至极。"(第八十回)在这里曹雪芹借宝玉之口表达了自己对这个少妇的难以理解与诧异,但他毕竟是真实地描写而不是丑化了夏金桂。然而续作者高鹗对夏金桂的描写却存在一定程度的丑化。续作写到夏金桂的有八回,分别是第八十三回、第八十四回、第八十五回、第八十六回、第九十回、第九十一回、第一百回、第一百三回。在这八回中,第八十四回、第八十六回描写夏金桂的文字较少,有关她的故事主要集中于第八十三回等六回中。

虽然不能与原作相提并论,但应该说续作还是有一定的艺术功力的。为了集中笔墨描写夏金桂,高鹗让薛蟠缺席——因在外地打死张三而蹲进了监狱。为了将薛蟠从监狱中救出,薛蟠堂弟薛蝌频繁出现在夏金桂面前。作者这样写,目的是要让夏金桂与薛蝌之间发生一些故事,以便丑化夏金桂,将令人耻辱的"淫妇"标记烙印在她的额头上,因为在古代中国,淫被定为万恶之首。

在薛家,夏金桂是很痛苦的。她不但没有获得婚姻的幸福,而且还失去了在娘家时作为主子的快感:"这里扫帚颠倒竖,也没有主子,也没有奴才,也没有妻、没有妾,是个混帐世界了。"(第八十三回)薛蟠打死人坐牢后,夏金桂处于"守活寡"的状态,为了发泄痛苦,她将薛家"搅得翻江倒海"。(第九十回)见到薛蝌后,夏金桂重新感觉到生活的亮色。虽然薛蝌要比薛蟠优秀得多,但她如果追求薛蝌却有悖传统道德,会受到舆论谴责,因为她不仅身为人妇,而且还是薛蝌的嫂子。她是充分考虑到这一点的,于是自己躲在幕后,先让宝蟾以送果盒为名对薛蝌进行试探。宝蟾的挑逗行为引起了薛蝌的警觉。薛蝌是一个遵守传统伦理道德的人,他想到夏金桂"有时高兴,打扮得妖调非常,自以为美","焉知不是怀着坏心",于是担心自己"被拉在浑水里,弄一个不清不白的名儿","索性倒怕起来"。(第九十回)薛蝌的躲闪引起了夏金桂既怕失去尊严又怕失去机会的微妙心理波动,她"见事有些不大投机,便怕白闹一场,反被宝蟾瞧不起,欲把两三句话遮饰改过口来,又可惜了这个人,心里倒没了主意。"随后,她找机会与宝蟾搭讪,以便相机而动:

> "你看二爷到底是个怎么样的人?"宝蟾道:"倒象个糊涂人。"金桂听了笑道:"如何说起爷们来了。"宝蟾也笑道:"他辜负奶奶的心,我就说得他。"金桂道:"他怎么辜负我的心,你倒得说说。"宝蟾道:"奶奶给他好东西吃,他倒不吃,这不是辜负奶奶的心么。"说着,却把眼溜着金桂一笑。金桂道:"你别胡想。我给他送东西,为大爷的事不辞劳苦,我所以敬他;又怕人说瞎话,所以问你。你这些话向我

说，我不懂是什么意思。"宝蟾笑道："奶奶别多心，我是跟奶奶的，还有两个心么。但是事情要密些，倘或声张起来，不是顽的。"金桂也觉得脸飞红了，因说道："你这个丫头就不是个好货！想来你心里看上了，却拿我作筏子，是不是呢"？（第九十一回）

高鹗的文笔虽然比不上曹雪芹那样灵秀生动，但此处他对夏金桂的描写却是符合其身份的。作为贵族少妇，她不好公开追求异性，特别是丈夫之外的异性，出于对不幸福婚姻的本能抵制与反抗，她暗中对丈夫之外但与丈夫有亲戚关系的男性薛蝌做过试探，但试探的结果让她觉得这是一步险棋，很有可能失败，如果宝蟾看出底细，自己颜面何在？于是她准备退出，在宝蟾面前为自己之前的行为找理由："你别胡想。我给他送东西，为大爷的事不辞劳苦，我所以敬他；又怕人说瞎话，所以问你。"如果宝蟾这时也放弃"追求"薛蝌的期望，那么，夏金桂很可能就此戴着人格面具规行矩步起来。可是宝蟾偏偏不肯放弃，而且她也早已窥破夏金桂的内心秘密。她向夏金桂表忠心后又叮嘱其"事情要密些，倘或声张起来，不是顽的。"金桂"脸飞红了"的外在表现无疑袒露了心底的秘密，但出于主子的矜持，她不得不倒打一耙以为掩饰："你这个丫头就不是个好货！"经过试探，金桂与宝蟾取得默契，她听取宝蟾之计放缓节奏，准备寻找合适时机以灌醉酒的方式迫使薛蝌就范。从此金桂主仆俩在薛蝌面前一唱白脸一唱红脸演起了双簧："薛蝌遇见宝蟾，宝蟾便低头走了，连眼皮儿也不抬；遇见金桂，金桂却一盆火儿的赶着"，两人一冷一热，弄得薛蝌以为自己错疑了她们，心里"反倒过意不去"。（第九十一回）

行文至此，高鹗对夏金桂的描写还是可信的，但此后高鹗对她的描写就半真半假甚至有故意丑化之嫌了。当薛家母女议论家里"花了好些钱"几乎面临着破产的危险而薛蟠"依旧定了个死罪，监着守候秋天大审"时，夏金桂听后失态了，她"将头往隔断板上乱撞，撞的披头散发"，甚至要跑到街上回娘家去。夏金桂的失态是有心理依据的，但与此同时，她对薛蝌的挑逗行为却显得很过火以致有些失真了：

若是薛蝌在家，他便抹粉施脂，描眉画鬓，奇情异致的打扮收拾起来，不时打从薛蝌住房前过，或故意咳嗽一声，或明知薛蝌在屋，特问房里何人。有时遇见薛蝌，他便妖妖乔乔、娇娇痴痴的问寒问热，忽喜忽嗔。丫头们看见，都忙躲开。他自己也不觉得，只是一意一心要弄得薛蝌感情时，好行宝蟾之计。那薛蝌却只躲着；有时遇见，也不敢不周旋一二，只怕他撒泼放刁的意思。更加金桂一则为色迷心,越瞧越爱,越想越幻,那里看得出薛蟠的真假来。

……

说到这里,两个眼已经乜斜了,两腮上也觉红晕了。薛蟠见这话越发邪僻了,打算着要走。金桂也看出来了,那里容得,早已走过来一把拉住。薛蟠急了道:"嫂子放尊重些。"说着浑身乱颤。金桂索性老着脸道:"你只管进来,我和你说一句要紧的话。"正闹着,忽听背后一人叫道:"奶奶,香菱来了。"把金桂唬了一跳,……金桂这一惊不小,手已松了。薛蟠便脱身跑了。那香菱正走着,原不理会,忽听宝蟾一嚷,才瞧见金桂在那里拉住薛蟠往里死拽。香菱却唬的心头乱跳,自己连忙转身回去。这里金桂早已连吓带气,呆呆的瞅着薛蟠去了。怔了半天,恨了一声,自己扫兴归房,从此把香菱恨入骨髓。(第一百回)

在上述描写中,高鹗通过使用一连串贬义词所做的隐身评述以及施动者、受动者、旁观者香菱等的言行与反应将夏金桂定格为淫妇。夏金桂是施动者,她"抹粉施脂,描眉画鬓,奇情异致的打扮收拾",以不时从薛蟠住房前经过、故意咳嗽、明知故问、嘘寒问暖等手法试图引起薛蟠的注意。见到薛蟠,她"越瞧越爱,越想越幻",于是"妖妖乔乔、娇娇痴痴的问寒问热,忽喜忽嗔",百般勾引,竟至于两眼"乜斜"。她甚至"为色迷心",注意不到周围人们的反应,敢将薛蟠"一把拉住","往里死拽",这哪里是贵族少妇追求婚外恋情,简直是站街女郎公然拉客!与此同时,高鹗还通过受动者与旁观者的惊恐反应来渲染其淫荡程度:受动者薛蟠"却只躲着","只怕他撒泼放刁","急了","浑身乱颤","脱身跑了";旁观者丫头们"都忙躲开",香菱"唬的心头乱跳","连忙转身回去"。追求婚外恋情的贵族少妇在传统观念看来自然是淫妇了,如果像站街女郎公然拉客那自然是超级淫妇了。可是如果能够透过高鹗描写半真半假的表象,我们依然可以从其描写中看出夏金桂被男权社会习俗道德所制约的灵魂深处的煎熬,而这则是无比真实的。当她对薛蟠两眼乜斜时,"两腮上也觉红晕了",腮上的红晕说明她在感觉幸福的同时也感觉自己是在越轨犯罪。当香菱撞见她拉扯薛蟠时,她"唬了一跳","一惊不小",以致下意识松手放走了薛蟠,说明她认为自己追求薛蟠的举动是严重的犯罪行为。但如果不采取断然行动,她就会与有可能获得的幸福失之交臂,"索性老着脸"写出了她为获得幸福豁出去搏一把的微妙心理。

夏金桂心里接受传统道德却最终冒犯它去追求婚外恋情,是不是可以算作"淫妇"呢?不能,因为她与薛蟠的婚姻没有爱情基础,这样的婚姻只能给她带来无穷无尽的痛苦,用恩格斯的理论来说,这种没有爱情的婚姻是不道德的,相反她追求薛蝌的行为有一定的正当合理性,我们应该给予适当的同情。她的婚姻的确很不幸,用她自己的话很能说明问题:"我这样的人,为什么碰着这个瞎眼的娘,不配给二爷,偏给了这么个混帐糊涂行子。要是能够同二爷过一天,死了也是愿意的。"(第一百三回)遗憾的是,夏金桂找错了对象,但除了找自己能够见到的男人薛蝌外,被禁锢在深闺中的她能有什么人可找呢?

为了将夏金桂坐实为淫妇,高鹗还编造了她与夏三之间的故事。夏三是金桂妈在金桂出嫁后新近过继的"混帐儿子",他以看姐姐为名常来夏金桂处。高鹗说,他们两人之间"从此生出无限风波"。(第九十一回)是什么风波呢? 小说追叙说:"那金桂原是个水性人儿,那里守得住空房,况兼天天心里想着薛蝌,便有些饥不择食的光景。无奈他这一乾兄弟又是个蠢货,虽也有些知觉,只是尚未入港。"(第一百三回)笔者认为,高鹗此处追叙是虚假的,根据性学研究,男人的性冲动比女人要来得快,民间也早已发现这一现象且有一形象说法:"男追女隔重山,女追男隔层纱"。既然"饥不择食"的"水性人儿"夏金桂主动兜揽夏三,为什么他们未能"入港"呢? 原来夏三智力比不上一般的普通人,是个"蠢货"。可是这里有一个问题,敢于象站街女郎拉客那样死拽薛蝌的夏金桂如果真的是那样淫荡的话,她为什么不直截了当地向夏三挑明而要他猜哑谜呢? 既然"蠢货"夏三后来"也有些知觉",但为什么还是没能"入港"呢? 难道相互急需对方的男女发生非法关系真那么难吗? 原来这是高鹗为实现自己追叙上述故事的目的的人为歪曲。高鹗上述追叙目的有二,一是证明夏金桂是"水性人儿",二是必须让夏金桂与夏三"尚未入港"。为什么会这样呢? 是高鹗心里根深蒂固的男权意识在作怪,作为男人,薛蟠可以嫖娼宿优,这只不过是风流男人身上无关宏旨的小小瑕疵而已,但作为女人,夏金桂如果红杏出墙,则给男人薛蟠戴上了绿帽,这是不可饶恕的罪恶,甚至只要她有出轨的意图都被高鹗视作一种严重的罪恶。既然"蠢货"夏三后来"也有些知觉",只要时间允许,条件成熟,他迟早会和夏金桂"入港"。高鹗显然觉得这样追叙的危险,唯一的补救办法是让夏金桂尽早去死。

夏金桂这样健康年轻的女子怎么会死呢? 也许只有让她死于非命读者才找不到破绽。高鹗的"高明"之处在于,他不仅让夏金桂死于非命,而且让读者觉得她该死,清人诸联读到夏金桂之死时就大叫"金桂之死也使人爽",⑤幸灾乐祸之情溢于言表。读者为什么会有这种感觉呢? 因为除了淫之外,高鹗还在夏金桂头上泼了很多脏水:一是暗中与夏三联手偷盗转移婆婆家财产,以致箱柜"俱是空的";一是因淫生妒生恨,暗中下毒,企图毒死无辜的香菱。写到此处,高鹗笔锋突转,宝蟾因不知道汤里有毒,有意调换了汤碗,结果夏金桂自作孽不可活,意想不到地毒死了自己。为了表示自己对夏金桂的道德愤慨,高鹗还将她"暴尸"于众:"满脸黑血,直挺挺的躺在炕上"。在处理夏金桂死亡善后事宜时,高鹗让夏家发生内讧,由于宝蟾为洗刷自己清白而做了坦白交代,结果金桂母亲不但没有得到任何赔偿,而且还得反过来求薛姨妈:"千不是万不是,终是我死的女孩儿不长进,这也是自作自受。若是刑部相验,到底府上脸面不好看。求亲家太太息了这件事罢。"(第一百零三回)

由于曹雪芹的误解与高鹗的丑化,夏金桂被越描越黑。在作者与续作者强势话语驱使下,读评者习焉不察,获得了夏金桂是一个妒妇、泼妇、淫妇甚至毒妇的牢固的刻板印象。解剖曹雪芹的误解与高鹗的丑化后,我们理应还原夏金桂,给予其正确的评价:在《红楼梦》女性世界中,公然想与"夫权"抗衡并且积极行动的只有夏金桂一人。生活于一夫多妻家庭中的夏金桂是很痛苦的,但迫于强大的社会习俗力量,她不敢公开反对丈夫的多妻特权,所能做的仅仅是偷梁换柱,而这无法解决根本问题,宝蟾带给她更多的痛苦就是证明。她的妒与泼甚至于毒是一夫多妻家庭中的女性正常的情感反应。女性的这种妒与泼甚至于毒("搅家")处处揭示出一夫多妻家庭不可能真正和谐的内在本质,引发社会的焦虑与思考,客观上抑制了男性多妻冲动,推进了一夫多妻制向一夫一妻制的过渡,其历史进步意义不容小觑。至于她身上所谓的"淫",是续作者高鹗蓄意丑化的结果,即使她真的有追求婚外恋情的举动,我们也应该给予其适当的同情与谅解,因为她与薛蟠的婚姻带给她的只是无边的痛苦。她使无辜者香菱受害固然应该给予谴责,但她自己何尝不是受害者,因此,对于她的失败与毁灭,我们应该采取的态度是悲悯而不是拍手称快。

参考文献

① 蔚然、顾克勇:《夏金桂形象意蕴浅探》,《曲靖师专学报》1999 年第 4 期。

② 邓桃莉:《恶之花——夏金桂》,《鄂州大学学报》2009 年第 1 期。

③ 曹立波:《红楼梦版本与文本》,中华书局 2007 年版,第 93 页。

④ 张乘健:《夏金桂与卡杰琳娜——借〈大雷雨〉看〈红楼梦〉》(上),《温州师范学院学报》1995年第 4 期。

⑤ 诸联:《红楼评梦》,见《红楼梦资料汇编》(上),中华书局 1964 年版,第 119 页。

(原载《江汉论坛》2011 年第 11 期,作者为湛江师范学院人文学院教授)

从金陵十二钗判词的翻译看《红楼梦》两种俄译本的得失

高玉海

《红楼梦》中的金陵十二钗判词是指小说第五回贾宝玉梦游太虚幻境时所看到的金陵十二钗正、副以及又副册上的十四首带画的诗词。这十四首人物判词预示着小说人物的性格特征和发展变化的命运，对理解小说人物思想乃至对全书情节的构思都起到重要的作用。然而，由于东西方语言符号的巨大差异，使得《红楼梦》这些诗词在翻译成外文之后，难以准确地传达诗词蕴含的丰富的信息，往往使读者不知所云，甚至把原文含义译得面目全非。本文通过《红楼梦》两种俄译本对于这十四首判词的译文比较，分析近半个世纪以来俄苏译者对《红楼梦》诗词的认知变化以及在翻译过程中的不断探索。

一、新译本对判词翻译得更为确切

《红楼梦》两种俄译本前后相距近半个世纪，小说中诗词的翻译者不同，对诗词的理解和翻译也不尽相同，相对而言，后出转精。《红楼梦》新译本在金陵十二钗判词的俄译准确程度和技巧方面比旧译本更为精确，对小说人物命运的理解也更为准确，例如在《晴雯》判词中"风流灵巧招人怨"句子，[①]新旧译本翻译如下：

旧译：Бойкий характер, пленительный облик вызвали злость без предела.[②]

新译：Души непревзойденность, дерзновенность лишь ропот вызывают иль каприз.[③]

旧译本把"怨"译作"злость"，为"愤怒、愤恨"之意；新译本则改为"ропот"，则有"怨恨、口舌"之意，后者显然更能准确地表达小说中晴雯因面貌姣好、口齿伶俐而遭人嫉恨，终因小人口舌陷害而被逐出贾府,悲惨地死去。

　　中外文的翻译,专有名词往往不易精确翻译出来,金陵十二钗判词在一些专有名词俄译方面,新译本也比旧译本有所改进,例如《探春》判词中"清明涕送江边望"句,这里的"清明"即指中国农历的清明节,试看新旧译本的翻译:

　　旧译:В слезах на празднике Цинмин глядит туда, где Цзян.

　　新译:Теперь рыдаешь в День поминовенья и все глядишь на берега реки.

旧译本对"清明"用的是专有名词的音译方法,读者尽管根据"праздник"的意思能够理解为这是一个节日,但这个节日的具体含义则完全没有译出;新译本译为"День поминовенья",增加了对清明节"悼念、纪念"之含义的翻译,则更准确地传达出这个传统节日的深刻内涵,即对往事纪念、对故人悼念的日子,一定程度上增加了读者对贾探春远嫁命运的理解。

　　此外,新译本在诗词翻译技巧上也有其独到之处,比如,新译本运用了诗词翻译方法中所谓"倒译法",如《袭人》判词前两句"枉自温柔和顺,空云似桂如兰"两句,新旧译本分别译为:

　　旧译:Будут напрасны ласки, уступки, согласье и нежность.

　　　　　Тщетно ты скажешь: Будно акация, как хризантема, приятна.

　　新译:Равнять корицу с хризантемой, забыв той хризантеме цену,

　　　　　Неверно, ибо это значит—попрать всю ласку и тепло;

小说中这两句诗句顺序是因诗词韵脚的需要而定的,实质上"似桂如兰"蕴含着袭人的名字在先。旧译本按照原文顺序先译出"温柔和顺",再译出"似桂如兰",用词皆准确无误,但先言袭人之性格,再言其姓名,这种译法不如新译本的倒译法,新译本先译出第二句"似桂如兰",然后译出"温柔和顺",更准确地传达出两句判词的因果关系,也更符合读者的阅读和理解习惯。

二、新译本对疑难词语的补充注解

　　金陵十二钗判词是《红楼梦》人物情节的重要组成部分,作者往往运用传说典故、字谜、暗示等手法,这些词语翻译成精确对等的俄文实属不易。《红楼梦》金陵十二钗判词中多处运用典故,这既是中国古典诗词常用的艺术手法,也是曹雪芹含蓄隐喻小说中人物性格或命运的修辞技巧,而典故的俄译往往难以尽如人意,试看新旧译本对《黛玉、宝钗》判词中"可叹停机德,堪怜咏絮才"两句的翻译:

旧译:О той я вздыхаю, чей нрав—добродетель сама.

И ту я желаю, что тополя пух воспевала.

新译:Вздыхаю: ушла добродетель и ткацкий станок замолчал;

О пухе, летящем при ветре, слова отзвучали.

旧译本据原文字面意思译出,"值得叹息的是具有美德的品格;祝愿的是歌咏杨树绒毛的才华",但无法准确表现出这两句诗歌的深刻含义,而新译本译出"织布机的沉默"和"远逝的话语",本身就有带有言外之意,然后在文后加上两个详细注解,解释"乐羊子妻"和"谢道韫"两个典故,如果读者阅读了注解,就会很准确地理解判词对薛宝钗、林黛玉性格命运的暗示。再看《迎春》判词中的两句——"子系中山狼"、"一载赴黄粱"新旧译本的翻译:

旧译:Душою схож с Чжуншаньским волком он.

И за год жизнь прошла, как 《с просом сон》.

新译:Чжуншаньским волком этот отрок был:

Так вот он жил, а«проса не сварил»!

旧译本对"中山狼"采用音译手法,对"黄粱梦"译为"简单的梦",均未译出这两个典故的丰富内涵;新译本对"中山狼"音译后加以注解,把"黄粱梦"译为"谷子没有烧熟",也用注解补充,这样以注解的方式弥补正文翻译的不足,比旧译更为详尽、丰富。此外,《红楼梦》判词中也有少量的宗教词语,最多的就是小说作者对佛教词语的运用,对这些佛教用语的翻译也是比较困难的。如《妙玉》判词"欲洁何曾洁,云空未必空"两句,句中"洁"、"空"均指佛教中的"六根清净"和"四大皆空",试看新旧译本对"云空未必空"的翻译:

旧译:Напрасным слывущее может напрасным не быть.

新译:А пустота? Коль не была, —откуда вдруг взялась?

旧译本把"空"译为"徒劳地、白白地",新译本译作"空幻、空虚",应该说后者更接近《妙玉》判词的原意。相对而言,译者对比较常见的宗教词语的翻译则比较准确,如《惜春》判词中"独卧青灯古佛旁"句的翻译:

旧译:Должна возле древнего Будды лежать, где тусклой лампады свет.

新译:Вдруг очутилась возле Будды при свете меркнущих лампад...

旧译本译作"只好躺在昏暗的灯光的佛像旁边",新译本译作"突然发现躺在褪色的灯光的佛像旁边",新旧译本把"古佛"一词均译为"Будды",对佛教专有名词的把握均很准确。

三、新旧译本对判词修辞手法翻译的得失

《红楼梦》的艺术以含蓄而著称,这种含蓄艺术在小说诗词中最能体现出来,十二钗判词常常运用各种修辞手法暗示人物的命运或事件的发展变化,尤其大量运用谐音、拆字、典故等修辞手段,而这些修辞手法的意义在俄译过程中或部分被译出,或全部没有译出,这也是汉语文学在翻译成外文过程中的难题。金陵十二钗判词在俄译过程中也是如此,让我们比较一下新旧两种译本是如何处理这些修辞手法的。首先是"谐音"修辞,试看《黛玉、宝钗》判词中两句:"玉带林中挂,金簪雪里埋"的翻译:

旧译:Нефритовый пояс в лесу на деревьях висит.

Из золота шпилька под снежным сугробом пропала.

新译:Нефритовый пояс на ветке в лесу одичал,

А брошь золотую в снегу глубоко закопали!

旧译本采用直译法,译为"玉制的腰带在树林里挂着,金制的簪子在雪地里埋着",这样翻译在字面意思上完全正确,但对判词中"玉带林"隐喻林黛玉的名字,"金簪雪"隐喻薛宝钗的名字则完全没有译出来。新译本译为"玉制的腰带在森林的树枝上很孤单,金制的簪子在雪地里深深地埋着",俄语中"одичать"具有"孤僻,孤单"的意思,比之旧译本更能表现林黛玉的孤僻性格,但翻译在总体上仍无法译出判词对林黛玉、薛宝钗姓名的隐喻。新译本为了弥补这种直译所无法传达的文本原意之不足,以注解的方式弥补了缺憾,注释为"表达她失去家庭的痛苦,消除了幻想,薛宝钗名字是宝贝的金簪在雪地里埋着",这样注解也差强人意了。这样的谐音修辞再如《李纨》判词中第一句"桃李春风结子完",新旧译本译为:

旧译:Завязь на сливе и персике будет, коль ветер весенний повеет.

新译:У персиков и груш весною почки при теплом ветре не набухнут разве?

首先,"桃李"旧译本译作"李子花和桃花",新译本译作"桃花和梨花",新译本没有译出

"李子",而"李"恰好是判词主人公李纨的姓氏,新译本不如旧译本准确。至于判词中的"结子完",新旧译本均无法译出诗中隐喻李纨的"纨"字了,新译本仍以注解方式弥补译文之不足。

众所周知,《红楼梦》金陵十二钗判词中除了运用典故、谐音等修辞手法之外,还多处运用汉语(汉字)独特的拆字手法,借以传达出文字本身之外的弦外之音、言外之意,例如在《香菱》判词中"自从两地生孤木"句子,写出了香菱的命运因后来薛蟠之妻夏金桂的出现而香消玉损,句中"两地生孤木"隐含着一个"桂"字,试看新旧俄译本对此句的译文:

旧译:Но вот две земли появляются вместе, а дерево только одно.

新译:Неважно-лилия иль лотос, то и другое в ней одной,

旧译本直译为"两个土地一起出现,而树木只有一个",俄语读者如果对汉字不是非常熟悉,是根本无从想到什么"桂"字的,判词的意义大为削弱;新译本译为"无论是百合花还是莲花都是同一个命运",尽管译者极力把原诗句的含义形象译出,但事实上俄语的意义更加模糊,对此,译者巧妙地采用注解来补充,解释为"芬芳的百合花和美丽的莲花象征着一个女子的命运,百合花指的是香菱,香菱的另一个名字是英莲"。类似的情况还有《王熙凤》判词中第三句"一从二令三人木",新旧译本分别译为:

旧 译: Во-первых, послушна. Властна—во-вторых, и 《 кто-то у дерева 》, в—третьих.

新译:Один своеволен, другая послушна, и - с«деревом» вдруг «человек»!

旧译本译为"首先是听从,其次是命令,第三则是某人在树木旁边",这是直译法,根本无法传达出判词隐喻的拆字谜语的含义。新译本翻译为"一个是任性的,另一个是听从的,以后一个人在树木边上",尽管比之旧译,新译者似乎更想表达出判词的隐喻含义,但对俄语读者来说仍是如坠云雾之中。与上述例句相同,新译本也以注解的方式对俄语没有译出的意义做了补充说明,注解为"一个树木与人的结合构成一个新的文字(休),这个字的含义为离开或离婚"。

判词中或用典故,或用字谜,而如果判词中既有典故又有字谜,则对翻译者更是难上加难了,《红楼梦》判词中既有这种情形,典型的例子如《王熙凤》判词中的第一句"凡鸟偏从末世来",句中"凡鸟"两个字是一个涉及拆字法的古代典故,新旧译本译文如下:

旧译:《Обычная птица》, ——но в мире явилась в тяжелые годы она.

　　新译:О скромная птица! Ты в мир прилетела в годину, принесшую зло.

旧译本直译为"平凡的鸟,但它总是出现在恶劣的年代",这是什么鸟？对于俄语读者来说实在是摸不到头脑了;新译本译为"关于平凡的鸟",则提醒读者这是关于一个鸟的典故,后面译为"你总是在灾难的年代飞到这个世上",全句又用了两个注释对词语典故进行补充,先是补充"凡鸟"是暗示"凡"和"鸟"组成"凤凰"的"凤"字,然后解释"带来灾难"是暗指"大家庭的衰败"。

　　综上可见,新旧译本对于《红楼梦》判词中的谐音、拆字、典故等修辞手法在翻译技巧上均无法找到放之四海皆准的手法,而新译本常常用附加注解的方法弥补俄译过程中对于汉语诗词含义上的损伤,这种弥补也可以认为是后出转精了。

四、新旧译本因《红楼梦》底本错误而导致翻译上的缺失

　　《红楼梦》版本复杂之程度堪称中国古典小说版本之最了,任何外文翻译本均要有一个基本的参照底本,《红楼梦》的俄译本也存在由于翻译本的底本问题所带来的对判词的错误理解和翻译。1958 年出版的俄译本《红楼梦》采用的是清乾隆五十六年(1792)程伟元和高鹗整理的 120 回全本,即学术界通称的"程乙本",而由此本错误导致的翻译问题也自然存在。按理说,1995 年翻译的《红楼梦》完全具备参照《红楼梦》通行的人民文学出版社整理本的条件,遗憾的是在 1995 年的新译本《红楼梦》中对版本导致的错误未能改变一二,这方面的缺失在十二钗判词的俄译上有所体现。例如《探春》判词中第一句通行本为"才自精明志自高",程乙本将"精明"误作"清明"。新旧译本俄译为:

旧译:Светла, талантлива, чиста и высока душою.

　　新译:Чисты твои таланты и светлы, душевные стремленья высоки.

旧译本译为"明亮"、"精细",新译本译为"清洁、精细",均据判词中"清明"的字面意思译出,而"清明"一词用来形容贾探春的才华并不确切,况且"清明"又与《探春》判词中第三句"清明涕送江边望"重复,显然应为"精明"之误,《红楼梦》其他版本多做"精明",俄文翻译者没有能够注意到《红楼梦》版本问题而致使误译。类似的情况还有《巧姐》判词中"偶因济刘氏"句,程乙本"刘氏"误作"村妇","刘氏"指小说中的刘姥姥,"村妇"

不但没有明确刘姥姥姓氏,而且也削弱了原判词的文雅程度。新旧译本译为:

旧译:Но где-то в деревне оказана женщине помощь.

新译:Случайно здесь нашла приют и помощь, пригрело эту женщину село.

旧译本译作"女子在农村得到某人的帮助",新译本译作"妇女在农村得到关怀和照顾",均据中文"农妇"译出,而《红楼梦》除程乙本外,其他版本多做"刘氏",点明刘姥姥的姓氏,新旧译文都没有译出"刘氏"这一重要信息。

如果说上述两个地方对原词含义理解影响还不算太大,那么《秦可卿》的判词中"情天情海幻情身"句,因版本问题就直接影响到对判词的正确理解了,此句中"幻情身",程乙本误作"幻情深"。新旧译本译为:

旧译:Чувство, как небо, и чувство, как море, нежной мечты глубина.

新译:Любовь как небо! Любовь как море! Преувеличивать не надо значенье
нынешних услад.

旧译本把"幻情深"直译为"温情幻想到深处";新译本译为"不要把眼前享乐夸大到很深的程度",新旧译本都据原词译出"深"字,而《红楼梦》原词"幻情身"是照应小说中"太虚幻境"的神话故事,"幻情身"暗示出幻境与现实、亦真亦幻的故事情节。因此,程乙本与通行本的一字之差大大削弱了《红楼梦》诗词的美学境界,而俄文翻译就更难以传达出这种意境了。

通过上面对新译和旧译的比较,可以看出多为新译本比旧译本或略有改进、后出转精,或各具千秋、不相上下。其实,新译本并非毫无逊色于旧译本,在局部翻译水平上新译本也有不及旧译本之处,例如《元春》判词中第三句"三春争及初春景,"这里的"三春"显然指小说中贾家四姐妹中的另外三个姑娘,即贾迎春、贾探春和贾惜春,全句的意思是说贾家另外三个姐妹均比不上贾元春贵为皇妃的显荣地位,而新旧译本将此句分别译为:

旧译:С весною первою не в силах сравниться три весны.

新译:Наверно, в третью из прошедших весен начального сиянья не вернешь,

旧译本译为"三个春季比不上第一个春季",如果读者了解每一个春季代表贾家的小姐,则大体译出了贾迎春、贾探春、贾惜春三姐妹无法与姐姐贾元春的荣华富贵相比。而新译本译为"过去的春天无法返回三春的光芒",意思更加模糊不清。相对而言,旧译反倒更接近原意。事实上,《红楼梦》十二钗判词中"三春"一词出现过两次,意义则完全一样,在《惜春》判词中有"堪破三春景不长"句,即指贾家四小姐贾惜春在目睹贾家衰败景象之后,看透了姐姐贾元春、贾迎春、贾探春的悲剧命运,决意出家为尼,这里"三春"指的就是贾惜春的三个姐姐,新旧译本译为:

旧译:Узнает она: трех весен других недолог будет расцвет.

新译:Она, познав, что блеск трех весен уйдет‐и не вернешь назад.

旧译本译为"她知道:三个其他的春天都不会长久地开花",新译本译为"她明白:三个春天的辉煌过去了就不会再回来了",这里新旧译本都译出了小说中贾惜春看透了三个姐姐的命运遭际,决意出家为尼的结局,译者对《惜春》判词理解准确无误,而新译者对《元春》判词理解有误。

综上所述,《红楼梦》两种俄译本对金陵十二钗判词的翻译同中见异,九十年代的新译本在五十年代旧译本的基础上有了很大的改进,无论在具体词语,还是在修辞手法方面,而且更多地采用文后注解手段弥补俄译的不足。当然,新译本也存在不足,这也说明《红楼梦》作为中国古典文学的巅峰之作,在俄译道路上也是值得不断探索的。

注

① 参见曹雪芹的《红楼梦》第五回,北京:人民文学出版社,1982 年。以下中文引文,均同注释①。

② 参见 В·А·帕纳秀克、Л·Н·孟列夫翻译的《红楼梦》第五回,莫斯科:文学艺术出版社,1958 年。以下"旧译"引文,均同注释②。

③ 参见 В·А·帕纳秀克、И·С·戈卢别夫翻译的《红楼梦》第五回,莫斯科:拉多米尔科学出版中心,1995 年。以下"新译"引文,均同注释③。

(原载《浙江师范大学学报》哲学社会科学版 2012 年第 4 期,作者为浙江师范大学人文学院教授)

"移情"、"分离"、"无形功利"：周作人小说理论的当代阐释

韩洪举

　　周作人在他的翻译小说《红星佚史》(1907)序言中，提出了一种新的文学理念："移情"为主要功能("主")，其他教化作用为次要功能("客")，把小说的"移情"作用提高到一个前所未有的高度。1923年，周作人发表《文艺上的宽容》一文，文中提出了"宽容原则"，特别强调了要"分离"而不要"合并"的全新的文学主张。数年后，周作人又提出了文学的"无形功利"说。以上三点对中国近现代小说理论的影响是非常大的，而在当时却显得颇为"不合时宜"。今天看来，"移情"与"分离"说确实极为高明，而"无形功利"说虽然较为复杂，至今学术界的看法仍存在很大争议，但其小说理论价值是无法抹杀的。笔者认为，文学界需要这样的理论开拓者，即使"奇谈怪论"也往往有其独特的价值，引起批评和争议对于文艺事业的发展也未必就是一件坏事。

一、"移情"说

　　"移情"说的提出与周作人偶然的一次小说翻译活动有着扯不断的情缘。根据周作人的回忆，《红星佚史》(英国哈葛德、安度阑原著)是他在旧书摊上捡漏捡来的，该书经他直接从英文翻译后，1907年由上海商务印书馆出版。①哈葛德是英国二三流的小说家，林纾曾翻译了他的多种小说，最著名的当推《迦茵小传》了。②由于林纾的翻译，周作人才熟悉了这位英国作家。《红星佚史》写的是一个古希腊的故事，即四千多年前海伦的佚史，该书的原名为《世界欲》，因小说中的主要人物海伦有一个滴血的星石，周作人翻译时就易其名为《红星佚史》。小说中还穿插了一些诗歌，这些诗歌是由周作人

口译、鲁迅先生笔述的。

周作人在 1945 年所写的《遗失的原稿》一文中曾回忆起翻译这部小说的过程，他说："光绪丙午九月我到东京，住在本乡汤岛的伏见馆内，慢慢动手翻译英国哈葛德、安特路郎共著的小说《世界欲》，至丁未二月译成，改名为《红星佚史》，由故蔡谷清君介绍，卖给商务印书馆……"③光绪丙午是 1906 年，丁未自然就是 1907 年了。据周作人写于当年 2 月的译者序介绍说，该书本诸荷马史诗《伊利昂纪》和《奥德修纪》，"而《红星佚史》一书，即设第三次浪游，述其终局者也"。也就是说，该书乃以史诗《奥德修纪》的结局部分改编成的小说。值得注意的是，他在这篇《红星佚史》译序中，写了一段非常重要的话：

> 中国近方以说部教道德为柢，举世靡然，斯书之翻，似无益于今日之群道。顾说部曼衍至诗，泰西诗多私制，主美，故能出自由之意，舒其文心。而中国则以典章视诗，演至说部，亦立劝惩为臬极，文章与教训，漫无畛畦，画最隘之界，使勿驰其神智，否则或群逼拶之，所意不同，成果斯异。然世之现为文辞者，实不外学与文二事，学以益智，文以移情。能移人情，文责以尽，他有所益，客而已，而说部者文之属也。④

周作人之所以偶然得到这部小说惊喜若狂并立即翻译出版，正是看中这部小说所具有的情感教育价值。他认为小说的作用在于"移情"，这是其主要职能，其他教益均属"客"，是次要功能。我们认为，周作人的这种认识在当时应当说是振聋发聩之见，其进步的文学观念大大丰富了中国现代小说理论的内涵。

我们说，周作人能够提出"移情"说这样进步的文学观念，与周作人较早接触外国文学有关。他早年就与鲁迅先生一起从事外国小说翻译的准备工作，深受外国文学民主精神的熏陶。1904 年，他将《一千零一夜》中《阿里巴巴与四十大盗》翻译成《侠女奴》，淡化阿里巴巴在作品中的地位，将女奴提到主人公的位置，这就充分表现了周作人的民主意识和进步的文学观。他与鲁迅先生合译的《域外小说集》当时尚未出版，但此时他已接触到大量的外国文学作品，对西方民主的、自由的、求知的文化传统特别感兴趣。因此，他的"移情"说应该是受到西方文化的影响逐渐形成的。

周作人在《红星佚史》序言中提出"移情"说时，梁启超所倡导的"小说界革命"虽已接近尾声，但小说救国论的影响仍然很大。重视小说的社会功能，忽视小说的美感作用，是当时小说界比较普遍的现象。虽然王国维的呼吁重视文学自身美学价值的理论已经出炉，其《红楼梦评论》(1904)也已问世，并由此拉开了中国小说理论之"批评派"的序幕，⑤但当时响应者却寥若晨星。因此，周作人的"移情"说在当时仍然可以视之为较新的文学观念。

周作人在小说理论上能提出"移情"说这样的新观点，也是他善于使用比较方法的结果。他在对中西文学进行了比较研究之后，指出了中西文学观的不同。他认为，西方的诗学主美，故能自由抒发其感情；中国则以经典视诗，即要求诗也如儒家经典一样具有教化功能。此说推及小说，把小说视为劝善惩恶的教化工具，这样就混淆了文学与道德的界限。所以，他特别强调小说的作用就在于"移情"，在于情感教育，这是其主要职能；劝善惩恶、"文以载道"等教化方面的作用均属于"客"，仅仅是附属而已。可以说，周作人的这种小说观念，使得统治几千年的中国文学传统理论在遭到王国维的重创之后，在周作人这里又受到了致命的一击。

周作人的上述认识确实不同凡响，对促进中国现代小说理论的成型意义重大。他在王国维的《红楼梦评论》对小说美学价值体系的建构基础上进一步推波助澜，所起作用不可低估。这不仅加速了文学摆脱政治附庸地位的进程，而且打破了中国传统文学批评的固有模式，将中国小说研究置于世界文学大背景之下，以崭新的世界文学的眼光来审视它的美学价值、思想意义及其局限，这就大大拓宽了小说理论的内涵，为中国小说的批评开了新风气。所以，"移情"说在中国小说理论史上应有其重要的一席之地。

二、"分离"说

周作人的文学观是不断发生变化的，其小说理论的内涵也在不断的变化中得到丰富和深化，显得越来越厚重。继"移情"说之后，他的文学观念继续沿着这个方向发展。1923 年，他在《育婴刍议》"译记"中指出："创作以及译述应是为自己的'即兴'而非为别人的'应教'。"⑥周作人认为文学是个性的表现，文学创作属于"自己的园地"。这样，他的文学观、小说观自然就体现着一种"宽容原则"。同年，周作人发表了著名的《文艺上的宽容》一文，阐述了自己的文学原则和小说观。他在文中写道：

> 各人的个性既然是各各不同（虽然在终极仍有相同之一点，即是人性），那么表现出来的文艺，当然是不相同。现在倘若拿了批评上的大道理去强迫统一，即

使这不可能的事情居然出现了，这样文艺作品已经失去了他唯一的条件，其实不能成为文艺了。因为文艺的生命是自由不是平等，是分离不是合并，所以宽容是文艺发达的必要的条件。⑦

周作人把宽容作为"文艺发达"的重要条件，其原因在于"文艺的生命是自由不是平等"，"是分离不是合并"。他把这种文学主张视为一种不可违逆的规律，其提出与论证问题的立足点确实是高屋建瓴的。

笔者认为，周作人"宽容原则"中的一个核心点，即强调"分离"，反对"合并"，这是他的一个非常重要的文学观念，也进一步拓展着他的小说理论内涵。他认为，文学要发展，那就要尊重其自身的规律，也就是要"分离"，要尊重创作个性的自由发抒，承认文学创造性思维的求异性，并着眼于文学精神现象的无限开发性。不能以"合并"、"统一"抹煞个体，不能以"规范"取消自由，这是文学区别于宗教、政治等意识形态的重要特征。因此，周作人大声疾呼要"分离"而不"合并"，坚决反对"统一思想的棒喝主义"。⑧他在"分离"的文学观念指导下，划定了小说批评的职能范围。他认为，任何批评家都没有权力按某个"批评上的大道理"去统一文坛，也不应当"特别制定一个樊篱"，迫使"个个作者都须在樊篱内写作"。⑨在周作人看来，文学批评是一种个性创造，受个人思想感情的导引与制约；批评家的主体性发挥是至关重要的。批评的过程往往是"在文艺里理解别人的心情，在文艺里找出自己的心情，得到被理解的愉快"。⑩因此，批评中存在见仁见智、理解与感受差异，这也是正常的。那种不"分离"而"合并"的团体组织者，以为自己的批评意见是绝对正确的，应该代表对作品的"最终判决"。这样的想法与做法，都可能扼杀创作与批评的自由。其实批评的尺度和文学观念是不断发展的，不可能有一成不变的批评标准，也绝对没有能够压服人的批评流派⑪周作人得出这样的结论，是因为他善于总结中外文艺史的经验与教训。他看到有些大批评家如别林斯基、列夫·托尔斯泰等，在创始其批评的阶段也是"分离"的，"原也自成一家言，有相当的价值，到得后来却正如凡有的统一派一般，不免有许多流弊了"。所以，他认为这是最不可取的，是"凭了社会或人类之名，建立社会文学的正宗，无形中厉行一种统一"。他对"合并"的文学流派、文学团体表示了极大的不满。

周作人主张小说批评的"分离"，反对"合并的""统一批评"，不能仅仅理解为是为了提倡个性解放，他有更加深远的考虑。在新文学逐渐形成主导文坛的态势之后，周作人担心的是可能形成的新的"文艺大一统"，新的"合并"现象的再次发生，他似乎预感到这会堵塞文学个性创造的自由之路。我们认为,他的这种担心是非常有道理、也是颇有远见的。他指出这样一种事实,对当时新文坛是不无针对性的:"每逢文艺上一种新派起来的时候,必定有许多人——自己是前一次革命成功的英雄,拿了批评上的许多大道理,来堵塞新潮流的进行。"⑫新文学运动发生之后,乃至整个"五四"时期,文坛的空气是空前自由的,这为新文学在短短几年间获得辉煌成就创造了条件。但当时新文坛上党同伐异的现象也已经出现,如同周作人所指出的,那种"过于尊信自己的流派,以为是唯一的'道',至于蔑视别派为异端"⑬的做法,也已经在一些青年作者中间抬头。周作人对此非常反感。他提出"分离"的主张,正是感到在新文学已经取代了旧文学而转化为"既成势力"之后,仍需警惕重走老路,防止搞"大一统"的文学思想垄断,他一再表示"深自戒惧"的是新文坛的既成势力"对于反叛的青年没有宽容的度量"。新文学发展的经验与教训,证明了周作人的这种戒惧并非杞人忧天。

"五四"时期新文坛普遍主张批评的自由,提出否定"法官判决式"批评的也不止周作人一人。但周作人最为深刻地从文学原理上论述了"分离"的重要性与必要性,并且把主张自由与警惕封建"专制的狂言"联系起来。他并不就事论事谈文学批评的"分离",而是抓住当时新文坛出现的那种党同伐异,那种在文学理论方法倾向上绝对不能容忍异端的"怨恨",深挖其思想老根,让人们看到一些新派的激烈言辞背后所隐藏的封建专制的阴魂。周作人在 1923 年以后尽管有些消沉,但一接触到诸如小说批评这样实际的问题,他的小说理论家的敏感就迸发出来。他知道新文坛要形成"分离"的批评空气,必须从根本上改变那种单一的独断的批评思维惯性,要釜底抽薪,从根本上彻底挖掉其封建老根。

周作人在小说批评实践中贯彻了"分离"的文学主张,最能理解也最热心扶持那些新生的富于创造个性的作家,他们的作品一开始往往被视为异端,甚至被社会审美心理的惯性所排斥。当郁达夫的短篇小说集《沉沦》问世后被封建主义诬为"诲淫",甚至连一些新文学批评家也指责其"不道德"时,周作人第一个出来为之申辩,他分析了小说集中性苦闷描写的潜在文化价值,指出这是"一件艺术的作品",是"受戒者的文学",虽不适于一般读者,但绝不应以笼统的"道德"名义加以抹煞。⑭鲁迅先生的著名小说《阿 Q 正传》刚发表时,读书界普遍不解其意,不少人误读为"揭阴私"之作,又是周作人最先出来对这部小说的思想意义和艺术特色作了充分的分析与肯定。⑮周作人的批评常常是"逆向思维"的,常常被时人视之为"奇谈怪论",他不轻易赞同流行统一的看法和"定论"，也不愿意固守单一的既定的批评标准，而注意以"分离"的宽容胸襟去发现与理解"出格"的创作中所体现的价值，他的许多小说批评文章都是力排众议又颇有真知灼见，已经成为现代小说史上的经典之作。

周作人所提出的"分离"主张是小说批评理论中值得重视的部分。这一主张的提出是建立在对文学发展规律自觉认识的基础之上的，不仅对新文学批评初始阶段的建设有现实指导意义，对以后警惕和纠正新文学批评中出现的某些偏向也都有重要的参考价值。

三、"无形功利"说

周作人的"移情"说和"分离"说确实对小说理论贡献巨大，但他的"无形功利"说就有点复杂了。我们知道，文学的作用问题是文学理论界历来争论最多的话题之一，也是"五四"新文化倡导者最为关注的问题之一。周作人是新文化运动的代表性人物，也非常重视文学的作用，特别指出文学具有重要的社会作用，这一主张在20世纪初本来是非常具有代表性的。但是他与其他学者不同，他对文学社会作用的看法慎而又慎，后来提出了"无形功利"说：文艺作品的创作本意不是"为福利他人而作"的，他认为真正的文学作品要做到"独立的艺术美与无形的功利。"⑯

20世纪初期，他以文学为武器，提倡文学上的人道主义精神，渴望以此尤其以小说作品来改造国民性格，这与鲁迅先生的一些文学主张颇为类似。他要求文学不能忘记人生和服务于人生，文学一定要成为人生的解释，这实际上就是谈的文学之社会作用问题。他强调指出，文学还要具有思想启蒙的作用，并在《文学上的俄国和中国》一文中，将俄国与中国进行比较，肯定了文学对社会、对人生的指导意义。他在文中写道："我们如能够容纳新思想，来表现及解释特别国情，也可希望新文学的发生，还可由艺术界而影响于现实生活。"这说明，此时的周作人是坚持文学具有社会作用主张的，是相信小说等文学作品能够改造国民精神、能够对社会的进步和发展起到引导作用的。但是，周作人不久便又改变了他对文学作用的看法。

1927年，周作人在《谈虎集·后记》中写道："民国十年以前我还很是幼稚，颇多理想的，乐观的话，但是后来逐渐明白，却也用了不少的代价。"⑰他开始对自己在文学上的主张产生怀疑，甚至否定自己先前的小说理论见解。出现这种现象的原因是多方面的，一是周作人感到通过小说等文学作品改造国民成效甚微，遂产生了悲观情绪；二是他反对文化界的统一，面对"五四"之后文学界思想统一的趋势，他产生了一种恐惧感，害怕古代的文字狱再次重演；三是文学界过于强调文学的功利性，这使他非常失望。他提出文学的"无形功利"说，反对文学功利极端的主张。他认为，文学有自己的特点，不能使文学成为社会斗争的工具。从这个意义说，周作人的这一主张有其重要的理论价值的。

周作人提出的文学"无形功利"说比较复杂，概括起来主要有以下两个方面的含义：

第一，文学有着自己的特点，它以满足趣味为主，不是社会政治的附庸。他指出："我们凡人所可以文字表现者只是某一种情意，固然不很粗浅但也不很深切的部分，换句话说，实在是可有可无不关紧急的东西，表现出来聊以自宽慰消遣罢了。"可见，周作人已否定了他早期提出的文学具有社会作用的主张，认为文学不必与社会联系太紧，应具有其独立的意义和价值。他说的文学的独立意义，就是指文学仅仅是对自己趣味的一种满足。

第二，文学的不革命性。周作人是反对文学具有革命性的，他指出："文学本来是不革命，便是民间文学也是如此，我们如要替它辩护，文学至少也总不就是革命。"[18]他认为："能革命就不必需要文学及其他种种艺术或宗教，因为它已有了它的世界了；接着吻的嘴不再要唱歌，这理由正是一致。"[19]他显然反对把文学与革命联系在一起，认为文学就是文学，革命就是革命，这完全是两码事，革命是不需要文学帮助的，因为文学有自己的特点，没有必要搞什么"革命文学"。我们认为，他如此绝对地主张文学的"不革命性"就显得武断了。

通过以上对"无形功利"说的阐释可以看出，周作人的文学思想与小说理论，总是引领文学界最新潮流的，尽管人们有这样或那样的看法，尤其主张文学的"不革命性"有武断之嫌，但这一小说理论见解对文学的发展还是起到了一定的作用。

总之，周作人的文学主张与小说理论是非常进步甚至是超前的，尤其"移情"说、"分离"说，对中国新文学的发展起到了极大的推进作用，具有不可替代的文学地位。但他后期主张"无形功利"，尤其"文学无用论"，这似乎有值得商榷的地方，但就文学自身发展规律而言，"无形功利"说对纠正文学上的"工具"论、"附庸"论等极端现象是具有指导意义的。他虽然说过被人们指责的话："文学是无用的东西。因为我们所说的文学,只是以达出作者的思想感情为满足的,此外更无目的可言。里面,没有多大鼓动的力量,也没有教训,只能令人聊以快意。"其实,这是针对某种文学现象有感而发的。我们说,他的话偏激一些,大家可以不接受,但文学上的"奇谈怪论"往往能给我们一种新的启示,可以让我们从另一个角度进行重新审视,可以扩展我们的思路,提醒我们文学发展切莫走向极端。总的说,他的"移情"、"分离"与"无形功利"三种小说理论主张的提出,对中国现当代小说理论的发展起了不可忽视的作用。

注

① 《红星佚史》的该版本笔者没有收藏,"孔夫子旧书网"上拍卖上海商务印书馆发行的 1914 年版的《红星佚史》,要价攀升之 3000 余元。
② 韩洪举:《林译〈迦茵小传〉的文学价值及其影响》,《浙江师范大学学报》(社会科学版)2005 年第 1 期。
③ 周作人:《知堂乙酉文编》第九篇,河北教育出版社 2002 年版,第 37 页。
④ 周作人:《知堂序跋》,岳麓书社,1987 年版,第 306 页。
⑤ 韩洪举:《王国维〈红楼梦评论〉的方法论问题》,《红楼梦学刊》2007 年第 6 期。
⑥ 周作人:《知堂序跋》,中国人民大学出版社,2004 年版,第 237 页。
⑦ 引自温儒敏:《中国现代文学批评史》,北京大学出版社,1993 年版,第 28 页。
⑧ 周作人:《谈虎集·后记》,《知堂序跋》,岳麓书社,1987 年版,第 31 页。
⑨ 周作人:《文艺的统一》,《自己的园地》,岳麓书社,1987 年版,第 24 页。
⑩ 周作人:《自己的园地·旧序》,见《自己的园地》,岳麓书社,1987 年版,第 2 页。
⑪⑫⑬ 周作人:《文艺上的宽容》,《自己的园地》,岳麓书社,1987 年版,第 8—10 页,第 8 页,第 8 页。
⑭ 周作人:《沉沦》,见《自己的园地》,岳麓书社,1987 年版,第 59 页。
⑮ 周作人:《阿 Q 正传》,见《鲁迅的青少年时代》,河北教育出版社,2000 年版,第 19 页。
⑯ 周作人:《自己的园地》,岳麓书社,1987 年版,第 24 页。
⑰ 周作人:《谈虎集·后记》,上海书店,1987 年版,第 31 页。
⑱ 周作人:《〈大黑狼的故事〉序》,见《永日集》卷首,岳麓书社,1988 年版。
⑲ 周作人:《〈燕知草〉跋》,见《知堂序跋》,岳麓书社,1988 年版,第 317 页。

(原载《文艺争鸣》2012 年第 6 期,作者为浙江师范大学江南文化研究中心教授)

《屑玉丛谈》对于《瀛寰琐记》的承续与新变

田若虹

　　继上海墨海书馆于 1857 年创办《六合丛谈》月刊之后,《瀛寰琐记》月刊于 1872—1877 年间,由上海《申报》馆创办。它不仅是上海最早的中文期刊之一,亦为中国第一种文艺刊物。前者主要宣传科学、文化常识和一些宗教内容;后者则为综合性文艺副刊,碑、铭、颂、诔,传记、书信,杂作,诗词歌曲,译作等,古今丛残无所不有。它连载的蠡勺居士译的小说《昕文闲谈》和静轩居士译的日本名著《江户繁昌记》,是迄今所知的近代最早的完整译作。1878 年(清光绪四年)由申报馆钱昕伯与蔡尔康编辑,并由上海中华图书馆印行的《屑玉丛谈》,变《瀛寰琐记》之名而仍乎其意,乃申报馆嗣出之《瀛寰琐记》。或因稀缺绝版诸因,现今学界关于《屑玉丛谈》的文字报导尚止于体例与版本信息,而未究其文本及相关内容。研究《屑玉丛谈》对于管窥近代早期文艺刊物,了解中西交汇之际文化的变更及文学的传承与发展,尤其对于近代小说、野史及通俗文化之研究不无意义。

　　本人偶于江门特藏馆旧籍中,觅得《屑玉丛谈》光绪间申报馆版本六卷,喜而读之。此书为初集六卷,全书共有四集,各六卷,线装,石印本。《屑玉丛谈》初集目录下标:乌程钱徵昕伯、上海蔡尔康紫黻同辑,元和顾乃言慎之校字。页首与反面分别有"中华图书馆印行"与"上海中华图书馆印行"字样。卷首有钱昕伯、蔡尔康序,各卷中亦有序跋。

　　初集全套目次为:

　　　　第一卷　　从扈·隆福寺小记　　沈伯锷

　　　　　　　　　梦谈随录　　　　　　厉秀芳

<table>
<tr><td></td><td>孔氏三出辩</td><td>沈畏堂</td></tr>
<tr><td>第二卷</td><td>燕京杂记</td><td>无名氏</td></tr>
<tr><td></td><td>营口杂记</td><td>诸仁安</td></tr>
<tr><td></td><td>越州纪略</td><td>隐名氏</td></tr>
<tr><td></td><td>常熟记变始末</td><td>谭嘘云</td></tr>
<tr><td></td><td>守虞日记</td><td>谭嘘云</td></tr>
<tr><td>第三卷</td><td>松江府志摘要</td><td>闽山莀</td></tr>
<tr><td>第四卷</td><td>海天余话</td><td>钱塈</td></tr>
<tr><td>第五卷</td><td>物类相感志</td><td>苏轼</td></tr>
<tr><td></td><td>蜂房春秋</td><td>胡启俊</td></tr>
<tr><td></td><td>花史</td><td>爱菊</td></tr>
<tr><td></td><td>罗浮梦记</td><td>醉石</td></tr>
<tr><td></td><td>四海记</td><td>醉犀</td></tr>
<tr><td></td><td>科场焰口</td><td>醉犀</td></tr>
<tr><td></td><td>秋红霓咏</td><td>杜元馨</td></tr>
<tr><td>第六卷</td><td>霜猿集</td><td>华阳</td></tr>
<tr><td></td><td>仙闺集</td><td>钱蕖馨</td></tr>
<tr><td></td><td>山晓阁词集</td><td>孙宗</td></tr>
</table>

其后注曰："右书二十种二集嗣出"。

紫黻称是书"统其名曰《屑玉丛谈》。并标之为初集。示一己之搜罗有限,四方之著述无穷也。"①其书之体例为琐记。

从初集序文可获知《屑玉丛谈》与申报馆其他刊物之关系;辑者编书之状;刊物资料来源;刊物之缘起、宗旨及内容;以及编者与主笔之情况等相关信息。

第一,《瀛寰琐记》与《屑玉丛谈》的关系,后书乃前书之嗣出。是"变《瀛寰琐记》之名而仍乎其意",其刊"问世初名瀛寰琐记,后名寰宇琐记,又名四溟琐记。"②《屑玉丛谈》与此前之《四溟琐记》、《寰宇琐记》,皆乃《瀛寰琐记》之异名,而非如有论者称之为不同之刊物,如曰:"英国商人《申报》馆创办。1872—1877 年间先后出版《瀛寰琐记》、《四溟琐记》、《寰宇琐记》附属刊物"。或曰:"文学杂志在晚清源远流长,可以分为前后两期。前期杂志主要是《瀛寰琐记》、《四溟琐记》、《寰宇琐记》、《侯鲭新录》等。前三种都是由《申报》馆创办的"。③《屑玉丛谈》与上述诸种实则《瀛寰琐记》之异名而已。

第二,钱昕伯与蔡尔康序文中皆称奉尊闻阁主之嘱作序。尊闻阁主何许人也？杜泽逊《文献学概要》称:"《申报馆丛书》二百三种,二千九百八十六卷(内五种不分卷未计),正集六十种,题尊闻阁主辑,即《申报》创办人英商美查。"④尊闻阁主是否为英商美查呢？钱徵昕《屑玉丛谈》序曰:"其时尊闻阁主方搜辑残编断简用活字版排印成书,月出一卷。问世初名瀛寰琐记,后名寰宇琐记,又名四溟琐记。"不难判断"辑残编断简"的尊闻阁主乃《瀛寰琐记》之主笔。其后《屑玉丛谈》初集中的某些篇章在结集出版的申报馆丛书系列中,如卷二之《常熟记变始末》、《守虞日记》、《营口杂记》等,皆统冠之曰"尊闻阁主辑"。⑤"尊闻阁主"究竟乃主笔乎,美查乎？目前尚无资料佐证。我们知道美查(Ernest Major)是《申报》的出资人和产权拥有者,1872年美查邀集伍特华、蒋莱亚、麦基洛各出资400两,在上海设立了申报馆,后产权归美查一人所有。而《申报》主笔与经营者则由其聘请的中国人担任。负责报刊总主笔的先后有蒋芷湘、何桂笙、钱昕伯、黄式权、蔡尔康等。尊闻阁主其人尚有待进一步考证。

第三,关于稿源。《申报》是我国最早的商业化报纸之一,其创办之始即公开宣称以谋利为目的。为了吸引更多的读者,该报广征各类稿源,"先碑、铭、颂、诔,次传记、书信,再次杂作,末则诗词歌曲。……其中鸿文巨制与夫新奇傥诡之作靡不咸备。"从而广泛地联系了当时社会上有影响的"文人韵士"。钱序称:"凡承同人邮稿来者,俱藏诸行箧,日积月累,正如山僧乞米,……盖已裒然盈尺矣。"⑥蔡序称:"主人方广罗群玉之储,永寿聚珍之版,以故鸡杯贾客龙威大人出邺架之所藏,比荆州之暂借。仆与昕伯得乘清画,分勘奇书锦绣……"⑦《申报》第一号所刊《申报馆条例》之二即称:"如有骚人韵士有愿以短什长篇惠教者,如天下各名区竹枝词,及长歌记事之类,概不取值"。"概不取值"的条例,调动与鼓舞了众多的文人骚客之创作积极性。所以征文启事一出,各种稿件源源而至。其所咏多为上海滩特别是十里洋场的近事,如《观西人斗驰马歌》、《沪北西人竹枝词》、《洋泾竹枝词》、《洋场竹枝词》之类,亦颇具新闻性,这些竹枝词把所谓"同治中兴"之后的上海繁华描绘得淋漓尽致。其后申报馆又征求采访新闻。由于稿源丰盈,不得不扩大报面,申报馆便增出综合副刊,报纸销数也因而迅涨。申报馆亦曾用活字版印行仿乾隆版《聚珍版丛书》名著160余种,以及《古今图书集成》等,故紫蔽谓之"广罗群玉之储,永寿聚珍之版"。清代陆寿名《续太平广记》、张朝的《虞初新志》、李宗孔《宋稗类钞》、种蕉艺兰生《异闻益智丛录》以及《屑玉丛谈》等数十种文献,皆为其时小说文献编纂的代表性成果,将小说文献编纂推向了高峰。

第四,《屑玉丛谈》在刊行中采取了"逐月分排分派断续割裂"的形式。自《瀛寰琐记》始,《申报》综合性的文艺副刊对于长篇作品便采取了先分期续刊,后结集发表单篇的报刊文学形式,如《申报》所刊之译作《昕夕闲谈》,先是续刊,其后以单行本行世。《屑玉丛谈》初集卷二所刊之《常熟记变始末》、《营口杂记》⑧等亦无不如是。钱序记曰:"或如数万言长稿,窘于篇幅,未能全刊,势必逐月分排分派断续割裂,阅者病焉。余谓聚古今人之丛残,授之剞劂,不当限以时日,亦不当限以体裁,但择其可传而已。"⑨其始"阅者病焉",并不习惯这一新的形式,随着东西文化的交流,新的理念、思想及内容对读者视野的冲击,这种现代形式也渐为读者所接受,并且调动了读者的阅读兴趣,促进了专事创作的职业作家队伍的形成。

《屑玉丛谈》之执行编者钱昕伯与蔡尔康。二人曾皆任过"尊闻阁"之编辑与主笔。据说郑逸梅曾写过一张有关蔡尔康的特色名片。这张名片中间有"震旦江苏上海蔡尔康"。下附有极小的小字:"字子茀,号紫斁,晚号支佛,外号铸铁庵主,缕馨仙史。清帝退位后,改号采芝翁。"右上角则有"四品衔分部主事,奏保经济特科,大举优恩贡生。历办《申报》副主笔,《沪报》总主笔,《新闻报》开创正主笔,《南阳官报》采访委员;历掌《万国公报》;广学会正翻译"。左下角则有"世居老北门内西穿星街十九号,通讯处:老西门北敦润里二十五号"。又在反面印了他的著作 10 多种。⑩蔡尔康当时亦曾译介过数种史学著作,如:(英)李思伦白著《万国通史》,编译过上海广学会印行的《李傅相历聘欧美记》,以及述(罗马)搜奇豹瑟著(美)林乐知译《论腊丁族人就衰之故》等书。

钱昕伯,名徵(征),别署雾里看花客。浙江吴兴人。清同治七年(1868 年)与王韬长女苕仙在上海结婚。1872 年《申报》创刊时,曾被派赴香港考察报业。1874 年回沪。清光绪元年曾主持编辑出版《申报馆丛书》,卷帙浩繁,许多珍贵资料得以保存。又曾主编中国最早的画报《寰瀛画报》5 卷。他主持《申报》编辑部"尊闻阁"长达二十余年。

第五,《屑玉丛谈》初集内容之勘定,"有未经付刊者,有已刊而原版散佚者,要皆各标新义,或逸闻佚事足为掌故之资,遂都为六卷,故曰《屑玉丛谈》,是虽变琐记之名,而仍乎琐记之意也。"⑪初集蔡序简论了各卷篇章之要义:"首之以《从扈·隆福寺小记》文成述事义取尊王,实足以冠冕群英,牢笼万有。继之以《梦谈随录》,则宦海之鸳鍼,名场之龟鉴也。又继之以《孔氏三出辩》,辟往古之疑,得立言之正。又继之以《燕京杂记》、《营口杂记》,是为风土外编,可补水天闲话。嗣是而《越州纪略》、《常熟记变始末》、《守虞日记》三种,连类而及,要言不烦,志赭冠之,倡狂红羊历劫,悯苍生之涂炭,黄乌安归,又则次《松江府志摘要》,删繁就简,殚见洽。又则《海天余话》十幅,蛮笺绘玉容于楚岫千行,锦字织瑶想于亲楼。又次则《物类相感》,志虽曰陶情实资格物。至于《蜂房春秋》、《花史》、《罗浮梦记》、《四海记》、《科场焰口》、《秋红霓咏》六种或仿比事属题之体,或祖搜神志怪之奇,或托主文谲谏之词,或显游戏神通之具,可资谈助,聊遣睡魔,抑志士抒愁啸歌,不废风人言志吟咏以传。缘取《霜猿集》、《仙闺集》、《山晓阁词集》三种终之,而统其名曰《屑玉丛谈》。"⑫所述虽语之不详,尚可窥其要旨。《申报》发刊近一年光景,有人投寄了一篇仿《阿房宫赋》的《申报赋》,将《申报》所载内容概括为"小窃流氓,鄙道贫僧,恶少摸乳,老翁献臀,某甲某乙,为隐其人"。⑬此乃上海有中文新闻报纸以来十年间未有之事,故在当时读者中引起轰动,认为《申报》可观。然至《屑玉丛谈》,内容则基本上摆脱了《申报》初期文艺副刊之低俗、媚俗之态,而更注重其新闻性、知识性与趣味性。其中如涉及太平天国运动的初集卷一之《越州纪略》、《常熟记变始末》和《守虞日记》,其中署名为古越隐名氏者在《越州纪略》中述太平天国之乱,记曰:"流寇之乱始于黄巢,横于张李,尾其后者则所称为伪天王洪秀全是也。道光三十年,洪贼扰粤,西窜湖南,出湖北、江西,据江宁、安徽,旋陷苏州,而浙水东西已成累卵之势……自是以后,金城十仞汤池百步为贼所据"。又如《常熟记变始末》道:"伪忠王李秀成调黄文金窜江西遣贼将钱桂仁来守常熟……团练局董徐配援诈与贼和"。⑭以及《守虞日记》所记:"十一日二更,贼驱众急攻水营,惟闻炮声不绝,人号马嘶,如怒涛奔涌,势不可遏。城中之勇不能出援,三更后方失,守营者数百人死亡殆尽,自是水营为贼所据"等,文中虽不乏对太平天国农民运动的诋毁与偏见之词,然亦不难从中窥见太平天国运动之声势浩大与磅礴气势。

以修史志为己任之《松江府志摘要》取同治上海县志而摘其要,全文内容包括:图经、年表、分野、疆域、形胜、乡保、山、场、水、土产、风俗、户口、田赋、徭役、盐法、水利、城池、坊巷、桥梁、镇市、官署、学校、兵防、驿传、坛庙、第宅、塚墓、寺观、古迹、名宦、科目、名臣、独行、文苑、隐逸、艺术、游寓、仙释与遗事。

卷五《物类相感志》属于格物致知类。编者谢枋得称是篇为苏东坡尚未流传于世之书,曰:"此先生寿世外篇也,夫大学之言致知也,必曰在格物,物格而后知至,此千古不易之理。我朝理学昌明,关闽濂洛诸子类皆能出其心得,垂示来兹,而独于格物一事,或者以格去外物当之呜呼。"全篇自身体、饮食、器用、药品、疾病、文房、果子、蔬菜、花竹、禽鱼到杂作，皆一一述及。如"文房"记曰："腊梅树皮浸砚水磨墨有光彩"。"绢布上写字用姜汁及粉则不淹开"。"衣服"类，如："夏日衣蒸以冬瓜汁浸洗，其迹自去"等，颇具知识与趣味性。

《蜂房春秋》自正月至十二月，比事属题。如曰："春王正月君即位。传唐风西元妃甘姬生公子虿草卒诸大夫立公子蜂于朝，率国人排衙而朝之，以正君臣之位礼也。"《花史》亦如是类体裁，祖搜神志怪之奇，如曰："圣主纪元春二月赐进士文杏等及第。花主尝谓侍臣曰朕欲求俊秀科场，中拔十得五亦可以壮锦绣山河之色矣。及亲试进士文杏等，皆斐亹可观。并赐及第绯袍翠冠，宴于琼林院，宠之以诗。"《四海记》则仿《山海经》，东方朔《神异经》、《十洲记》之体，而作砭世之文。全文包括：苦海、欲海、恨海与宦海。如《宦海》记曰："宦海在九幽之下，水至秽浊，人不能渡，渡则糜烂。尧时洪水为灾，宦海泛滥于中国。尧使老童障之。三年不成，老童化为团鱼，入于海。"又如以嬉笑怒骂之词，揭露、讽刺科举制之《科场焰口》，全文以主考、房官、监临、供给所、秀才、老生、新生、官生、校官、廪生、贡生、捐贡、监生、腾录生与监军为题。如"主考"记曰："十年攻苦，三考出，身聚奎堂上端，居选佛场中，主政眼光射去，难分黑白青黄，笔墨批时悉听鬼神阴骘。呜呼春梦婆娑，怜士子冬烘头脑，笑先生惟士翰簪，科道之流一类迷魂等众。"其言捧腹，不仅令人想起《聊斋》之《司文郎》、《贾奉雉》与《王子安》诸篇。《秋红霓咏》所咏多为文学之经典词章，如：别姬、吃糠、骂曹、密誓、埋玉、闻铃、折柳、学堂、寻梦、离魂、罢宴等。《霜猿集》述明丧亡之状。《仙闺集》与《山晓阁词集》则为作者咏怀之作与应酬之专集。《海天余话》中多叙神仙道化与才子佳人。

此外，初集篇目中还有一些反映民俗风情的题材，如《燕京杂记》、《营口杂记》等。如《燕京杂记》述曰："立春日，都人多买罗卜生食之，谓之咬春。又作春饼，元日祀神及先祖剪纸不断，至丈余，供于祖前谓之阡张，焚之……"。《营口杂记》编者将其所见之民风与所出之庶物有异于南方者悉志之。如曰："北洋狭，多云山，起即风至，舟人防之。海鱼比沙船更长，竖其须径丈，见则有大风。"

概言之，《屑玉丛谈》以琐记之体例，纵横古今，牢笼万物，格物致知；感慨时事，咏志抒怀；其比事属题，或涉诸讽咏，或托以劝惩，合说部之众长，作写怀之别调。然囿于编者之立场观点。书中旧道德伦理之迹亦甚显明，如曰："倡狂红羊历劫"⑮ 等等，其对于发生在中国近代史上之反帝反封建之太平天国农民革命运动之愤激、诋毁与贬斥之情溢于言表。

注

① 蔡尔康:《屑玉丛谈》序。"光绪四年太岁在著雍摄提格月阳在修日躔大梁之次古沪缕馨仙史
　蔡尔康紫敝甫序于铸铁盦。"
② 钱徽昕:《屑玉丛谈》序。"光绪四年岁在著雍摄提格如月既望西吴钱徽昕伯甫序于海上之俏
　月楼。"
③ 袁进:《民初的过渡杂志〈民权素〉》,《当代作家评论》2002 年 06 期。
④ 杜泽逊:《文献学概要》,第九章"类书与丛书"之二、丛书,63。中华书局出版发行,2001 年版。
⑤ 清谭嘘云撰:《常熟记变始末》(线装),申报馆丛书,(清)尊闻阁主辑,铅印本。上海申报馆,清
　光绪间,第 225 册。
⑥ 钱徽昕:《屑玉丛谈》序。
⑦ 蔡尔康:《屑玉丛谈》序。
⑧ 清诸仁安:《营口杂记》,出版社:上海中华图书馆,清光绪四年(1878)。
⑨ 钱徽昕:《屑玉丛谈》序。
⑩ 参见察群:《郑逸梅:博爱并专一着》,中国文化报(艺术财经版),2008－08－28。
⑪ 同上。
⑫ 蔡尔康:《屑玉丛谈》序。
⑬ 参见:《上海新闻志》,第四编,第二节"解放前报纸的编辑宗旨"。
⑭《屑玉丛谈》初集卷二,《常熟记变始末》下。
⑮ 蔡尔康:《屑玉丛谈》序。

(原载日本《清末小说研究》第 32 期,作者为五邑大学文学院教授)

明清通俗小说名著"双出"现象刍议

伍大福

一、引　言

　　对于我国古代通俗小说的发生发展乃至繁荣的原因,前贤时彦都作过许多探研,陈大康先生可以说是这方面研究的代表。陈先生指出:作者、书坊主、评论者、读者和统治者的文化政策五种因素的合力是中国古代通俗小说产生和发展的推动力。①诚然,这一说法大致符合明清时期一千多部中绝大多数通俗小说产生和发展的历史实际。但在中国古代小说史上,真正具有开创意义且能够影响后来者的写作,进而形成小说流派的名著主要有六部:《三国志通俗演义》之于历史演义,《水浒传》之于英雄传奇,《西游记》之于神魔小说,《金瓶梅》之于世情小说,《儒林外史》之于讽刺小说(或曰社会小说),《红楼梦》则为中国古代小说的巅峰之作,被誉为"百科全书"式的作品,对后来的小说创作的全面影响之巨非其他名著所能比。②就这六部名著而言,其发生的推力似乎与前述不尽相同,陈先生在同一部著作中又进一步写道:"《三国演义》、《水浒传》、《西游记》、《金瓶梅》、《儒林外史》与《红楼梦》是通俗小说中最优秀的六部作品。……他们的创作一不是为了求名,二不是为了牟利,苦心孤诣的追求只是艺术的创造,是自己人生价值的实现。这六位作者都未能在生前看到自己的作品刊印传世,这其中固然有不少具体、复杂的原因,但这些专心于创作的作者并非急功近利之辈也是一个重要因素。正因为有如此严肃认真的创作动机与态度,他们所写的小说才有可能成为最优秀的作品,成为中国人民乃至世界人民共有的珍贵的精神财富。"③如此,陈先生既阐明了中国古代通俗小说产生和发展的共同推力的一般性特征,也精辟地指出了最优秀的六部作品产生原因的独特之处——作家对实现自身价值的追求。换言之,即使在缺乏书坊主、评论者、读者和统治者的文化政策四种因素合力之不利条件下,作者也会主动创作出这些优秀的作品。不用说《三国志通俗演义》和《水浒传》产生时缺乏四种因素的合力,就是《西游记》和《金瓶梅》的产生也没有得到四种因素合力的多少眷顾,《儒林外史》与《红楼梦》虽然产生于四种因素合力充分展示之后,但乾隆时期对小说的禁毁以及吴敬梓和曹雪芹的人生困苦,造成其他因素的暂时缺位,都使得《儒林外史》和《红楼梦》之创作发生不可能来自多少四种因素合力的促成。因此,我们可以说,这六部作品的产生主要源自作者自身或者其他外在的原因。

"知人论世"(《孟子·万章下》)既是我国古代尚友修身的原则,也是影响巨大的文学批评方法。反观之,"知人论世"的方法论意义不仅因为其产生甚早影响巨大而成为我国古代文学批评的一个传统,而且也影响到作家的创作——关注现实表现现实是我国古代作家的自觉追求,"文变染乎世情,兴废系乎时序"(《文心雕龙·时序第四十五》),也就是说,文学的内容与形式之变化兴衰与世态人情和时代更替相关联。对于这六部小说名著来说,由于其中五位小说作者的生平经历至今难为人知,或者因资料缺乏而知之甚少,全面"知人"地去讨论作品产生的动因目前几无可能,但由于作品产生的大致年代可以确定,借助"论世"去探讨作品产生的推力倒不无可能。

我们不妨先把这六部小说写作与出版的时间作些简单的排比:《三国志通俗演义》和《水浒传》几乎同时完成于元末明初,目前所见到的最早版本都是明朝正德、嘉靖年间的刻本;《西游记》和《金瓶梅》几乎同时完成于明朝隆庆、万历间,传抄和刊刻于万历中后期;《儒林外史》和《红楼梦》也差不多同时创作于清朝乾隆前中期。如此比对,我们不难发现一个独特而有趣的现象:那些开创性的也是后来同一类型作品无法超越的小说名著几乎都是"捉对成双"地同时出现,而且每两部名著的出现都间隔将近二百年。为什么会出现这一现象?或者说,这一现象的出现有其内在理据么?就笔者隅见,这方面的深入探讨似乎还不多。它们虽"捉对成双"地几乎同时代出现,但差异性也极为明显,尤其体现于人物形象的塑造、叙事结构的安排、叙事语言的择取等方面,这些作为创造性叙事文学作品之文学品质的标志,前人的研究可谓备矣。那么,这些"捉对成双"地出现的小说名著几乎同时代的每二部之中是否具有同质的方面呢?

为了能够更好地说明每二部同时代出现的小说名著之间的同质性,我们尝试借鉴比较文学中的平行研究。"平行研究把并无直接关系的不同民族文学,在主题、题材、文体、情节、人物形象、风格特点等文学内部的诸多方面实际存在的类同和差异作为研究重点,经过推理分析,然后得出有益的、往往又具有某种规律性、理论性的结论。"④作为几乎同一民族同一时代同一文类的两部小说名著,我们尝试分别从主题、题材、人物形象等方面来考察它们的内在类同性,并结合当时的社会文化生态一起研讨,进而揭示其共同产生的社会文化之动因。

二、忠义的失落与《三国志通俗演义》和《水浒传》的招魂

《三国志通俗演义》和《水浒传》的主题历来众说纷纭,且随着时代的发展而新主题也不断产生,但我们就文本阅读而由人物和题材体现的基本主题可以说是集中在"英雄与忠义",也可以说二者的主题具有互通性或交融性。《三国志通俗演义》塑造了一批帝王将相类的上层历史英雄,这些人物的故事成为"有志图王者"的启示录;《水浒传》塑造了一批江湖草莽类的下层传奇英雄,这些人物的故事成为"乱世造反者"的悲歌。⑤这些人物的故事从题材维度来说主要表现为"乱世"中各种大大小小的争斗,就大者而言,《三国志通俗演义》表现为集团与集团之间、国与国之间的战争,《水浒传》表现为集团与集团之间的征战,就小者而言,两部小说都表现为个人与个人之间的斗智斗勇,人物性格也在这些争斗之中得到充分地展示。两部小说具有共同的主题旨向,那就是对于"忠义"的遵循和依归。《三国志通俗演义》的"忠义"旨归于"刘汉",《水浒传》的"忠义"旨归在"赵宋",其间当然不乏对于忠义旨归的逸出,比如关羽"义"及"汉贼"曹操,李逵等人有时也会喊出"杀到东京,夺了鸟位",但并不危及小说主题的根本旨向,只是更为广泛地体现了人性的复杂和真实。两部小说主题的同旨性还表现为二者的互补。前人多已指出,《三国志通俗演义》与《水浒传》,或揭示"乱自下生",或揭示"乱自上作",但这只是在两部小说的开头体现的作家观念,在小说中具体的情节展开则表现为各有侧重的叙述,《三国志通俗演义》之"乱"主要在上层人物斗争中呈现,《水浒传》之"乱"主要在下层人物抗争中铺陈。上下互补,《三国志通俗演义》和《水浒传》完成共同的主题打造。

《三国志通俗演义》和《水浒传》大致同时成书于元末明初,它们的"英雄与忠义"之基本主题也就蕴藏在文本之中。这两部小说产生之外在的社会动因是分裂和战乱,⑥

但它们共同的主题旨向则与整个元代社会文化价值观的裂变有关。《新元史·卷二百三十·列传第一百二十六·忠义一》开头如此写道：

> 昔宋亡，其降将入朝，世祖召问曰："汝等何降之易？"对曰："贾似道轻侮臣等，故皆无斗志。"帝曰："此似道一人之罪，汝主何负焉！"符宝郎董文忠从旁责之曰："宋主贵汝、富汝，未尝薄汝也。今坐视社稷之亡，可乎？"诸降将皆惭谢而退。大矣哉，世祖之教忠也。

常理而言，征服者对于所到之处的投降者多给予奖赏，很少有像元世祖这样责问投降者不忠国事的。元代在政治上把全国人民分为四类：蒙古、色目、汉人、南人。元世祖的责问其实让"忠义"这个华夏传统价值观在蒙元时期使汉人和南人进退两难。汉人和南人自幼接受儒学教育，本不应临难而降；但既已投降，希望自己的忠心能够被新朝赏识，却不料被否定。这种情况也许影响了整个元代汉人和南人中之儒士的地位，他们几乎不得为正官。《新元史·卷六十四·志第三十一·选举一》中记载：世祖至元二十四年(1287)，"立国子学于大都"，"凡读书，必先《孝经》、《小学》、《论语》、《孟子》、《大学》、《中庸》，次及《诗》、《书》、《礼记》、《周礼》、《春秋》、《易》。"而"有元科目取士之制，……盖创于太宗，定于至元，议于大德，而后成于延祐。""迨(惠宗)至元元年(1335)，彻里帖木儿为中书平章政事，首议停科举。"为汉人和南人赖以进升改变命运的科举几经反复，并没有作为一项长期稳定的制度而正常执行，这样就截断了汉人和南人仕进的可能。可以说，元代的儒士经历着精神和物利的双重痛苦，一方面自己在"夷夏之辨"的传统忠义价值观中作着艰难的选择，另一方面又不能通过科举仕途得到新朝的认可，钱穆先生指出："至于元代，在中国社会上自汉以来甚占重要地位的儒士却骤然失却了他们的地位。"[①] 因此，面对这种"九儒十丐"的残酷现实，对"忠义"价值的追寻也就成了元代文人挥之不去的情结，这种追寻不仅具有文化复归和自我实现的价值，而且也具有对抗现实的意义。元代的统治者对于儒学陷入了自身的悖境：一方面，元廷打压儒学的传承者——儒士，使绝大多数儒士处于永世难以翻身的底层，几乎很难找到上升的通道；另一方面，元廷又尊以程朱理学为主的儒学为官方学说，"定为国是"(虞集《道园学古录》卷三十五《跋济宁李璋所刻九经四书》)。因此，儒士的低下地位并没有中断儒学的教育与承传。"在元明之际的氛围中，崇拜义、勇、智为核心的英雄气概或气度，才是时代的基本情感和客观思潮"，[⑧] 因此，《三国志通俗演义》和《水浒传》把这种对"忠义"的肯定与追寻外化为一种自上而下的全民式的文学表现，也是汉民族在异族统治之特定时期文化招魂的心理体现。

三、理学的窳败与《西游记》和《金瓶梅》对佛教之皈依

　　在《三国志通俗演义》和《水浒传》成书大约二百年后,《西游记》和《金瓶梅》几乎同时出现,它们的主题亦如前两部小说一样,历来争论不休且随时代而丰富。如果说《三国志通俗演义》和《水浒传》的主题无论人们如何争论,二者的主题还有比较明显的交集的话,《西游记》和《金瓶梅》的主题则几乎从来少人合论,更不用说有共同的主题旨向了,这与二者的题材选择有着显著的关联。诚然,《西游记》是一部浪漫主义的神魔小说,《金瓶梅》是一部现实主义的世情小说,其题材之别犹如霄壤,一个在天上,一个在人间。但是,透过现象看本质,《西游记》和《金瓶梅》都把皈依佛教作为人世苦海的解脱之道——取经五众最终修成正果,西门庆之子即西门庆托生之孝哥随普静禅师皈依佛门。作成人世之苦的主要原因在于人欲,而欲望的生成源于《金瓶梅》开头所说之"酒色财气"四字,"酒色财气"也可以说是欲望的具象,这四件之中"惟有'财色'二者更为利害"。⑨就《金瓶梅》而言,自是"财色"之欲令人败身亡家,促人警醒,唯有皈依佛门才能超度重生;而《西游记》中则多"酒气"之欲致人昏愦,违乱天条佛规,从而被迫走上修炼去欲之路。

　　"气"在《金瓶梅》中指"志气、争气、斗气"等诸般之"气",而"气"之为欲亦是导致《西游记》中多人堕入苦海的根本原因之一,"祛气"自然成为修炼成佛的法门。唐僧本是如来佛祖的二徒弟金蝉子,因为不听如来说法,轻慢大教,可以说是没有"志气",不能"争气",甚至跟佛祖"斗气",其实犯的正是一个"气"字,才被贬转生东土。孙悟空大闹天宫争的是个"名分",也是犯了"气"欲。猪悟能本是天河水神,天蓬元帅,在蟠桃会上酗酒调戏嫦娥,可以说是犯了"酒色"二欲,取经途中好攒私房钱,不乏"财"欲,欲望既多,罪孽复重,受罚最苦,修炼最难。沙悟净本是卷帘大将,在蟠桃会上醉酒失手打碎玻璃盏,因"酒"误事,被贬下界。白马本是西海龙王之子,违逆父命,犯了不孝之罪,其实也是一个"气"字作怪。佛祖如来之所以要寻一个取经人来西天求取真经,永传东土,劝化众生,也是因为那里"贪淫乐祸,多杀多争";⑩人间帝王唐太宗之所以要派遣玄奘西天取经,也是因为有过地狱之行之后,自觉杀罚太重,枉死之人太多,这些何尝不是"酒色财气"之欲造成,要借真经超度亡灵,保江山永固。由此可见,无论是个体的

去欲修心,还是群体的超度向善,《西游记》之"祛除心魔"进而修成正果的主题都含有拒斥"酒色财气"的意味,而"心魔"皆因"酒色财气"而生。因此,《西游记》和《金瓶梅》具有共同的主题旨向。就题材而言,这两部小说的选择各自不同。《西游记》略写人欲的表现,其中唯有孙悟空的"气"欲之盛描述繁富,几达七回文字之多,余皆简单提及,而详写修炼的过程,仿佛禅宗中的渐悟派,非身经八十一难不能修成正果;《金瓶梅》详写人欲的表现,尤其"财色"二欲,全书极尽铺述之能事,完全是欲之恶的大暴露,而结穴则在最后一回文字,仿佛禅宗中的顿悟派,经过普静禅师的棒喝,诸多作恶为善之人得以解冤超生,尤以西门庆之子孝哥皈依佛门幻化而去为最成正果,其法名唤作明悟,张竹坡评道:"酒色财气,不净不能明,不明又安能悟?"① 显然,"明悟"就是去除"酒色财气"的心魔之正果。在题材这个维度上,我们可以把《西游记》和《金瓶梅》同称之为"祛欲"主题。《西游记》侧重于表现禁欲之善,也就是尽量摒除人心中"酒色财气"的欲望,取经五众不仅要和外在的神魔作斗争,扫除路途上的一个个障碍,更要和内在的心魔作斗争,一定意义上说,心魔能否祛除更是取经成败的关键;《金瓶梅》侧重于暴露纵欲之恶,也就是充分展示人心中"酒色财气"的欲望,以西门庆为中心的男男女女一个个走向暴亡毁灭,正是人性中恶欲膨胀的结果,文本最后昭示纵欲者唯有经过佛教的去欲荐拔才可获得重生。二者相反的题材选择却相成了共同的主题。同样,如果我们把《西游记》的神魔题材看作人间上层社会在天界之投影的话,《金瓶梅》的世情题材则是活生生的人间下层社会之再现,二者的题材也构成了上下互补,从而完成了同质的主题旨向。

　　《西游记》刊出于万历二十年(1592),袁宏道于万历二十三年(1595)读到《金瓶梅》,"它们(按:指《西游记》和《金瓶梅》)的刊印都至少在成书的二三十年甚至更长的时间以后,而且作者都无缘得以亲见",② 那么它们的写成当在隆庆元年至万历二十年之间。两部小说之创作动因暂时都无法找到任何功利性的直接证据。这两部小说的作者为什么会同时期创作这样主题近似的小说作品呢?对于这个问题的回答,我们也许只能说他们处于同样的现实,有着同样的思考,对社会、人生有着近似的认识,他们的生活轨迹不同,他们的表现对象则有差异,但都以自己的创作回应了时代——佛教成为这两部小说共同的皈依,其中也不乏心学的质素。杨义先生指出:"《金瓶梅》是信仰危机的产物,它反映的信仰危机不是枝节的,而是全面的。这种危机不仅涉及哲学,而且涉及宗教。"③ 《西游记》何尝不是如此?在明中叶以后信仰危机的现实中,人们都在固有的文化传统中寻找可资寄托的信仰资源,《西游记》和《金瓶梅》最终把信仰的节点着落在与当时居于民间立场的心学颇有渊源的佛教上应该是偶然中的必然吧。

朱明建立,统治者竭力重塑以理学为代表的意识形态,加强皇权专制。实事求是地看,理学之中本来具有许多有益于健康统治的成分,但由于明初的几位君主特别是朱元璋、朱棣父子出于强化专制皇权的考虑而片面地把理学之中的毒素放大,甚至做出把孟子塑像赶出孔庙、胡乱删改《孟子》的荒唐之举,确立了以宋儒对儒家经典的传注论说为考试标准之钳抑士人思想的八股科举制度。这种歪曲篡改儒学但又打着正宗儒学旗号之完全意识形态化的谎言做法只会把儒学推向危险的境地。经过反动的意识形态化之明代理学到明代中叶就危机四伏。弘治以后,朱明的皇帝自身已经把这种高度意识形态化的儒学不当一回事了,如明武宗耽于荒淫逸乐,宠信太监,一贯对礼仪、习俗、规矩持蔑视态度,完全走向了儒家仁德之君的反面,临死时才醒悟"从前政事,都由朕一人所误"(杨述曾编《御批历代通鉴辑览》卷一〇八);继任者明世宗在位四十五年,荒淫无度,沉迷道教修仙,政事悉委于奸相严嵩,竟然三十余年不视常朝。正、嘉两帝的荒唐之举完全摧毁了明初雄主的处心积虑之意识形态设计。居于上层建筑顶尖部分的意识形态之崩溃,必然导致社会思想的解放和暂时的信仰真空。于是,王阳明的心学乘势而起,同时,与心学相伴生的佛教在明代本来就有不同寻常的际遇。朱元璋朱棣父子因为滥杀太多,都很崇尚三宝,"企图给那些因他们而死的冤魂'解其结而资其福'(钟惺《募修大报恩寺观音殿疏》),同时也给自己作心理解脱";和尚出身的朱元璋登基后,"一方面针对佛教的弊病加强了对寺院僧侣的控制与限制,另一方面,以往的宗教情结总会使他努力推动佛教有益于社会教化,有利于明朝政权,包括鼓励僧人参政";朱元璋先后写了二十多篇有关佛教的文章,用意在于:一是要将儒家纲常伦理填充到佛教中去,使僧侣们成为"儒僧";二是"主张佛教徒们积极入世,直接为封建王朝服务",并付诸实践。[14]朱棣"靖难之变"能获全功主要得益于和尚姚广孝的定策,因此,朱棣做了皇帝后,姚广孝官拜太子少师。朱明初期专制空前,文禁森严,很多出仕的文人因文贾祸,"文人学士,一授官职,亦罕有善终者"(赵翼《廿二史札记》卷三二"明初文人多不仕"条),因此,逃避政治或仕途失意的文人很多出家为僧。于是佛教从朱明立国之始就成为士人精神信仰的一部分,而心学本来就有援佛入儒的一面,如王阳明本人就坦言"窃尝学佛,最所尊信,自谓悟得其蕴奥"。[15]道教在嘉靖朝事实上已经成为朱明的国教。经过正嘉两朝,一个不争的事实就是:占据统治意识形态地位的程朱理学漏洞百出,已经失去了维系人心和振兴朝纲的作用,成为攫取"酒色财气"的工具;道教修仙更是皇帝不理政事的借口、权奸进身的阶梯。职是,几乎同时出现的《西游记》和《金瓶梅》选择佛教作为显在主题之共同旨向应该是顺应明初朝廷的误导与呼应民间思想潜流而发生的。

随后的一百多年借助其他四种合力形成了神魔小说和世情小说的批量产出繁盛期,但并没有出现超越两部开创之作的更高水平的作品,大多只是在这两块新辟的小说园地里作些修补而已。而在《儒林外史》和《红楼梦》出现之前,最流行的小说主要有两类:一是历史演义类,其中时事小说尤为突出;一是才子佳人类。前者主要是总结历史教训,探求明亡的原因;后者主要为了回避矛盾斗争的残酷现实。随着清朝统治的稳固,这两类小说几乎都在禁书之列。在小说繁荣的同时,民间社会思想文化也在发生急骤的变化。

四、生命的意义与《儒林外史》和《红楼梦》对人的真性情之探现

中国古代小说史的吊诡之处在于:又大约在《西游记》和《金瓶梅》产生将近二百年之后,新的小说创作突破以《儒林外史》和《红楼梦》的同时代产生为标志。此后一百多年的中国古代小说的写作基本在六部名著所形成的格局中穿行。《儒林外史》和《红楼梦》的主题迄今未有定于一尊的成说,想来永远也不会有,但是,正如前述两两同时出现的四部小说一样,主题的复杂多样并不能混淆我们基于文本的阅读而产生的对于小说主题之基本把握。《儒林外史》行云流水般地叙写了不同阶层的人物(以中下层人物为主),常行于所当行,常止于所当止,前人早已指出"功名富贵为一篇之骨",[16]"功名富贵"成为《儒林外史》的基本主题,任何其他主题的生发都无法绕开"功名富贵"。《儒林外史》并不完全否定"功名富贵",关键在于一个人对于"功名富贵"的态度以及获取"功名富贵"的手段。小说开篇的一首词中说"功名富贵无凭据,费尽心情,总把流光误",[17]小说中强调与"功名富贵"相对应的是"文行出处",如书中人物王冕所说,"读书人既有此一条荣身之路,把那文行出处都看得轻了"。[18]因此,作者的人生价值观非常明确,人不能为了"功名富贵"而"费尽心情","心情"应该注于"文行出处"。"文行出处"是指读书人的文章学业、道德品行、仕宦退隐等诸方面,几乎包囊了中国传统士人的人生全部,因此,这四个字深藏的是人之为人的安身立命的根本。《儒林外史》中的

"文行出处"更多的是"为人生"的意义,而非忠于一姓一代之事,这与作者的"百代兴亡朝复暮,江风吹倒前朝树"⑲的历史观有关,也就是说,一姓一代的王朝更替在作者心中并非不可接受。就文本的表现来看,"费尽心情"而取得的"功名富贵"恰是依循一姓一代的扭曲人之本性的屈辱,由此进而引发对以八股科举为基础的整个专制社会制度之反思与批判;"文行出处"既可以表现为实现人生价值之具有永恒意义的"礼乐兵农"之事功,也可以表现为自食其力之不必乘槎浮海的平淡人生,这些皆以适性为主调。要之,笔者以为《儒林外史》的主题表现为适性的人生,而一切背性的人生无论获取多大的功名富贵都成为小说讽刺批判的对象。

《红楼梦》的版本比较复杂,至今前八十回和后四十回是否出自同一人之手学界仍然争论无休,但就前八十回而言,作者自云"大旨谈情",⑳大致是符合文本的实际的,其他诸般主题的申说大约也不能完全无视这个基本主题的。"情"在《红楼梦》中的涵盖面实在广泛,举凡亲情、友情等各种人情物情都有具体的描述,但其侧重点则在男女知心的爱情。《红楼梦》写"情"虽多,但以"适情"为标尺,凡"情"如不能遂心适意,则非小说所肯定的真情。《红楼梦》的人生悲剧意义主要体现在不得"适情"之上。因此,《红楼梦》的主题主要表现为适情的人生,而因屈情而造成的悲风凉雾则笼罩着全书。由于《红楼梦》的主题着意于"适情",它不仅否定了对一姓一代的依循,而且否定了一切可能的事功,甚至拒斥任何屈情的庸常人生,死亡与寂灭几乎是屈情而无意义的悲剧人生无可逃避的选择与终局。在《红楼梦》中,造成屈情的因由不外乎对既有的功名富贵之墨守、对未有的功名富贵之渴望与追求,一定意义上可以说,如同《儒林外史》中功名富贵造成人生之不得适性,《红楼梦》中也由于功名富贵而使人不得适情。在中国传统哲学的命题和范畴中,"性"既可指人的本性,也可指生命本身;"情"包括了感情、爱情、真情等含义,大致不出"喜怒哀乐爱恶欲"等人之常情。在历代学者的论说中,"性"本是自然的、先验的应人而存在,"情"既随性而藏亦接物而生,二者互融而稍异。㉑《儒林外史》和《红楼梦》之"适性适情"基本摆脱了任何外在的利害依附而回归到个体生存的本真状态之叙写,如果说《儒林外史》的"适性"还有"文行出处"的人生价值之凭依的话,《红楼梦》的"适情"就是人生意义的全部,即便是"文行出处"也被看作矫情屈情的无意义的人生,就这一点来看,适情比适性对个体生存的本真状态之叙写更彻底、更纯粹,更富有文学的魅力。

从人物维度来看,《儒林外史》写士人,《红楼梦》写女儿,前者批判仕宦对适性之扭

曲,后者揭示婚姻对适情之异化。陈寅恪先生在论及中古时期的士大夫人生时指出:
"可知当时人品地位,实以仕宦婚姻二事为评定之标准。……故婚仕之际,仍为士大夫
一生成败得失之所关也。"到了近世的明清时期,由于科举制度为社会人员之阶层流
动提供可能,专制皇权的进一步加强,豪门大族鲜有五世其昌者,但中国传统社会的强
大固力仍在,婚仕不仅为士大夫阶层所看重,就是一般人群也相沿成习,比如《儒林外
史》也写到牛浦郎、匡超人、沈琼枝、陈木南等人的婚恋,《红楼梦》也写到贾雨村、贾政
等人的仕宦,只不过两书叙写的侧重点有所差异而已,《儒林外史》和《红楼梦》抓住仕
婚来表现生命个体之适性适情实在击中了传统中国人生之要害。因此,《儒林外史》和
《红楼梦》的主题在"为人生"的意义上具有共同指向。从题材维度来看,《儒林外史》可
以说是一个个"当代事件的报道",或者是其他"作家加工了的作品",当然还不乏作者
"想象的产物",作者都"用文学方式进行了处理",使这些题材"获得新的形式和生
命",相反或相应地共同完成适性主题。尽管《儒林外史》的题材形同多人传记的缀
合,但我们应看到这些人物性格之完塑与小说主题之表达也借助家庭生活之描写,比
如范进家、严监生家、娄府、匡超人家、鲍文卿家、杜府等,这些家庭要么是已经衰败的
科举世家,要么是普通的底层平民家庭。《红楼梦》的题材以写家族生活为主,人们虽
然常说"四大家族",其实小说中真正详写的也就是贾薛二家,贾府是世袭的军功贵族,
薛家则是皇商,虽说内囊尽上但还是非比寻常仕宦人家之有权有势、极富极贵的豪族,
正与《儒林外史》中的寻常人家相异。可以说,《儒林外史》和《红楼梦》在题材的选择与
人物形象的塑造上也存在下层与上层的互补性。

明代中叶以后,王学的末流堕入空谈性命,科举制度日益败坏,佛教禅风盛行,这
些都导致思想界失实向虚。经过明末清初天崩地裂般之巨变,以实学取代虚学之学术
转轨最终造成朴学成为民间学术潜流。其时之社会批判思潮结合反清斗争的政治目
标,借助考据重新辨识元典顺理成章地成为批判的主要手段。顾炎武要求学者"务本
原之学";黄宗羲"摘发传注之讹,复还经文之旧";阎若璩辨伪经,唤起"求真"观
念。其治学根本方法,在"实事求是"、"无信不征","厌倦主观的冥想而倾向于客观的
考察"。总之,朴学所表现出来的学术思潮特征就是求真向实。但是,占据满清统治
的主流思想则是程朱理学。葛兆光先生指出:"在整个清帝国的知识、思想和信仰世界
表面的同一与和谐状态中,恰恰一切都在分裂。最重要的是社会生活的分裂,这是由
私人生活与公众生活的对立而引起的,在以程朱理学为主的普遍真理话语的笼罩下,

士人渐渐丧失了思想空间,丧失了空间则失去了立场,主流话语以'理'的名义侵入并控制了知识世界,使士人在所有公开和公众场合,不能不自觉依照这种天经地义的原则说话,否则就有被指责为'离经叛道'的危险,除了不公开的私人生活之外。于是,私人生活成了人们表达真实情感的唯一空间,成了思想逃逸的唯一场所,它与公众场合的姿态和原则难以一致。"② "丧失了真理诠释权力和社会指导能力的士人,便在公共领域里失去了自己的立场,只能在'私'的方面表达自己个人的思考。"③而文学尤其小说在当时无疑是极为"私人生活"化的文类。如果说,明末清初的小说创作是在五种合力的作用下呈现出空前的繁荣的话,雍乾时期这五种合力已经不是那样有效地起作用了。经过顺康将近百年的惨淡经营,满清统治者的武功已基本结束,他们能够腾出一只手来加强文化统治。雍乾两朝文祸之频之烈可以说前无古人。对于清代朴学思潮的兴起,不同的学者从不同的角度找到了许多原因,但他们都共同认为"文祸"是最直接的原因。其实,当时的小说创作也处于一个相对低潮。由于政治环境的恶劣,无论是在朝还是在野的士人大都以对传统学术的还原为研究旨趣,从而发展出一套与主流意识形态相对立的言说方式。这种做法为彷徨无依的传统士人找到了安身立命的地方,从而形成一股席卷鸦片战争爆发之前的中国传统士人阶层的学术潮流。很多学者不仅在对元典的还原中实现了自我,而且发现了自我,重新认识了"人"。即使宗阳明心学的唐甄也很注重客观研究,"对于社会问题,亦有许多特见。《备孝篇》说爱子者当无分男女,爱之若一。《内伦篇》、《夫妇篇》说男女平等之理。《鲜君篇》、《抑尊篇》、《室语篇》力言君主专制政体之弊。《破崇(祟)篇》痛斥自杀之非。《大命篇》痛叹贫富不均之现象,谓天下之乱皆由此起。"④最典型的莫过于戴震了,他甚至发出了谴责"以理杀人"的呐喊。另外,考据学者"对主流社会中空谈义理之学的疑惑,对于这种义理中严厉的道德标准和高调的理想主义,他们看到它由于过分压抑人的情欲,而与社会生活实际的背离,便试图用另一种约定俗成的道德共识和形诸仪节的规则来替代它,于是有'以礼代理'的思路"。⑤这些都是乾嘉朴学思潮中最富有震撼力的见解当然也影响了当时的文学创作。

文学从根本上来说是人学,当人们厌倦了远离现实人生甚至伪饰现实人生的各种才子佳人或历史演义小说之后,对人的本真存在方式的追寻也就无可抵挡地来到了富于创造性的作家的笔下。吴敬梓在小说创作的同时也研究《诗经》,著有《诗说》,并且认为"此人生立命处也"。吴敬梓说《诗》,从学术层面来讲,当然是顺应了从宋学转向汉学的时代民间潮流,但其中也寄寓了他重视孝道、礼义的个人思想,试图以原始儒家的"礼"来消解当时屈悖人性的"理",进而批判以"理"为核心的八股科举制度。③因此,吴敬梓的《诗说》也如同时代的学者一样,充满了"求真"的旨趣;《儒林外史》一方面追求"人性之真"的"适性"生存,另一方面也寻求"以礼代理"的社会人生出路。可以说,《儒林外史》正是吴敬梓主动融入当时民间学术潜流并且受之影响的产品,渴望"性""礼"完美地结合。《红楼梦》全书也在于"求真"——追求真情的表现,把"情"与"理"的冲突完全暴露,明确倡导以"情"抗"理"。"礼"是一个伦理学范畴,指规定社会行为的规范、仪式、制度的总称,而"理"则是一个哲学范畴,指道理、法则、名分,宋儒程颐把自然规律和道德原则混为一谈,如此并把"天理"作为最高哲学范畴,将传统社会的伦理价值观念无限绝对化,把"天理"和"人欲"对立。⑨明清时期许多学者都对程朱理学进行了批判。《红楼梦》也表现出较强的尊"礼"非"理"的倾向,在"情"与"礼"中取得平衡,人物的正常行为都以"发乎情而止于礼"为准则的。第九回,秦钟和金荣冲突,贾宝玉说:"我们被人欺负了,不敢说别的,守礼来告诉瑞大爷,……""守礼"正是《红楼梦》尊"礼"的体现。第三十七回,贾宝玉把自己园中新开的桂花,装在瓶里,"孝心一动",就送给贾母和王夫人了,这一点也得到贾母的肯赏。第四十回,刘姥姥说"礼出大家",也是对贾府重"礼"的肯定。人生之"礼",莫过于生死两处,贾敬之死和贾母的八旬大庆既详细描述了"礼",也暴露了贾珍、贾琏、贾蓉等违背"礼"所造成的家庭混乱,"首罪宁"即在此,宁国府的不堪正在于背礼的事情太多,尽管贾珍、贾蓉父子表面上假装"守礼"。在整部《红楼梦》中,造成家庭衰败的外在因素就是不合"礼"的人和事太多,而造成个人悲剧的内在因素则是"存天理,灭人欲",比如晴雯之死、黛玉之死,可以说她们是为"理"所杀,就她们个人来说,并没有背"礼"的行为,甚至积极维护"礼",但并没有改变她们的悲剧命运,这是因为她们的言行为"天理"所不能容。当然,由于宋代以后"礼""理"在我国传统社会里有时互为依倚,有些地方是混在一起的,有时对"理"的反抗也就以突破"礼"的规定为表征了。总的看来,《红楼梦》还是体现了尊"礼"非"理"的倾向。就这点而言,《儒林外史》和《红楼梦》具有共同的为人生意义。

五、结　语

综上所述,我们不难发现这样一个文学史实:中国古代小说史上里程碑式的六部长篇章回体小说名著几乎每隔大约二百年捉对儿出现,它们成双结对地在人物形象和题材的选择方面具有上层和下层的互补性,在主题上具有共同的旨向。概而言之,《三国志通俗演义》中的帝王将相和《水浒传》中的江湖英雄通过各种权谋诈术或投身争战而忠于一姓一代之事,同时实现自身的功名富贵追求,彼此之间则多以"义气"相尚而聚结;《西游记》中的取经五众和《金瓶梅》中的财色男女在禁欲修心和纵欲亡身的征途苦海中跋涉,或者得以修成正果,或者获得荐拔超生,二书皆以祛欲皈佛为己群的终宿;《儒林外史》中的举业士人和《红楼梦》中的闺中儿女在为功名富贵所熏染的社会和家庭中挣扎,两部小说批判的锋芒都指向背性屈情的个体生存困境,二书以或适性或适情作为个体生命存在的本真意义,从而把中国古代小说甚至整个古代文学对生命本身的关注推向前所未有的自由高度。可以说,这六部小说名著双双把中国古代文学所具有的审美表现力分阶段地向纵深推进。

元朝廷反文明的残暴统治,激起了汉族士人对于本民族传统之核心价值"忠义"的呼唤和歌颂。汉宋两朝是中国古代社会中开明专制的典范朝代,是中国古代士人的理想生活时期,中国传统儒家学术发生裂变分化最为突出的时期,中国古代传统价值观"忠奸"对立斗争最为激烈的时期,当国家民族沦亡、异族野蛮统治之时,在"朕即国家"的时代,凝聚民族反抗的力量必然地来自对一姓一朝的依恋,刘汉和赵宋进入作家的创作视野,既是这两种故事在民间长期流传为人们所喜闻乐见的促成,也是时势使然,即使元末占据强势之主要起义队伍也多打着汉宋的旗号。朱明建立后两百年,汉宋文明盛世并没有再现,而儒学在粗鄙的统治者进行庸俗政治化的改造后完全堕落,传统士人失去了安身立命的精神凭依,人间帝王以及维护帝王专制的一系列的思想和人员都引起了人们的质疑,"在那个时代,在一个思想资源相对封闭的空间里,在没有外来文明根本影响的情况下,最容易找到的就是历史与传统中曾经存在过,但又被摒弃在边缘的知识、思想与信仰。其中,最有刺激性和挑战力的思想资源,除了逐渐从主流文明和上层人士中淡出的佛学之外,就是在南宋时代曾经与朱学对垒的陆学。"⑥因此,不难看出,当时多具民间色彩的小说家在现实功利的追寻失势后,自然把眼光投向了遥远的西天。就文学的审美层面来说,文学的宗教表现正是对现实的否定和超越,宗教的外壳下潜藏的是对人自身荒谬存在的疑问。回到人自身,企图寻译"我是谁"是一切摆脱功利束缚的文学作品之潜在的终极追寻。文学不是宗教,文学的魅力不在于是否能够给出标准答案,不在于如同宗教一般地让人归于平静和安宁。文学的特质还是在于激起人对自身生命真实存在的关注。可以说,《儒林外史》和《红楼梦》既是中国古代小说发展的又一次审美超越,也是文学审美的成功软着陆。从文学的表现形式来看,这六部小说名著各有其迷人之处,难分轩轾,但从中国古代小说的审美表现进程来说,这六部小说名著确实对文学内涵的演绎不断地作深层的掘进,直至人的本来性情。

这六部小说名著的产生既与作家为了实现自身的价值进行天才的创造分不开,更是作家对处于民间的非主流社会文化价值观和思想潜流的主动呼应,体现了作家非凡的预流意识,把握住了具有永恒意义的文化价值,并在作品中借助生动的人物形象和精心选择的题材来充分地呈现。这些都对当代的创作具有重要的启示,也为我们树立了真正经典著作的标杆。

注

① ③ ⑫ 陈大康《通俗小说的历史轨迹》,湖南出版社 1993 年版,第 16、302、91 页。

② 本文写作参考小说的版本为:《三国演义》(嘉靖本),罗贯中著,岳麓书社 2008 年 8 月第 1 版;容与堂本《水浒传》,施耐庵、罗贯中著,上海古籍出版社 1988 年 11 月第 1 版;《西游记》,吴承恩著,李卓吾、黄周星评,山东文艺出版社 1996 年 2 月第 1 版;《金瓶梅》会评会校本,秦修容整理,中华书局 1998 年 3 月第 1 版;《儒林外史》汇校汇评本,[清]吴敬梓著,李汉秋辑校,上海古籍出版社 1999 年 8 月第 1 版;《红楼梦》,曹雪芹、高鹗著,人民文学出版社 1982 年 3 月第 1 版。关于这六部小说产生的年代,目前学界的争议性较大。本文取其为大多数人认可的看法。《三国志通俗演义》、《水浒传》大约成书于元末明初,《西游记》、《金瓶梅》大约成书于明代隆庆、万历年间,《儒林外史》、《红楼梦》成书于清代乾隆中期。为取其成数,本文将每两部小说之间的间隔时段暂且判为大约二百年。反之,如果本文的探讨论证成立,那么也可以对其成书年代的判定有所帮助。

④ ㉓ 孟昭毅《比较文学通论》,南开大学出版社 2003 年 11 月版,第 163、174 页。

⑤ 参看齐裕焜《明代小说史》,浙江古籍出版社 1997 年 6 月版,第 49、104 页。

⑥ 陈大康《明代小说史》,上海文艺出版社 2000 年版,第 40、48 页。

⑦ 钱穆《国史大纲》(下册),商务印书馆 1996 年修订第 3 版,第 658 页。

⑧ 陈文新《三国演义》(嘉靖本)前言,岳麓书社 2008 年 8 月版,第 6 页。

⑨ ⑪《金瓶梅》会评会校本,秦修容整理,中华书局 1998 年 3 月版,第 9、1466 页。

⑩《西游记》,吴承恩著,李卓吾、黄周星评,山东文艺出版社 1996 年 2 月第 1 版,第 91 页。

⑬ 杨义《中国古典小说史论》,中国社会科学出版社 1995 年 12 月版,第 343 页。

⑭ 严耀中《江南佛教史》,上海人民出版社 2000 年 11 月版,第 366—370 页。

⑮《王阳明全集》卷二,《语录二》,上海古籍出版社 1992 年版,第 67 页。

⑯⑰⑱⑲《儒林外史》汇校汇评本,李汉秋辑校,上海古籍出版社 1999 年 8 月版,第 687、1、13、1 页。

⑳《红楼梦》,曹雪芹、高鹗著,人民文学出版社 1982 年 3 月第 1 版,第 6 页。

㉑ 关于"性"、"情"之异同,参看张岱年著《中国古典哲学概念范畴要论》(中国社会科学出版社 1987 年版)相关的解释,第 180、185 页。

㉒ 陈寅恪《元白诗笺证稿》,上海古籍出版社 1982 年版,第 84 页。

㉔ 参看尹继佐、周山主编《中国学术思潮兴衰论》,上海社会科学出版社 2001 年 12 月版,第 249—251 页。

㉕㉖ 许道勋、徐洪兴《中国经学史》,上海人民出版社 2006 年 10 月版,第 228、230 页。

㉗㉘㉛ 梁启超《梁启超论清学史二种》,复旦大学出版社 1985 年版,第 3、4、278 页。

㉙㉚㉜㉟ 葛兆光《中国思想史》第二卷,复旦大学出版社 2001 年 12 月版,第 381、401、443、295 页。

㉝ 参见周兴陆《吴敬梓诗说研究》,上海古籍出版社 2003 年版,第 16—40 页。

㉞ 关于"礼"与"理"的涵义,参见谢谦编著《国学词典》(中国人民大学出版社 2007 年 4 月版)第 107、464 页,张岱年著《中国古典哲学概念范畴要论》(中国社会科学出版社 1987 年版)相关的解释。

(原载《文艺评论》2012 年第 6 期,作者为无锡高等师范学校副教授)

试论1903年小说的意义和影响

陈清茹

　　1903年的小说创作和评论，对于晚清小说史、中国小说史来说，都是一个相当特别的存在。无论是政治小说还是其他类型的小说，无论是小说创作还是小说评论，这种政治色彩都难以抹去。这确实是一个激情四溢的时代，进步文人们为了宣扬政治理论和救国救民的思想，不管自己是否有创作才能，都积极加入到小说创作的队伍中。这是历史上从未有过的盛况。当然，从艺术上来说，这种直接宣扬政治思想的做法并不足取，这也成为政治小说很快消失的根源。一批曾受梁启超等人感召和鼓励，真诚地相信小说可以改造社会的作家，在创作了一批"新小说"后，看到政治更加腐败、社会痼疾愈演愈烈，也感到通过改良小说来改良社会的希望彻底破灭，"呜呼！向之期望过高者，以为小说之力至伟，莫可伦比，乃其结果至于如此，宁不可悲也耶！"①美好的理想未必有一个圆满的结局。对于小说史来说，1903年的影响是正负双重的，既为中国小说开创了一个新局面，但也为小说以后的发展遗留了若干弊端。

　　对于那些政治家身份的作者来说，1903年意味着太多的失落与遗憾。尽管"小说界革命"是由他们发动起来的，借助于他们在政治上和思想上的影响力，革命的理念得到许多人的赞同和认可，鼓吹之功不可谓不大，但是文学的理念并没有转化为创作的实绩。经过一年的短暂实践，政治家作者们发现自己并没有小说创作的才能，最直接而明显的证据就是他们只能给读者留下无法完结的作品。《新小说》最大的缺点是衍期，除第1期至第3期按时出版，其他间隔两月或三月不等。该刊一再登报道歉，一再

---

① 天笑生：《小说大观宣言》，《小说大观》第1期，1915年。

申明将完成未完之作,而读者望穿眼底,终不得见。这并非是因为作者们三心二意,他们深知小说对政治的影响力和作用,他们在小说上寄托着比别人更多的希望和理想,但是他们没有能力把小说写下去,无法给小说一个完整的结局。实践证明,小说创作并不像他们原来想象的那么简单,"小说界革命"所需要的,绝不只是一腔热情而已。

经过这次失败的实践之后,政治家作者们很少再进行小说创作,他们撤出后,政治小说越来越少,在 1906 年以后创作形势更是急转直下,言情小说开始抬头,消遣娱乐创作倾向流行。这种状况虽说与时代及其他因素有关,但是与政治家作者们创作失败和过早放弃有很大关系。如果他们能够不断地创作出吸引大众的政治小说,政治小说的热潮就不会这么快地消散。他们当初无比自信,这种自信心鼓舞了所有人;而当遇到挫折时,他们的悲鸣也是摧毁性的。作为"小说界革命"提倡者的梁启超满腔悲愤地说:"近十年来,社会风习,一落千丈,何一非所谓新小说者阶之厉?"①这种偏激的论调同样引起了广泛的共鸣。试问,连梁启超自己都放弃了,怎么还能指望别人创作出符合政治要求的小说呢?

但是,对更多的人来说,1903 年虽然沉淀着太多的遗憾和伤感,却是生命中一道永恒的风景。1910 年,吴趼人充满深情地回忆道:"于是始学为章回小说,计自癸卯始业,以迄于今,垂七年矣。"②对于那些曾亲身参与 1903 年小说创作,曾亲身体验到那种涌动的激情的人们来说,这一年作为他们文学人生的开始,已永远留在记忆之中。许多人是受梁启超"小说界革命"口号的感召走上小说创作的道路的,他们没有从事小说创作的实际经验,甚至根本没有接触到小说创作,是 1903 年那种火热的气氛使他们抛开顾虑,以稚嫩的笔挥洒着自己的激情。1903 年对于他们来说就是一个里程碑,一个至关重要的转折点,不管这一年的创作是否成功,也不管他们以后是不是继续从事小说创作,这一年都在他们的生命中留下了不可磨灭的印记。尤其是对于那些当时默默无名,在以后新文化运动中却是主要力量甚至是领导角色的人来说,1903 年的小说创作是弥足珍贵的经历,对于他们以后的人生道路和创作生涯具有深远的影响。新文化运动的领袖人物们总希望摆脱晚清的暗影,因此他们不大愿意回忆过去,仿佛他们是横空出世,完全是时代的产儿,其实不然——如果说"五四"是一棵枝繁叶茂的大树,

---

① 梁启超:《告小说家》,《中华小说界》第 2 期,1915 年。
② 吴趼人:《最近社会醒醒史序》,1910 年上海广智书局版。

1903 年就是一棵小树苗，大树再大，也是从小树苗一点一点生长起来的，不能因为当初的不成熟就要抹煞历史。

鲁迅是从 1903 年走向新文化运动的一个典型代表。作为日后新文化运动的主力军，现代文坛上赫赫有名的领袖人物，他在 1903 年时还刚刚踏入文坛，只是小说家中普通的一员。鲁迅 1903 年开始翻译小说，在《浙江潮》上先后发表了《斯巴达之魂》、《哀尘》和《地底旅行》，还出版了《月界旅行》。《新小说》是梁启超在日本创办的，鲁迅当时的创作深受到政治因素的影响，《斯巴达之魂》与梁启超在《新民丛报》的《斯巴达小志》十分相像，甚至小说中有两句话就是从后者转借而来，几乎不作修改，原样照搬。后来鲁迅回忆起创作《斯巴达之魂》的情形，说："那一篇《斯巴达之魂》现在看起来，自己也不免耳朵发热。但这是当时的风气，要激昂慷慨，顿挫抑扬，才能被称为好文章。我还记得，'批发大叫，抱书独行，无泪可挥，大风灭烛'是大家传诵的警句。但我的文章里，也有受着严又陵的影响的，例如'涅伏'，就是'神经'的腊丁语的音译，这是现在恐怕只有我自己懂得的了。"[1]1903 年鲁迅刚刚踏入文坛，初次接触到外国文学，虽然热情无限，认识却还肤浅，现在经过深入学习外国文学，不管在理论上还是在翻译水平上都有了很大进步，以这样的功力和水平再回过头来去看过去的旧作，当然会觉得原来的作品幼稚浅显。但是如果没有开始时的幼稚，哪会有后来的成熟和提高呢？更何况当初的作品真实地反映了当时的时代风气，从这个意义上说，"少作"也是有它"不可悔"的理由的。

鲁迅直到"五四"才重新开始小说创作，这时的作品收敛起火热的激情，减褪了太过张扬的政治意味，对社会的体察深刻了，小说的文学性增强了，与少作呈现出明显的区别。但是，从这些深邃老辣的成熟之作中我们仍能看出作者当年的影子，因为其中有贯穿鲁迅一生的关于国民性问题的思考。鲁迅 1903 年时的作品与同时代的作品已有些不同，已经显示出鲁迅对国民性问题的思考和关注。从《斯巴达之魂》我们可以看出鲁迅当时所向往、憧憬的国民精神是那种不甘欺压、敢于反抗的"尚武精神"，尽管这种改造国民精神的努力还是初步的，还有些空洞和笼统，但对于年轻的鲁迅来说，这种认识和努力却对他后来走上文学的道路有着决定性的意义。鲁迅的代表作《狂人日记》和《阿 Q 正传》的主旨是发掘和批判中国人和中国文化的性格，背后同样是对国民性的思考，只是思想更加深刻，批判意识更强。或许我们可以这样说，同样是改造国民

---

[1] 鲁迅：《集外集·序言》，《鲁迅全集》，人民文学出版社，1980 年版。

性的主题,前后期的鲁迅根据时代精神和个人思想的变化,选取了不同角度进行创作。当年为了挽救亡国灭种的危险,突出尚武精神和爱国思想,《斯巴达之魂》赞颂"大无畏大无敌"的斯巴达军队,特意刻画了两个"屹立阵头"决心战死的少年贵族,给奋起抗俄的爱国青年以巨大的精神鼓舞。后期创作则高扬鲁迅式的批判精神,以冷峻之笔刺痛国民麻木的神经,1903 年时那种对封建王朝摧枯拉朽式的批判,那种为国牺牲的豪情壮志并没有消褪,但它已凝聚为批判的锋芒,直入几千年传统文化的内里。

还有一些小说家同样事隔多年后重新开始小说创作,但是小说已经发生了重大改变,我们只能从一些难以察觉的线索中,依稀瞥见当年的影子。1903 年,苏曼殊和陈独秀合译了雨果的《悲惨世界》,把它改编成具有浓厚中国政治色彩的作品。但是直到1911 年后,苏曼殊才重新开始小说创作,这时的小说以言情小说为主,而且都是以悲剧告终。回头再看 1903 年这部思想激进的小说,不免有隔世之感。但是,作为近代具有高度民族思想与爱国情怀的革命家,苏曼殊的作品仍显示出有别于一般言情小说的鲜明特征。《断鸿零雁记》开篇第一章开头就写"百越有金瓯山,滨海之南,巍然矗立,"此地"有海云古刹在焉,"由此联系到宋末逸事,"相传宋亡之际,陆秀夫既抱幼帝殉国崖山,有遗老循迹于斯,祝发为僧,昼夜向天呼号,冀招大行皇帝之灵。"通过南宋传说故事借题发挥,抒发爱国热情。其他历史题材的小说亦不乏政治色彩,如《焚剑记》诅咒军阀混战,《绛纱记》描写"日出而作日入而息"的理想国表达自己的政治理想。由于他思想的叛逆和激进,使得他的小说也有着异于常人的内容。如徐枕亚的《玉梨魂》反映寡妇恋爱的问题,在当时已为时人所不容,而苏曼殊的小说走得更远,表现得更大胆。在他的笔下,和尚有着与常人一样的情感,也有与人相爱的冲动,由于和尚的身份,使得他们陷入矛盾痛苦之中,尽管他们最终还是理智战胜了情感,但这种大胆的表现无疑已具有革命性和颠覆性,表现出一般人所没有的勇气,这与作者革命家的身份和经历是不无关系的。

最后,对于那些本来以创办或编辑报刊为业的文人来说,1903 年无疑是一个重要的转折点,无论对于他们的创作还是人生都是一次极大的冲击。他们通过这次创作实践找到了一个合适的机会,既可以实现他们开启民智,关注民生的抱负,又能够解决经济问题。由于《新小说》开创了稿酬制度,写小说可以获得一定的收入,这在一定程度上可以解决生活问题,因此会吸引一些文人从事小说创作,甚至有的作者就是通过创作小说来还债的。1903 年成功的创作实践使得这些编辑小说家一直延续着关注时代、关注社会的创作方向,谴责小说始终是他们创作的主要类别。尽管他们偶尔也创作言情小说,但那也不是单纯的言情小说,而是言情和"言世"相结合的作品,社会环境往往成为影响主人公悲剧的重要原因。如吴趼人的《恨海》和《劫余灰》都是如此,都是在宏大的时代背景下的爱情故事。

如果把政治性视作 1903 年小说的创作灵魂,那么在 20 世纪中国文学的风云变幻、斗转星移之中,1903 年小说已经成为一道永恒的风景。正如一个被不断奏响的旋律,时间的延长没有使它消蚀,而是让它越来越强烈。即使后来的晚清小说已不复当年的激情,"海内文豪,从兹多谈风月",即使后来"为艺术而艺术"的口号成为一时之尚,我们仍然能穿越纯消遣、纯艺术的帷幕,洞见中国文人反抗现实、干预现实的拳拳之心。

"五四"之后,政治革命风起云涌,"革命文学"一词迅速流传开来。这种文学理念明确要求文学承担一定的宣传使命,主张文艺为革命服务,"警醒人们使他们有革命的自觉,和鼓吹人们使他们有革命的勇气,却不能不首先要激动他们的感情。激动感情的方法,或仗演说,或仗论文,然而文学却是最有效的工具。"①这是在一个新的层面上重回"文以载道"的立场,但它所获得的支持却是空前的。文学为革命服务合乎逻辑的发展,就是文学为政党服务,为夺取政权的战斗服务。20 世纪 40 年代,毛泽东在肯定五四新文学作用时说,革命需要有"文"和"武"两条战线,"我们要战胜敌人,首先要依靠手里拿枪的军队,但是仅仅有这种军队是不够的,我们还要有文化的军队,这是团结自己、战胜敌人的必不可少的一支军队。"(《在延安文艺座谈会上的讲话引言》)

启蒙主义者用文学改变人的精神,"革命文学"倡导者用文学激发人的精神,政治家则用文学作为战胜敌人的军队。这与其说是传统诗教文艺观使然,不如说是政治与文学的一种相互需要。在社会危机深重的时候,革命是最崇高、最神圣的,是各种社会活动中的"第一要著",革命需要文学,而文学也随着其宣传功能的强化而被提升到崇高、神圣的位置。革命与文学的交响构成了 20 世纪中国文学的主旋律,而这正是由 1903 年小说创作定下基调的。

（本文节选自博士论文《光绪二十九年(1903)研究》,作者为《北京社会科学》编辑部副研究员）

---

① 中夏:《贡献于新诗人之前》,《中国青年》第 10 期,1923 年 12 月 22 日。

关于文言小说与话本小说关系的若干思考
——以《聊斋志异》和聊斋话本为例

刘富伟

　　众所周知,《聊斋志异》是中国文言小说的巅峰之作,在它刊行之后,不仅对清代的文言小说产生了深远的影响,而且也为其后的话本小说创作提供了取之不竭的再生资源。就笔者所见,依据《聊斋》故事内容改编而来的话本就有十七篇,即菊畦主人《醒梦骈言》(又名《醒世奇言》)十二篇、芝香馆居士《删定二奇合传》(又名《二奇合传》)二篇、邵彬儒《俗话倾谈》二篇;除此之外,刘省三《跻春台》卷一元部的《失新郎》也是取材于《聊斋志异》,不过其情形较为特殊,它实际上是捏合《新郎》、《小翠》两篇故事而成。笔者曾从题材选择、文类置换、语体变更三个主要环节,较为全面地阐述了聊斋话本是如何转化、改写《聊斋志异》这一问题的。①它实际上也是文言小说和话本小说关系的一个具体而微的缩影。此文打算在这一个案分析的基础上扩展开来,从较为宏观的角度来简略探讨一下文言小说和话本小说之间的关系,并从中总结出话本小说改编文言小说的共有规律以及得失经验。

一、人们为何热衷于把文言小说改编为话本?

　　从宋元时期开始,中国小说的创作格局开始发生了重大转型,由文言小说的一枝独秀变为文言、白话的双水分流、齐头并进。自此之后,文言小说、白话小说既在各自的文体传统内独立发展,又在前行过程中彼此渗透,相互沟通,形成了对峙中有交汇、竞胜中见兼容的互动式和互补式关系。话本小说深受文言小说的沾溉是有目共睹、人所共知的,前代学人也不止一次论述到这一问题。文言小说受到话本小说的滋养则是近年来才引起学界的注意,实际上宋人传奇小说、明代中篇传奇等都曾接受话本的影响,以致有学者特意将它们命名为"话本体传奇",以区别于唐人小说的"辞章化传奇"(或称"诗意传奇"),②文言小说的巅峰之作——《聊斋志异》的成功也是缘于它对文言小说和话本小说的全面继承和有机整合。这些都是不容否认的事实。

同时我们也注意到,文言小说和话本小说之间的沟通、交流也是有所区别的,文言小说多是从话本那里借鉴其创作技巧、表现手法及语言艺术等,属于较为隐性的层面;而话本则大多是袭用文言小说的本事、题材、情节等,属于较为显性的层面。换言之,许多话本小说并不符合现代意义上的创作范畴,称其为改编显然更为合适。其实早在话本小说开创期,那些书会才人就已着手改编文言小说,罗烨《小说开辟》论宋代专攻"小说"者是"幼习《太平广记》,长攻历代史书","《夷坚志》无有不览;《琇英集》所载皆通。动哨、中哨,莫非《东山笑林》,引倬、底倬,须还《绿窗新话》。"③他虽是强调说话人的"实学根基",但亦从一个侧面说明当时"小说"的题材来源是与文言小说密不可分的。据现存的宋元话本统计,与唐代小说题材相关者就有十六篇之多。晚明时期的大多数话本集都是题"某某编辑"("编""编述""编次")、"某某纂辑"等,按郑振铎先生的解释:"所谓'辑'者,大约是指辑了别人的文章而加以敷衍之意",可见当时话本作者已视改编为理所应当。同宋元小说一样,《太平广记》、《夷坚志》亦成为晚明话本的必备参考书目,仅据"三言二拍"统计,其入话采用唐代小说者有三十三篇,正话采用唐代小说者有四十二篇;④其头回(入话)采用《夷坚志》者有十三篇,正话采用《夷坚志》者有十一篇,头回、正话均取材《夷坚志》的有五篇。⑤不仅如此,冯梦龙、凌濛初还向同时代的文言小说求援,"三言""二拍"中已知取材于明人传奇笔记的小说各有二十余篇。⑥晚明之后,随着话本小说进入个人独创为主,这一现象方逐渐减弱,但是文言小说仍然是编创话本的重要的可持续性资源,否则,就不会出现像《醒梦骈言》那样全部翻演《聊斋志异》的情况。对此我们不禁要发问,话本为何热衷于改编文言小说? 这一司空见惯现象的背后有什么必然因素吗?

首先,两者虽同是叙事文学的重要成员,但文言小说的发育成熟要远早于话本小说。姑且不论学界对唐前的志怪体、志人体是否具备小说资格尚存争议,但大都承认唐人传奇的崛起标志着文言小说的成熟和文体独立。宋代话本虽与唐代俗文学有一定渊源,但它真正成长起来却要依赖于当时高度发达的"说话"伎艺。这一时间上的落差不可小视,书会才人们在筚路蓝缕的草创阶段,自然而然地会把目光瞄准叙述艺术已相对完善的唐人传奇,或明或暗地吸收文言小说的滋养,也不可避免地会出现将文言题材直接拿来为我所用的情形。再考虑到说话人的演出已是一种商业性的运营,需要源源不断地提供新的书目才能招徕更多听众,如果一味地采撷新近时事,既劳心费力也恐怕没有那么多"新闻"可供参考,这种现实需要也迫使他们要到文言旧籍那里去"讨生活"。何况《太平广记》这部五百卷的皇皇巨著在北宋初期就已面世,它几乎把宋初之前的文言小说网罗殆尽,更省却了编创者的爬罗剔抉之苦。这样一来,就逐渐在话本作者头脑中形成一种改编的思维定势,以至演变为一种不言自明的文体传统。晚明时期以前代"小说"为范型进行写作的冯、凌等人,在对"宋元旧种"搜刮殆尽的同时也活学活用,将它们改编文言小说的传统亦继承下来。由于"三言二拍"是话本创作的又一高峰,在后世作家心目中具有牢不可破的地位,于是,袭用文言题材就成为编撰话本的一种常态,大家也都在心知肚明中默认了这一潜在规则。

其次,两者虽都冠以"小说"的称谓,但文言小说在古代文类序列等级中要高于话本小说。赵毅衡曾指出,中国文化长期以来呈现一种典型的"纵聚合型结构",这也表现在严格的文类级别上,其中"经"(儒家经典)与"史"(官修史)处于这文类级别的顶端。⑦在"经""史"统摄之下的文类等级,亦要排座次、正名分,就文学创作而言,诗、文的文体级别要高于小说、戏曲,在小说内部,其实也不平等,文言小说的排位又高于白话小说。除去两者一用雅言、一用俗言写作的语体因素外,还有两个明显的事实也透露出个中信息。一是白话小说作家很少署自己的真实姓名,而文言小说作家基本没有这方面的顾虑。⑧二是晚清以前的各种官私目录很少著录白话小说(著录较多的《晁氏宝文堂书目》、《也是园书目》也都是私家书目),却往往对文言小说网开一面。⑨由此可以认定话本小说是处于文类序列最底层的文学样式之一。文言小说创作的好手宋懋澄,曾谓"吾妻经,妾史,奴稗",⑩却不给白话小说留有余地,正是对这一文类等级形象而真实的写照。话本小说"稗官所不载"、"壮夫所不为"的卑微地位,既使创作者有一种卸载不下的自卑情结,也促使他们要费尽心机来改善自己的尴尬处境。其中之一就是设法与较高等级的文体拉关系、套近乎,借此来论证自身存在价值的必要性与合理性。这种努力体现在三个方面,一是用劝诫教化攀附于最高级别的儒家经典,以打牢在文化圈内的生存根基;二是插入大量的诗词韵文而向更高的文类等级靠拢,以取得在文学圈内的生存资格;三是取材于文言小说而向级别相差不远的文类看齐,以改良在小说圈内的生存境遇。总之,这诸种"越界""破体"行为,既给作者提供了展露"开天辟地通经史,博古明今历传奇"的才学的机会,更是以此验证自身来源的合法性、合理性,用于抬高其在文类序列中的地位和价值。我们从中亦不难理解话本热衷于改编文言小说的苦心了。

最后,叙事机制的内在相通,也使话本把改编文言小说列为首选。从文类学的角度来讲,文言小说和话本小说是既长期共存又壁垒森严,一个盘踞在笔记体、传奇体的地盘,一个占领着话本体的疆域,在文体上很少互通往来。但从另一角度来看,两者都由人物、情节、环境三大要素构成,都具备叙事述情的基本功能,作者也都从中传达一定的观念意图,如此多的相似与叠合,又使文言小说和白话小说形成了割舍不断的亲缘关系,彼此之间相互借鉴、渗透亦是大势所趋、理之必然。因此,话本热衷于改编文言小说,也是出于叙事性与文学性的考虑。当然,我们也注意到,文言小说为话本所提供的素材详略不一,繁简有别,这又使得话本编撰者形成了不同的改写策略。有的作者选择的是略具故事轮廓、粗陈梗概的丛谈小语,这样个人发挥的空间更大,可以在另起炉灶时自由地添枝加叶,也容易灌注进自己的思想理念,不过付出的艰辛较多,如凌濛初即是"取古今来杂碎事""演而畅之",[①]这样的作品在某种意义上已具备了独创的性质,故学界普遍认为《初刻拍案惊奇》、《二刻拍案惊奇》是我国最早的个人创作的白话短篇小说集。有的选择的是情节相对完整、故事基本定型的传奇小说,编创者只要随事敷衍、增添细节即可,有时甚至是修补、装饰一下就被派上用场,根据《聊斋志异》改编的话本小说就大多如此,如《二奇合传》中的《曾孝廉解开兄弟劫》(据《曾友于》改写)、《毛尚书小妹换大姊》(据《姊妹易嫁》改写)基本上是原有故事的照搬与演绎,这样一来,文本的独创性就比前者要大打折扣了。

总起来看,话本热衷于改编文言小说,是一柄双刃剑,一方面话本借此逐渐走向成熟壮大,推动了自身的发展,另一方面当它患上了严重的依赖症,沉溺于此而不思自拔时,又预示着其必然衰亡的命运。而对于文言小说来说,话本的改编无疑为其起到了广告宣传的作用,即使读者并不知道故事的来源,它在客观上也为文言小说的传播开拓了道路。

二、应如何将文言小说改编为话本?

既然话本热衷于改编文言小说已是不争的事实,那么,我们接下来思考的是话本应如何改编文言小说。除了小说基本体制的转换、语言形式的外在变更,是否还有更深层次的问题值得进一步探讨?下面就结合聊斋话本改编中所体现出的得失经验,从几个大的方面择要而言之。

首先,是迎合大众还是注重原文。话本小说作为通俗文学的重要组成,无论是场上讲演还是案头诵读,它面向的受众主体都是庶民百姓,这也决定了它精神的世俗性、内容的平面性和叙事的程式化。而《聊斋志异》作为知识精英殚精竭虑的产物,它以内容的深刻性、情节的新奇感和审美的陌生化取胜,体现出的是一种创新性、个性化的追求。那么,在将文人阶层的高雅文学转向庶民大众的普及文学时,改编者如何来弥合其间的巨大裂缝,就成为一个难题。

从聊斋话本所选择的题材不难看出,它们把重点放在描写家庭伦理纠葛(九篇)、阐述为人处世之道(五篇)以及婚姻爱情(三篇)等题材上,这些作品大多具有强烈的道德指向性和世俗群体意识,其选择却很少涉及那些文人化、个性化突出的作品。应当说,这种消极的不应对策略,也不失为一种明智的选择。同时从话本的具体改写过程中我们还可以看出,它基本上是倾斜于受众一方的,有时甚至以颠覆前文本的前卫精神与探索精神来换取接受者的亲近感和认同感,比如《醒梦骈言》中的《情明媒但求一美,央冥判竟得双姝》对《连城》的演绎。蒲松龄之作继承并发扬了汤显祖《牡丹亭》的"主情"精神,把知己之情作为"一篇眼目",这种知己之情不仅超越了传统意义上的郎才女貌,而且超越了世俗的婚姻形式,最终也超越了幽明之隔、生死之界,作品强调突出的显然是男女主人公的心心相印与相互奉献。但在菊畦主人眼里,这件幽婚故事,却是由于那没见识的父母让女儿读书造成的,是"诗词会把春心钓"的前因导致了"几把闺门玷辱了"的后果,因此"虽然成了一段佳话,却是不可为训的";从行文中亦可看出,他关注的焦点并不在于主人公"充塞天地,感深知己"的生生死死,而是"一夫二妇已便宜,又得成双绝世姿。更有一般堪羡处,和如姊妹共欢娱。"他还通过对情节的调整,删除了原文最具反礼教意识的内容,而代之以庸俗的市民情趣。这样,故事的主题就扭转成为宣扬"女子无才便是德"的道德旨归、一段不足为训的风流佳话,原作深厚的文化底蕴和精神内涵,也被稀释在浅薄的劝诫逻辑与教化语境中。可见,如果改编者一味地去取媚受众,就有可能在和隐形读者的合谋中遮蔽原文的真相,从而带来"文化缩水"的负面效应,使极具意义深度的作品平面性、世俗化。冯梦龙其实在调和读者和原文这方面已提供了成功的范例,他的传世名篇《蒋兴哥重会珍珠衫》、《杜十娘怒沉百宝箱》等也是改编自当代人的文言小说,但他既不过分迁就读者的口味,又不削弱原作的思想深度,对两者之间的分寸拿捏得恰到好处,于举重若轻中做到了雅俗共赏,这是清代大多数话本作家所达不到的境界。

其次,是强调教化还是突出故事。聊斋话本在题材选取上有一个很值得关注的现象,它对那些具有劝诫意味的作品颇感兴趣,而且在改写为话本之后,劝诫教化的功能得到进一步彰显。这主要体现在三个方面:一是其开篇与结尾的固定程式,将整篇文本笼罩在教化的框框内,如《醒梦骈言》、《二奇合传》;二是议论文字的极度膨胀,以至到了无孔不入的地步,如《俗话倾谈》、《跻春台》;三是因果报应思想与命定观念的泛滥,使作品的气息显得沉闷、乏味。总的来看,聊斋话本这种主题先行与道德预设的架构,以及"说书人"作为劝谕者喋喋不休地说教,既中断了故事情节的正常进程,淹没了人物性格,又充满了矫揉造作的情调,何况其谆谆教诲只不过是传统伦理道德或官方主流意识的"翻版",它所能给予大众的至多是一种浅显、廉价的"生活指南"或"心理按摩"式的可实用性。

与注重劝诫教化相对应的是,话本作者"讲述"故事的本领却呈普遍下滑之势。正如郑振铎先生所指出的,宋元古话本"只是以说故事的态度去写作","只是要以有趣的动人的故事来娱悦听众";而到了明清时期的话本,则沦为劝忠劝孝的工具,"充满了儒酸气,道学气,说教气,有时竟至不可耐。初期的活泼与鲜妍的描绘,殆已完全失之"。⑫本来说,聊斋话本自有其得天独厚的优势,原文已经为它搭好了情节的基本骨架,但由于改编者不再把"讲述"故事作为第一要务,而是着眼于从原有情节中如何生发出"微言大义",以引发"说书人"的"妙论",那些后来添加上去的情节指向性更为明显,多是围绕道德主旨的阐述来打转转。因此,其"讲述"故事的水准只能是停滞不前乃至退化。这一点,它和宋元话本是有相当差距的,宋元小说的情节有时也经不起仔细推敲,虽无理却有趣,自然散发出一股活活泼泼的生机,轻轻松松的诙谐;同时也未能超出原文的水平,《聊斋》虽然篇幅要短的多,但情节无疑更为紧凑、意脉更为连贯,更为主要的是,它能在情节的发展中树立起鲜活的人物形象,这更是聊斋话本的弱项。可以说,"讲述"故事与劝诫说教因素的此消彼长,使许多聊斋话本形成了"有句无篇"的情形,我们在阅读时偶或也会发现令人眼前一亮的情节片断,但随即而来的大段说教又将其吞没了。由此看来,在劝诫说教与"讲述"故事之间如何掌握好平衡,也是话本改编文言小说成功与否的关键因素。

最后,是采用官话还是采用方言。与明清话本多用官话创作有所不同,清末时期出现了《俗话倾谈》、《跻春台》等独具特色的方言话本集,这倒是话本语体的一大变革。它们在当时或许是迫不得已而为之,却为话本终结期增添了些许亮色,亦为话本改编文言多了一条新选择。张大春曾把方言小说的创作形象地比喻为"用眼睛翻译给耳朵",并以韩子云(其《海上花列传》为吴语小说)为例解释说:"他让书面语脱卸了标准化(官话化、主体化、大众化、通行化)的要求,而使书写下来的文字可以在特定对象(通晓吴语苏白的读者)面前还原成只有这'一隅之地'的人能'听'且'懂'的乐曲;……他在意的是通行吴语这一隅之地的人的眼睛有能力将书面文字即时翻译给他们的耳朵。"⑬考虑到《俗话倾谈》、《跻春台》二书有可能是直接从书场或教化宣讲现场笔录改写而来,本身就带有说——听的印痕,那么,我们更可以肯定地说,它们"诉求于读者的其实主要是听觉,其次才是视觉"。那些通晓粤语或川话的读者是在用双重的触觉来感受文本的独有神韵,因而倍感亲切,这样的效果是官话话本所不可及的,也是语言造诣颇高的《聊斋志异》所达不到的。虽说"纪事出以方言,则无诘屈聱牙之苦",但毕竟只有一隅之地的特定受众方能了于心且了于口,方言小说必然会以舍弃绝大多数读者为代价,这一点它又无法和官话小说相比拟。那么,话本改编文言小说究竟应采用官话还是采用方言? 笔者的主张是不偏不倚,两者并存,各位编创者只要能发挥各自的语言优势,使官话小说和方言小说都能得到较为充分的发展,那它就有它存在的理由。

三、话本为何早于文言小说衰亡?

与文言小说创作的源远流长、代不绝书相比较,话本小说却让人产生"其兴也倏焉,其亡也忽焉"的感慨。《聊斋》话本恰恰搭上了末班车,其问世之际正值话本小说创作的衰落期和终结期,这是它的幸运,也是它的不幸。那么,话本小说为什么发展到清代中叶以后会急转直下以至销声匿迹呢? 关于这一问题,学界见仁见智,众说纷纭,如胡适、郑振铎、孙楷第、胡士莹等前辈学人已早有阐述,⑭欧阳代发、陈平原、刘勇强等当代学者也试图给出答案,⑮都给笔者不少启迪。折衷地说,话本小说的衰落应是各种因素相互助长、共同作用的结果,笔者也在前人的基础上对这一问题略加申述。

首先,应从话本体制本身来寻求解释。宋代"说书人"适应书场环境、听众需求而建构起话本体制,虽不乏粗糙,却不失为一个伟大的创举。当话本由说书艺人的底本变为案头艺术之后,文人作家仍然沿用这一旧的体制,显然已不太适应于文本由"说——听"到"读——写"的巨大转变。在冯梦龙、凌濛初手里,话本体制进一步精致化、规范化、定型化,为适应于这一体制,两人还进一步强化了文本的劝诫功能、议论因素。这固然也推动了话本的发展,同时也蕴含着丧失活力、走向僵化的危机。果不其然,后世的作者虽然对这一体制继续进行修补或改良,但无论如何化也挣脱不出话本体制的固有程式以及与这一程式所配套的种种表现手法。也就是说,话本体制越发展到后来,越趋于机械僵化,这时它非但不能和文本相得益彰,反而变成了一种有形无形的束缚,限制了话本进一步发展的可能性。可以说,话本的兴起、发展与衰落,都与其体制有着密切的关联,真是"成也萧何,败也萧何"。

其次,应从清代话本本身来寻求解释。清代话本虽然面对着前代话本的丰厚遗产可供借鉴,也出现了李渔、艾衲居士这样局部拓新的作家,却没有形成自己鲜明的特色和风格,这是与宋元话本、晚明话本的最大区别。表面上看来,清代话本也学习、效仿前代话本的经验,比如它继承了宋元话本的体制,却丧失了其"讲述"故事的智慧与兴趣,又比如它汲取了晚明话本劝诫说教的真谛,却以传统伦理抵消了其张扬个性的精神。可以说,它风格的模糊不清与无法界定,是其故步自封,墨守成规的必然结果,它已丧失了宋元与晚明话本那种创造魄力与开拓精神,因此,它的衰落只是时间早晚的问题。

第三,还应从曲艺、戏剧繁荣的外部文化环境来寻求解释。值得一提的是,乾隆中叶之后,说书、鼓曲、弹词、子弟书等曲艺娱乐活动以及花部乱弹开始兴起并流行。这种百花齐放的繁荣局面从乾、嘉、道时期一直持续到晚清,就地域来看,又从大中都市扩散、波及到城镇村野。这也在很大程度上分流了话本的读者群,试想,那些追求娱乐的庶民大众与其阅读不忍卒读的话本,远不如"看"曲艺、"听"戏剧的现场演出来得直接、痛快。而话本的迅速衰落也恰恰在清代中叶前后,这也许不是偶然的巧合。不过,问题也不是那么简单,曲艺活动尤其是说书业的繁荣昌盛,也有可能反过来进一步促进话本的刊印、发行。如《俗话倾谈》就是在说书艺人邵彬儒讲说的基础上整理、刊行出来的,《跻春台》的出现也与四川本地盛行的说唱艺术密切相关。这大概也许是同治、光绪年间话本能回光返照的一个主要原因吧。

我们最后还必须探讨一下话本小说为什么会早于文言小说衰亡这一问题。其实,这和它们各自的先天特性、社会功能以及由此形成的文体特质都有紧密关联。就话本小说的文学渊源而言,它来源于宋元说话伎艺,"基本上是一种出自民间并在民间流行的通俗艺术,通俗小说的胚胎中相对缺乏文人化的内涵,故而缘此而来的明清通俗小说就带有其先天的特性"。⑯因此,话本小说的大众化色彩更为浓厚,在一定程度上说,它是古代小说中最面向现实、最注重社会需求的一个门类。与文言小说相比,话本无疑充当的是世俗世界的载体,它更为强调社会群体意识,承载的大多是基层民众的心理希冀和审美诉求,并由此形成了消遣性、娱乐性、教化性、商业性、通俗性等文体特质。而随着晚明以来话本创作的逐步文人化,就不得不面临一个无法回避的矛盾,即文人精神与世俗载体的矛盾。清初以后的文人参与,非但没有使话本创作得到质的飞跃,开拓出新的境界,反而使"通俗小说本来具有的情感浓度与原生态的勃勃生机却程度不同地受到了损害,表层的娱乐性弱化更加剧了它与大众的疏离。"⑰就此而言,话本小说在清中叶沉沦、衰亡就有其历史的必然性和合理性。

与话本小说作为大众化的世俗载体不同,文言小说更多的呈现出文人化、私人化与个性化的写作特性。它不再以取悦大众、献媚世俗为创作轴心,而是面向作者个体或文士阶层的情感交流和精神密语、心灵漫步与才学展示。文人墨客既可以借助文言小说传奇述异、逞才使气,也可以言志抒情、宣泄"孤愤";既可以借助它设教鬼神、惩恶扬善,也可以游心寓目、遣兴娱怀。也正是这种私人化的创作特点,使文言小说的写作具有很强的随意性与自由度,成为一种极富开放性和兼容性的文体。不仅如此,文言小说承担的职责和功能也远远超出话本小说。曾慥云:文言小说"可以资治体、助名教、供谈笑、广见闻",⑱春明倦客亦云:"古人小说谓纪事实、探物理、示劝戒、资谈笑则载之",⑲许秋垞也谈到自己的小说创作是"所谓补谈资,昭劝惩,消炎暑,居斗室以犁许田,遣闲情以却睡魔而已"。⑳他们的评论确实是道出了文言小说社会功能的多元化和价值取向的互补性。可以说,文言小说创作的私人化、社会功能的多元化以及文体特质的开放灵活,造就了它较强的适应能力和较广的生存空间,以致在白话文已取代文言文的 20 世纪 30、40 年代,仍有人从事文言文的写作,而此时的话本小说早已化为历史的陈迹。

注

① 刘富伟:《〈聊斋志异〉文本改编研究:以白话小说和说唱艺术为中心》,华东师范大学 2007 届

研究生博士学位论文（未刊），曾对此有所论述，第 11—48 页。

② 参见陈文新著《中国文言小说流派研究》，武汉大学出版社 1993 年版；陈文新著《文言小说审美发展史·绪论》，武汉大学出版社 2002 年版。

③ 罗烨：《醉翁谈录·舌耕叙引》，黄霖、韩同文选注：《中国历代小说论著选》（上），江西人民出版社 2000 年版，第 92 页。

④ 黄大宏：《唐代小说重写研究》附录，重庆出版社 2005 年版，第 346—353 页。

⑤ 刘勇强：《论"三言二拍"对〈夷坚志〉的继承与改造》，《文学遗产》1995 年第 4 期，第 73 页。

⑥ 潘建国：《中国古代小说书目研究》，上海古籍出版社 2005 年版，第 138 页。

⑦ 参见赵毅衡著《苦恼的叙述者》，北京十月文艺出版社 1994 年版，第 197—205 页。

⑧ 如周钧韬主编的《中国通俗小说家评传》，以"著作权肯定，生平大体有数"为立传范围，只收录了 48 位作家，中州古籍出版社 1993 年版；而萧相恺主编的《中国文言小说家评传》，本着"著作权肯定，生平清楚或大致清楚"以及"入明后逐步从严"的原则，收录了 159 位作家（加上附记共 162 位），其中明清时期就有 73 位，中州古籍出版社 2004 年版。

⑨ 参见潘建国著《中国古代小说书目研究》第二章、第四章。

⑩ 宋懋澄：《与家二兄》，王利器校录《九籥别集》卷一，中国社会科学出版社 1984 年版，第 246 页。

⑪ 即空观主人（凌濛初）《拍案惊奇自序》，丁锡根编著：《中国历代小说序跋集》，人民文学出版社 1996 年版，第 785 页。

⑫ 参见郑振铎著《明清二代的平话集》，《郑振铎全集》第四卷，花山文艺出版社 1998 年版，第 341 页。

⑬ 张大春：《小说稗类》，广西师范大学出版社 2004 年版，第 217—218 页。

⑭ 胡适把原因归结为章回小说的成熟和文言小说的流行，参见胡适《论短篇小说》，《胡适古典文学研究论集》，上海古籍出版社 1988 年版；郑振铎认为是古文家没有参与话本创作与朝廷的查禁，参见郑振铎《中国短篇小说集序》，《郑振铎古典文学论文集》，上海古籍出版社 1984 年版；孙楷第把原因归于乾嘉学风的影响，参见孙楷第《李笠翁与〈十二楼〉》，《沧州后集》，中华书局 1985 年版；胡士莹认为话本刊印的衰歇是因为它已经完成了胚胎白话小说的使命以及说书的健康发展受到了限制，参见胡士莹著《话本小说概论》，中华书局 1980 年版，第 618—619 页。

⑮ 欧阳代发的分析较为全面，兹不赘述，可参见欧阳代发著《话本小说史》，武汉出版社 1994 年版，第 485—489 页；陈平原主要倾向于从读者欣赏趣味与作家独立意识之间的缝隙入手解决这一问题，参见陈平原著《中国散文小说史》，上海人民出版社 2004 年版，第 298 页；刘勇强主要从文人精神与世俗载体的矛盾来给出答案，参见刘勇强著《中国古代小说史叙论》，北京大

学出版社 2007 年版,第 386—388 页。

⑯ 谭帆:《稗戏相异论》,《中国雅俗文学思想论集》,中华书局 2006 年版,第 38 页。

⑰ 刘勇强:《中国古代小说史叙论》,北京大学出版社 2007 年版,第 388 页。

⑱ 曾慥:《类说序》,丁锡根编著:《中国历代小说序跋集》,第 1779 页。

⑲ 春明倦客:《金壶七墨序》,丁锡根编著:《中国历代小说序跋集》,第 505 页。

⑳ 绿筠居士(许秋垞):《闻见异辞自序》,丁锡根编著:《中国历代小说序跋集》,第 188 页。

(原载《古代文学理论研究》第三十辑,作者为曲阜师范大学文学院副教授)

试论近代扫叶山房的通俗小说出版

文　娟

　　扫叶山房是一家创始于清朝初年的传统书坊,①其数任经营者——从席世臣、席元章到席威、席裕琨等以及席氏族戚席少梧、席悟奕,②以"刊刻秘笈,以惠学林"为宗旨,出版了不少颇有口碑的书籍,在近代出版界有着重要的地位。该书坊出版的书籍种类颇为丰富,涉及经史子集各个方面,其中亦不乏适应近代出版潮流与读者阅读需求的通俗小说。本文在整理近代扫叶山房所刊通俗小说书目的基础上,在与同时期其他书局的比较中,研究扫叶书坊通俗小说出版的宗旨以及刊行方式的变革,分析时代环境对传统书坊小说书籍出版的影响,探讨该书坊某些革新的努力以及步履维艰的革新困境。

一、首部通俗小说的出版

　　扫叶山房创立之后,在席世臣主持期间,曾于乾隆五十九年(1794)刊刻过一种说部书籍,即宋人洪迈的笔记小说《容斋随笔》。③其子席元章经营期间,由于受到太平天国运动的影响,书坊的刻书事业一落千丈,几乎无暇顾及说部书籍的出版,直到同治元年(1862)席威于上海将扫叶山房重新开业之后,书坊才在事业蒸蒸日上的光绪五年(1879)出版了第一部通俗小说——《忠烈侠义传》。它既是该书坊恢复说部书籍出版的标志,也是其首刊通俗的小说,对后来扫叶山房的通俗小说出版造成了深刻影响。

　　《忠烈侠义传》即后人所熟知的《三侠五义》,共计一百二十回,题"石玉昆述"。石玉昆是咸丰年间著名说书艺人,他善于说唱包公断案故事,其以明清来流传的包公审案故事为基础的"龙图公案"④说唱表演,时人耳熟能详,当时有"编来宋代包公案,成就当时石玉昆"之说。根据《忠烈侠义传》书首"问竹主人"序、"退思主人"序、"入迷道人"⑤序可知,《忠烈侠义传》系"问竹主人"据石玉昆《龙图公案》删订而成,后"入迷道人"参加删订与校阅。由于该书源于说书底本,故事情节曲折,对读者有较强的吸引力;同时书中对于包拯与侠客们惩处权奸与贪官的种种描述,又能够让读者获得一种大快人心的阅读感受。不过,扫叶山房之所以选择这样一部由民间艺人根据自己的演出底本改编而成的通俗小说出版,除了故事本身吸引读者,能够保证书籍畅销之外,还与光绪初年的出版环境有着密切关系。

同治年间,晚清政府先后发布了三次小说禁令,⑥其中同治十年(1871)六月清廷颁布的上谕云:"坊本小说,例禁綦严,近来各省书肆,竟敢违禁刊刻,公然售卖,于风俗人心,殊有关系,亟应严行查禁。著各省督抚府尹饬属查明应禁各书,严切晓示,将书版全行收毁,不准再行编造刊印。"⑦而同治十一年(1872)正月颁布的《军流徒不准减等条款一百四十六条》又明确规定"造刻淫词小说及抄房捏造言词录报各处,罪应拟流者"。⑧当年即使像申报馆那样,报馆主人美查是英国公民,不受大清律法的束缚,也不得不考虑到小说禁令的明文规定,首先选择一部与中国社会毫无瓜葛的外国翻译小说《昕夕闲谈》,作为该报馆通俗小说出版的最初尝试。

在此种情况下,扫叶山房选择《忠烈侠义传》出版无疑是规避陷入"淫词小说"之嫌的妙招。因为这部小说所塑造的宋代清官包拯的形象及其为维护封建统治秩序所进行的努力,是得到历代统治阶级认可的,因此,从某种程度上而言书稿符合统治阶级对于清官宣扬的需要。书首的"问竹主人"序还明确表示,该书"删除邪说之事,改出正大之文;极赞忠烈之臣,侠义之士。且其中烈妇烈女、义仆义鬟以及吏役平民僧俗人等,好侠尚义者不可枚举",⑨"入迷道人"的序也称"叙事尚免冗泛,且无淫秽语言。至于报应昭彰,尤可感发善心,总为开卷有益之峡"⑩,更显示出该书对于读者的教化意义所在。为了更进一步突出该小说与当时清政府所提倡的道德规范相吻合,扫叶山房在为书稿取名的时候,特意使用了"忠烈"二字,并且将其冠于题目最前面。"忠烈侠义"这个书名与后来的书名"三侠五义"相比,其对于"忠烈"的强调显然具有颇为浓烈的时代色彩。

虽然根据目前的资料,扫叶山房出版的《忠烈侠义传》销售情况尚不可知,而且这部作品在题材的选择某种程度上也显示出传统书坊谨慎与保守的一面,但是作为该书坊刊行的第一部通俗小说,《忠烈侠义传》的出版无疑是具有标示性意义的,即为这家传统的旧式书坊今后逐渐融入到注重通俗小说书籍出版这一新出版趋势之中奠定了基础。这部书出版后不久,扫叶山房就在席威主持期间又陆续推出了《东周列国志》、《二度梅》等通俗小说作品。尽管与扫叶所出版的其他种类书籍相比,相对数量不多,不过此类大众喜闻乐见的作品正在逐渐进入该书坊的出版视野,是显而易见的事实。席威之后,扫叶山房不同时期的两任主持者——光绪二十四年(1898)继任的席威独子席裕琨,以及光绪三十年(1904)继任的席氏族戚席少梧、席悟奕,对于通俗小说的出版都给予了关注和支持,使得扫叶此种书籍的出版日益丰富。从上海书业公所存档的书底挂号⑪记录中可以看到,光绪三十年(1904)扫叶山房通俗小说的书底挂号有十三种,占该书坊当时全部挂号书底的九分之一,⑫对于一家以出版学术性书籍为主业的传统书坊而言,通俗小说在其出版书籍中所占比例的增加,无疑是一种突破性的变化。

二、出版宗旨以及与其他书局的比较

席威主持期间,扫叶山房出版的通俗小说包括公案侠义小说《忠烈侠义传》,历史传奇小说《东周列国志》、《三国志演义》、《隋唐演义》、《粉妆楼》,才子佳人小说《二度梅》、《云英梦传》以及神话志怪小说《封神演义》、《西游真诠》⑬,可以说作为带领扫叶山房走向中兴的一位经营者,他不仅奠定了该书坊通俗小说出版的基本类型,而且还影响了此后扫叶通俗小说的出版。近代扫叶山房通俗小说的出版有以下几个宗旨:

第一,重视传统题材作品,提倡忠诚与侠义,尤其讲究惩恶扬善的教化性。

《忠烈侠义传》开启了扫叶山房公案侠义类小说出版的先河,该种类型的小说最初多由说唱、评书演变而来,是通俗小说中比较传统的题材,其中大都蕴涵忠诚与侠义的主题,结局尤为善恶分明,此种题材的作品也为席威的继任者席裕琨所关注。最典型的例子就是,光绪二十四年(1898),席威将扫叶山房交由席裕琨管理之后,席裕琨在上任的第二年就将同属于《龙图公案》系列的三部小说,即《七侠五义》、《小五义》、《续小五义》⑭同时付诸石印——这一做法既显示出首刊的通俗小说《忠烈侠义传》的影响所在,又反映了家庭经营型传统书坊的继承性。作为宣扬忠诚与侠义的作品,《小五义》书前的序言声明:"此书虽系小说,所言皆忠臣侠义之事,最易感发人之正气,非若淫词艳曲,有害纲常;志怪传奇,无关名教";⑮《续小五义》中的"伯寅氏"序则明确表示:"忠烈侠义之气充溢行间,最足感动人心。人果借此为鉴,则内善之心随地皆是。"⑯在席裕琨主持期间,扫叶山房还出版了公案小说《彭公案》、《续彭公案》。正如孙寿彭在《彭公案》序中所云:"彭公是我朝显宦,实千古人才之杰出者也。其在任多有政声,不可枚举,而除暴安良,断一切奇闻奇事,犹如西山爽气,扑人眉宇。"⑰扫叶出版的这两部小说以清朝名臣彭鹏的事迹为蓝本,讲述他在破案断案中,不畏权贵,秉公执法,打击、惩治贪官污吏和豪绅恶霸的故事,其思想倾向与扫叶通俗小说出版的理念是颇为吻合的。

另外,光绪年间出版的《儿女英雄传》与民国年间出版的《侠义风月传》也是宣传教化的典型作品。前者"以天道为纲,以人道为纪,以性情为意旨,以儿女英雄为文章。其言天道也,不作玄谈;其言人道者,不离庸行;其写英雄也,务摹英雄本色;其写儿女也,不及儿女之私,本性为情,援情入性",⑱后者即是由伏尔泰翻译介绍到欧洲,受到歌德称赞的《好逑传》,书中既有铁中玉和水冰心曲折的爱情故事,又饱含作者对于两人之间坚贞不渝爱情的赞美,将纲常名教与青年男女交往调合起来,使"名教生辉","以彰风化"。实际上,光绪末年梁启超所提倡的"小说界革命"方兴未艾,不少书局都积极响应,例如,广智书局的小说出版"专在借小说家言,以发起国民政治思想,激励其爱国精神",⑲商务印书馆印行的小说作品则"远撷泰西之良规,近挹海东之余韵","借思开化夫下愚,遑计贻讥于大雅"⑳,而乐群书局所刊发的各种小说书籍也高举"借小说之趣味之感情,为德育之一助"㉑的旗帜,但是扫叶山房在小说出版上,却始终遵循着传统的教化性原则。

第二,选择出版其他书局业已印行的作品,借以保证通俗小说的畅销性。

作为一家传统书坊,扫叶山房在学术著作的出版方面具有创新精神,一直走在时代的前列,而且比较注重刊印流传不广的书籍,正所谓"刊印秘籍,以惠学林"。例如,席世臣主持期间曾经刊刻了《宋辽金元别史》,其中的《南宋书》除了钞本外,当时仅有扫叶山房本刻本;他甚至为了刻书而不惜高价搜求珍本、善本书籍,几乎倾家荡产,以致时人在诗中称他:"白米酿酒因好客,黄金散尽为刻书。"㉒但是在通俗小说的出版方面,扫叶山房却从来不曾追求独创性与特殊性,反而常常选择出版一些其他书局业已印行的畅销作品。

以席威经营期间,扫叶山房出版的才子佳人小说《英云梦传》为例。该书是一部白话体小说,根据书首《弁言》所述,其完稿于雍正元年,所演绎的是苏州才子王云与佳人吴梦云、腾英娘的婚恋故事,结局是才子抱得佳人归,即二女同侍一夫的大团圆。在扫叶光绪十四年(1888)刻本之前,已经先后有康熙年间聚锦堂刊本、③嘉庆十年(1805)金昌书业堂刊本、道光元年(1821)绿荫堂刊本等多种版本。聚锦堂刊本正文半叶十一行,每行二十二字,扫叶刊本与此类似,应该为此本的重刊本。而《东周列国志》、《封神演义》、《三国志演义》更是一些早有多种刊本,为民众所熟知的作品。

席裕琨上任之后出版的通俗小说中,《七侠五义》在光绪十九年(1893)和光绪二十二年(1896)曾分别由新闻报馆和广百宋斋刊行;《彭公案》则有光绪十八年(1892)本立堂刊本、光绪十九年(1893)上海书局刊本以及光绪二十年(1894)民安堂和北京琉璃厂刊本;《小五义》曾有光绪十六年(1890)文光楼与申报馆刊本、光绪二十年(1894)新闻报馆、广百宋斋等多种刊本;《续小五义》也有光绪十六年(1890)申报馆、光绪二十年(1890)新闻报馆和光绪二十四年(1898)上海三槐书屋刊本。作为"龙图公案"系列小说,《七侠五义》、《小五义》与《续小五义》受欢迎的程度自不待言。从近代《申报》以及《新闻报》所刊的广告中就可以看到,出售这几部小说的书局不仅有其发行书局申报馆、新闻报馆,而且在近代上海出版业聚集的四马路上,古香阁、文运书局、博文书局等也代为发兑,甚至龙威阁书林开业广告所列的代售书目中,它们都赫然在列。而校经山房出版的《续彭公案》系列达到十续之多,其所本源的《彭公案》也必然是当时畅销之书,其畅销性从理文轩在《申报》上刊登《书底招人租印》②广告,把《彭公案》作为通俗小说书底之一,明确列出价目,提供给同业翻印的做法中也不难得到印证。由此可见,席威之后扫叶的经营者显然也继承了他关于通俗小说的出版理念,尤其是对于作品畅销性的注重与选择。

第三,强调作品的民间性与传统性,同时尝试出版与现实社会相关的作品。

目前可知的扫叶山房三十七种通俗小说中,绝大部分都是文人或者书坊主根据民间艺人的说唱底本或者世代流传的相关故事改编而成的作品。例如上文所提及的《忠义侠烈传》就是典型一例,通过书首的三篇序言可知,该书是"问竹主人"据《龙图公案》删订而成,之后"入迷道人"又参加删订与校阅。《东周列国志》也是如此,早在元代就有一些有关"列国"故事的白话本,明代嘉靖、隆庆时期,余邵鱼撰辑了一部《列国志传》,明末冯梦龙依据史传对《列国志传》加以修改订正,润色加工,成为一百零八回的《新列国志》,清代乾隆年间,蔡元放对此书又作了修改,定名为《东周列国志》,而扫叶山房出版的正是蔡氏所修订的这部小说。此外,《封神演义》、《说岳全传》、《三国演义》、《西游记》、《水浒传》等等也是众所周知的世代累积型通俗小说。其他通俗小说中，《第一奇女》是弹词小说，《大八义》则是评书的传统书目，《彭公案》、《施公案》、《说唐演义》、《济公全传》都是一般民众所喜闻乐见的作品，书坊主人出版通俗小说时，对于民间性与传统性的强调由此不难窥见一斑。

在讽刺时弊的新小说层突不穷的光绪末年，扫叶山房也应潮流而动，曾于光绪三十三年(1907)尝试出版过一部揭露晚清学界黑幕的新小说，即葛啸侬的《时髦现形记》。书首作者自序云："向之借科举为钓名之具者，今且以学堂为取利之薮，弊窦丛生，丑态百出"，颇具针砭之义。该书的出版突破了"选择出版其他书局业已印行的通俗小说"这一扫叶通俗小说出版的原则，可以视为这家传统书坊在通俗小说出版上的一种转向与尝试。对于这部首刊的通俗小说，⑪扫叶山房似乎特别重视，甚至仿照商务印书馆等新兴书局的营销模式，专门为其在畅销报纸上刊登了两百余字的广告⑫进行宣传。统计近代四大报刊《申报》、《时报》、《新闻报》、《神州日报》所刊载的小说广告可知，这是该书坊唯一刊登的通俗小说出版广告，⑬其中多少蕴含着这家传统书坊试图模仿现代出版机构的宣传方式实现某种程度上的转型之义。

不过，扫叶山房在通俗小说出版上突破与转向的尝试实际上并不成功。首先，作品的选择趋于流俗。当时的由讽刺小说发展而来的揭露学界、官场种种弊端与腐化的黑幕小说数不胜数，内容上无甚新意，而全书用对话表现的《时髦现形记》讽刺浅直，甚而形同漫骂，影响了作品的可读性；其次，作者的写作技巧欠缺。《地府志序》中曾经指出，"上邑葛啸侬氏茂才，负才使气，不合于时，满腹牢骚，无处发泄，每于教课之暇，从事小说。凡所见所闻可笑可哭之事，皆托于游戏，著为文章"⑭，因此，其小说作品与李伯元、曾朴甚至陆士谔相比，无论是写作技巧还是审美旨趣都相距甚大。再次，广告宣传频率过低。无论是商务印书馆、小说林、改良小说社还是作为个人出版者的韩邦庆，⑮都以持续刊登广告的形式，针对读者进行无意识的"反复的鼓噪"，使读者在不自觉中被激发起对即将问世的这一作品的心理需要，触动其产生购买的动机，从而刺激和诱导消费，使作品加快传播速度，拓展传播范围，提高被选择的可能性。但是扫叶山房所刊登的《最新社会小说〈时髦现形记〉出版》广告在《时报》和《申报》上仅仅出现了一次，完全不可能有任何"反复的鼓噪"的效果，从而也就根本无法提高《时髦现形记》在读者中的知名度与影响力。

三、刊行方式的变革

从上文中对于扫叶山房通俗小说的出版特征分析不难发现,一方面,其通俗小说出版基本以翻印传统的明清通俗为主,教化宣传的色彩颇为强烈,另一方面,在社会时代背景的影响下又试图突破这一局面,尝试出版针砭时弊,揭露学界黑幕的通俗小说作品。而从通俗小说的刊行方式上,我们也能看到该书坊在出版技术运用方面所表现出来的传统与变革交织的特征。

在铅石印技术尚未出现之时,木刻雕版是书坊刊行书籍的重要方式,校刻精良的板片储备对书坊甚为关键,尤其是对于以出版学术型书籍为主的书坊而言更是如此。作为一家"刊刻秘笈,以惠学林"的传统书坊,当年扫叶山房创始的契机就是席世臣家族购得了常熟毛氏汲古阁所藏的若干书板,因此扫叶山房雕版印刷的传统也对其通俗小说的刊行方式产生了深刻的影响。从目前所知的资料来看,席威主持扫叶山房期间所出版十部通俗小说,除了《隋唐传》是铅印本,《东周列国志》有刻本和石印两种版本之外,其余无论是公案类的《忠烈侠义传》,还是神怪类的《封神演义》,言情类的《二度梅》,抑或是才学类的《镜花缘》,都是采用雕版的方式翻印出版的。

实际上,早在同治十三年(1874)九月,即扫叶山房刻印第一部本通俗小说《忠烈侠义传》的前五年,申报馆就采用新式铅字排印出版了《儒林外史》。该书"校勘精工,摆刷细致",⑩与传统木刻本迥然而异,因此受到读者的欢迎,初版千部"曾不浃旬而便即销罄",⑪六个月后即重印了一千五百部。正如申报馆在《代印书籍》⑫广告中所宣传的那样,铅印较之木刻"至便且捷","出书愈觉清爽,非木板可比",因此,光绪初年已经开始有书局仿效申报馆,以铅印之法出版通俗小说,例如光绪三年(1877)机器印书局就出版了铅印本《于少保萃忠传》。而在扫叶山房出版第四部通俗小说《新刻绣像粉妆楼全传》的前一年,即光绪八年(1882),点石斋首次石印出版了通俗小说《三国演义》,"是书格外清晰,一无讹字。为图凡二百有四十,分列于每回之首,其原图四十,仍列卷端,工致绝伦。"⑬由于石印照相法在图像印刷上具有独特的优势,这种技术也受到其他书局的青睐,例如光绪十三年(1887)蜚英馆就石印刊行了《绘图评点儿女英雄传》。

扫叶山房当时显然对铅石印这类的新兴技术也予以过关注和应用。例如,扫叶山房光绪八年(1882)发行的《扫叶山房书目》就分为木版和铅版两大类,开始出现了铅版

书籍；而光绪十二年（1886）所出版的《历代帝王年表》三卷已经是石印本，光绪十五年
（1889）版的《李氏五种》之内封，亦采用石印技术印刷。尽管如此，由于席威主持的扫
叶山房开始陆续出版通俗小说的时候，以铅石印技术刊行通俗小说正处于兴起阶
段，㊴据潘建国的统计，同治十三年（1874）至光绪十六年（1890），采用铅石印刷术翻印
明清通俗小说的书局只有十一家，其中铅印本不过三十八种，而石印本仅有十四种，未
能对整个通俗小说翻印行业产生影响，也就未能推动扫叶山房以铅石印技术刊行通俗
小说。此时，对于一家历史悠久的传统书坊而言，放弃木刻雕版技术刊行通俗小说的
时机显然还未到来。

扫叶山房通俗小说刊行方式的转变发生在光绪二十一年（1895）。这一年，该书坊
请图书集成局代印了一部名为《隋唐传》㊵的通俗小说，并由图书集成局为之在《申报》
上刊登"开印《隋唐传》"广告：

《隋唐》一书，虽属稗官野史，而笔法既好，叙事尤详，敷佐既新，选词尤雅，茶余酒
后，尽可消闲。现扫叶山房托本局代印。刻已开印，俟告竣后装订成册发售，以便诸公
购阅也。图书集成局启。㊶

扫叶山房出版铅印本通俗小说的出版计划，是与当时的时代背景密切相关的。因
为光绪十七年（1891）至光绪二十四年（1898）是通俗小说翻印的鼎盛期，期间共有六十
二家书局采用铅石印技术，翻印通俗小说约二百八十种（包括同一小说的不同书局版
本），其中在光绪十九年（1893）至二十二年（1896）之间处于翻印的顶峰，四年中翻印的
通俗小说合计二百一十三种，约占总数的76%；而二百八十种通俗小说的近代翻印本
中，石印本二百七十三种，铅印本四十三种。可以说，正是在这种以铅石印技术翻印通
俗小说的出版环境的推动下，光绪二十一年（1895）扫叶山房开始尝试委托其他书局代
为排印铅版通俗小说，并且还在第二年将以前曾经木刻雕版印行过的《东周列国志》重
新石印刊行。不过，席威主持期间，扫叶山房在通俗小说的翻印上，对铅石印技术的运
用并不积极主动，而是被时代潮流推动着前进所作出的选择，这某种程度上也反映出
传统书坊一种步履维艰的革新困境。

光绪二十四年（1898），席威的儿子席裕琨接管扫叶山房，此时恰巧处于以石印技
术翻印通俗小说顶峰期刚过，而鼎盛期尚未结束的时间点，他主持下的扫叶山房开始
全面运用石印技术刊行通俗小说。此阶段，该书坊首刊的通俗小说《绣像七侠五义》就
是石印本。显然正是由于采用了石印技术刊行，才令该部小说绣像插图的精致与清晰

程度远远超过了之前所出版的刻本通俗小说,从而受到了读者的广泛欢迎,以至于扫叶山房趁着这个畅销势头,又立即陆续石印出版了《七侠五义》的续书《小五义》和《续小五义》。席裕琨显然已经充分意识到了石印技术在翻印通俗小说上的巨大优势,据目前所见的资料,他在任期间扫叶山房所出版的二十部通俗小说,®除《精忠演义说岳全传》一部为铅印本之外,几乎全部采用石印技术刊行。事实上,根据光绪三十年(1904)《上海书业公会书底挂号簿》统计,扫叶山房南北号在光绪间共出版石印书籍一百零五种,其中十一部石印本通俗章回小说赫然在列,标志着扫叶山房以雕版木刻刊行通俗小说的时代至此完全终结。

不过,席裕琨主持期间扫叶山房刊行的石印本通俗小说,多采用手写石印的方法,®印本以楷体书写,虽然字迹清晰,但是为了节约纸张一般字划细小,行格紧密,如光绪二十五年(1899)刊行《绣像续小五义》一书每半页多达二十二行,每行四十八字,读者阅读时颇费目力,还算不上是精本石印。光绪三十年(1904)之后扫叶山房由席氏族戚席少梧、席悟奕等人接管,此情况有所改变。

期间,该书坊一方面将照相石印技术充分运用于各类书籍的翻印出版,一方面在采用手写石印之法刊行书籍的时候,放大字体,使行格相对之前的版本相对疏朗,例如,民国十七年(1928)石印的《增补齐省堂全图儒林外史》,每半页十五行,每行最多三十四字。因此,这期间扫叶山房在介绍其石印古籍的时候,或称"本号特缮大字精本,并延名宿,悉心雠校,付诸石印",或称觅得原本"同付影印,字画圈点,悉与原本丝毫无二。"正如民国七年(1918)《扫叶山房发行石印精本书籍目录》序所言,"雕本流传,缪为士林称许。曩因锓版不便,易亦精本石印行世",此时扫叶山房出版的通俗小说也出现了不少石印精本,例如,民国三年(1915)的《大字足本绣像全图三国志演义》,民国十一年(1923)《增像全图东周列国志》和《增评加注全图红楼梦》,民国十三年(1925)的《绘图绣像第五才子书水浒全传》等等。因此,虽然宣统及民国年间的扫叶山房,在小说出版类型的选择上,呈现出从通俗小说向笔记小说倾斜的趋势,但是在所以石印技术刊行通俗小说的质量要求上,却体现出新的追求。

据目前可见的资料统计,扫叶山房共出版公案、神魔、言情、讲史等类型的通俗小说三十七种。这家书坊在首刊通俗小说之初,对作品题材的精心选择,折射出光绪初年通俗小说出版业特殊的时代背景,而这一选择既显示出传统书坊谨慎与保守的一面,又标志着此类大众喜闻乐见的作品正逐渐进入该书坊的出版视野;在高度重视传统题材作品的出版,特别选择出版其他书局业已印行的作品,强调作品的民间性与传统性的同时,不过最终还是尝试出版了时人创作的与现实社会相关的作品;一直坚持木刻雕版刊行通俗小说,在铅石印技术普遍应用于通俗小说翻印的年代中,才被出版潮流推动着步履蹒跚地加入此种行列之中,然而却在通俗小说翻印的大幕即将缓缓降落之时,从手写石印法刊行通俗小说发展为照相石印法出版石印精本。以上种种充分反映出这家积习深厚的书坊,带着自身所固有的一些传统性融入近代小说的出版潮流中,进而又不断受到出版环境的深刻影响,试图进行某些革新的努力以及革新维艰的困境。

注

① 也有学者认为扫叶山房创立于明朝万历年间,但是由于目前尚无资料证明该书坊有明代所刻书籍传世,因此本文取杨丽莹《扫叶山房创始年代考》(《图书馆杂志》,2005 年第 3 期)的观点,即"席世臣创设扫叶山房的时间当不早于乾隆四十九年"。

② 近代扫叶山房,道光咸丰年间由席元章(席世臣之孙)主持;同治元年(1862)席元章为太平军所掳之后杳无音讯,书坊由其子席威经营;光绪二十四年(1898),席威将扫叶山房交由独子席裕琨管理;席裕琨英年早逝,其独子席念曾尚年幼,光绪三十年(1904)年左右,扫叶山房由席氏族戚席少梧、席悟奕等人接管。

③ 该版本的《容斋随笔》目前在河北省档案馆仍然可见,共两函十八册。(董国清《馆藏〈容斋五笔〉介绍》,《档案天地》,1999 年增刊。)

④《龙图公案》为说唱表演,另有抄本《龙图耳录》一百二十回,是石玉昆演出时的记录本,故名"耳录",全书尽是白文,唱词于记录时略去。

⑤ "问竹主人"姓名生平不详,"入迷道人"即文琳。文琳,字贡三,属汉军正黄旗,光绪二十四年以刑部右侍郎卒,时年约七十岁。

⑥ 分别为同治七年(1868)四月,同治十年(1871)六月以及同治十一年(1872 年)正月。

⑦⑧⑨⑩ 分别转引自陈大康《中国近代小说编年史》,华东师范大学出版社 2002 年版,第 24、25、39、40 页。

⑪ 书底挂号是近代上海书业同业组织——上海书业公所为了保护各书局的版权,统一将各书局出版的书籍底板名称登记备案的一种做法。

⑫ 光绪三十年(1904)上海书业公所存档的扫叶山房书底挂号包括经史子集各类书籍 128 种。

⑬ 据大塚秀高《增补通俗小说目录》记载,席威主持期间,扫叶山房曾于光绪九年(1883)出版过李汝珍的《镜花缘》,但因未见于各图书馆的馆藏目录以及扫叶山房书籍目录,故暂时存疑。

⑭ 《七侠五义》即由俞樾修订的《三侠五义》,一百二十回;《小五义》一名《续忠烈侠义传》),一百二十四回;《续小五义》又《忠烈续小五义传》《三续忠烈侠义传》,一百二十四回。

⑮⑯⑰ 分别转引自高玉海《古代小说续书序跋释论》,中国社会科学出版社 2007 年版,第 241、248、278 页。

⑱ 《儿女英雄传序》,转引自陈大康《中国近代小说编年史》,华东师范大学出版社 2002 年版,第 17 页。

⑲ 《中国唯一之文学报〈新小说〉》,《新民丛报》十四号,光绪二十八年(1902)八月。

⑳ 《本馆编印〈绣像小说〉缘起》,《绣像小说》第一期,光绪二十九年(1903)五月。

㉑ 《〈月月小说〉序》,《月月小说》第一号,光绪三十二年(1906)九月。

㉒ 转引自杨丽莹《扫叶山房研究》,复旦大学 2005 年博士学位论文,第 21 页。

㉓ 此刊本避康熙讳"玄",不避乾隆讳"历",由此推测大约刊于康熙年间。

㉔ 《书底招人租印》:"兹有《万国史记》全部,连图三百零八页;《七侠五义》计一百八十张,《亚细东地图》、五大洲地图、上海图,《富国便民图说》等均石印,《各国时事新编》、《三侠传》、《彭公案》等铅印。以上如同业要印,每千加一,多印面议。理文轩书庄。"《申报》,光绪二十四年(1898)八月二十三日。

㉕ 陈大康先生在《中国近代小说编年》中录入"光绪三十三年(1907)八月时中书局出版《时髦现形记》八卷二十六回","上海扫叶山房至迟于本月(按:光绪三十四年三月)出版《时髦现形记》八卷二十六回",不过,根据光绪三十三年(1907)七月二十九日《时报》广告所言"寄售(处):上海时中书局、各书坊均有寄售。总发行所:上海大东门内彩衣街扫叶山房、北市抛球场扫叶山房、苏州阊门内中市扫叶山房便是",时中书局应为《时髦现形记》的代售书局,而并非出版发行书局。

㉖ 《最新社会小说〈时髦现形记〉出版》,《时报》光绪三十三年(1907)七月二十九日,《申报》光绪三十三年(1907)七月二十九日。

㉗ 四大报刊中由扫叶山房刊发的小说宣传广告共三则。第一则:《时报》光绪三十三年(1907)七月二十九日刊载"最新社会小说《时髦现形记》出版广告"(《申报》光绪三十三年(1907)九月初七广告同此);第二则:《神州日报》宣统三年(1911)四月二十一日,刊载"新出石印精本《唐人说荟》一百六十四种"广告;第三则:宣统三年(1911)四月初六日《时报》刊载《扫叶山房精印书籍广告,内有笔记小说《两般秋雨庵随笔》六角,《绘图骗术奇谈》八角。

㉘ 集成图书公司出版《地府志》八卷四十回,书首《地府志序》,转引自陈大康《中国近代小说编年史》,华东师范大学出版社 2002 年版,第 220 页。

㉙ 韩邦庆作为个人出版者,曾经于光绪十八年(1892)创办了以连载其所创作的长篇小说《海上花列传》为主要内容的小说期刊《海上奇书》,并为该杂志在《申报》上陆续刊登了 16 则 44 次广告,持续刊登的时间长达一年之久。

㉚《新印〈儒林外史〉出售》,《申报》同治十三年(1874)九月二十七日。

㉛《〈儒林外史〉出售》,《申报》光绪元年(1875)四月一七日。

㉜《代印书籍》,《申报》光绪二年(1876)正月二十四日。

㉝《石印〈三国演义全图〉出售》,《申报》光绪八年(1882)十一月四日。

㉞ 潘建国在《铅石印技术与明清通俗小说的近代传播》(《学术月刊》,2001 年第 2 期)中对清末上海地区通俗小说的翻印史进行了研究,根据他的分析,同治十三年(1874)至光绪十六年(1890)为初兴发展期,光绪十七年(1891)至光绪二十四年(1898)为鼎盛期,光绪二十四年(1898)之后为翻印的后续期。

㉟ 此广告中的《隋唐传》当为《隋唐演义》,一百回,清初褚人获著。

㊱《开印〈隋唐传〉》,《申报》光绪二十一年(1895)十月十四日。

㊲《锦香亭》、《儿女英雄传》、《斩鬼传》、《走马春秋》四种出版时间不详,因此暂不计入席裕琨主持扫叶山房所出版的章回小说数目统计中。

㊳ 石印技术的有两种基本制版方式,一种为手写石印,即在一种专写纸上缮写文字,然后再反转描印于石板上;一种方法为照相石印,即先用照相的方法拍摄书籍底本,获得反字负片,然后经过特殊的处理制成印版。

(原载《明清小说研究》2012 年第 2 期,作者为华东师范大学对外汉语学院讲师)

中国古代符瑞文化的政治功能

刘 畅

符瑞文化,作为一种"神道设教"的政治文化,就政治思维方式而言,是围绕着王权天授、天命有德的天道圣统的政治目标而产生的,它被炮制出来的根本目的,即是要证明王权政治统治的合法性、合理性以及"德"在王权政治中的重要性;就政治行动的风格而言,符瑞文化几乎在任何时候,都是以舆论工具或思想武器的形式出现的,与封建王朝的政治运作有着密不可分的联系。

一、自我建构功能:符瑞文化对王权政治合法性的论证

中国传统的政治思想,无论是儒家的德治、法家的法治,抑或是"刑德并用"的杂王霸而治,都是以统治者的权力为基础,倡导并施行王权政治。在这种政治体制中,君王对国家一切事物和全体臣民拥有全面、绝对的权力,君王的意志就是法律,君王可以"言出法随",对臣民实施生杀予夺。然而,君王的权力虽然至高无上,但远非稳固,宗王、女后、外戚、宦官、权臣、武将,甚至太子随时都会危及王权的安全。因此,为了巩固王权政治,加强中央集权,除功臣,抑相权,反结党,用权术,辅以礼乐教化、意识形态宣扬、宗教神学粉饰,历代君臣无所不用其极。符瑞文化的创制与建构,亦不过是历代圣贤神道设教,用以巩固王权政治的一种主观努力而已。这种努力将符瑞与君王承天受命牵连,倡导王权天授,从而将君王权威建立在天神眷顾的神学基础之上,并以凸显天神的权威,树立君王的权威,为论证专制王权的合法性、合理性以及权威性提供强有力的证明。因此,鉴于符瑞文化对于强化专制王权的巨大的意识形态建构功能,统治者

不约而同地将目光投向符瑞,竞相利用符瑞来安抚民心、应对反对势力,从而达到巩固和支持王权政治统治的目的。

以汉文帝为例。汉文帝时有黄龙之瑞,为其政治统治应合天命作意识形态宣传。《史记·封禅书》记黄龙之瑞曰:

> (文帝十三年)鲁人公孙臣上书曰:"始秦得水德,今汉受之,推终始传,则汉当土德,土德之应黄龙见。宜改正朔,易服色,色上黄。"……后三岁,黄龙见成纪。
> 文帝乃召公孙臣,拜为博士,与诸生草改历服色事。①

黄龙,色黄,土德之瑞,"黄帝得土德,黄龙地螾见"②。《瑞应图》说:"黄龙者,四龙之长,四方之正色,神灵之精也。能巨细,能幽明,能短能长,乍存乍亡,王者不漉池而渔则应和气而游于池沼。"③依据邹衍五德终始之说,"五德从所不胜,虞土,夏木,殷金,周火"④,火德之后水德续之。秦灭周而得水德,有黑龙之瑞,⑤则汉灭秦,有土德黄龙之瑞,正是五德转移、天命归汉的天意证明,从而为大汉王朝政治统治的合法性、权威性提供了极其重要的神学意义上的论证。

又如曹魏明帝。魏明帝时期的符瑞,有"宝石负图"、甘露、玉印、青龙、黄龙等几项。而且,明帝时期,凡有符瑞,则大事渲染,力求以符瑞为手段,在三国正统之争中取得政治优势的意图也很明显。青龙四年,魏明帝颁布《宣下灵命瑞图诏》,宣示张掖郡的"宝石负图"之瑞;⑥后又建承露盘,宣称上天降甘露于芳林园仁寿殿前。⑦太和六年,长安典农中郎将张烈称雨后于地得玉印之瑞,魏明帝于是下诏,"奠玉印于文思皇后神座前"。⑧"青龙元年春正月甲申,青龙见郏之摩陂井中。二月丁酉,(魏明帝)幸摩陂观龙,于是改年"。⑨"景初元年春正月壬辰,山茌县言黄龙见。于是有司奏,以为魏得地统,宜以建丑之月为正。三月,定历改年为孟夏四月。服色尚黄,牺牲用白,戎事乘黑首白马,建大赤之旂,朝会建大白之旗"。⑩比之汉文帝,魏明帝倡导并利用符瑞文化为其政权服务的力度要大得多,这一方面固然与君王个人对符瑞的喜好与否有关;另一方面,政治情势也是决定符瑞文化凸显与否的重要因素。

由汉文帝、魏明帝的实例可以看出,倡导符瑞文化,以天降符瑞论证王权政治的合法性、合理性,为巩固其王权政治统治制造舆论,确实起到了意识形态宣传作用,收到了较好的效果。符瑞文化对于王权政治合法性的论证,如同一把双刃剑,符瑞之说在论证某一政权合法性的同时,也必然在论证其他政权为非法。最有名的例子莫过于眭弘对于"大石自立、枯柳复起"符瑞现象的诠释。《汉书·眭弘传》载:

孝昭元凤三年正月,泰山、莱芜山南匈匈有数千人声,民视之,有大石自立,高丈五尺,大四十八围,入地深八尺,三石为足。石立后有白鸟数千下集其旁。是时,昌邑有枯社木卧复生,又上林苑中大柳树断枯卧地,亦自立生,有虫食树叶成文字,曰"公孙病已立"。⑪

谙于阴阳灾异之学的睦弘以为,大石自立、枯柳复起,非人力所为,此当有从匹夫为天子者。故上言曰:"汉家尧后,有传国之运。汉帝宜谁差天下,求索贤人,禅以帝位,而退自封百里,如殷、周二王后,以承顺天命。"⑫睦弘此言,直接借符瑞之说动摇了以孝昭帝为首的王权政治统治,对其政权的合法性产生了最有冲击力的质疑,这对于汉室政权来说,无疑是重棒一击,故而权臣霍光以妖言惑众的罪名将其杀害。然而,"后五年,孝宣帝兴于民间,即位"。⑬孝宣帝刘询,本名病已,孝宣帝的即位,正好应验了匹夫当为天子的符瑞预言。对孝宣政权合法性建构而言,此大石自立、枯柳复生之瑞却为之提供了受益无穷的舆论宣传。

可见,符瑞文化对于王权政治的巩固与支持,在很大程度上表现为一种政治意识形态的确立。在封建社会迷信盛行、科学落后的客观情境下,倡导天命圣统、王权天授的符瑞文化,对于封建政治统治合法性的论证确实颇有成效。张康之说:"意识形态具有一定的欺骗性,但却可以演化为政治心理,因为占统治地位的阶级总是运用其所掌握的政治权力,调动一切可能的手段,进行长时间高强度的宣传活动,从而迫使人们接受这种意识形态。在这种情况下,如果这种意识形态的欺骗性被保持在人们可以接受的范围内,是可以演化为政治心理的。"⑭符瑞文化也是如此,长期以来,统治者对符瑞文化频繁的宣传、鼓吹与造作,已使符瑞学说熔铸成为一种具有广泛认同性的政治心理,并在某种程度上决定着王权政治的兴衰与成败。

二、自我评价功能:符瑞文化对王权政治的美化

符瑞文化对王权政治的美化,源于符瑞文化对德行因素的肯定与彰显。董仲舒说:"天之生民,非为王也,而天立王以为民也。故其德足以安乐民者,天予之;其恶足以贼害民者,天夺之。"⑮又曰:"天瑞应诚而至,皆积善累德之效也。"⑯可见,"天命有德","瑞应之来,必昭有德"的符瑞理念,使德政、德治、德行直接与君王关涉。符瑞文化不仅是王者承天受命的天意灵征,更是王者圣德充溢的天意嘉奖。因此,符瑞显现,

一方面是王权政治合法性的证明,另一方面也是对君王施政有德的认可与赞美。这样看来,符瑞文化不仅是天命、圣德、王权的完美契合,构建了我国古代王权统治合法性的理论根据,并同时构建了统治阶级内部的自我肯定、自我宣扬、自我美化的评价机制,为统治阶级歌颂功德、粉饰太平,提供了有力的思想资源。而这种功德的宣扬、太平的粉饰又从某种层面上增强了王权政治的凝聚力、向心力,巩固了王权政治。

符瑞文化对王权政治的美化主要体现在赞美君主功绩、歌颂君主德行、粉饰天下太平等三个方面,兹分述如下:

(一) **符瑞文化对于君王功绩的赞美**。以汉武帝为例,汉武帝时有天马之瑞,赞美汉武帝太初元年西伐大宛,诛大宛王,获汗血宝马的伟大功绩。《汉书·武帝纪》载:"(太初)四年春,贰师将军广利斩大宛王首,获汗血马来,作《西极天马之歌》。"[17]此歌曰:"天马来,从西极,涉流沙,九夷服。"[18]将天马看作是"神龙之类","此龙必至之效也"。颜师古注曰:"言九夷皆服,故此马远来也。"[19]又晋武帝时期有木连理之瑞。晋武帝在位二十七年,木连理之瑞共计出现二十九次。前十六年,木连理之瑞出现了十二次;后十一年,即从太康元年正月到太熙元年二月,木连理之瑞出现了十七次。[20]出现的次数之多、频率之高,由此可见。同时,如此之多的对木连理之瑞的称述,不能不引发怀疑。考按史籍,晋武帝于咸宁元年伐蜀,太康元年三月一举攻下石头城,吴主孙皓投降,晋武帝从而实现了全国的统一。而审视符瑞出现的次数与频率,从太康元年正月到太熙元年这十一年的时间里,"木连理"共出现了十七次,这显然极具象征意义。据《宋书·符瑞志》:"王者德泽纯洽,八方合为一,(木连理)则生。"[21]木连理见昭示全国一统,木连理的频繁出现,是对晋武帝军事统一全国的盛情讴歌。又北魏太祖道武帝时有一角鹿之瑞。《魏书·灵征志》载:"登国六年十二月,上猎,亲获鹿一角。召问群臣,皆曰:'鹿当二角,今一,是诸国将并之应也。'"[22]考按史籍,从登国三年到登国十年是拓跋珪部发展的重要时期,短短数年,道武帝攻城略地,称雄北方,大有一统天下之趋势。如北魏道武帝登国三年五月癸亥,北征库莫奚;六月,大破之。四年春正月甲寅,袭高车诸部落,大破之。五年夏四月丙寅,行幸意辛山,与贺马䮄讨贺兰、纥突邻、纥奚诸部落,大破之。六年三月,遣九原公元仪、陈留公元虔等西讨黜弗部,大破之。八年三月,车驾西征侯吕邻部;夏四月,至苦水,大破之。九年冬十月,蠕蠕社仑等率部落西走。十年秋七月,慕容垂部寇五原,十一月丙戌大破之。[23]鉴于道武帝的军事实绩,群臣以为,"一角鹿"的出现是上天对道武帝雄伟功勋的肯定和颂扬,天瑞"一角鹿"

见,道武帝合并诸国、统一天下指日可待。

（二）**歌颂君王德行**。如汉文帝时有膏露或膏雨之瑞,《汉书·贾山传》载贾山《至言》曰:"膏雨降,五谷登,此天之所以相陛下也。"㉔孙氏《瑞应图》曰:"甘露,一名膏露。王者施德惠则甘露降草木。"㉕《宋书·符瑞志》曰:"甘露,王者德至大,和气盛,则降。"㉖显然,此以膏露之瑞颂美汉文帝施政有德。文帝时尚有新垣平伪造玉杯、宝鼎之瑞,其目的与之相同。㉗汉武帝时有宝鼎、麒麟、赤雁、景星、芝草等瑞物,皆用以称述功德。如宝鼎之瑞,元鼎五年得宝鼎于汾阴,众人以为是周鼎,皆曰:"……周德衰,宋之社亡,鼎乃沦伏而不见。今鼎至甘泉……惟受命而帝者心知其意而合德焉。"㉘指出武帝获宝鼎,乃圣德合天而致。汉宣帝时,有凤凰、甘露、嘉谷、芝九茎、黄龙等符瑞事物,尤其是凤凰,曾多次出现。如本始元年五月,凤凰集胶东;本始四年五月,凤凰集北海;地节二年四月,凤凰集鲁,群鸟从之;元康元年三月,凤凰集泰山、陈留;元康四年,南郡获威凤;神雀二年二月,凤凰集京师,群鸟从之以万数;神雀四年春,凤凰集京师;神雀四年十月,凤凰十一集杜陵;神雀四年十二月,凤凰集上林;甘露三年二月,凤凰集新蔡,群鸟四面行列,皆向凤凰立,以万数。㉙故清人赵翼说:"两汉多凤凰,而最多者,西汉则宣帝之世。"㉚又据《宋书·符瑞志》:"凤凰者,仁鸟也。不剖胎剖卵则至……凤凰为能究万物,通天祉,象百状,达王道,率五音,成九德,备文武,正下国。"㉛由此可知,凤凰昭示君王仁德,凤凰的显现即是对君王施政有德、天下太平的肯定,故而宣帝之世,凤凰屡见,宣帝对此似也颇为得意,曾多次下诏书,大赦天下,宣示凤凰之瑞,展示了符瑞对于帝王德治、德政的肯定以及帝王对符瑞文化青睐有加的客观事实。汉章帝时,符瑞之多,已难以计数。《后汉书·肃宗孝章帝纪》载:"东汉章帝,在位不过十三年,而郡国所上符应合于图书者,亦数百千所。"㉜《白虎通义·封禅篇》集中反映了章帝时期的符瑞思想,认为"天下太平,符瑞所以来至者,以为王者承天统理,调和阴阳,阴阳和,万物序,休气充塞,故符瑞并臻,皆应德而至"。㉝故王者恩泽所及,必有符瑞显现:"德至天,则斗极明,日月光,甘露降。德至地,则嘉禾生,蓂荚起,秬鬯出,太平感。德至文表,则景星见,五纬顺轨。德至草木,则朱草生,木连理。德至鸟兽,则凤皇翔,鸾鸟舞,麒麟臻,白虎到,狐九尾,白雉降,白鹿见,白鸟下。德至山陵,则景云出,芝实茂,陵出黑丹,阜出萐莆,山出器车,泽出神鼎。德至渊泉,则黄龙见,醴泉涌,河出龙图,洛出龟书,江出大贝,海出明珠。德至八方,则祥风至,佳气时喜,钟律调,音度施,四夷化,越裳贡。"㉞章帝时符瑞之多,并不仅仅为了歌颂章帝德行,还在于对天下承平的宣扬与粉饰。

（三）粉饰天下太平。北魏孝文帝时，有黑狐之瑞。太和二年十一月，徐州献黑狐；太和八年六月，徐州献黑狐。⑥宣武帝时有庆云、一角兽之瑞。景明二年六月，有云五色，见于申酉之间。⑧世宗正始二年九月，后军将军尒朱新兴献一角兽⑩。孝明帝时，有一角兽之瑞。熙平元年十一月，肆州献一角兽；神龟二年九月，徐州献一角兽③。据《魏书·灵征志》：黑狐，治致太平而黑狐见；一角兽，天下平一则至。庆云，太平之应也③。可见，上列三种瑞物均是天下太平之征象，且黑狐、一角兽之瑞前此并不常见，《宋书·符瑞志》有缺，⑩孝文帝后期至孝明帝前期屡屡出现，当有所寓指。考按史籍，北魏统一北方后，孝文帝时，开始进行大规模的改革，如施行均田制、整顿吏治、迁都洛阳，移风易俗等。孝文帝的改革使北魏迅速强大起来，出现了政治、经济、文化各个方面繁荣的景象。故象征天下太平的符瑞屡见只不过是对天下太平景象的美化而已。梁武帝时，又有"老人星见"之符瑞景象。笔者据《梁书·武帝纪》的记载统计，梁武帝统治时期老人星共计出现了四十次，⑪出现次数之多，确实惊人。江晓原说："在北半球，老人星不是一颗常年可见的恒星。"⑫为何会出现如此高频率"老人星见"之符瑞现象呢？据《黄帝占》曰："老人星一名寿星，色黄明大而见，则主寿昌，老者康，天下安宁。"⑬《春秋·运斗枢》曰："王政和平，则老人星临其国，万民寿。"⑭原来，在古人看来，老人星的出现是天下太平、国泰民安的征兆。据《梁书》，梁武帝的统治时间长达半个世纪，是南朝诸帝在位时间最长的一个，在他统治前期和中期社会比较安定，故《梁书·武帝纪》史臣赞曰："三四十年，斯为盛矣。自魏、晋以降，未或有焉。"⑮老人星的频繁出现以及记录在案，可以说是对梁武帝统治时期盛世景象的赞扬与粉饰。

上述符瑞事物大都出现于政治相对清明的历史时期。这些符瑞事物，无论是对君王功绩的赞美，还是对天下太平的粉饰，虽屡有夸大失实之处，但这种美化也从客观上增加了王权政治的吸引力、向心力，提升了士民的信心以及对政权的信赖程度，从而使王权政治得以巩固。同时，需要注意的是，衰乱之世，称述符瑞以美化政治的情况也屡见不鲜。如东汉安帝时"王道衰"，言有木连理、甘露、白鹿、麒麟、白虎、凤凰、黄龙之瑞；⑯三国吴后主孙皓统治时期，吴国内忧外患，动荡不安，而符瑞频见，有甘露、宝鼎、凤凰、天册、天玺、山石纹理成文等符瑞事物。⑰由此可见，衰乱之世符瑞事物的倡导、显现，以及对王权政治的美化，一方面固然是君王昏聩，痴好符瑞所致，另一方面也可能是统治者为扭转政治颓势，稳定民心的一种努力与举措，从而进一步展现了统治者称述符瑞以巩固其王权统治的用心。

三、自我调节功能：符瑞文化引发王权政治的局部调整

符瑞显现引发统治者对于统治政策的调整主要表现在三个方面：一者改元，二者祭祀，三者赏赐、大赦天下。这三个层面，在今天看来，似乎与统治者统治策略的调整无大关联，然而，在当时，却是统治者极为重视的、用以巩固王权政治统治的重要举措。

（一）符瑞引发帝王改元。改元多是指更改帝王年号。年号是封建帝王为记录其在位之年而设立的名号，是封建帝王当政的时代标志。帝王登极后的第一次改元，即初始建元，以惯例而行事，表明天下归其所有，自然不需什么特别的原因和理由。同一帝王中途多次改元，情况就比较复杂，此类改元，大部分是有其原因及具体目的的。或因符瑞见，改元以顺应之；或因灾异生，改元以禳除之；或因叛乱止息，改元以庆贺之；或因大事完结，改元以纪念之。如此等等，不一而足。其中因符瑞见而改元，是帝王改元的一个重要诱发因素。汉武帝时，有司言曰："元宜以天瑞命，不宜以一二数。"⑱此类思想，正是封建帝王应瑞改元的思想基础。在这种思想的影响下，汉武帝因获白麟、得宝鼎，改元元狩、宝鼎。汉宣帝因神爵（神雀）集长乐宫，凤凰五至，甘露降集，黄龙见广汉郡而分别改元神爵、五凤、甘露与黄龙。曹魏明帝以青龙见郑之摩陂井中改元青龙。北魏明元帝以"祯瑞频集"改元神瑞。北齐武成帝又以河、济清改元河清。更有甚者，吴主孙皓，除初始年号外，其他六个年号，如甘露、宝鼎、凤凰、天册、天玺、天纪皆由符瑞引发而改。据金霞统计，两汉魏晋南北朝时期因祥瑞而改元共计有三十六次。⑲由此可见，符瑞与帝王改元确有密切的关联，符瑞见是帝王改元的一个重要诱发因素。同时，封建帝王应瑞改元，并非仅仅为了对符瑞的记录与彰显，还有更为重要的目的。在封建社会中，有年号"以明历数之归己，以示天下之从违"，⑳年号其实是"惟我独尊"、不容"僭窃"的皇权体现和"嫡传正宗"、"皇统延续"的炫耀和标志。㉑总之，年号是封建权力的象征。为此，历代统治者对于年号一事都非常重视，他们认为年号对于国运的兴衰和他们个人的凶吉都有紧密的联系，㉒所以十分重视年号的选择，更常用改元换年号的方式来予以调整。改元换年号，主观上也是他们为维护其王朝统治而作出的一种努力。㉓历代封建帝王不思明主忧勤、宵衣旰食，不求励精图治、革新朝政、体恤民间疾苦，只知挖空心思，屡改年号，粉饰太平，企求上苍保佑，虽属自欺欺人、徒劳荒

唐之举,但确乎又是古人的一种统治策略,自不必苛求古人。㉞因此,封建帝王的应瑞改元不仅是他们宣扬承天受命、寄托吉祥、祈佑福禄的一种手段,更是他们调整统治策略,巩固王权统治的一种方法。

(二)符瑞引发帝王祭祀礼仪的举行。符瑞是王者承天受命的天意证明,又是王者施政有德的天意嘉奖。因此,天降符瑞,无疑是天意显现,作为君王,见天降佳兆,自然会应承天意,祭祀以答谢之。所以因符瑞见而立祠设祭,几乎成了历代君王必须践行的重要事宜。然而由于历史情境有异,不同的君王对于符瑞文化的态度有别,他们对于符瑞出现的祭祀,其隆重程度也有区别。轻者"立祠祭天,以合符应"。如秦献公时,栎阳雨金,秦献公自以为得金瑞,故作畦畤栎阳而祀白帝。㉟又如汉文帝时,赵人新垣平言"天瑞下,宜立祠上帝,以合符应",于是作渭阳五帝庙,同宇,帝一殿,面各五门,各如其帝色。祠所用及仪亦如雍五畤。㊱又如汉宣帝时,凤凰、甘露降集京师,嘉瑞并见,修兴泰一、五帝、后土之祠,祈为百姓蒙祉福。㊲又如北魏太武帝时,天降嘉覜,诏令"天下大酺五日,礼报百神,守宰祭界内名山大川,上答天意,以求福禄"。㊳重者,报告成功,封禅以答之,如汉武帝时,于元封元年封禅泰山。又如光武帝时,受谶书《会昌符》启发,封禅泰山,以承灵瑞。又吴主孙皓时,因灵石表瑞,而封禅国山。总之,无论是简单的立祠祭天,还是隆重的祭祀天地——封禅,符瑞确实引发君王不同规模的祭祀礼仪的举行。《左传》有云:"国之大事,在祀与戎。"㊴符瑞引发的祭祀礼仪不仅是国家政治生活中的大事,更是封建政治中礼乐治世的一项重要内容。因此,从某种层面上讲,符瑞引发的祭祀礼仪对王权政治的合法性的宣扬与确证,也是封建统治者借符瑞而调整统治策略,进而对意识形态加强控制的一项重要措施。

(三)符瑞引发帝王赏赐官民、大赦天下。在符瑞文化引发统治者政策调整方面,最具有实际意义的无疑是此项举措。符瑞显现不仅会引发帝王改元、祭祀,而且在改元、祭祀等政治活动践行的同时,往往伴有赏赐与大赦天下的政治行为。尤其是改元,历朝诸帝每于改元,必有"大赦天下"一类的诏告,用以收揽民心,缓和阶级矛盾。当然,因符瑞见而直接引发帝王赏赐与大赦天下诏令下达的情况也屡屡可见。此于汉宣帝执政时期,表现得尤为突出。宣帝起于民间,所以对昭示天命、圣德的符瑞倍加青睐。宣帝时,每有符瑞见,辄行赏赐,大赦天下。如本始元年五月:"凤凰集胶东、千乘。赦天下。赐吏二千石、诸侯相、下至中都官、宦吏、六百石爵,各有差,自左更至五大夫。赐天下人爵各一级,孝者二级,女子百户牛酒。租税勿收。"㊵又元康元年三月,诏曰:

"乃者凤皇集泰山、陈留,甘露降未央宫。朕未能章先帝休烈,协宁百姓,承天顺地,调序四时,获蒙嘉瑞,赐兹祉福,夙夜兢兢,靡有骄色,内省匪解,永惟罔极……其赦天下徒,赐勤事吏中二千石以下至六百石爵,自中郎吏至五大夫,佐史以上二级,民一级,女子百户牛酒。加赐鳏寡孤独、三老、孝弟力田帛。所振贷勿收。"㊿又神爵元年春三月,行幸河东,祠后土。诏曰:"朕承宗庙,战战栗栗,惟万事统,未烛厥理。乃元康四年嘉谷、玄稷降于郡国,神爵仍集,金芝九茎产于函德殿铜池中,九真献奇兽,南郡获白虎、威凤为宝。朕之不明,震于珍物,饬躬斋精,祈为百姓。东济大河,天气清静,神鱼舞河。幸万岁宫,神爵翔集。朕之不德,惧不能任……赐天下勤事吏爵二级,民一级,女子百户牛酒,鳏、寡、孤、独、高年帛。所振贷物勿收。行所过,毋出田租。"㊿宣帝的上述诏令,其赦天下,奖励勤事官吏、振恤鳏寡、减免租税,其实是借符瑞而调整统治策略、缓和阶级矛盾的一种重要举措。事实证明,上述举措对于巩固王权政治效果显著,故宣帝之统治,史臣赞曰:"功光祖宗,叶垂后嗣,可谓中兴。"㊿另有一种情形,亦必须言明,即统治者对"符瑞见"的赏赐集中于某个地区或发现符瑞物象的某个人,此类奖励,对于巩固王权政治,意义不大,反而助长符瑞造伪之风气。

由上述可见,符瑞显见,必然引发封建统治者对其统治方略进行一系列的调整,或改元以应天瑞,或祭祀以求福佑,或赏赐、大赦天下以收揽人心,从而缓和了阶级矛盾,提升了封建政权的凝聚力,形成了封建统治内部别具特色的自我调节与自我修复、自我完善机制,达到了巩固王权统治的政治目的。

综述之,符瑞文化对王权政治的巩固与支持,其作用之大,上述已可见一斑。所以虽有少数明哲帝王对之"谦谨有度",㊿然大多数帝王都抱以欢迎接纳之态度,并同时对反符瑞思想予以打击。㊿有鉴于此,上有所好,下必甚之。上至王公大臣,下至庶民百姓,纷纷上符瑞以媚主邀宠。《汉书·扬雄传》曰:"及莽篡位,谈说之士用符命称功德获封爵者甚众。"㊿东汉大臣杨终因罪坐徙北地:"帝东巡狩,凤皇黄龙并集,终赞颂嘉瑞,上述祖宗鸿业,凡十五章,奏上,诏贳还故郡。"㊿又如孝安帝时:"济南上言,凤皇集台县丞霍收舍树上。赐台长帛五十匹,丞二十匹,尉半之,吏卒人三匹。凤皇所过亭部,无出今年田租。"㊿由此可见,献符瑞不仅可以获授官爵,还可以消灾免罪,并得赏赐、免租税等实质性的奖励。何乐而不为? 正是在这种全面倡导之下,符瑞文化才逐渐升温,逐渐成为影响封建社会各个层面的一种重要文化形态。

孔颖达云:"日月之会,自有常数。每于一百七十三日有余,则日月之道一交,交则日月必食。虽千岁之日食,豫算而尽知,宁复由教不修而政不善也?……天道深远,有时而验,或亦人之祸衅,偶与相逢,故圣人得因其变常,假为劝戒。知达之士,识先圣之幽情;中下之主,信妖祥以自惧。但神道可以助教,不可专以为教。神之则惑众,去之则害宜。"⑱孔颖达所论可谓是一针见血,政教之修善与否自然与符瑞灾异无关。符瑞文化无非古之圣人神道设教,用以巩固其王权政治的一种手段而已。符瑞文化一方面构建了王权政治合法性、权威性的论证机制;另一方面,又为之提供了自我美化的评价机制以及自我巩固的调节机制。所以历代君王对符瑞文化的倡导,并非真正信仰符瑞文化能够昭示天命、嘉奖圣德,而是看重了符瑞文化作为一种意识形态构建对王权政治的重大作用。胡学常说:"意识形态的重要的社会功能,即是为某一统治提供合法性证明,它不惜歪曲和掩饰现实,精心编制一套系统性而又程度不同地具有封闭性的思想观念体系,目的就在于为正在行使的统治辩护,向世人宣扬这种统治是合法的。"⑳符瑞文化正是这种意识形态的精心结撰,因此,从某种意义上说,符瑞文化就是统治集团自我创设、世代沿习而具有潜在原型意义的自我论证、自我评价和自我调节的机制。

参考文献

①②⑤㉗㉘㊽㊻㊿《史记》,中华书局1963年版,第1381页,第1366页,第1366页,第1382—1383页,第460页,第465页,第1365页,第1382页。

③⑦《艺文类聚》,上海古籍出版社1982年版,第1703页,第1699页。

④ 萧统编《文选》,中华书局1977年版,第823页。

⑥⑨⑩㊼《三国志》,中华书局1982年版,第361页,第99页,第108页,第1164—1173页。

⑧ 杜佑:《通典》,中华书局1988年版,第1537—1538页。

⑪⑫⑬⑯⑰⑱⑲㉔㊼㊿㉛㉜㉓㊻《汉书》,中华书局1962年版,第3153页,第3154页,第3154页,第2500页,第202页,第1060页,第1061页,第2335页,第263页,第242页,第253—254页,第259页,第275页,第3583页。

⑭ 张康之:《政治文化:功能与结构》,载《中国人民大学学报》1999年第1期。

⑮ 苏舆:《春秋繁露义证》,中华书局1992年版,第220页。

⑳㉑㉖㉙㉛《宋书》,中华书局1974年版,第853—855页,第853页,第813页,第793页,第792—793页。

㉒㉓㉟㊱㊲㊳㊴㊺《魏书》，中华书局 1974 年版，第 2931 页，第 22—26 页，第 2928 页，第 2938 页，第 2931 页，第 2931—2932 页，第 2928—2938 页，第 85 页。

㉕ 徐坚：《初学记》，中华书局 1962 年版，第 33 页。

㉚ 赵翼：《廿二史劄记》，中华书局 1984 年版，第 63 页。

㉜㊻㊿㊽《后汉书》，中华书局 1965 年版，第 159 页，第 225—241 页，第 1600—1601 页，第 238 页。

㉝㉞ 陈立：《白虎通疏证》，中华书局 1994 年版，第 283 页，第 283—285 页。

㊵《宋书》，第 807 页。按《宋书·符瑞志》存有"一角兽"条目，但无其出现的记录；"黑狐"之瑞连条目也不存在。

㊶ 江晓原、钮卫星《天学史上的梁武帝》一文中统计梁武帝统治时期老人星出现的次数为三十四次，有误。参见江晓原《江晓原自选集》，广西师范大学出版社 2001 年版，第 221 页。

㊷ 江晓原、钮卫星：《天学史上的梁武帝》，《江晓原自选集》，第 222 页。

㊸㊹ 瞿昙悉达：《唐开元占经》卷六八《石氏外官》（老人星占二十九），影印文渊阁《四库全书》本，台湾商务印书馆 1986 年版，子部第 807 册第 677 页，第 677—678 页。

㊺《梁书》，中华书局 1973 年版，第 97 页。

㊾ 金霞：《两汉魏晋南北朝祥瑞灾异研究》，北京师范大学 2005 年度博士论文，第 48 页。按，金霞统计有疏漏，实际数目应远远超出三十六次。

㊿ 张燧：《千百年眼》，河北人民出版社 1987 年版，第 77 页。

51○54 刘鹏、刘志荣：《关于年号和宋徽宗五改年号之由来》，载《贵州文史丛刊》2000 年第 5 期。

52○ 如晋司马睿改元"永昌"，郭璞说，"永昌"之名号，有"二日"之符谶，是为不祥；梁侯景废简文帝立萧栋为帝，改元"天正"。武陵王萧纪僭位，亦改元"天正"。有识之士以为，按文字"天"为"二人"，"正"为"一止"，属在位短暂，难以持久之兆。后来，果然应验，纪和栋皆为元帝所害；北齐文宣帝年号"天保"，有识之士说，"天保"之字为一大人只十，帝难道天祚不永，难以过十之数吗？文宣果应其谶，在位十年而终（参见赵翼《陔余丛考》卷二五"年号用字"条，中华书局 1963 年版，第 516 页）。

53○ 杨东甫：《年号探微——兼与史苏苑先生商榷》，载《广西师范学院学报》1993 年第 1 期。

59○69○ 孔颖达：《春秋左传正义》，《十三经注疏》，中华书局 1980 年版，第 1911 页，第 2048—2049 页。

64○ 如汉光武帝中元元年夏，京师醴泉涌出，又有赤草生于水涯，郡国频上甘露，帝不纳。常自谦无德，每郡国所上，辄抑而不当（《后汉书》卷一《光武帝纪下》，第 82—83 页）。又如北周武帝，建德二年三月己卯，皇太子于岐州获二白鹿以献。武帝诏答曰："在德不在瑞。"（《周书》卷五《武帝纪上》，第 82 页。）

65○ 如后主孙皓，《建康实录》四载韦卷昭事曰："时有屡言瑞应，后主问昭，昭曰：'此人家筐箧中物耳!'后主衔之⋯⋯后主以为不承用诏命,又嫌前答筐箧之言,积前后事,遂收下狱,死。"(许嵩:《建康实录》卷四《后主》,中华书局 1986 年版,第 104 页。)

⑦ 胡学常:《文学话语与权力话语——汉赋与两汉政治》,浙江人民出版社 2000 年版,第 201 页。

(原载《文艺研究》2011 年第 8 期,作者为南阳师范学院文学院教授)

"民间文学主流论"及其他

郭豫适

一、关于民间文学和作家文学的关系

目前有不少同志在谈到民间文学和作家文学的关系时，只是片面地强调民间文学的决定作用，而没有看到两者之间是互相影响的，这是不全面的看法。B. 契切罗夫说："文学（契切罗夫在他的论文里把'文学'作为'人民创作'或'群众口头创作'的对称，实际上就是我们所指的作家文学或文人文学）和人民创作，是相互影响、彼此丰富的个人和集体的文学艺术形式"，"对广大的劳动群众来说，诗人和作家的作品是人民艺术家所时常指靠的范例。"（B. 契切罗夫：《人民创作的研究问题——讨论的总结》，《苏联民间文学论文集》，第 244、245 页）很明显，民间文学和作家文学的相互影响、相互作用是极为显著的。今天，在我国掀起的波澜壮阔的新民歌运动以及它所产生的大量民歌，对诗人们的创作将起巨大的影响；同时，诗人们的某些优秀作品也由于它的思想性和艺术性的高度统一，也在群众中发生了很大的影响。当然，这主要是我们的时代、我们的社会为民间文学和作家文学的繁荣以及它们之间的相互影响和结合，提供了空前有利的条件。但是，就是在过去，民间文学和作家文学之间的影响作用也是双方面的，而不是单方面的。我国第一个伟大爱国诗人屈原的代表作《离骚》就深受楚国民歌的影响，而它的成就却高于一般的楚地民歌。唐代民歌对唐代诗人有不同程度的影响，而杜甫、李白、白居易这些优秀作家的一些作品同样也影响着民间。"唐诗三百首"在群众中就是流传很广的。宋代柳永的词在民间影响更大，相传凡有井水的地方，就有歌唱柳永的词的(关于柳永词的评价又当别论,此处不赘)。人民有了《三国志平话》,但他们绝不排斥罗贯中的《三国演义》;人民有了《大唐三藏取经诗话》,但他们却很喜欢吴承恩的《西游记》。他们所以爱好这些经过作家创造性加工和提高的作品,是因为它的情节更加完整,内容更加丰富,艺术性也更高了。这就生动地说明了:一方面,民间诗人的许多健康、朴素、美丽的诗歌传说,为诗人、作家们所爱好和学习;另一方面,诗人、作家们也以自己优秀的诗歌创作呈献给人民,呈献给人民艺术家和人民歌手,有时候还经过人民群众的修改逐渐地成为群众自己的东西。

关于民间文学和作家文学的相互影响、相互作用、相互渗透,就作家文学来看,可以这么说,文学史上几乎没有一个伟大的作家不是这样或那样地、或多或少地受到民间文学的影响作用的,但是假如笼统地把一切伟大作家的艺术成就都看作是由于民间文学的"决定作用",这就不够妥当了。决定一个作家艺术创作的成就,首先是他理解、把握现实生活的深度,是他的世界观,然后才是古代文学或民间文学对他的影响作用;而就总的情况看来,民间文学和作家文学之间的影响作用是双方面的,不是单方面的。

二、关于长处和短处

我们一方面要肯定民间文学的重要意义和价值,肯定其中有些作品在思想性、艺术性方面都达到了很高的成就,但这并不妨碍我们如实地指出民间文学的局限性(作家文学也有局限性,我这篇文章的重点不在这里,恕略),无视过去民间文学的局限性是不必要的。如果我们要求千百年前终日被压在生活重担之下的劳苦大众为我们提供出来的每一篇作品都是思想性和艺术性高度统一的作品,这种要求本身就是反历史主义的。关于民间文学的复杂性和局限性的问题,我们在《应该把作家文学视为"庶出"吗》一文中已作了必要的叙述,此处不再重复了。我在这里要补充的是,有些同志显然是把这一问题作了过分简单的理解。比如有这么一种说法:"但是,我们并不否认,由于民间文学在阶级社会里是被统治、被迫害的,有的被统治阶级篡改了,也有的是统治阶级捏造出来的'假货'。"(《民间文学是中国文学的主流》,3 月 21 日《解放日报》)这样的理解显然是不全面也是不够深入的。实际上造成民间文学的复杂性和局限性的原因,决不仅仅是由于统治阶级的"篡改"或"捏造"(虽然这也是原因之一),而是有着多方面的原因的。别林斯基要求人们有分别地看待民歌,"他自己便一方面在民间诗歌中看到了那些能够证明真正的人民的性格,证明俄罗斯精神的坚强、有力与不可摧毁的特征,另一方面也指出人民生活中的保守的方面在民间诗歌中的反映,强调地指出民间创作中的反动的成分,指出那与人民格格不入的教会思想体系所创造,并违反人民的意志强行灌输给人民的以及多少世纪的农奴制的压迫和沉重、黑暗的生活所造成的一切"(N. 科列斯尼兹卡娅:《别林斯基论民间文学》,《苏联民间文学论文集》,第 139 页)。马克思在《德国意识形态》一书中写道:"在每个时代里统治阶级的思想是统治的思想,作为社会底统治的物质力量的阶级,同时就是统治社会的精神力量。"(转引自毕达可夫:《文艺学引论》,第 412 页)根据这一原理,我们可以知道,除了统治阶级的"篡改"或"捏造"以外,民间文学作品中的糟粕还由于这些作品的作者在实际上反映了统治阶级的腐朽思想(这里我还没有把民间文学中那些实际上并非由真正劳动阶级出身的作者所写的作品的复杂性估计在内)。

至于某些民间文学作品在文字、艺术技巧上的粗糙等现象,这主要是因为作者们在旧社会里被剥夺了受文化教育的权利的结果。譬如唐代的变文,一般地说,叙述比较冗长,文字也比较粗劣,艺术性是并不怎么高的。但是,有些同志对民间文学的评价未免过分地夸大了。他们说,"唐代民间文学……其深刻性,远远超过于同时代的文人创作"(北师大同学:《中国民间文学史》(初稿)上册,第 285 页)。有的说,"唐代民间文学和作家文学比起来是要先进得多的……而且就其本身来说,也比任何一个伟大作家的作品要先进……更深刻更广泛地反映社会现实的人民生活"(北大同学:《中国文学史》上册,第 242—243 页)。我看这是言过其实。比方,我就不敢同意这样的看法,说杜甫的《三吏》、《三别》和《自京赴奉先县咏怀五百字》跟北大同学所推崇的《永淳中民谣》、《鲁城民歌》和《乾符童谣》比起来要差一些,虽然像有些同志所指出的,这三篇歌谣在当时民歌中还是比较优秀的。我同意乔象钟同志的意见:"关于唐代民间文学,编著者们对它的评价之高,可以说是无以复加了,认为唐代民间文学不但比任何一个伟大作家要先进,而且又最深刻地表现了人民的思想感情,又深刻广泛地反映了社会现实……难道唐代民间文学真正表现了这样深刻伟大的意义吗? 在我看来,这些过火的赞美词句,并不符合唐代民间文学的实际情况。"(见 4 月 5 日《光明日报》)

其实,关于民间文学和作家文学互有长短的事实,就是坚持民间文学主流论的江笑波同志也说:"民间文学和作家文学还互有长短,我们不能一一而论。比如作家文学不少长篇巨制,而民间文学则多是短小的作品;作家文学的艺术价值在一定程度上要高于民间文学作品……"(见 4 月 26 日《光明日报》)这种看法是实事求是的,正确的。

三、关于划进来和划出去

有些持民间文学主流论的同志没有看到或不愿意看到民间文学的局限性的一面,于是在划分民间文学的范围上也采取了比较轻率的态度。比如,有的同志为了证明民间文学也有许多长篇巨著,就把《三国演义》、《水浒传》、《西游记》划入民间文学,而且还说这些作品仍不失为直接由劳动人民创作的长篇巨著。据我知道的,《大唐三藏取经诗话》约万余字,而《西游记》却是数十万字的巨著。《诗话》的作者在《西游记》的成就上固然有巨大的功绩,但别的不谈,仅就篇幅激增这一点来说,否认吴承恩的创造性的艰巨劳动也是不合适的,而且说《西游记》等作品是直接由劳动人民所创作,也是欠斟酌的。有的同志为了使民间文学包含的都是最优秀的作品,于是除了把一些他们认为"反动作品"划出去以外,就连"一些宣扬因果报应、色情庸俗、成仙出世、歧视妇女、贞操观念、忠孝节义等消极作品",也从民间文学中排除出去,认为那是"封建统治阶级的文学"。我认为这样做显然是不妥当的。

总之,这些同志既把民间文学的范围扩大了(把好的作品划进来),又把民间文学的范围缩小了(把坏的作品或有消极因素的作品划出去)。按照前一种办法,固然不够妥当;按照后一种办法,同样也不妥当。因为照后一种办法,我不知道唐代变文能够被划入民间文学的还有百分之几? 宋元话本和明清拟话本中又有多少可以得到民间文学的称号? 我想,那样一来,人们所希望看到的民间文学即使不是寥寥无几,恐怕也所存有限了,哪里还能够成为我国全部文学史的主流呢?

北师大同学在《中国民间文学史》里也将一些非民间文学作品划入民间文学的范围,例如,将一首注明是"临安曹吏语"的官吏的作品划入宋代歌谣中。我看这是不很适宜的。这样做其实是可以把更多的优秀的文人作品划入民间文学范围的,因为那些优秀的作品对旧社会的暴露和讽刺是很尖锐的,和人民的思想感情是相通的,并且也往往采用民歌的形式(如乐府民歌的形式)在民间流传呢! 但是这样做的结果,会把民间文学和作家文学的范围混淆起来,是没有什么益处的。

文学作品是作者在他的世界观指导下通过艺术创作对于客观现实世界的认识和反映,任何作家都不可避免地要受到他所处的社会历史环境的制约,民间文学和作家文学都是如此。这就是为什么我们在阅读古代文学作品的时候,在肯定它的成就和价值的同时往往也可以找到它的局限性的缘故,这也是我们对待古典文学遗产必须批判地接受的根本原因。

对于文学史上某些有缺点的文学作品(包括作家文学和民间文学作品),我们应该作仔细的、具体的分析,如实地指出它的局限性表现在哪里,在整个作品中所占的比重怎样,它是不是属于主导倾向,是基本的一面还是次要的或不重要的一面,它是怎样产生的,对读者有什么有害的影响等等。这就是分析批判的过程,也就是吸取其精华、抛弃其糟粕的过程。如果避开这个艰巨而又细致的实践过程,只是消极地把它们划过来划过去,是不解决问题的。

四、简 短 的 结 论

民间文学主流论或正宗说既不尽符合文学发展的客观规律,又缺乏坚实的理论基础,可见这种提法是不科学的、不够妥当的。

过去资产阶级文学史家对民间文学抱着贵族老爷式的轻视、鄙视的态度,是应该予以彻底纠正的。目前出现的几部新的中国文学史是这样做的,这很好,但是我们在如实地指出民间文学在文学史上的地位、价值和作用的同时,应当尽可能避免发生其他错误倾向。

(原载 1959 年 7 月 8 日《解放日报》)

拟曹雪芹"答客问"
——红学研究随想录

郭豫适

倘若曹雪芹活着的时候,曾经在"悼红轩"接待来访的客人,有些红学家向他提出这样的问题:"曹公! 您大作里面那位林姑娘究竟写的是谁?"你想,曹雪芹会怎么回答呢? 这倒是颇有意思的一个题目。可惜,在考证家的著作里我们没有读到回答这个问题的《曹雪芹访问记》或《和作家曹雪芹座谈纪要》之类的文字。那么我们来虚构一番如何,我想是可以的。

话说某年月之某日,天气晴好,曹雪芹家里来了不少客人。当然先有一番"曹老,您好!"以及"久仰久仰"、"幸会幸会"的话,这个不必细述。

客人们步入厅内,各各入座,献茶之后,有位红学家便首先发言。他说:

> 雪芹先生,您的《红楼梦》不折不扣真是一部奇书哪! 鄙人尤其佩服您在人物形象方面艺术构思之新奇。真没想到,您那个林黛玉写的并不是一个女子,却是一个男人,对不对? 我看,你是写的纳兰性德所奉十二位上客之一的朱彝尊吧![①]

曹雪芹听了觉得很突兀,便问:"何以见得?"那位红学家哈哈地笑起来,显出很有心得的样子,说:

> 彝尊姓朱,您就称黛玉为"绛珠"。朱彝尊号竹垞,您就写林黛玉住潇湘馆。竹垞生于秀水,您就写绛珠草长于灵河岸上。您老真是锦心绣口,笔底生花,艺术

[①] 陈康祺:《郎潜纪闻》:"闻先师徐柳泉先生云:'小说《红楼梦》一书,即记故相明珠家事。金钗十二,皆纳兰侍御所奉为上客者也。'"

构思奇妙之至呵！①

这第一位红学家话音刚落，便有另一位红学家接着说："仁兄读书探幽索隐，见解甚高。不过，据我看林黛玉并不是写的朱竹垞，其实是写的康熙皇帝的废太子胤礽！不然怎的林黛玉的遭际心事跟废太子那样相似呢？曹老，您说是不是？"②

先发言的那一位正想答辩，第三位便插上来说：

二位差矣！《红楼梦》诚然是奇书，但女人终归是女人，雪芹艺术构思再怎么出奇，总不会颠倒阴阳，将男人写成女子吧。我有足够证据可以说明，林黛玉必是写的顺治皇帝的董鄂妃，而董鄂妃，诸位知道是谁？就是早先那个秦淮名妓董小宛！我索性告诉诸位吧，《红楼梦》里的贾宝玉——那个"情僧"，其实就是因为伤悼董妃夭亡，便去五台山落发为僧的顺治皇帝。此事故老相传，古人岂欺我哉！诸位倘若不信传闻，好在雪芹先生在座，大家可以向他请教。③

曹雪芹听了这些评论，心里又好气又好笑。但还没有等到他答话，便又有一位插嘴说："写林黛玉必是影射后妃，这一点可以肯定。只是她影射何人，还可商榷。我看林黛玉影射的并不一定是顺治皇帝的董鄂妃，而是影射乾隆皇帝的皇后富察氏。"④他的话刚说完，便有第五位红学家大声地说：

诸位，你们把《红楼梦》人物的思想艺术的意义未免都看得忒小了！雪芹先生写林黛玉哪里只是影射一个人？要知道他写林黛玉是用来代表"亡明"的，就像他写薛宝钗是用来代表"满清"的一样。否则，为什么把林黛玉写得那样瘦弱，风吹欲倒；而薛宝钗却是那样的丰满，简直是吹气欲化呢？⑤

---

① 蔡元培：《石头记索隐》云："林黛玉，影朱竹垞也。绛珠，影其氏也。居潇湘馆，影其竹垞之号也。竹垞生于秀水，故绛珠草长于灵河岸上。"

② 寿鹏飞：《红楼梦本事辨证》云："黛玉之名，取黛字下半之黑字，与玉字相合，而去其四点，明为代理两字。代理者，代理亲王之名词也（康熙废太子胤礽封理亲王）。理亲王本皇次子，故以双木之林字影之。"又云："全书描写黛玉处，直将胤礽一生遭际及心事，曲曲传出。"

③ 蔡元培：《石头记索隐》云："是书全为清世祖与董鄂妃而作"，"相传世祖临宇十八年，实未崩殂，因所眷董鄂妃卒，悼伤过甚，遁迹五台不返。"又云，董鄂妃者，"实则人人知为秦淮名妓董小宛"。

④ 邓狂言：《红楼梦释真》第二回云："曹氏之林黛玉非他，乾隆之原配嫡后，由正福晋进位，后谥孝贤皇后之富察氏也。"

⑤ 景梅九：《石头记真谛》云："黛玉代表亡明，故写得极瘦弱，风吹欲倒。宝钗代表满清，故写得丰满，气吹欲化。"又云："黛玉号潇湘妃子，写亡国哀痛，如亡君。宝钗号蘅芜君，指满人兴于荒芜水草地，而人主中国。"

这时座中窃窃私议,也有人忍不住笑出声来的。对他的发言,有的赞成,有的反对。赞成的佩服他读书心细,能发人之所未发,看问题又拎得比较高。反对的说他纯是猜测之词,而且对林瘦薛胖的解释,未免太过离奇、过于穿凿了。

正当大家七嘴八舌,议论纷纷的时候。忽又有一位红学家(此君写有关于《红楼梦》的专著,但其实是谣言家)说:

> 诸位诸位!且听我说。刚才诸公宏论,其实都是错的。据我研究,雪芹先生写林黛玉并不是写一个生活里的人,而是一本书——《金瓶梅》——里一个女主人公的翻版。贾宝玉乃西门庆,林黛玉即潘金莲。所以关于林黛玉究竟是谁的问题,可说已经解决,你们诸位不必东寻西找。《红楼梦》里的人物,全都可以在《金瓶梅》里找到。林黛玉嘛,没问题,这位贾宝玉的恋人,林如海的姑娘,也就是西门庆的小老婆之一、潘裁缝的女儿。①

他这高论一出,合座哗然。对他这种荒唐而又低级的发言,很有几位面有愤色,正要开口批驳。这时,只见一位并非红学家的来客站起来说:"诸位!我们今天是来访问曹先生,并不是在这里开学术讨论会,各位如有高见,只说主要观点即可。时间不早,还是请曹先生多给我们讲讲吧!"于是,到会的人才逐渐安静下来,大家都把目光集中到曹雪芹身上。

却说曹雪芹刚才在听那些红学家的提问和发言时,有时只是莞尔一笑,有时又皱起眉头,有时则脸色显得很严峻,心里很不痛快。他觉得刚才多数红学家的发言,虽然是不着边际,胡乱猜测,但究竟还不是诽谤攻击,情有可原。唯独那个一派下流胡言的"红蠹"(不知雪芹对此等人如何称呼,姑妄名之),不但凭空污人清白,造谣诽谤贾宝玉、林黛玉,而且简直也是对自己的一种诬蔑。总而言之,曹雪芹对诸如此类没完没了的胡猜妄测,实在很不耐烦,不愿意再听下去了。这时便站起身来,脸上露出一丝苦笑,对大家说:

> 我的作品承蒙诸位关注,很是感谢。不过刚才诸位的高论,恕我直言,实在跟《红楼梦》是不相干的,曹某不敢领教。我很抱歉,没有上过大学读过《文学概论》

---

① 阚铎:《红楼梦抉微》认为《红楼》全从《金瓶》化出",认为《红楼梦》里的贾宝玉即是《金瓶梅》里的西门庆。又云:"林黛玉即潘金莲。颦儿者,言其嘴贫也。一部《红楼》,林于文字为最长;一部《金瓶》,金莲于诗词歌赋无所不能。盖林从贾雨村读书,此外并无一人曾上过学;潘亦于七岁往任秀才家上过女学,为《金瓶》各人所无。"

的课程,理论方面讲不出艺术的真实和历史的真实的关系究竟如何。但我是一个作家,很知道塑造一个文学典型,不通过艺术虚构而只是"实录"一个真实的人物,那是不行的。我只能告诉诸位:《红楼梦》里的林黛玉并不是一个实有的人,是我创造的,我书里的林黛玉就是书里的林黛玉。……

曹雪芹说到这里,稍稍停顿了一下,拿起杯子呷了一口茶。同时心里在琢磨:"'我书里的林黛玉就是书里的林黛玉',光是这句话,这班红学家们能听懂、能接受吗?最好再引哪一位理论家的话来帮助解释一下,也许就更有说服力了。可是,引谁的呢?"

是呵,引谁的呢? 高尔基和鲁迅倒是很合适的。高尔基说过,小说创作应当是"从二十个到五十个,以至从几百个小商人、官吏、工人的每个人身上"抽取出他们"最特征"的东西,然后"再把它们综合在一个小商人、官吏、工人的身上"。鲁迅关于自己塑造人物典型,也说过这样的话:"没有专用一个人,往往嘴在浙江,脸在北京,衣服在山西,是一个拼凑起来的脚色。"可惜的是,曹雪芹当年站在那里"答客问"的时候,高尔基和鲁迅他们二位尚未出世,高尔基的《我怎样学习写作》和鲁迅的《我怎么做起小说来》还没有发表,所以里面有关的话曹雪芹无从引用。否则,他们二位都是创作家而兼理论家,以他们的崇高威望和切身体会,引用他们的论述,毕竟比光是讲那句"我书里的林黛玉就是书里的林黛玉"的话要有说服力得多。

那么,高尔基、鲁迅之前,还有谁说过类似的话没有呢? 其实是有的。曹雪芹毕竟记性是好的,他略一寻思之后,就高兴地说:"有了!"原来他想起了歌德,便转身从书橱里抽出一本书来对众人说:

> 诸位,我现在把歌德的一段话介绍给大家,他的话可以说回答了刚才诸位所提出的问题。不过,我首先得声明,以歌德的伟大,我不敢跟他媲美;另外,他的书信体小说《少年维特之烦恼》里面那个女主人公绿蒂,跟我小说里面的林黛玉情形也不一样。我之所以要向诸位介绍歌德的话,是因为他告诉我们:文艺作品中的一个典型形象,不会是照搬一个实在的人物,读文学作品的时候,不要去作种种不着边际的"诠索"。歌德这个说法跟我的想法是一样的,所以这段话也就是我对诸位的提问的回答。

说到这里,曹先生拿起杯子又喝了一口茶,继续说道:

> 其实,不单是林黛玉,再拿贾宝玉来说吧,刚才不是有人说贾宝玉就是顺治皇帝吗? 告诉诸位,我可没有这样的意思。我写贾宝玉时,脑子里压根儿就没有想

到顺治皇帝以及顺治皇帝瞒着众人去五台山做和尚之类的事。听说胡适之博士——他今天没有光临——又说什么贾宝玉就是我，请诸位别相信他！诸位想想，我书里明明写贾宝玉十九岁就出家去了，而我自己现在已经痴长到四五十岁，并没有去做和尚呀，这还用得着去"索隐"、"考证"吗？诸位要说我在书里人物身上写进了一些我所见所闻之人之事之言，以及我自己的一些经历和感触——自然这一切都不是照搬——那是有的；但说我书里写的人和事，都是实录真实的人真实的事，那实在是一种误会。对于诸君的提问，我的回答到此为止，此外实在也无可奉告了。趁此机会，我很希望诸位，并拜托诸位转告今天没有来访的红学家和读者，此后不要再费心思去作种种猜测，幸甚幸甚！

说罢，他便打开书，找到歌德的那段话，朗读起来：

　　我写东西时，我便想起，一个美术家有机会从许多美女中撷取精华，集成一个维纳斯女神的像，是多么宠幸的事。我因不自揣，也摹仿这种故智，把许多美女们的容姿和特性合在一炉而冶之，铸成那主人公绿蒂；不过主要的美点，都是从极爱的人那儿撷采来的。好诠索的读者因此可以发现出与种种女性的相似之点，而在闺秀们中，也有人关心到自己也许是个中的人物。这样，好些自以为是的绿蒂却使我不胜其烦，因为逢人都想确知真正的人是在哪儿。①

曹雪芹读书的声音是那样地悦耳，那样地清晰、响亮。当他朗读的时候，室内鸦雀无声，人们通过他的声音聆听着歌德的话，而"悼红轩"里的那次聚会，也就在主人那琅琅书声的袅袅余音中结束了。

以上这个曹雪芹"答客问"的故事，当然是出诸笔者的杜撰。譬如曹雪芹那次讲话的时候，胡适还没有出生，曹雪芹怎么会知道胡博士后来写了考证《红楼梦》的文章，考定小说里的贾宝玉就是小说作者自己呢？又譬如，歌德虽然比高尔基、鲁迅出生得早，但是曹雪芹死的时候歌德也不过十五六岁，假定曹雪芹那一次"答客问"是在他去世以前的二三年举行吧，那时歌德只不过十三四岁。当时歌德的文章就已经翻译到中国来了？如果没有翻译，莫非曹雪芹读的是德文原著？这恐怕也靠不住。所以我写曹雪芹当年从书橱里拿下歌德的著作，也还是杜撰，是"假"的。

但如果说我上面那些文字全是"假话"，没有"真"的东西，那自然也不对。这满纸

---

① 歌德：《自传·诗与真实》，转引自《西方古典作家谈文学创作》。

荒唐言里面,还是有真实的、可靠的内容的。譬如,我所拟的那些红学家的发言,虽然免不了有点添油加醋,经过一点移易取舍,但所述他们的观点,包括那个被曹雪芹斥为"红蠹"的人所说的"林黛玉即潘金莲"的话,并非我随意乱说,实实在在是真的。再说,曹雪芹虽然不可能知道高尔基、鲁迅,歌德的文章当时也未传到中国①,但是,歌德、高尔基、鲁迅和曹雪芹本人,都是伟大的作家,他们对于文艺创作的普遍规律会有共同的体会。如果曹雪芹读过歌德的文章,他是一定赞同的,需要的话是会引用的。从这些来说,上面那个故事却又是"真"的。

说到这里,可能读者会问:曹雪芹当年写《红楼梦》,有"真"有"假",使以前有些红学家都搞糊涂了;你如今又杜撰曹雪芹"答客问"这篇有"真"有"假"的文字,其意安在?我说,其实也不为什么,就为觉得现在"红学"研究里面还有一点"旧"气,正如有些同志所说,旧红学索隐派的观点和方法的影响还未清除的缘故。

近年来,国内国外研究《红楼梦》的人越来越多,"红学"成了一门世界性的学问,"红学"研究总的说来是取得了很大成绩,是向前发展的,这很值得高兴。但是我们也看到,《红楼梦》研究中确实也存在着一点毛病,有的文章"旧"气横秋,"索隐派"、"自传说"的味道颇浓,似乎非如此不足以揭示《红楼梦》这部"奇书"思想艺术之奥秘,而有些读者也误以为这是什么新发明、新创造。其实,对于那些钩沉索隐的研究方法和悖理违情的高见,当年曹雪芹就已经大皱其眉头了。在这种情况下,让我们大家了解一下曹雪芹当年在"悼红轩"里向来访的红学家发表的一些意见,包括听听他传达歌德老人的劝告,不是有一定的益处吗?

(原载《光明日报》1981 年 12 月 21 日文学专刊)

---

① 歌德生于 1749 年,《少年维特之烦恼》是他 23 岁那年的作品。1774 年出版。曹雪芹卒于 1763 年或 1764 年。据此,曹雪芹事实上不可能读到歌德的《少年维特之烦恼》以及他谈到这部作品的文章。

索隐派红学的研究方法及其历史经验教训
——评近半个世纪海内外索隐派红学

郭豫适

半个世纪以来,特别是 70 年代以来,在《红楼梦》研究中,海内外出版了一些索隐派著作,从持索隐派观点者看来可说是索隐派的复兴,从批评者观点说来则是索隐派的复辟,从《红楼梦》研究史的角度来说,则是当年胡适和蔡元培新旧红学争论的继续。举例来说,先后出版的有潘重规的《红楼梦新解》,杜世杰的《红楼梦考释》(是其《红楼梦悲金悼玉实考》、《红楼梦原理》的增补本),李知其的《红楼梦谜》,霍国玲、霍纪平、霍力君的《红楼解梦》以及王国华的《太极红楼梦》等。

一、老话题再度起争论,胡适、陈炳良批评潘夏索隐法

在海外老一辈红学家中,潘重规从 50 年代至 70 年代著有《红楼梦新解》、《红学五十年》、《红学六十年》等书,是索隐派红学家。早在 50 年代初,胡适读了他有关《红楼梦》的文章,曾发表《对潘夏先生论〈红楼梦〉的一封信》①(豫适按:潘夏为潘重规笔名),表示"不能赞同潘君的论点",认为"潘君的论点还是'索隐'式的看法,他的'方法',还是我三十年前称为'猜笨谜'的方法"。胡适在这封写给哲先的信中还感叹说:"我自愧费了多年考证工夫,原来还是白费了心血,原来还没有打倒这种牵强附会的猜笨谜的'红学'!"

---

① 胡适此文发表于 1951 年 10 月,潘重规《红学六十年》附有胡适此信影印件。拙编《红楼梦研究文选》(华东师范大学出版社,1988),在选编潘重规、陈炳良有关索隐红学的商榷文章时,也编入了胡适此信。

　　70年代,潘重规仍然继承蔡元培的观点,认为《红楼梦》是反满复明的。在《〈关于红楼梦的作者和思想问题〉答余英时博士》一文中,说《红楼梦》"作者对贾府的恶意仇视,时时流露于字里行间。作者在书中反复指点真假,以贾府影射伪朝"。陈炳良在《近年的红学述评》中,对潘的观点和方法提出商榷,认为潘的《红楼梦新解》以宝玉代表传国玺,林黛玉代明,薛宝钗代表清,林薛争取宝玉即是明清争夺政权的说法纯属推测,是不恰当的。陈炳良说:

　　　　原谅我作这么一个相同的例子(analogy):潘先生的大名不也可以牵扯上反清复明的思想吗? 潘先生的姓拆开来不是指番人的满洲吗? 他的大名不是隐日月两个字,即明朝吗? 我的贱名也可以解作:"陈指过去,即怀念胜朝;炳即丙火,即朱明;良是艮上加一点,艮即山,故良字是隐崇祯自缢于煤山。"我相信潘先生是不会同意我的说法的。

　　陈炳良对潘重规索隐方法的这个批评是很巧妙的。潘对陈这段话实在难以作出有说服力的反驳,特别是对这段话中用索隐方法硬是将潘、陈两人的姓名都解释成为具有反清复明的含意究竟应当持何态度,更是左右为难,肯定也不是,否定也不是。试想,如果肯定陈炳良这段话的方法,则明显与事实不符,因为潘、陈两人的命名确实并无反清复明的用意,如此一来,岂不是也就肯定了自己书中那些反清复明之说并无事实依据? 但如果否定陈炳良这段话的方法,则势必也要否定自己书中的方法,因为他自己书中使用的方法跟陈炳良这段话中使用的方法是一样的,都是表面上看似有理实则是牵强附会的索隐派的方法。总之,无论是持肯定态度或持否定态度,都难以使自己运用索隐方法论证《红楼梦》具有反清复明思想的做法得以自圆其说。面对这一两难的情况,潘先生便回避正面回答是否同意陈炳良这段话的说法,而是说《红楼梦》应否运用这种索隐方法的问题发表与陈氏相反的意见。在陈氏看来,既然这种方法纯属主观猜测,自不应以此研究《红楼梦》;而潘氏在《〈近年的红学述评〉商榷》一文中则说,问题在于应不应该运用这种方法,"我们研究《红楼梦》,如果应该用这种索隐办法去解决问题,就不当因难而退"。

　　陈炳良文中还就潘重规认为曹雪芹不是《红楼梦》原作者的说法提出一些质疑,如问:"如果曹雪芹不是作者,那么永忠和明义的诗,脂砚斋'书未成,芹为泪尽而逝'那句话和许多'曹雪芹是作者'的记录,我们怎样去解释呢?""如果曹雪芹不是作者,那么别人为什么要'嫁祸'给他呢? 如果作者是避免文字狱,为什么修订者要提到曹雪芹的名字,难道他不知道文字狱可以株连很广的吗?"关于前一个问题,潘重规回答说:"误会曹雪芹乃《红楼梦》的原作者,是由脂砚斋、畸笏一班和曹雪芹同时的红迷引起的。他们沉醉在《红楼梦》文学的魅力中,他们在批语中对隐名的原作者和执笔增删的曹雪芹,都漫无分别地称他们为作者。批书人对原作者表现极度的崇拜;而对密友曹雪芹则表现得非常亲昵。"至于何以要由曹雪芹来增删,潘说:"或许是雪芹诗笔比这班批书朋友较强,或许《红楼梦》的底本是曹家的藏书,《脂砚斋重评石头记》可能是曹家传抄出来的","《红楼梦》本书,另有隐名的原作者;曹雪芹只是增删补订的执笔人。脂砚斋在评语中一律都称之为作者,这便是曹雪芹变成为《红楼梦》作者的由来。'永·忠·、明·义·的诗'和'许多曹雪芹是作者的记录',都是受脂评影响而产生的"(着重点引者所加)。关于后一个问题,潘重规回答说:"脂砚斋批语中说曹雪芹是作者,但脂砚斋并不知道《红楼梦》是反清复明的隐书,所以谈不到'嫁祸',因为他们并未感到有'祸'可'嫁'。"

从上述情况可以知道,内地红学界后来关于《红楼梦》著作权问题,关于脂本后出以及永忠、明义等记述是接受脂评影响而产生等不同看法的论争,可以说直接间接地与 70 年代港台的讨论有关。问题早就提出来了,后来的论争只不过是问题的进一步展开,规模和影响更大,论争也更为尖锐、激烈而已。

二、杜世杰《红楼梦原理》:曹雪芹谐音"抄写勤",世上并无此人

潘重规之后,海外索隐派中比较著名的有杜世杰。他 1971 年在台湾出版有《红楼梦悲金悼玉实考》,经修订后 1972 年印行《红楼梦原理》,1979 年在上述两书基础上增补改写成《红楼梦考释》印行。此书 1995 年在北京由中国文学出版社出版。《红楼梦考释》卷首《自序》称:"余研究《红楼梦》数十年","撰《红楼梦悲金悼玉实考》一书,说明《红楼梦》涵民族大义,以复礼兴汉为宗旨",《红楼梦考释》一书"搜掘《红楼梦》所隐藏的真事,诠释《红楼梦》的词藻,发扬《红楼梦》的义理,务期读者能彻底了悟《红楼梦》为复性救世之书,为有功名教之书,实乃前贤立言之作,非曹雪芹的忘本自诋"(着重点引者所加)。《再序》又强调"《红楼》的宗旨是教礼明义,知耻奋斗的是一部演性理之书"(同上)。

《红楼梦考释》共八篇,每篇分若干章。第一篇《〈红楼梦〉与曹家》,其中有《〈红楼

梦〉对贾府的褒贬》、《〈红楼梦〉不是曹家的写实》等;第二篇《〈红楼梦〉的组织与读法》,
其中有《红楼名词》、《真假阴阳的运用真谛》、《看反面》、《智通》、《人物的创造》、《一手
二牍的创造法》等;第三篇《贾府与满清宫廷》,其中有从时间、从空间、从人事《看贾府
与清朝》、《贾府的机关》、《〈国朝宫史〉与贾府的巧合》、《大事考释》等;第四篇《宝玉与
满清帝系》,其中有《由名号看宝玉身分》、《从亲属身分看宝玉身分》、《从生活经历看宝
玉身分》;第五篇《后妃角色》,其中有《太君与太后》、《凤姐》、《蘅芜君》、《湘妃》;第六篇
《大汉儿女》,其中有《宝琴》、《史姑娘》、《怡红公子与绛珠草》、《小宛入宫辨疑》;第七篇
《〈红楼梦〉的思想》,其中有《〈红楼梦〉的民族大义》、《真伪的兴废》、《倡礼攘夷》、《儒生
兴胄裡》、《贬斥降臣》等;第八篇《吴梅村与〈红楼梦〉》,其中有《从名号的涵义求作者》、
《从作者的经历找作书人》、《梅村之谜》、《反清遗老》、《从学术观点看作者》、《〈红楼梦〉
的素材与梅村遗著》。

《红楼梦考释》内容甚为庞杂,兹仅举其关于《红楼梦》作者、《红楼梦》思想、"谐韵
格谜"猜法的"考释"如下:

关于《红楼梦》的作者。杜世杰认为,"依《红楼梦》缘起看","原始作者是石头,空
空道人,情僧及贾雨村等。曹雪芹不过修改增删编目分回而已"(第八篇)。他认为曹
雪芹不是《红楼梦》作者,只是"抄写勤",是一个抄手。为什么呢? 他"考释"说:

> 根据红楼的命名法看,石头记的事叫《石头记》,情僧录的事叫《情僧录》。因
> 为这部书是用假语村言敷衍出来,所以传世者便叫贾雨村。……故曹雪芹一名很
> 像是"抄写勤"的谐音。曹雪芹批阅十载,增删五次,他不但"抄写勤"而且增补也
> 勤,依此曹芹圃或系"抄勤补"的谐音。如此解释,虽嫌穿凿,但除此也无更好的解
> 释。而曹雪芹又名曹梦阮,颇似"抄梦圆"的谐音。圆字应作圆满解,即完成之意。
> 《红楼梦》实在是他抄写完成的,那他根据《石头记》、《情僧录》的命名法,就应该名
> "抄梦圆"(谐曹梦阮)。(第八篇,着重点引者所加,下同)

那么,《红楼梦》作者究竟是谁? 杜世杰认为,那是吴梅村。理由何在? 他"考
释"说:

> 甲戌本上说:"至吴玉峰题曰《红楼梦》,东鲁孔梅溪则题曰《风月宝鉴》。"此二
> 人似乎也是参与《红楼梦》的作者,再加上贾雨村,按序各取一字,便是"吴梅村"三
> 字。上列诸名词,皆采一手二牍法,即地名兼人名。

> 据《微论红楼梦》的作者郁增伟先生的解释:"吴梅村世居昆山,祖议始迁太

仓,盖吴是江南地方总称。昔吴地所辖,县称吴郡。玉峰是昆山县马鞍山之山峰名。梅溪是梅村溪流之总称。……以此可说著者居吴郡,玉峰之麓,梅溪之滨,村舍之语。上列地名,太仓卫志、昆山县志均有记载可考。"按郁先生之解释,则可发现,原著者似乎故留姓名地址,以启后之读者,而明其苦心,则凤愿偿矣。(第八篇)

书中多处用谐音法、命名法证明《红楼梦》作者不可能是曹雪芹,而应当是吴梅村。江顺怡《读红楼梦杂记》谓《红楼梦》"正如白发宫人涕泣而谈天宝,不知者徒艳其纷华靡丽,有心人视之皆缕缕血痕也"。杜世杰说:"这真是中肯之谈,揭明了《红楼梦》所隐的是兴废史及宫闱事,作者是出入宫廷之人。若作者是曹雪芹,所写的是曹家事,那以'白发宫人而谈天宝'未免过当。但与梅村又相吻合,徐光润在《梅村年谱序》云:'……吾乡梅村先生之诗,亦世所谓诗史也……其集中之作,类皆感慨时事,悲歌掩抑,铜驼石马,故宫禾黍之痛,往往在而。'"他又认为高鹗也相信《红楼梦》是野史,乃自号"红楼外史"。对此,杜又"考释"说:"红者'朱'也,即朱楼(明宫)外史。他这项命名法同《石头记》、《情僧录》一样,取一手二牍法,把人名与书名并在一起。"

他又说《石头记》缘起的秘密,却藏在九十五回",因为九十五回说石头在"青埂峰下倚古松",于是又推测,"那《石头记》是遗老在洪帮的秘密会所制造的。石头本来是女娲炼来补天用,补天就是救国。那《石头记》的宗旨与古松的'洪英'一样,是遗老们要制造(训练)出来救国"。他的根据是,洪帮的"秘密会所"叫"古松",会员叫"洪英";"洪为'漢'字去中土,洪英即汉人之精英"云云。

关于《红楼梦》的思想。杜世杰说:"主张《红楼梦》涵民族大义者,并不乏人,如蔡元培氏、王梦阮氏、潘重规氏等。"于是他从各方面尽可能去考释《红楼梦》的民族思想。《红楼梦》一开头即以甄、贾相对,在杜世杰看来,甄代表汉族,贾代表异族。"姓贾的不是淫乱无度,就是残酷不仁,再不然就是贪赃枉法,竟找不出一个好人。而姓甄的呢?古道热肠,培养出个贾化,无恶不作,自己反弄得家破人散。江南甄府没有任何罪名,竟被抄家,被抄的原因是太真了,太好了,所以别人不喜欢,才被抄。甄宝玉虽然少年顽劣,可是后来仍变为正人君子。若是曹雪芹写自传,就不应该把姓曹的都写成坏人。"总之,如以《红楼梦》为曹家自传,"怎样也讲不通的"。那么《红楼梦》的"反清思想"隐藏在哪里呢?就隐藏在《红楼梦》引子"演出这悲金悼玉的《红楼梦》"里。他说:

《红楼梦》的主旨是"悲金悼玉"。所谓"悲",是痛恨的意思。金是金人、金国,也即是金虏。悼是哀悼。玉是顽石，也即是土石，说明白一点即是"故土"。玉在《红楼》上必须拆字，玉拆为"一王"或"一土"，壬与土同，黄自元皇甫碑"茅土表其勋德"，《形音义综合大字典》，王羲之草书土为壬。（第七篇）

杜世杰认为《红楼梦》有"贬斥降臣"的思想，他说："《红楼》作者，心怀亡国之恨，对卖国求荣腆颜事仇的降臣，大加挞伐。为了隐藏真事，乃名洪承畴为假天祥、小红，名吴三桂为呆霸王、滥情人，名金之俊为贾芹（禽）即伪邦的禽兽。都能刻画入微。"（同上）为什么将洪承畴扯到小红呢？杜世杰对小红的涵义作了"考释"：

小红即红娘，出在《西厢记》，是牵线引路之人。皇太极得到洪承畴，对群臣曰："今得一引路者，吾安得不乐。"（见《啸亭杂录》）事实洪承畴就是金人寇明的向导，故名之小红。（同上）

由洪承畴想到小红已经使人觉得牵强附会了，而杜世杰还联想到小红走过蜂腰桥，实际上就是影射洪承畴"变节"。他说：

小红因坠儿贾芸来才走上蜂腰桥，蜂腰在二节之间，投降也叫变节，小红走到蜂腰桥，这又说明洪承畴处在一节至二节之间。（着重点引者所加）

小红走过蜂腰桥去干什么呢？是去拿笔。拿笔干什么呢？是要描花样子。《红楼梦》作者这样安排是什么意思？杜世杰说，这是"影射洪承畴写降表事"。理由何在？理由就在于"花"应读"话"即"话样子"，"说得明白一点，即洪承畴所写的降表"。杜书中随处利用《红楼梦》中的人物故事批判洪承畴等降臣，如说："洪承畴在不能逃走的情形下投降，投降便遗臭万年，所以贾蔷浇了贾瑞一身屎尿。贾瑞早晨回家，对家中人说：是失足掉在茅厕里，这便是失足遗臭之意。"这类随意牵合、随意发挥之处书中很多。

就像许多已往的索隐派著述一样，《红楼梦考释》也把《红楼梦》看成是小说作者写的一个"谜"，而研究《红楼梦》也就是千方百计地"考释"这个"谜"。杜世杰强调的是，《红楼梦》里的"谜"都属于"谐韵格谜"，比较难猜，但他提出了"先猜后谐"、"两层破解"的方法，认为掌握了这方法，就能"考释"出《红楼梦》的隐义。小说二十二回写到宝玉制的谜是："南面而坐，北面而朝，象忧亦忧，象喜亦喜。"他说，"贾政猜镜子，实际是舜帝坐朝之典"，并对宝玉、黛玉、宝钗三人命名隐义猜释如下：

作者既拟宝玉为舜帝，黛玉为湘妃，那对宝钗就应该拟为湘君，但那太明显了，所以作者改用蘅芜君。蘅芜为香名，见《拾遗记》，别无他解。蘅芜君即"香君",谐韵读"湘君"。这是一个比较难猜的谜,但谐韵格谜都是要先猜后谐,就是谐后语所用的谐韵也是要经过两层破解。如"反穿皮袄"要先猜"装羊",然后谐"装佯"。"外甥打灯笼"要猜"照舅",然后谐"照旧"才通。依此法则应猜"蘅芜君"为"香君",然后谐"湘君",也是很自然的猜法,并不是穿凿附会。而《红楼》上采用的全是谐韵格,依此法猜宝玉的谜为"舜帝",然后谐"顺治",所隐的史事全显眼前。(第四篇)

根据杜世杰这样的"考释",他认为就能明白小说作者的命意:"就竹夫人、潇湘馆、潇湘妃三个名词对证,黛玉况湘妃无疑";"就更香、蘅芜院、蘅芜君三词对看,宝钗必射皇后";"钗黛既射后妃,那绛洞花主(宝玉)必射帝王,并且应射夷人帝王"。小说作者以舜帝比顺治,"宝玉既况顺治,则宝钗即是皇后,黛玉就是贵妃"。杜世杰就是以这类猜谜方法来论证"宝玉与满清帝系"诸种人际关系,来论证贾府是影射清廷史事的。

三、李知其《红楼梦谜》:研究"梦谜"应当用"详梦"的方法

80年代,香港有自号"不过如是斋"的李知其,也写出了篇幅很大的索隐红学著作,书题叫《红楼梦谜》。此书1984年出版上篇,1985年出版下篇,1988年又出版了续篇。上篇是该书第一章《红楼梦角色猜谜举例》,有文24节;下篇是该书第二章《红楼梦事物猜谜举例》、第三章《红楼梦面面观》、第四章《"红学"的议论》,有文28节;续篇以程甲本一百二十回为猜谜对象,有文120节。

李知其的《红楼梦谜》,其基本观点、基本方法就是继承和发挥蔡元培等旧红学索隐派的思想和方法,认为《红楼梦》是反清复明之作,说《红楼梦》"是一本前所未见的梦谜小说,到处隐藏了大、中、小的谜语不计其数"(上篇第一节《甄英莲》,着重点引者所加,下同),认为小说作者就是通过制作这许多"谜"、"梦谜",来反映政治历史事件、表达反清复明思想的。

《红楼梦谜》的特点之一,是强调小说作者善于"营造谜语",而李知其又极善于"解谜"。这里举两个例子。第一个例子,李知其说,《红楼梦》里的贾宝玉是影射顺治皇帝,小说第二十回湘云叫宝玉为"爱哥哥"那段话有诅咒胡人"死亡"之意。他说:

第二十回,史湘云叫宝玉做"爱哥哥",黛玉笑她:"偏是咬舌子爱说话,连个二

哥哥也叫不上来,只是爱哥哥的。回来赶围棋儿,又该你闹么爱三了。"黛玉短短一句话里,出现了"爱"字三次,实在是一个明点:贾宝玉原是姓爱的。……"回来赶围棋儿"是说回来围攻旗夷的时候,"又该你闹么爱三了"。这一句话表面是闹一二三,实际写成只见有一二三而无四,无四谐读胡死,可知史湘云口中的爱哥哥只是书中的言语,她心里却是要咒闹胡人的死亡呢。(上篇第八节《贾宝玉》)

第二例子,李知其说,小说第八十七回紫鹃说要厨房为黛玉做一碗汤那几句话,其实是"作了一个史事报告"。他说:

> 《红楼梦》藏谜的手法,每每痴得使人惊叹不已的。像第八十七回紫鹃问黛玉:叫雪雁告诉厨房,给黛玉作一碗"火肉白菜,加了一点虾米儿,配了点青笋紫菜"好么?这时的紫鹃,其实作了一个史事报告。"火肉"谐音鹅肉,白彩的鹅肉就是天鹅肉了;"虾米儿"读蛤蟆儿;"青笋紫菜"是清顺治来。这一碗汤恐怕是说:弘光帝那个癞哈蟆,只为好色想吃天鹅肉,看看快把江山配给了顺治帝了。(同上第七节《林黛玉》)

李知其这种猜谜法,真是匪夷所思,其穿凿附会真到了无以复加的地步。其实,与其说这是小说作者在"制谜",李知其在"解谜",不如说这些所谓"谜","实际上是这位索隐家自己制造出来的。猜谜人自己即是制谜人,这就是问题的实质"。①

《红楼梦谜》的另一个特点,是竭力推出一个重要的概念,即"梦"的概念;公开提出《红楼梦》创作本身就是"做梦",所以研究《红楼梦》就应当使用"详梦的科学方法"。对该书的这个特点,笔者曾在一篇文章中说过一段话,转录于此:

> 《红楼梦》创作过程是"做梦",而曹雪芹呢,"他既非'作者',也不是'抄者'或'阅者',只是一个呓说人在泄恨说恨"(《红楼梦谜》,738页)。《红楼梦》即是"做梦"的产物,研究它也就必须用"详梦"的方法,而且这才是"科学方法"!这就是《红楼梦谜》著者告诉我们大家应当懂得的方法论!我们不是说科学研究应当实事求是么?按照李氏这种"做梦"说、"详梦"说,哪还有什么实事求是可言呢?红学索隐派的研究方法是以主观随意性为其根本特征的,但当索隐学者无法自圆其

---

① 拙文《论〈红楼梦〉毫无价值论》及其他》(关于红学研究中的非科学性问题)在谈到《红楼梦谜》一书时,曾对该书的猜谜法提出这样的批评。原载《华东师范大学学报》1986年第3期,收入拙著《论红楼梦及其研究》,上海古籍出版社,1992年。

说时,索性把文学的创作和评论统统理解为非理性的活动,用一个"梦"字来搪塞。对于这样的理论和方法,真是叫人不知说什么好了!①

李知其在《红楼梦谜》中劝告青年人不要读非索隐派的红学著作,应该读索隐派的红学著作,并且"做索隐读者"(上篇第八节《贾宝玉》),还要求他们"有信心遵循蔡元培、王梦阮、沈瓶庵、潘重规、杜世杰等正确而高明的导航线,继续把谜语猜下去"(同上第二节《薛蟠》)。索隐家的李知其,将已故和在世的新老索隐派及其索隐方法称为"正确而高明的导航线",这是可以理解的;但是青年们是否会像李知其那样,遵循他那"详梦"的方法,"继续把谜语猜下去",具有科学观念和理性意识的青年是会作出他们正确的回答的。

四、霍国玲等《红楼解梦》:林黛玉"竟是谋害雍正皇帝的元凶"

继上述潘重规、杜世杰、李知其之后,内地也出现了霍国玲、霍纪平、霍力君的《红楼解梦》这样的红学索隐派的书。

霍国玲等著的《红楼解梦》也像许多索隐派著作一样,认为"小说的表面故事是假话,另有真事隐在其中","《红楼梦》中隐入了何人何事,是《红楼解梦》一书所要揭示的问题"。那么,此书索出了什么隐事呢? 他们说:

> 康熙帝驾崩后,雍正帝继位,不仅结束了曹家"烈火烹油"的生活和富贵荣宠的地位,而且在雍正六年作者14岁时抄了他的家,从而使这个"百年旺族"走上江河日下、日暮途穷的下坡路。曹雪芹乖蹇的命运并没有到此为止,雍正八年,他16岁时,宫中选秀女,又把他倾心爱恋的姑娘竺香玉夺入宫中,先作御用少尼,后来纳作妃子,进而封为皇后。这一切,给这对年轻的恋人带来了不可言喻的痛苦。为了抗议这种强暴和不公正的命运,他二人合力将雍正帝用丹砂毒死,最后香玉又以身殉情。(1995年中国文学出版社《红楼解梦》增订本第一集《〈红楼解梦〉的研究方向和研究方法》,着重点引者所加,下同)

换句话说,《红楼解梦》一书索出的隐事、真事,是曹雪芹和他的恋人竺香玉合谋毒

---

① 拙文《红学批评应当实事求是——评〈红楼梦谜〉对胡适和非索隐派红学的批评》),刊于《中华文史论丛》第54辑,上海古籍出版社,1995年。

杀了雍正皇帝。

《红楼解梦》所说的"竺香玉"是谁？该书说就是小说里林黛玉的生活原型，就是"《红楼梦》中隐写了杀死雍正帝的女侠"。霍书在谈《红楼解梦》书名由来时，有这样一段话：

> 我们姐弟合著的《红楼解梦》一书，原打算取名为《红楼隐侠》。这是由于雍正帝暴亡后，民间广为流传的一种说法是：雍正帝死于女侠的刀下，这个女侠便是吕四娘。通过我们的钩隐稽实，发现置雍正帝于死地的女侠不是别人，而是《红楼梦》中林黛玉的生活原型竺香玉。这个竺香玉并未直接出现在小说里，而是被隐写在小说中她的无数分身者身上。据此才将我们的书名定为《红楼隐侠》，意思是说《红楼梦》中隐写了杀死雍正帝的女侠。（同上）

这就是说，书名虽然听取某位红学家的意见由《红楼隐侠》改定为《红楼解梦》，可是这部书的一个重要用意是歌颂一个杀死雍正皇帝的女侠，这却是一样的。

问题在于这个"竺香玉"是何许人。历史书上并没有这样一个人，那么到哪里去找这样一个人呢？霍氏姐弟是从《红楼梦》里索隐出来的。原来"竺香玉"这个人是从小说七十六回妙玉所作的那首诗里找出来的。他们说：

> 香篆销金鼎，脂冰腻玉盆。
>
> 箫增嫠妇泣，衾倩侍儿温。
>
> 空帐悬文凤，闲屏掩彩鸳。

首先，我们发现在"香篆销金鼎，脂冰腻玉盆"两句诗中，隐进了竺香玉的名字。何以见得呢？请看：

㈠ 香、玉两字隐在这两句诗中（直通）

㈡ 篆字中可拆出一个竹字（拆字法）

㈢ 竹隐竺（谐音法）

据此我们说妙玉的诗中隐进了竺香玉的名字，并由此推及，妙玉之诗，正披露了香玉守寡后的生活实况。妙玉诗句中的"嫠妇"即寡妇之意，因此我们说妙玉是竺香玉守寡后的一个分身；"空帐悬文凤，闲屏掩彩鸳"两句诗，透露出香玉守寡后又与天祐私通的史实。（第一集《〈红楼梦〉中隐入了何人何事》，妙玉诗句下着重点原有，余为引者所加。）

为什么说"香玉守寡后又与天祐私通"呢？霍书作了如下的解释，同时对"天祐与

香玉之事败露后,一个自尽,一个逃亡"的结局作了交代。他们说:

> 众所周知,凤是传说中的一种雄鸟,与其相对应的同种雌鸟称作凰。鸳是一
> 种水鸟中的雄鸟,与其相对应的同种雌鸟则是鸯。而妙玉守寡后,她的空帐不空,
> 里面又悬进了颇具文彩的凤(才子天祐)。同样,妙玉的闲屏不闲,内中又掩进了
> 美丽斑驳的鸳(美男子天祐)。诗中这种寓意,读者不能忽视。

> 乾隆九年,天祐三十岁时中了举,并得官职为州同。就在这年,香玉为天祐生
> 下一子,但由于天祐之妻的醋妒及庙中老尼的威逼,至使天祐"惧祸走他乡",香玉
> "耻情归地府",一段姻缘,到此结束。(同上)

霍书认为曹天祐就是雪芹,同时又是小说中的贾宝玉,而黛玉、妙玉又同是小说中
根本未曾直接出现过的所谓"竺香玉"的化身或分身,并且又夹入这个守寡后的香玉跟
曹天祐之间"私通",而且这"私通"还是"史实"! 这只能说是在编造故事。

《红楼解梦》中常将历史人物、小说作者、小说中人物乃至研究者"发现"出来的人
物捏合在一起,根据自己的需要去营造人物关系,编造故事情节。如小说第三回有两
首《西江月》词,霍书根据脂批称此两首词"别有深意",又作了如下一番考释和发挥:

> 脂批中指出,写上述两首《西江月》是作者"别有深意",其深意为何? 笔者认
> 为,此词是用来为宝玉画像、作评的,同时还存有作者的自谦自贬之意。其用心则
> 在于:为自己与香玉合谋害死雍正打掩护。世人谁能料到,像宝玉这样一个"纵然
> 生得好皮囊,腹内原来草莽"的人物,竟会谋害当今皇上? 更不会有人料到,像黛
> 玉那样一个娇滴滴,哭啼啼,终日里药比饭吃得还要多的病弱少女,竟是谋害雍正
> 皇帝的元凶。甭说世人不会想到,即使今天我们姐弟将此案揭示出来,仍有部分
> 读者不愿相信,不肯相信,不敢相信。(《〈红楼梦〉的分身法》)

这里,小说作者、香玉、宝玉、黛玉、雍正皇帝,在《红楼解梦》著者的导演下演了一
出"合谋害死"雍正皇帝的戏,但是导演却不说这是戏,而说是已经"揭示出来"的骇人
听闻的谋害皇帝案,而黛玉"竟是谋害雍正皇帝的元凶"。这真是从何说起啊! 这是在
歌颂林黛玉还是在以莫须有的罪名诬陷林黛玉呢?

对《红楼解梦》这部书,有的红学家曾予以鼓励、肯定,有位署名紫军者为此书写
《序》,竟说《红楼解梦》在红学研究中"实际已形成完整的学说",说此书是对《红楼梦》
研究的"全面突破",是"新的里程碑",说此书的"核心",就在于"推断、论证出《红楼梦》
背后所隐的一段历史",其最重要的事件就是一个叫竺香玉的 20 岁的皇后,"在曹雪芹

的配合下,用丹砂毒死雍正"(第一集增订本《序》)。但也有学者对此书提出认真严肃的批评,如杨启樵在发表于《红楼梦学刊》1997 年第 4 辑的《旷世奇闻:曹雪芹毒杀雍正帝——评霍国玲等著〈红楼解梦〉》一文中,以历史资料为据,指出"雍正未尝封香玉为后","雪芹弑帝有悖常情","香玉为尼纯属想象","雪芹岂是龌龊小人","黛玉形象下流不堪",批评此书的"索隐""越解越糊涂"。文末说:"霍氏钻研《红楼梦》十余载,应有相当成就;惜主观性太强,先立一说:雪芹恋人香玉被逼为皇后,曹、竺合谋毒死雍正。其搜集证据牵强附会,多不可信,钻入牛角尖而不能自拔。倘能虚心接受忠告,摈弃成见,以今日之我攻昨日之我,定有得益。"

如果说《红楼解梦》是在编写一个关于曹雪芹及其恋人谋害雍正皇帝的耸人听闻的故事的话,那么另一部索隐派的书王国华的《太极红楼梦》则是将《红楼梦》原著各回的顺序完全打乱,按照王国华的《红楼梦》"结构学",重新裁剪组合,使之成为一部不讲情节、不讲人物思想逻辑,只符合王国华设计的"太极红楼梦"、"结构红楼梦"的主观主义的玄想,只是在那里将全部《红楼梦》作"太极"的图解,其研究的思想和方法更缺乏学术性、科学性。尤有甚者,此书 1995 年 7 月由中国国际广播出版社正式出版时,竟署名作者是"王国华曹雪芹"。清朝时候的曹雪芹,就这样被拉来充当现在与王国华合作著述的伙伴。如此荒唐,我们这里就不详加评述了。

五、索隐派方法论并不科学,其自身存在着无法克服的非科学性质

在《红楼梦》研究史上,索隐派的文章著述不少。历史上曾发生过以胡适为代表的新红学考证派和以蔡元培为代表的旧红学索隐派之间的一场争论,那场争论虽然充分暴露了索隐派研究方法的非科学性质,但是用索隐派的观点和方法研究《红楼梦》的现象,实际上并没有完全绝迹,有时候还显得相当突出、活跃。近几十年来,海内外的索隐派著述实质上是旧红学索隐派的继续。

如何认识《红楼梦》研究史上的胡、蔡之争呢?如何认识和评价新旧红学的历史地位和学术前途呢?我曾经说:

> 《从胡适、蔡元培的一场争论到索隐派的终归穷途》是对红学史上一场争论的评述。历史上这场争论至今在红学界并没有结束,从某些现象看来,旧红学索隐派在当年经过新红学考证派的批判之后,似乎又有"反攻"之势。而在我看来,以

主观随意性为特征的索隐派红学,从科学研究的观点来衡量,其研究的思想和方法就是站不住脚的;新红学考证派的著作虽非没有缺点,但两相比较,总的说来还是以胡适为代表的新红学考证派比以蔡元培为代表的旧红学索隐派较为切实一些。至于历史上的索隐派,本身并非完全相同。蔡元培的方法不对,但他的《石头记索隐》历史地看还保留着某种思想进步性。如今海外有的新的索隐派著作,别看有的是煌煌巨著,可是比起蔡元培来,不但未见高明,主观主义的随意猜测的毛病更为严重,所以我认为索隐派无论新、旧,在《红楼梦》研究中只能是"终归穷途"。①

为什么在红学研究中索隐派著述不绝如缕,有时还显得相当热闹,然而我们却说索隐派红学在学术上终归穷途呢?这并不取决于批评者对它所持的批评态度,而是由索隐派研究方法本身客观存在的并且是无法克服的非科学性质和非科学倾向所决定的。

索隐派红学家称自己所采取的研究方法是科学的方法。除个别索隐派红学家曾公开提出《红楼梦》研究本来就不必采取什么科学的方法,如上面我们说到的李知其,他认为文学的创作和研究其实都是"梦",研究《红楼梦》不必遵守什么严格的科学规范、科学原则、科学方法,完全可以并且只有使用测字猜谜的方法,放任个人的主观猜测和想象才能发现《红楼梦》的隐意,他不在乎别人认为自己这种"详梦"方法是否合乎科学。此外各种各样的索隐家都热中于为自己主观猜测的方法涂上一层科学的色彩,力求把自己索隐的方法说成是科学的方法,企图借此显示其方法的科学性。其实,科学的考证方法跟索隐派的猜谜方法其性质是不同的,我们必须把两者区别开来。

那么科学考证和主观索隐有什么不同,如何加以区别呢?我们可以从下列若干方面加以考察。首先,就提出论题而言,考证家的论题一般地说具有一定的现实性,论题的提出以考证家对研究对象的初步观察和了解为基础,强调论题来自客观对象;索隐家的论题的提出往往是来自某种先入之见、某种既定的主观悬念,在索隐派红学著述里,许多论题即所谓"谜",其实都是这些猜谜家自己制造出来的。历史上根本就没有过一个入宫的女尼后来又为妃子、为皇后的"竺香玉"其人其事,曹雪芹又何尝有什么

① 拙著《论红楼梦及其研究·自序》。引文中提及的拙文《从胡适蔡元培的一场争论到索隐派的终归穷途》已收入《论红楼梦及其研究》。该书上海古籍出版社 1992 年出版。

"弑帝"的念头和行动？他有什么必要通过写作两首《西江月》词，来"为自己与香玉合谋害死雍正打掩护"呢？可见两首《西江月》词这个所谓"谜"以及这个"谜"中隐藏的所谓曹雪芹的"用心"，都是索隐家主观设定，是杜撰出来的。

其次，就论证过程而言，考证家的论证强调遵循逻辑、尊重客观实际，在论证过程中，其思维方法的基本特征和走向是从材料到结论；索隐家在这一点上恰好与考证家相反，他们在论证过程中，其思维方法的基本特征和走向是从结论到材料。在索隐派的著述中，论证的过程和方法往往是支离破碎、东拉西凑，他们的论证既不讲究科学逻辑，也不尊重客观事实和材料，有时是把事实和材料裁剪、组合得符合自己的主观需要，有时甚至可以制造出"事实"和"材料"，例如根据自己的需要，牵强附会地构想出人物和事件的某种关系或联系。李知其从史湘云说话有点"咬舌子"，把宝玉"二哥哥"叫成"爱哥哥"，扯到会把"一二三"叫成"么爱三"，又扯到有"一二三"而无"四"，而"无四"谐音"胡死"，可见史湘云口里叫"爱哥哥"，心里是在诅咒"胡人的死亡"。这就是索隐法随意猜测的一个例子。

再次，就结论验证而言，考证家在主客观条件比较充分的情况下，其考证的结论是比较切实可靠的；当然，受到主客观条件的限制，考证家有时未能得出科学的结论，考证过程及其结论会有失误，但以考证方法所得的结论无论是对是错，一般地说是可以验证的；而索隐家们对自己所得出的结论总是评价甚高，往往自诩为曹雪芹的隔世知己、《红楼梦》的真正解人，其实他们的结论往往是主观猜想的产物，并非什么真知灼见，很难说是切实可靠。同时，索隐派主观猜测所得的结论是否正确，往往是死无对证、无从检验的。且问，人们有什么办法验证曹雪芹确实与那个"竺香玉"合谋杀死雍正皇帝？又有什么办法验证曹雪芹笔下创造出来的人物史湘云口里在叫"爱哥哥"的时候，心里却是在诅咒胡人死亡？

最后，就研究价值而言，科学考证的目的和作用是通过认真踏实的研究，去探讨一些实际存在的科学问题，在研究过程中遵循科学规律，依靠已知的科学知识，从已知到未知，帮助人们解决疑难问题，获得新的见识；索隐家们索隐的具体的目的和动机虽然有所不同，或由于好奇心的驱使，或为了证实某一政治成见、心理观念，或则借此自炫博学、善于解谜，甚或借此消磨时日，以驱遣文字自娱并以此娱人，总之他们最看重的是追求兴趣，满足自己和同好者心理的需要，但也正由于他们的研究具有主观猜测、随意附会的通病，往往就不能自圆其说，也难以从科学上取信于人，有的读者不但难以从中获得有益的新知,脑子里反倒被塞进许多想入非非的虚幻故事和无益的思想观念,《红楼解梦》告诉人们曹雪芹和他的恋人合谋"弑帝",以及林黛玉的原型"竺香玉"守寡后跟人"私通""生子"即属此类。

总起来说,科学的考证本身要求尊重客观实际和科学规律,考证家的某些具体考证可能产生失误,但他们毕竟受到科学研究原则的约束;测字猜谜的索隐,尽管在某些人看来颇有一种乐趣,研究方法真是"自由"得很,但是以主观随意性为其根本特征的索隐派的研究方法,使索隐派红学著述存在着非科学的、有时是明显的反科学的倾向,这是基本事实。半个世纪以来海内外红学索隐派的理论和实践,再次暴露红学索隐派的方法具有自身无法克服的严重缺陷。《红楼梦》研究的历史经验启示人们,红学研究工作者只有认识索隐方法非科学的性质,吸取索隐派研究的历史教训,才有可能克服《红楼梦》研究中重复出现的非科学倾向,才有可能提高红学研究的科学素质和科学水平。

（原载《齐鲁学刊》1999 年第 3 期,第五节据同年 10 月 16 日《文汇报》上拙文《主观猜测,还是科学考证》略有增补）

王国维治学的思想和方法
——纪念王国维诞生一百二十周年、逝世七十周年

郭豫适

一

　　王国维生于 1877 年，卒于 1927 年，享年仅为半百，而一生著述多达六十余种，手批手校有关著述一百九十多种，其治学范围涉及哲学、美学、文学、史学、甲骨金文、古代器物乃至前人极少涉猎的"四裔"之学①等多个领域。这位主要以史学大师著称的大学者，还是著名词人和词学家，兼通英、日诸国文字并有大量译作的翻译家，以及对教育和教育学颇有卓见的教育家。王国维的学识真可谓博大精深，著述宏富。

　　非常难得的是，王国维的学问不但所涉范围甚广，而且在许多方面作出了开创性、独创性的贡献。举例来说，他的《红楼梦评论》，是《红楼梦》研究史上第一篇引用西方哲学美学观点研究这部"宇宙之大著述"的长篇专论；他的《宋元戏曲史》，是可与鲁迅的《中国小说史略》并称的我国第一部戏曲史专著；他的《殷周制度论》被视为他个人"研究古文字学及古史之归纳的结论"，而此文"实为近世经史二学第一篇大文字"；②他的《鬼方昆夷猃狁考》（《观堂集林》卷十三），考出匈奴的族祖是殷代的"鬼方"（即"畏方"），"是近代国内史学界第一个研究匈奴族源的学者"；③他的《论教育之宗旨》（刊

---

① 四裔，四方边裔。"四裔"之学，指有关我国古代西北历史地理研究、突厥文碑铭研究、蒙古史研究等。
② 赵万里：《王静安先生年谱》，刊于 1928 年出版的《国学论丛》王国维先生纪念专号。佛雏的《王国维哲学美学论文辑佚》附有所撰《王国维先生年谱》订补，可参。此书华东师范大学出版社 1993 年 12 月出版。
③ 林干：《王国维对匈奴史的研究》，载《王国维学术研究论集》第一辑，华东师范大学出版社 1983 年版。

《教育世界》56 号），论证教育的宗旨应是"使人为完全之人物"，该文在近代教育史上第一次提出教育必须包括智育、德育、美育和体育。

在我国近代学术史上，像王国维这样成就卓著、贡献甚多、影响很大的学者是罕见的。他的学术文化遗产内容非常丰富，很值得研究。

王国维为什么能够在学术研究上达到如此广泛、高深的造诣和成就呢？他毕生刻苦治学固然是很重要的原因，但不会是唯一的原因。否则，另有一些同样也是孜孜不倦、治学不辍的学者，其学术建树为什么就难以跟他比肩呢？这就需要了解和探讨王国维治学的思想和方法。全面研究王国维的治学思想和方法，阐述他治学的智慧和经验，不是笔者个人这篇短文所能完成的任务，这里仅就其有关的一些重要论述略抒己见，以期共同研讨。

二

王国维治学，有一个很重要的思想和方法，他认为天下事物，有"全"有"曲"，"无大小，无远近"，学术研究的目的和方法无他，就在于对之求真、求实。他在《国学丛刊序》（《王国维遗书》第四册）中说：

> 夫天下之事物，非由全不足以知曲，非致曲不足以知全。虽一物之解释、一事之决断，非深知宇宙人生之真相者不能为也。而欲知宇宙人生者，虽宇宙中之一现象、历史上之一事实，亦未始无所贡献。故深湛幽渺之思，学者有所不避焉；迂远繁琐之讥，学者有所不辞焉。事物无大小，无远近，苟思之得其真，纪之得其实，极其会归皆有裨于人类之生存福祉。己不竟其绪，他人当能竟之；今不获其用，后世当能用之。（着重点引者所加）

这段文字有几层意思。其一是，天下事物是一个整体，事物的"全"与"曲"（适按，"曲"字在此作"局部"解）、大与小、远与近都是相对的。因此，科学研究的题目可以有远有近、有大有小，只要研究得当，均有必要，因为"非由全不足以知曲，非致曲不足以知全"。也就是说，不了解全局，难以真正懂得这一全局中的局部；反过来，不深入了解局部，也难以真正认知包含这一局部的全局。"全"和"曲"的关系，其实就是一般和个别的关系。王国维在哲学上并不是唯物的辩证论者，但他从自己对天下事物的观察和研究学问的实际体会出发，认识到天下事物（含学问）本身存在着"全"与"曲"、"大"与

"小"、"远"与"近"的相互关系,这是一个很有益的见解。

其二是,研究天下的事物和学问,其目的和任务就在于求真、求实。"苟思之得其真,纪之得其实",则必定"皆有裨于人类之生存福祉"。事物虽然千殊万异,多种多样,有其各自的形态和本质,但学者对它们的研究都应当力求揭示其真实的本质和面貌。为了求真、求实,也就必须求深、求细,因为只有深入细致地了解事物的全部和细部,才能彻底揭示事物的真实状况及其本质规律。"故深湛幽渺之思,学者有所不避","迂远繁琐之讥,学者有所不辞"。这"有所"二字很重要,王国维认为研究学问必须顾及问题的两方面,即为了求真求实,研究工作者必须进行深刻的思考和细微的考索,同时又必须避免徒托空言、胡思乱想,或穿凿附会、徒滋纷扰。他并不是不问青红皂白,一味地提倡凭空玄想或迂远繁琐。

其三是,学术研究本身是人类一种具有长期性、连续性的理性活动,对待学者及其学术研究,应当持有历史的眼光,避免对之提出立竿见影、即时有用的要求。天下万般事物以及研究这万般事物的种种学问,是无穷无尽的流动的长河,无论何时、何地、何人,其研究所得都不可能彻底到达这条河的尽头,各时各地各人的研究成果及其所达到的成就、水平,是互相启发、不断积累、不断发展的。"己不能竟其绪"是正常现象,这并不要紧,好在"他人当能竟之"。今天我们研究的问题,不能获得完全的或较为完全的解决,所获的结果一时不能产生作用,这也不必着急,只要是认真、扎实的研究,其价值将会在今后的研究中这样或那样地体现出来。这里两个"当能",反映了王国维对于学术研究承前启后的规律,对于学术研究的艰难以及学术研究的价值,具有深刻的理解。

我这里谈一个学术史上的事例,用以佐证王国维的论述。我校著名史学家、古文字专家戴家祥先生,是王国维先生当年的及门弟子。戴先生在其《王静安先生与甲骨文字学的发展》一文中,曾经谈到卜辞上的一个词经过半个世纪多位学者的努力方才解释得清楚的过程。原来,在今存的卜辞中,多次出现过"亡𢦏"一词,这第二个字是什么字呢?首先是丁山提出解释,认为这第二个字是"尤"字,"象手欲上伸而碍于一"(《殷契亡尤说》),其后朱芳圃等人都从其说。但戴先生不赞同,认为卜辞那个字的字形有点像"戈"字,又不完全像"戈",到哪里去找出从"又"的声源来呢? 所以戴先生1934年著文时,对朱芳圃《甲骨学·文字编》中的有关说法提出了批评意见,认为丁山之说只能作为"假定",不能遽信,以免"有背多闻阙疑之旨"。后来朱芳圃受到孔广居的启发,知道"'尤',古'肬'字,从'又'、'乙',象赘肬,'又'亦声"(《说文质疑》),朱氏便肯定:"'尤'为初文,从'又'、'一'。'又',手也。'一',指赘肬。"(《殷周文字释丛》162页)戴老认为把"一"看作指示性的符号,在六书中隶指事类,这就解决了该字的形和声的问题。

戴先生又进一步从《周易》、《诗经》、《老子》、《孟子》、《说文》、《释文》、《左传》、《汉书》等书中找出大量例句,考证出"亡尤"其实就是古代成语"无尤",也即是"无咎"的同义语,并指出朱芳圃将该字训"过"、训"异",不若训"罪"更觉明确易懂。故戴老说:"'亡尤'是1928年10月丁山提出来的,朱芳圃在形声上把它核实,我又在训义方面加以补充,经过半个世纪的时光,三个人的思考,在形、声、义三个方面,才获得完满解决。"①卜辞上"无尤"这一个词在古文字学界逐步求得完满解释的过程,具体生动地说明了王国维上述有关治学思想方法和学术研究前后承续的论断是切实的。

三

王国维治学还有一个很重要的思想和方法,就是学问"无新旧"、"无中西",二者可以互相比较,"互相推助"。

王国维认为,学问之事只应问其是否正确、是否真理,不应割裂开来,仅从是"新"还是"旧",是"中"还是"西"来立论,更不应该只从"新"或旧、"中"或"西"而简单地加以褒贬取舍,所以他在《国学丛刊序》中明确地提出"学无新旧,无中西"这个很重要的学术观点。他认为世界上的学问是相通的,那种"虑西学之盛之妨中学,与虑中学之盛之妨西学者,均不根之说",并提出了中学、西学应当"互相推助"的主张。他说:

> 余谓中西二学,盛则俱盛,衰则俱衰,风气既开,互相推助。且居今日之世,讲今日之学,未有西学不兴而中学能兴者,亦未有中学不兴而西学能兴者。(着重点引者所加)

在《奏定经学科大学文学科大学章程书后》中,他还说:

> 欲完全知此土之哲学,势不可不研究彼土之哲学。异日发明光大我国之学术

① 戴家祥:《王静安先生与甲骨文字学的发展》,载《王国维学术研究论集》第一辑,华东师范大学出版社1983年版。

者,必在兼通世界学术之人,而不在一孔之见之陋儒,固可决也。(着重点引者所加)

王国维毕竟是一位既有历史眼光又有世界眼光的大学者,他关于学问"无新旧、无中西",中学、西学"盛则俱盛,衰则俱衰",不应厚此薄彼,随意褒贬,研究中学、研究西学应当"互相推助"的思想和主张,反映了他具有宽阔的学术视野和实事求是的科学态度。王国维的这些看法和主张,特别是他在学术研究中引进西方学术的思想和方法的做法,使他的学术研究注入了新的因素,激活了他的学术思想,因而能够提出新的见解。譬如,历史研究应当研究什么呢? 按照他个人的看法,研究历史其实就是考察、阐释事物"所以存在之由与其变迁之故"。他不无自许地认为自己在这方面比前辈学者有所发展,并说明这跟他吸取西方学术的思想方法有关。他说,他的研究方法"虽有类于乾嘉诸老,而实非乾嘉诸老所能范围。其疑古也,不仅抉其理之所难符,而必寻其伪之所自出;其创新也,不仅罗其证之所应有,而必通其类例之所在。此有得于西欧学术精湛绵密之助也"(《王静安先生遗书·序三》)。

确实是这样,由于王国维能够将古今、中西的知识打通,又吸取了自然科学研究和西方学术实证研究的方法,所以他的不少文章,具有熔中外古今于一炉、观察全面、讲究逻辑的特点。他的文学论文《红楼梦评论》固然是这样,他的许多哲学、美学、史学论文也是这样。

王国维早年有一篇文章,题为《哲学辩惑》,针对"南皮尚书"张之洞和"管学大臣张尚书"张百熙的有关奏折,及其所引起的"海内之士颇有以哲学为诟病"的种种谬见和迷惑,便写此文为"哲学"进行正名、辩惑。全文除引言及结语外共分五段,先叙"哲学非有害之学",次叙"哲学非无益之学",再论"中国现时研究哲学之必要",复论"哲学为中国固有之学",又论"研究西洋哲学之必要",文章篇幅不长,但层次分明、逻辑性强,甚有说服力量。其中针对"哲学既为中国所固有,则研究中国之哲学足矣,奚以西洋哲学为"的问题,他回答说,"余非谓西洋哲学之必胜于中国",但"欲通中国哲学,又非通西洋之哲学不易明","近世中国哲学之不振,其原因虽繁,然古书之难解,未始非其一端也。苟通西洋之哲学以治吾中国之哲学,则其所得当不止此"。他还指出"异日昌大吾国固有之哲学者,必在深通西洋哲学之人无疑也"。文末又说,"余非欲人人为哲学家,又非欲使人人研究哲学",但他强调了哲学的重要性,指出"专门教育中,哲学一科必与诸学科并立"。这些都是很有益的见解和主张。

　　当年张之洞等人主持拟定的《重订学堂章程折》，其中规定"无论何等学堂，均以忠孝为本，以中国经史之学为基"，根据这样的"立学宗旨"，学校里有关科目必然是尊孔、读经，排斥西学。王国维却从学问"无中西"的观点出发，认为研究宇宙、探索人生，是不分中人西人的，其有关的学问、知识是共通的，不应硬行划定"此土"、"彼土"之界限，他提出在这个问题上应当"破中外之见"（《奏定经学科大学文学科大学章程书后》，《静庵文集续编》）。他还为经学科开出了一份全新的科目表："一、哲学概论，二、中国哲学史，三、西洋哲学史，四、心理学，五、伦理学，六、名学，七、美学，八、社会学，九、教育学，十、外国文。"（同上）

　　王国维开出的这一份科目表，在今天看来似乎没有什么新奇，但要知道当时还处在清朝末年，掌权的大臣们又是主张尊孔读经，固守中学，排斥西学的张之洞等人物，那么，王国维这份科目表的提出，就足以显出其破旧立新的学术勇气和创造精神，实在是难能可贵的了。[①]

　　比起《哲学辩惑》这篇短文来，王国维的《孔子之学说》则是一篇长达三万字左右的学术论文。此文在相当程度上实践了作者自己关于研究中国哲学和研究西洋哲学可以"互相推助"，在中国哲学思想论文中引进西洋哲学思想和研究方法的主张。如该文第一编"形而上学"之第一章"天道及天命"中有关自然之理法与宇宙之本原，论及孔子《论语》、《易经》以及叔本华等的提法，并进行了比较，得出结论说："孔子亦以宇宙间一切现象，自时间、空间、因果律三者规定之，是实千古之卓识，而与叔本华氏稍相合也。"其中有关孔子"天"、"天道"、"命"以及有关中外学者对人类自由意志、自然理法和人间命运的关系的解释，王国维在比较中提出了自己的见解。《论语》中记载有"死生有命，富贵在天"的说法，王国维说，对这两句话，"往往有解为极端之宿命说者，然决非孔子之意。顺当生之道而生，顺当死之道而死，是自然也。顺道而得富贵则善，不得则从吾所好而安命，是也自然也。孔子之有命说，当如此解。"王国维还在文中比较了自由意志论和宿命论，指出宿命论之弊端是使人"流于保守退步，志气委靡"，而自由意志论走向极端亦非无弊，其弊就在于难以防止一些人据此行恶，因为为善既可"自由"，为恶也可"自由"。

　　接着王国维进一步评说："比较前所言，则孔子之说，既非极端之宿命说，亦非极端

之自由说，盖居于此二者之间，尽吾人力，即顺自然理法之道以行动之为者也，即可进
则进，若不能则已，安吾素以乐吾道，极平和之说也。然而后世腐儒等不能知生物的进
化，唯以保守的解释之，亦非夫子之旨也。"（着重点引者所加）我们不能够说，王国维这
些解释，没有约略地勾勒出孔子的面影和他处世之道的特点；也不能够说，王国维对后
世腐儒所提出的这种批评没有道理。

此外，该文第二编"伦理说"论述道德问题时，王国维不赞同将孔子之"仁爱"说等
同于英国学者的"爱他"说，而是有分寸地指出，"唯孔子重感情之处稍与彼说相似"；他
认为孔子是提倡"理性之直觉论者"，"自其克己严肃处观之，实与希腊斯特亚学派（适
按，通译斯多葛派）及德之康德之说有所符合。盖孔子之说为合乎情、入乎理之圆满说
也，其伦理之价值即在于此"。论及孔子中庸说时，他很赞同，并说："中庸之德，希腊之
阿里士多德氏亦尝言之，其说曰：勇在粗暴与怯懦之间。"他说孔子提出"中庸"，是由于
"孔子恐人之行为之走向极端"。又说，在"克己"的道德实践中，孔子并不"尽绝诸情"，
所以他的"克己"说跟西方西尼克派的极端克己说并不相同；后者颇有对于"情之一面，
弃而不顾"的缺点，"如西尼克则此弊尤甚，独孔子能以中庸防此弊耳"。我们很难说，
王国维将孔子的学说跟西洋哲人的学说的对照都做得非常准确，但可以说他这种中西
比照的方法，至少是在孔子学说的研究上显示出一种新的眼光，一种新的角度，对人们
的观察和思考有所启发。可以说，这是研究中国传统文化，促进中学西学比较和交融
的一种新的尝试。

四

王国维的治学，又有一个值得注意的思想和方法，这就是他在方法论上的自觉性。
他注意从自己的学术研究实践中提炼出某种治学方法，不但身体力行，并且宣示于人，
引导人们按照一定的治学方法去进行研究活动。

这里首先要讲到的就是王国维提出的"二重证据法"。在《古史新证》①的"总论"

---

① 《古史新证》是王国维 1925 年在清华讲学时所编撰的一种教材。此书收入了他加以修改的完成于 1915
年的《三代地理小记》，以及 1917 年起发表的《殷卜辞中所见先公先王考》、《殷卜辞中所见先公先王续
考》、《殷周制度论》等重要历史论文，是他以甲骨文考证古史的代表作。

中,王国维说:

> 吾辈生于今日,幸于纸上之材料外,更得地下之新材料。由此种材料,我辈固
> 得据以补正纸上之材料,亦得证明古书之某部分全为实录,即百家不雅驯之言,亦
> 不无表示一面之事实。此二重证据法,惟在今日始得为之。(着重点引者所加)

简单地说来,"二重证据法"之所谓"二重",一重是指"纸上之材料",一重是指"地下之新材料",前者即通常所说的文献,而后者是指出土文物上的甲骨文、金文,"二重证据"就是使二者互相印证,以考证文献上的有关记录。"二重证据法"是一种历史考证的方法,这种方法的提倡和运用,充实、扩大了历史研究方法,对历史研究产生了积极的推动作用。在我国古史研究中,过去一般都是以文献记载为据,如果文献无征,古史研究著述也就无从谈起。许多学者只重文献记载,而对古代文物及其上面的文字,并未予以重视。到了宋代,金石之学兴起,赵明诚就指出文献记述和金石刻辞二者有别,对于古代历史上人物事件的记述,"史牒出于后人之手,不能无失,而刻辞当时所立,可信不疑"(《金石录序》),充分地肯定了金石刻辞在史学研究上具有不可替代的重要价值。

王国维正式提出"二重证据法"这个方法论的命题是在 20 年代,其实他早在自己的历史研究实践中就已经运用了这种方法。他撰著于 1917 年的著名史学论文《殷周制度论》、《殷卜辞中所见先公先王考》、《殷卜辞中所见先公先王续考》,其中就成功地利用实物史料来佐证文献史料。清代后期,我国古代地下文物大量出土,特别是殷墟甲骨的发现,更为举世学术界所瞩目。到了清末民初,出现了一种疑古思潮,有些学者(如顾颉刚)就对古书上有关禹的记载产生怀疑,认为禹并非实在的历史人物。王国维则在当时"疑古"和"信古"的争论中,根据春秋时代《秦公敦》、《齐侯镈》两件出土文物铭文,佐证《尧典》、《皋陶谟》、《禹贡》、《诗经》上有关禹的事迹的记载,批评疑古派关于禹可能是"鱼"或"虫"的说法,证实"禹为古之帝王,且先汤而有天下"(《古史新证》)。

除"二重证据法"外,王国维在《毛公鼎考释》中还有一段有关治学方法的话,他没有专门为它起个名,我们不妨可以称之为"比较参照法"。王国维说:

> 文无古今,未有不文从字顺者。今日通行文字,人人能读之,能解之。《诗》、
> 《书》、彝器,亦古之通行文字,今日所以难读者,由今人之知古代不如知现代之深
> 故也。苟考之史事与制度,以知其时代之情状;本之《诗》、《书》,以求其文之义例;
> 考之古音,以通其义之假借;参之彝器,以验其文字之变法;由此而之彼,即甲以推

乙,则于字之不可释,义之不可通者,必间有获焉。然后阙其不可知者,以俟后之
君子,则庶乎其近之矣。(着重点引者所加)

这里先是指出,"文无古今,未有不文从字顺者",一方面揭示文从字顺的规律,一
方面也是解除读、研古代文字的畏难心理。既然《诗经》、《尚书》等文献上的文字和彝
器(适按,彝、尊均是古代宗庙祭祀用的酒器)上的铭文其实也是古代通行文字,也应是
文从字顺,有规律可循,可以读得懂的,那么就很可以除去畏难情绪,树立读懂它的信
心。其次是解释今人之所以感到古文字难读,是由于今人对于古代的情况了解太少,
这就抓住了难点之所在。再次,王国维就提出了解决这个困难的几种具体的途径和方
法,如"考之史事与制度,以知其时代之情状"、"本之《诗》、《书》,以求其文之义例"等
等,并指出这几种方法不要孤立运用,而应当结合起来互相参照,这就是"由此而之彼,
即甲以推乙",经过这一番功夫,就可以逐步解决起初所存在的"字之不可释,义之不可
通"的问题。最后,王国维又指出上述这些方法也不是万能的,实践中还是会碰到一些
难以解释的文字。对待这些难字或难题,不应主观武断、妄加猜测,应当是"阙其不可
知者,以俟后之君子",留待以后求得可靠、切实的解决,这就是一个严肃认真的学者,
特别是从事考据工作的人不应背离的多闻阙疑之旨。王国维这段有关治学方法的文
字,既帮助青年学者克服畏难心理,努力从事学术研究;又帮助人们树立从事学术研究
所应坚持的严肃认真的科学态度。

五

王国维治学的思想和方法,我们上面谈了三个方面。不能说王国维的有关论述尽
在于此,但在笔者看来,如果我们把王国维主要当作一位学者来考察,那么,他有关学
术研究方面的这些重要的观念、原则和方法,也就很值得重视了。

王国维在治学方法及其运用上带有一种自觉性,这正是一位学者学术上经验丰
富、理念成熟的表现。他治学的思想和方法,帮助他的学术研究保持着相对的独立性
和自由度。他本来国学根底就很深厚,再加上他自称"有得于西欧学术精湛绵密之助"
(《王静安先生遗书·序三》),这就使得这位有历史眼光和世界眼光的学者得以贯通古
今、融会中外,比一般学者在更为广阔的学术领域里取得了更为卓越的成就。正如冯
契先生所言,王国维"既有对思辨哲学(他所谓'纯粹之哲学')的'酷嗜',又有尊重'客

观的知识'的实证精神。正因如此,他能用实证精神对'概念世界'进行反思,并从哲学的高度来总结治学方法,使得他在分析批判传统哲学范畴和自觉运用实证方法两方面,作出自己的独特贡献"。①

治学方法从治学实践中来,治学方法一经确立、成熟之后,它本身就具有一定的独立性、科学性,只要运用得当,反过来又可以对治学实践活动产生积极的作用。王国维治学的思想和方法今天已成为一种学术遗产,对它进行批判地总结,吸取其积极的成果,对于我们的学术研究会有助益。以我们的《红楼梦》研究来说,究竟为什么要研究它?研究什么?怎样研究?红学界不是总有这种那种似是而非的问题,并且争论不休吗?那么,听听王国维有关治学的说法:天下事物"无大小"、"无远近",学问"无新旧"、"无中西",研究为的是求真、求实,考证尤应严肃从事等等,难道对于我们没有一点启发和帮助吗?

治学方法有一定的独立性,但它并非万能,也不是超时空超思想的东西,对于哲学社会科学来说,尤其是如此。我曾经说:"对于一个学术工作者来说,思想、学识、方法都很重要。治学方法固然很重要,但如果学识不够、思想不端正,空谈治学方法如何重要、如何正确是没有用的。"②一般说来,一个学者,当他的思想、学识、方法三者结合得好,处于融洽和谐状态时,其研究将取得最佳结果;反之,当三者处于矛盾、分裂,无法统一的时候,其研究及结果也将受到扭曲和损害。王国维治学的思想和方法,反映了他治学的智慧和经验,很值得我们分析研究。但任何治学方法,哪怕是最好的治学方法,只有跟我们个人诸条件相结合,"化"为自己所有之后,才能产生积极的作用。

1997 年暑假于半砖园

(原载《红楼梦学刊》1997 年第四辑)

---

① 冯契:《王国维的哲学思想与治学方法》,载《王国维学术研究论集》第三辑,华东师范大学出版社 1990 年版。
② 拙文《胡适的治学方法论及其他》,载《学术月刊》1996 年 1 月号,收入《胡适研究丛刊》第二辑,中国青年出版社 1996 年版。

胡乔木同志访晤施蛰存先生记

郭豫适

一、引　言

胡乔木同志晚年很关心高校和高校教师。1987 年他在沪期间,曾两度视察华东师大。他对大学教学情况非常关心。座谈会前还利用一点时间会见过几位老教授,其中有名誉校长、教育家刘佛年教授,乔木中学时代的老师、地理学家胡焕庸教授和文艺理论家、中文系徐中玉教授等。1989 年 11 月间,乔木同志时在上海。他又表示要看望师大中文系的施蛰存教授,因为他读施著《唐诗百话》,①觉得"很是受益",想起在中学生时期就开始接触施老的作品,又从该书卷首《序引》中得知施老曾大病住院年余,②关切地询问施老健康情况,能否在校中或住处见客。

施老十年前因患直肠癌做过大手术,术后情况良好,但是外出行动不便。他住在校外,难以到校。乔木决定到愚园路访晤施老。

11 月 29 日上午,乔木由市委有关负责同志陪同趋访施老,我也陪同在座。那次晤谈大约有一个多小时,彼此谈文坛往事,谈鲁迅,谈《现代》杂志,谈书,谈书的出版和阅读,其中就谈到《唐诗百话》。施老是我的老师,有幸在他的"北山楼"聆听两位老人

① 施蛰存:《唐诗百话》,上海古籍出版社 1987 年版。
② 《序引》中记述《唐诗百话》撰写过程,其中有言:"1983 年初,正想挤出时间来完成这个工作,想不到从 3 月中旬起患了一场大病。我在医院中住了十八个月,于 1984 年 9 月出院回家。"

的晤谈是很愉快的,何况又确实是"一番内容丰富、亲切有味、令人难忘的谈话"。① 事后有些师友和同志希望能够把乔木和施老当时所谈的东西全写出来。我感到那次谈话对我们大家,尤其对从事思想、理论、文艺工作的同志确实很有好处,它不仅使我们对历史情况增加了一些了解和理解,而且也有助于我们对现当代文艺一些历史问题乃至对于一些现实问题的回忆和思索。不过,全写出来却做不到,因为那已经是几年前的事了。

为了写这篇文章,我事后曾向施老询问一些问题,施老还向我提供了在那次谈话以前他发表的几篇有关的文章。考虑到要帮助读者更好地了解胡、施二位的谈话,我又查阅过一些有关的史料,对此文中涉及的某些问题或情况有所申述。但就乔木那次访谈而言,则无论是笔者还是施老,都觉得当年谈话有些内容已经遗忘,现在写出来的东西肯定有遗漏,不完整。文中对胡、施二位的谈话,除了某些语句由于印象很深因而加上引号以外,成段的话一般就没有加上引号,只是传达谈话的大意,具体文字的准确程度则自应由笔者负责。

二、到"北山楼"会晤

施老寓所是在愚园路临街一座房子的楼上。楼虽不高,但楼梯局促,虽扭亮了小电灯,照明度仍差,视力不佳者要上"北山楼"不大方便。那天上午,施老在他的起居室、书房兼会客室迎候客人。乔木一行扶着楼梯慢步登楼入室,施老已站在房门口和客人们一一握手,互致问候,乔木和北山老人均露出愉快的微笑。

接着客人和主人就围着房间中央一只方桌坐下来,彼此靠得很近,各人面前一杯清茶。乔木和施老就像未曾晤面的熟人,虽是初次相见,一见如故。

乔木说:"施先生,我很早以前就读过您的作品了!"施先生很高兴地笑着说:"谢谢您来看我! 我也老早就知道您了! 不过,那个时候有'两个乔木',人们对此不大清楚。"

对于施老所说当年有"两个乔木"的话题,乔木微微点头,但对"两个乔木"是怎么回事没有具体回答,脸上若有所思的样子,大概因为施老此际提及"两个乔木"时,其中

---

① 拙文《胡乔木同志谈〈唐诗百话〉》,载《文汇报》1993 年 7 月 17 日。

另一个"乔木"已经于数年前不幸病逝,施老的话无意中使胡乔木感到哀思吧。

原来事情是这样:当年胡乔木、乔冠华两位常在报刊上发表文章,且又都署名"乔木",所以就有了"两个乔木"这个问题。外界有人以为是同一个人,有人猜可能是两个人但又不甚清楚。据说后来是毛泽东同志找二位来过问此事,并提出建议,让其中的一个"乔木"——胡乔木仍叫"乔木",另一个"乔木"就叫乔冠华。这样,"两个乔木"的问题就愉快地解决了。其实,胡乔木、乔冠华二位不但用名相同,而且是有更多方面相同之处的亲密战友。据乔冠华爱人章含之《十年风雨情》的记述,他们二人"是半个多世纪的战友,同喝家乡水,同出清华园,同用'乔木'名,乔木同志是深知冠华的"。乔冠华1983年9月22日上午去世,当天下午她就收到乔木同志的唁电,电文满含深情,使她泪如雨下。[①]

三、《现代》发表鲁迅文章"立了一功"

乔木和施老回忆起过去年代文坛的情况,其中给我印象甚深且又难忘的是,乔木不无感慨地说:文艺的事本来就很复杂,再加上有一些误会、误解,所以产生过一些本来或许是可以避免的悲剧。他说到这里稍有停顿,接着又补充说:"五六十年代也有一些这样的情况。"

半个多世纪以前的往事,我们这一辈人主要是从文字记载上了解当年的情况;而五六十年代,我们已经是过来人,有了实际的经历并且记忆犹新。乔木同志说话声音不高,但话语十分清晰,短短的几句话使我们在座的人都感到很有分量,心情不免有点沉重。显然,作为一位久经考验的有着丰富阅历的领导人,乔木不只是抒发个人的慨叹,这里面反映了他对历史的一种深刻的反思,他是在提示我们:大家应当认真地记取历史的经验教训。

接着,乔木首先谈到的是施老当年所编的《现代》杂志。他说:"《现代》上面的文

---

① 《十年风雨情——我与乔冠华》,见《文汇报》1993年9月17日、19日。文中有胡乔木如下唁电:"炳南同志并转含之同志:惊悉冠华同志于今日逝世,不胜痛悼。冠华同志投身革命近半个世纪,对党和国家的贡献不可磨灭。晚年遭遇坎坷,方庆重新工作,得以博学英才,再为人民服务,不幸被病魔夺取生命。这固然是党的一大损失,也使我失一良友。惜因在外地,未能作最后的诀别,实深憾恨。谨希含之同志和全体家属节哀。胡乔木。"

章,不能一概而论。"他特别称赞施老当年在刊物上发表鲁迅先生的文章,说:那个时候在您的刊物上发表鲁迅先生那篇文章比在党的刊物上发表它作用要大得多,"您立了一功!"乔木还说鲁迅那篇文章影响很大,当时张××(?)曾说,《现代》发表鲁迅那篇文章,是当年中国历史上的一件大事。

乔木所说的鲁迅"那篇文章",就是现在大家都很熟悉的文章——《为了忘却的记念》。[①] 大家知道,1931年,左联五烈士,即李伟森、柔石、胡也频、冯铿、殷夫五位共产党员作家,被反动派逮捕后秘密杀害于龙华。鲁迅曾满含悲愤写了《中国无产阶级革命文学和前驱的血》一文,发表在《前哨》月刊《记念死者专号》上,文末写道:"纪念我们的战死者,也就是要牢记中国无产阶级革命文学的历史的第一页,是同志的鲜血所记录,永远在显示敌人的卑劣的凶暴和启示我们的不断的斗争。"该文作者署名L. S,文中未具体写出五位烈士的名字。两年以后,鲁迅又再写《为了忘却的记念》一文,具体记述五位烈士的事迹,再次表达了对被杀害的革命烈士的真诚怀念,对反动派的强烈憎恨,同时再度显示鲁迅对革命事业的决心和对革命前途的信念。鲁迅的文章擦亮了人们的眼睛,启发和鼓舞青年们为国家和人民的光明前途而勇敢斗争。

乔木提到的当年对《现代》发表鲁迅此文给予极高评价的人究竟是谁?我当时只是凭声音听出好像是姓"张"(?),名字没有听清。现在很后悔当时没有进一步问乔木。后来我问过施老,施老多年来是靠助听器听人家讲话,那天当然也不例外。他说他也听到乔木是说姓"张",也没听清名字。他说:"会不会是张闻天?不过当时张闻天并不在上海。"

施老这话是有根据的,此事我后来查阅有关资料可以佐证。如秦建君同志曾考述鲁迅和张闻天的关系,说"张闻天与鲁迅于1931年2月至1932年12月期间,都在上海生活和工作,始终没有机会谋面";但张闻天和鲁迅多有文字上的关系,张闻天1932年11月3日在上海出版的中共中央机关报《斗争》第三十期上发表《文艺战线上的关门主义》一文,约一个月后,鲁迅在冯雪峰、瞿秋白商请下就写了《辱骂和恐吓决不是战斗》一文,与张文相呼应。1936年鲁迅逝世的噩耗由秘密电台报告党中央,张闻天即与其他领导人以中共中央和苏维埃中央政府的名义发表了三个唁电,这三个唁电的起

[①] 《为了忘却的记念》发表于《现代》第二卷第六期,1933年4月1日出版。此文编入《南腔北调集》,见《鲁迅全集》第四卷,人民文学出版社1981年版。

草人就是张闻天。张闻天对鲁迅素来非常崇敬,1939 年他在《关于编辑〈鲁迅论文选集〉的几点说明》中就强调指出:"鲁迅先生是近代中国最伟大的文学家、思想家、革命家。"①从种种情况看来,乔木所说高度评价发有鲁迅《为了忘却的记念》一文的人极可能就是张闻天。

乔木进一步询问施老当年发表鲁迅《为了忘却的记念》一文的经过,问鲁迅此稿是怎样来的,发表此文是何想法。施老回答说:"这稿子是我那天到现代书局楼上编辑室,在我桌子上发现的。我想会不会是雪峰派人送来的? 但也不能肯定,我至今仍不能确切地说清楚。②当时拿到这篇文章曾有点犹豫,但觉得鲁迅这篇文章写得实在好,还是应当发表。"施老说:"文章发表后,本来以为他们(适按:指国民党当局)会来找麻烦,可是不知为什么他们倒没有来找麻烦。"乔木听到这里,接口说:"如果他们来找麻烦,那岂不是反而欲盖弥彰了吗?"

四、"杜衡后来到哪里去了?"

乔木接着还提及当年《现代》杂志其他成员。他问施老:"杜衡后来怎么样? 到哪里去了?"施老回答说:"他后来去香港,跑到那边(适按:指投奔国民党)去了! 哈哈,'第三种人'做不成了!"听到施老后面这一句话,大家都笑出声来。

乔木所说的杜衡就是苏汶。当年施蛰存、杜衡、戴望舒是好友,同为《现代》杂志主要成员。那时苏汶曾著文标榜自己是"第三种人",他支持胡秋原关于作家应当是"自由人"的说法。他们的言论遭到革命文学家的反驳,如鲁迅在《现代》上就发表有《论"第三种人"》一文。

乔木和施老在谈到鲁迅及其文章时,语气之间都流露出对鲁迅的崇敬。施老在回忆中多次提到冯雪峰,一个重要原因是当年施老编杂志、编丛书常通过雪峰得到鲁迅

---

① 参见秦建君《无限的信赖——鲁迅与中国共产党》,华东师范大学出版社 1992 年版。
② 施老作有《关于鲁迅的一些回忆》一文,在谈到这个问题时说:"鲁迅给《现代》的文章,通常是由冯雪峰直接或间接转来的,也有托内山书店的送货员送来的。但这篇文章却不是从这两个渠道来的","后来听说,这篇文章曾在两个杂志的编辑室里搁了好几天,编辑先生不敢用,才转给我"。施文见《鲁迅诞辰百年纪念集》,湖南人民出版社 1981 年版。

的支持和帮助。施老另撰有《关于鲁迅的一些回忆》、《最后一个老朋友——冯雪峰》，①记述二三十年代他和鲁迅、冯雪峰之间的关系。

施老在谈话中还把回忆往事推到自己年青时候读大学的经历，说到 1926 年他和戴望舒、杜衡在震旦大学念书期间都加入了共青团，三个人曾经互相配合完成散发传单的任务。② 施老说："有一次，我差一点被捕。"他回忆说：那一年（1926 年）我于除夕回到松江，打算在家过完年后回上海，后来沪杭铁路交通一度中断，等我回到上海时，方才知道望舒和杜衡被捕了，如果我当时在上海，也会一起被捕。乔木同志问："听说他们被捕是有人告密？"施老说，我后来听说，他们被捕与震旦大学国民党右派学生有关。

接着施老还说了一段话：包子衍前几年翻阅《申报》，③他告诉我，1927 年 9 月份某一天，《申报》上有国民党市党部公布本市共党分子名单，其中有我的名字。那时我和戴望舒、杜衡实际上已受到注意。"四·一二"后，蒋介石公开逮捕、杀害共产党员和革命工人，我就离开上海回到松江老家，望舒和杜衡被捕后经人说情保释，其后也离开了上海。为了确切地了解施老当时向乔木所说的这段话，我事后询问过施老。他回信中告知：那一天的《申报》是 1927 年 9 月 6 日，标题是《市党部公布本市共党分子名单》，其中有以下文字："（震旦大学）有 C.Y 嫌疑分子：施安华、戴朝寀、戴克崇。"施先生告诉我，他入团时用的是化名"安华"，这也是他的笔名。戴朝寀就是戴望舒，戴克崇就是杜衡，二戴入团时均用学名。施老并说：这个名单公布，是警告性的，并不是通缉令，各大学及文化机关共有二百多人名见报。

五、《唐诗百话》"是一本好书"

乔木和施老的晤谈完全是谈心式的，话题有远有近。乔木关心地问：施先生前几

① 施蛰存：《最后一个老朋友——冯雪峰》，载《新文学史料》1983 年第 2 期。
② 施老和乔木谈话时对此说得很简略，而他在《震旦二年》一文中对此有具体的记述："我们接到了散发传单的任务，便在一个晚上，八九点钟，三个人一起出去散步。在拉斐德路（复兴中路），马思南路（思南路），吕班路（重庆南路）一带，一个人走在前，留神前面有没有巡捕走来。一个人走在后面，提防后面有人跟踪。走在中间的便从口袋里抽出预先摺小的传单，塞入每家大门上的信箱里，或门缝里。有时到小店里去买一盒火柴，一包纸烟，随手塞入一张传单在柜台底下。"《震旦二年》，载《新文学史料》1984 年第 4 期。
③ 包子衍那时被借调到北京，在鲁编室和我们大家一起参加新版《鲁迅全集》的注释工作。子衍同志不幸于1990 年 7 月 4 日在上海病逝。

年动过手术以后,近来健康情况如何? 生活情况怎样? 施老如实、简要地说:现在就是住房较小仍有些困难,身体情况还好,还在写作,相当忙。这时我插话:施老这些年奋力著述,出手快,产量多,除继续主编《词学》学刊以外,[1]还接待许多人的咨询,为报刊撰写诗文,并编著、出版了多种著作,现在手头还有不少任务。乔木听了很高兴,他说:这次来看望施先生以前,已看过施先生的《唐诗百话》,这种书使人读了有益,"是一本好书"。乔木说到这里,在座同志不止一人都反映,现在社会上有些书不好,应当有一些好的书把坏的书"挤"掉。大家谈到除应出版新作之外,也应该多出古典名著、鲁迅的书和有关的研究著作。

谈到《唐诗百话》这本书时,施老当场从书橱里把书取出来,签了名奉赠客人。他还对乔木说:这本书再版,可否请您写一篇序文。施老笑着说:"如果您肯赠序,这本书销路就会更大啦!"又说:"如果忙,写五百字如何?"乔木也笑着说:"那怎么行? 您是大家,又是一本大著,怎么能只写五百字呢?"关于此事,我曾记在《胡乔木同志谈〈唐诗百话〉》那一篇短文里,其中曾说:"乔木同志读书心细,对唐诗又甚熟悉,他当时还就书里个别地方提出意见,请施老斟酌。"但短文未能细说,现在就此作一些具体的补述。

乔木就《唐诗百话》谈到了好几位诗人和作品,其中谈到孟浩然。乔木对施老说:您这本书有介绍有评说,讲了许多知识,对读者很有帮助,个别地方我提出来跟您商榷,书中有个地方说孟浩然所作"都是五言诗",此语不确,孟浩然其实也作有七言诗。乔木还举出了孟作七言诗的例子。他建议施老在此书再版时是否可改一下。对于乔木这个意见,当时施老没有表示同意与否。我不知道他当时是没有听清乔木这几句话呢,还是出于礼貌不想打断客人的话,想多听听乔木发表意见? 我还想到,会不会是施老手稿上落笔时"都"字前面少写了一个"大"字? 还是手稿上原有"大都"两字但被漏排了一个"大"字,其后又被漏校了? 这在近年来出版的书刊中,已成了常有的事。

哪知回到家里,我查翻了两部书,一本是施老此前赠我的《唐诗百话》,第446页上确有"他(适按:孟浩然)的诗也都是五言诗"一语;接着又查翻了《全唐诗》中孟浩然的诗,共二卷,孟作绝大多数是五言诗,但在大量的五言诗外确也有很少的一些七言诗,如七律《登万岁楼》:"万岁楼头望故乡,独令乡思更茫茫。天寒雁度堪垂泪,日落猿啼

---

[1] 施老多年和词学界同志共同努力,主编《词学》学刊,此系迄今为止全国唯一重要的词学专刊。该刊由华东师范大学出版社不定期出版,已出版了十期。

欲断肠。曲引古堤临冻浦,斜分远岸近枯杨。今朝偶见同袍友,却喜家书寄八行。"如七绝《送杜十四之江南》:"荆古相接水为乡,君去春江正淼茫。日暮征帆何处泊,天涯一望断人肠。"①由此可见,乔木细心地读过《唐诗百话》这本书,至少是仔细地读过相当部分,又由此可知乔木对唐诗有相当高的修养,否则就提不出这个意见。一般读者,包括对唐诗有一定接触的读者,可能只知道孟浩然作过"春眠不觉晓,处处闻啼鸟。夜来风雨声,花落知多少"(《春晓》)那些五言诗,未必知道孟也作有七言诗,因为孟的七言诗毕竟很少,在孟的全部诗作中简直不成比例。乔木的博学,他读书的广泛和治学的认真于此亦可见一斑。

这件事使我回忆起十几年前我们在北京编注《鲁迅全集》期间乔木审稿的一桩往事。那是在 1978 年 12 月间,乔木看了鲁编室送审的附有注文的新版《呐喊》单行本校样后,有一天晚上他请林默涵同志和鲁编室有关同志到京西宾馆去听意见,其时他在那里参加会议。有关同志回鲁编室后曾转达乔木如何认真细致审读校样的情况,说"他手里拿着《呐喊》的校样,在近三个小时中几乎是一口气不停地谈了三十多条意见",②有些是涉及政治性、思想性的,严肃认真地指出注文措词不可随便,要认真推敲;更多的是涉及行文造句等文字修辞方面的问题,他反复强调:"注释的文字要精练、准确、干净。"③1978 年他审读《呐喊》注文送审稿的情形,我是听别的同志传达;1989年他陈述对《唐诗百话》中有关孟浩然诗的一点意见,我是亲耳听到。这两件事使我真切地体会到乔木对待工作认真负责的态度和对待文字工作的严谨学风,实在很值得钦佩和学习。乔木在我的心目中,更像一位博学、严谨而又温和可敬的教授、学者和理论家。

乔木和施老的叙谈不知不觉间进行了一个多小时,终于到了应当分手的时候,当乔木和施老握手告别、互道珍重的时候,显然两位老人都有惜别之情。

乔木同志出来后,还关切地询问华东师大现在的情况和我自京返沪的情况。我请他和市委负责同志有机会再到师大来指导。

---

① 《全唐诗》,上海古籍出版社据清康熙扬州诗局本剪贴缩印本,1986 年 10 月出版。此二诗据《全唐诗》上册孟浩然诗第二卷。
② 见何启治、刘茵《播鲁迅精神之火》,那篇长文记述了新版《鲁迅全集》完成的整个过程,其中详细地记述乔木同志审读《呐喊》单行本注文的意见,文载《当代》杂志 1981 年第 5 期。
③ 同上注。

六、风 范 长 存

乔木同志访晤施老后不久,我曾由校部转寄给他三本书。这三本书均由华东师大出版社出版,其中一本是《鲁迅增田涉师弟答问集》中文版,该书日文原版由日本伊藤漱平教授寄赠给我,我和有关同志筹划出版了这个中文本。为什么要寄这本书给乔木同志? 因为那次交谈时,我曾提到这本书。又因为乔木同志当时还问及我近年专业研究的情况,故同时寄去的有拙著《中国古代小说论集》和拙编《红楼梦研究文选》两本。后来我收到了乔木同志一封亲笔信:"豫适同志:承惠赠书三册,稍稍翻阅,均有获益,甚感。蛰存先生所著《唐诗百话》,确是一部难得的好书,但嘱撰短文,自忖外行,殊难应命,便中乞代转告,希谅。即颂春节快乐。胡乔木 1 月 21 日。"

此信写于 1990 年,信中再次称赞《唐诗百话》这本书,"嘱撰短文"即是当年施先生请他为该书作序,"自忖外行"自是乔木同志过谦之词。

1992 年 9 月间,我从电视里得知乔木同志逝世的消息,感到十分突然和伤悼。前些日子,读到乔木最后一任秘书邱敦红同志发表的纪念文章:《他写了一部成功的历史》(写在胡乔木同志逝世一周年),其中谈到乔木最后写的《中国共产党怎样发展了马克思主义》,说:"这篇文章,是他在癌转移、全靠吃化疗药和'兴奋剂'的情况下写出来的,用他的话说是'拼老命写的'。"文末又说:"乔木同志一生没有其他嗜好,从不爱玩也不会玩,读书、思考、写作,是他每天必须重复的三件事。"[①]斯人斯事,令我钦佩无限,特别是想到乔木同志晚年自己身患癌症,却仍那样挂念着确需多加关心的大学和大学里的教授,想到他的一生无私地奉献给党和人民的事业,心里非常感动。写这篇文字,一方面是记叙乔木访晤施老的往事,另方面也是借此纪念尊敬的乔木同志,愿他劳瘁一生之后得到永恒的安息!

(1993 年 9 月起笔,11 月底写完)

(原载《文艺理论研究》1994 年第 1 期,编入《庆祝施蛰存教授百岁华诞文集》,上海古籍出版社 2003 年 10 月版)

---

① 邱敦红同志此文载《人民日报》1993 年 9 月 19 日。

　　豫适按：此文收入刘中海等编《回忆胡乔木》一书，当代中国出版社 1994 年 9 月出版。其后该书增补一批文章，改题杨尚昆等著《我所知道的胡乔木》，仍由该社于 1997 年 5 月出版。在后出的《我所知道的胡乔木》一书中，收入本文时加了一条重要的脚注："胡乔木说的这个人是张荫麟。——本书编者注。"

1998 年 10 月 11 日

1976 年《鲁迅全集》编辑纪事

郭豫适

在中国当代史上，三十年前的 1976 年是极其特殊、非常关键的一年。这一年，周总理、朱委员长、毛主席相继去世；这一年，发生了导致伤亡数十万同胞生命的唐山大地震；但也就在这一年，祸国殃民的"四人帮"终于覆灭了，"文化大革命"的结束改变了中国社会发展的轨迹，全国人民欢欣鼓舞。对于我国人民，特别是对于经历过这些大悲大喜的过来人，这一年真正是刻骨铭心、永生难忘的。这里我想记述的是那一年奉调赴京，在鲁迅编辑室（以下简称：鲁编室）参加《鲁迅全集》编注工作的一段往事。

1976 年 2 月间，上海市委组织组派人来我校，告知校组织组：①周海婴同志写信给毛主席，提出要整理出版鲁迅的著作和书信，毛主席已批示同意，立即执行，为此国家出版局要借调你校郭豫适同志去北京参加工作。此事我后来才知道，当年从全国有关单位调集人员，并非全都很顺利，各人到京迟速不一，就我个人而言，正式到北京向出版局政治部报到，已经是 11 月初的时候了。

此事先得回顾一下。在 1971 年 7 月召开的全国出版工作会议上，已经确定把重新编成并出版注释本《鲁迅全集》列为全国重点任务之一。这次会议文件是毛主席批准的。但是由于"四人帮"的阻挠、破坏，无法有效地进行。那时掌握文化和出版大权的姚文元就以种种借口，这也不准那也不准，拒绝批准为完成此项任务所呈送的请示报告。到了 1975 年 10 月，许多同志实在忍无可忍，周海婴便在胡乔木等同志的支持下上书毛主席。胡乔木对海婴的信稿提了一些意见，并高兴地对他说："现在送去正

---

① "文革"期间，中共上海市委组织部和我校党委的组织部均称"组织组"。

好,毛主席眼睛好一些了,能够自己看东西了;如今又是邓小平同志主持中央工作,一定会及时转上去的。"还叮嘱"你把字写得稍大一点,工整一点。"海婴的信写成后,又交给胡乔木转呈毛泽东。三天后,即 11 月 1 日,毛主席就作了批示:"我赞成周海婴同志的意见,请将周信印发政治局,并讨论一次,做出决定,立即执行。"①

但是,周海婴信中请求毛主席指示国家出版局组织人力"编辑出版一部比较完善的新注释本鲁迅全集(包括书信和日记)",虽经毛主席批示,实际上却仍未能"立即执行"。当时张春桥就跳出来,他把出版局、文物局有关负责人找去,叫嚷什么"有人说张、姚怎么样,张、姚没有错!"还阴阳怪气地说什么"最近忙得很,抓纲去了,你们这个是目。"姚文元还制造舆论,咒骂海婴的信"反映了旧的习惯势力的情绪","同黑线有关"。② 只是到了"四人帮"彻底覆灭之后,《鲁迅全集》注释本等各项工作才能真正有力地向前推进。

我 76 年到北京以前,关于《鲁迅全集》《鲁迅书信集》整理出版的事,在上海就听到一些。比如 1972 年美国总统尼克松即将访华,周总理决定要送给他一套《鲁迅全集》,可是竟然难于找到,最后只得从鲁迅博物馆里取用 1938 年出版的那一套没有注释的本子赠送给尼克松。又听说 1967 年、1968 年期间,江青别有用心地指使戚本禹以中央文革的名义,从文化部调走鲁迅全部书信手稿,一生费尽心血保护鲁迅这些遗产的许广平,害怕它们遭到失却、毁坏,心急如焚,只得写信报告周总理,请求追查。她由于极度忧急心脏病发作,在医院抢救无效去世。周总理闻此噩耗,赶到医院,接着又到了周家,当着那时也赶到周家的江青、陈伯达、姚文元等人,当场批阅许广平的信,指出鲁迅书信手稿是国家珍贵文物,必须迅速追查。这时,指使戚本禹劫取鲁迅手稿的江青,竟公然撒谎,佯装自己不知道此事,说要严厉追查、法办戚本禹,还说戚本禹如果不交待,"冲这一条就可以枪毙他"。可是后来这些手稿,恰恰就是从钓鱼台江青的住处找到的。由此可见,围绕着鲁迅著作、书信的保藏和注释的问题,竟存在着如此尖锐、激烈的斗争。

---

① 以上参见何启治、刘茵《播鲁迅精神之火》(《当代》1981 年第 5 期),以及夏杏珍《排除障碍,支持鲁迅著作的出版研究工作》(《新文学史料》1994 年第 4 期)。何启治是人民文学出版社编审,当年和我们借调去的同志同在鲁编室,是 1981 年版十六卷注释本《鲁迅全集》的责任编辑之一。他在长文《播鲁迅精神之火》里记述了许多人的事迹,唯独没有提及他自己的姓名。
② 何启治、刘茵:《播鲁迅精神之火》。

　　"四人帮"为何这样害怕鲁迅著作和书信的手稿在群众中流传呢？为何害怕对鲁迅的著作和书信全都进行注释呢？为何害怕人们了解30年代文艺的真实状况呢？其实想来，这伙人有此心思是必然的。试问，如果一旦全国人民都知道当年那个被鲁迅斥为"假革命"的狄克就是张春桥，①知道姚文元之父姚蓬子就是鲁迅当年点明的"变节者"，②知道今日这个"旗手"江青就是30年代时那个并不光彩的蓝苹……那将会出现一种什么局面呢？所以，到了北京以后，新的环境和条件使我充实了原有的一点认知，更加看清了"四人帮"的真面目，这伙阴谋家、野心家，表面上看似敬仰鲁迅，其实他们只是利用鲁迅，他们引用鲁迅的文章不过是攻击别人，保护自己，假装革命；其实他们的内心极其害怕鲁迅的文字，尤其是畏惧那些烛照他们这些丑类的文字。鲁迅的文章对于人间丑恶势力是匕首，也是照妖镜。

　　1976年11月初，我到国家出版局和人民文学出版社报到的时候，震惊中外、灾情极其惨重的唐山大地震尚未完全成为过去，京津地区还时不时会出现震情。当时鲁编室办公地点并不在朝内大街166号人民文学出版社大楼，而是单独设在虎坊路15号，记得当时鲁编室和中央电视台时政部两个单位合用一所相当大的院子。那时北京尚在警惕地监测、预防可能再来的地震余震，有些地方在户外还搭有防震棚，以便需要时人们可以从屋里移住进棚里。我被安排住进大院子里的平房，北京当时住房很紧张，由于我是外地来的客人，优待我住单间，面积不大，室内家具则极简单，一床、一桌、一椅而已。但为了防地震，同志们帮我采取了一些措施，给我使用的是一张结实的铁床，床上铺了挡板，并且把它的四只脚设法升高，在床下的地上铺好席子、垫被，以便我随时可以不睡床铺睡地铺。万一出现震情，铁床可以抵挡屋顶墙壁震塌时的落物，使我得以避免伤害，真是照顾周到，令人感动。

---

① 鲁迅《三月的租界》一文中的"狄克"，就是张春桥的化名。先是，鲁迅为田军（萧军）的《八月的乡村》写序，肯定这部反映东北人民抗日斗争的长篇小说。狄克却以高明的革命者自居，指责它"技巧上，内容上都有许多问题"，在《我们要执行自我批判》一文中，更明说鲁迅没有对田军执行批评，"那就无异是把一个良好的作者送进坟墓里去"。鲁迅的文章揭露了当年混入左翼文艺界的这个"狄克先生"所谓"好心"、所谓"执行自我批判"的反动实质（参见十六卷注释本《鲁迅全集》第六卷第515、516页）。

② 鲁迅致姚信中的"贵同宗"，就是指姚蓬子。姚曾参加中国共产党和"左联"，1933年在天津被捕，次年在南京叛变，在《中央日报》发表《脱离共产党宣言》，出狱后曾任国民党中央文化运动委员会委员、国民党中央图书杂志审查委员会委员，并为特务曾养甫的《扶轮日报》编辑副刊（参见十六卷注释本《鲁迅全集》第十二卷第512页）。

记得住进去不久,有一天严文井同志来虎坊路 15 号,还特意走到我住处看望。文井同志是人民文学出版社的领导人,这位眼睛大而有神、头发却已不多的长者跟我没有多谈,他一见面就对我说:"您终于来了! 好,好,欢迎欢迎。"①谈话中他特别叮嘱我:"防震的事还是要重视,千万不能出问题,否则我们对上海就不好交代了。"三十多年前,他跟我那次交谈,话虽不多,但语气和态度之诚恳、亲切,至今仍给我留下深刻的印象。那个时期,许多同志对京津一带地震的情况仍很关切,我熟人中也有个别同志表示有点担心,而我自己却多少有点不以为意,所以文井同志对我的提醒是很必要和有益的。事实上,就在虎坊路期间,我就感觉到不止一次的余震,有时震感轻微,但有一次却相当厉害,门窗玻璃强烈震动,圆柱体的铅笔在写字桌上滴溜溜地滚动。特别使我感到诧异和吃惊的是,地震的声音极大,随着大地剧烈地震颤,我觉得院子外面就像有一个坦克群轰隆轰隆地开过去那样。真没有想到地震的余震,竟然还有如此令人畏惧的巨大声威,当时我算是增长了一点见识。

北京毕竟是首都,1976 年我住在虎坊路那段日子,就感到首都人民对国家形势、对政治生活有更多的关心,和外省市相比,他们决不仅仅是表现在更多地传播一些政治传闻而已。北京人当然跟全国各地人民一样,都十分热爱周总理、痛恨"四人帮",但或许是彼此环境和条件有所不同,首都同胞的感受和表现更为丰富、更为快捷和深切,他们的爱与憎也更为强烈、更为动人,并且更具有行动性。1976 年我们在上海时听到周总理去世,内心十分悲痛,对"四人帮"和他们压制人民悼念周总理的恶行十分愤懑。可是,当 1977 年 1 月 8 日我特意到天安门广场去悼念周总理逝世一周年时,看到的景象让我的心灵获得一次庄严的洗礼,受到一次强烈的震撼。回到虎坊路住处,夜不能寐,不会写诗的我,也曾写有"去岁在沪闻噩耗,泪迸声吞心如焚"、"人是浪潮花似海,重来广场祭忠魂"之句,重新回味起去年在上海当时的痛苦心情,记述今年此际在天安门广场亲身实地体会到首都人民再次悼念周总理的动人情景,它是那样的富有震撼力和感染力,我相信在别的地方是不容易看得到的。

---

① 严文井同志说"您终于来了",显然他知道我未及时到京报到的事,但他对此丝毫没有批评我的意思。其实我本人也是后来方才知道,是 1976 年 9 月下旬北京举行毛主席追悼会时,当时的国家出版局局长石西民同志,碰到上海去的朱××,催促他让我早点去北京报到的。但我因多种原因,没有及时成行。直到 1976 年 11 月初离沪前,去市委组织组办手续,田同志郑重告知,中组部有电话催询,有困难也必须克服,赶快上京报到。

"四人帮"的覆灭使我们国家的命运由危殆转向光明,地不分南北,人民的感受是相同相通的。记得当年由北京传出的那些批判"四人帮"的诗词,上海的人们就击节赞赏。而我住在北京虎坊路 15 号那间平房时,曾收到上海老友张友济寄赠给我的揭批王、张、江、姚的四首绝句。老张 1986 年已经在沪病逝,现在我把他三十年前寄给我的诗抄录在这里,也算是对亡友的一个纪念。老张的四首绝句如下:

（王害）

难弟难兄抱一团,称王称霸据津梁。

树因雷击身先倒,托庇猢狲着了忙。

（张害）

鹅毛扇折起欢呼,不饮人儿醉屠苏。①

算尽机关卿卿误,何劳再用粉脂涂!

（江害）

"旗手"如何是扒手,天功敢窃岂知羞!

风头出尽露乖丑,吕后可怜一梦休!

（姚害）

青云直上骨头轻,饶舌鼓唇竞叛经。

"左"得出奇其实右,麟皮一剥见驴形。

老张这几首诗写得很好,如"不饮人儿醉屠苏",此句甚佳,实为生动记时之笔。我想,1976 年京沪和全国必是酒销售量创纪录的一年,因为这一年"四人帮"被粉碎,全国人民大欢喜,连一些不会饮酒的人也举杯同庆,喝醉了。顺便记一下,友济的诗写于揪出"四人帮"时,抄录在信里寄给我是在 1976 年 11 月 16 日。被他诗中剥去麟皮的那个"姚害",跟他其实还有一点关系,友济文革前在《解放日报》文艺部当编辑时,姚文元正担任文艺部主任。因此他对姚文元有较多的了解,对姚文元那种青云直上骨头轻、"左"得出奇其实右的原形和本质看得很清楚。

我从 1976 年 11 月初到北京,直到 1980 年底任务完成返回上海,足足有四年稍长一点的时间。实事求是地说,一个人离开家庭长期孤身借调在外地,确实需要克服不

---

① 屠苏,我国古代有屠苏酒、屠苏草,此处指前者。据《荆楚岁时记》,古代过年时家人欢聚共饮屠苏酒。苏轼《初夜野宿常洲外》诗:"但把穷愁搏长健,不辞最后饮屠苏。"

少困难,原有的个人研究计划也须为保证集体任务的完成而作出调整,个人的生活和事业多少都受到一些影响。但当年我在北京鲁编室,从虎坊路 15 号到后来迁回朝内大街 166 号,能够参与 1981 年版十六卷注释本《鲁迅全集》的编注工作,自己曾做出的一点微薄奉献,是非常值得的。在三十年前那个动荡的年代,能有那样一个工作和学习的机会,内心是感到欣幸的。在京四年,我受到了许多教育,学到了不少东西,可以说是又读了一次大学。

首都是令人向往的地方,"鲁编"是一个使人怀念的集体,直到今天,曾在鲁编共事过的同志们,每当忆及当年为了达到一个共同的目标,为了继承鲁迅这份宝贵遗产,传播鲁迅精神之火,大家不计个人名利得失,彼此真诚友爱互助,那种同甘共苦、团结奋斗的生活经历和精神境界,都会难以忘怀,至今想起仍感到亲切、兴奋和愉快。由于此文重点记述的是 1976 年的情况,许多值得谈的事情未能详谈,读者有兴趣的话,我推荐大家翻阅 1981 年《当代》杂志第五期上何启治、刘茵的长篇报告文学《播鲁迅精神之火——记新版〈鲁迅全集〉的诞生》,里面就记述着许多动人的真实的故事。

时日如流,当年参与编注十六卷本《鲁迅全集》,终于得以在 1981 年鲁迅先生百年诞辰前全部出齐。我作为 1981 年版《鲁迅全集》的责编之一,为此自豪。转眼二十多年过去了,现在我们又有了新的即 2005 年版的十八卷本的《鲁迅全集》,这 2005 年版就是在 1981 年版的基础上增订而成的。笔者虽为新版《鲁迅全集》修订编辑委员会的成员之一,很惭愧自己所作的工作很少。2005 年 11 月 30 日,在人民大会堂浙江厅举行《鲁迅全集》首发式,接着又去香山八大处参加修订委员会修订工作小结座谈会。大家心情兴奋感慨良多,千言万语,集中到一点,就是我们一定要继承好鲁迅这份宝贵的文化遗产,使鲁迅精神不断地传播下去,直到永远。

（原载《我的一九七六特刊》,北京古农主编《书脉》2007 年第 8 期,上海《文学报》2008 年 3 月 27 日选载部分内容）

博学慎思　实事求是
——郭豫适教授访谈录

钟明奇

钟明奇　郭先生,您好! 您在《红楼梦》与红学史方面有着精深的研究,其实您的研究领域非常广阔,对《红楼梦》之外中国古代文学与文化的研究等也常发表精辟的见解。我受《文艺研究》编辑部的委托,想就《红楼梦》研究等有关学术问题对您作一次访谈。

郭豫适　感谢编辑部的热诚邀请。"研究领域非常广阔"是谈不上的,但不少学术问题确实值得研讨。我们随便谈谈吧。

一、历史使命与时代责任:《红楼梦》研究史的现代创立与当代批判

钟明奇　前人说"开谈不说《红楼梦》,纵读诗书也枉然",我们就从《红楼梦》开始吧。现在写学术专题史已成为一种风气,而新时期以来第一部这样的学术史专著就是由您完成的。《红楼研究小史稿》、《红楼研究小史续稿》作为开创性的著作,广受学界重视和好评不是偶然的。您当年是怎样想到要研究这个课题的?

郭豫适　那已是半个多世纪前的事了。那时我还在大学读书,读到鲁迅《中国小说史略》卷首序言里的一段话,心里久久不能平静。鲁迅说:"中国之小说自来无史;有之,则先见于外国人所作之中国文学史中,而后中国人所作者中亦有之,然其量皆不及全书之什一,故于小说仍不详。"外国人重视我们的文化遗产,自然是件好事,但为什么有关中国小说历史的研究,先见于外国人的著述中呢? 大学毕业后留在系里任教,因为要搞中国文学史、小说史的教学与研究工作,自然又读到鲁迅的这段文字,以及其他

相关的文字,例如日本学者盐谷温《中国文学概论讲话》中译本孙俍工《译者自序》,于是原来心里想的那个问题便触发起更多的思索。作为一个中国人,难道我们能够一再安于现状,"譬之懒惰的子孙,把祖宗遗下来的产业任意荒芜,却要待别人来代为耕耨"? 从事学术工作的中国学者,在历史文化遗产的整理研究上,我们不应该有点民族责任感吗?

鲁迅说得好:"倘若先前并无可以师法的东西,就只好自己来开创。"(《〈奔流〉编校后记》)鲁迅正是以他令人感佩的开拓精神,写出了《中国小说史略》,结束了"中国之小说自来无史"的局面。从某种意义上说,中国小说史这条线索是由许多作家作品的点连接起来的,那么,从这条线索上找出一个重要的点,如《红楼梦》,试着写出这个点的线,即《红楼梦》研究史来,行不行呢? 我就是在鲁迅当年结合教学撰著《中国小说史略》的启迪之下,在他勇于开拓和坚忍不拔精神的感召之下,萌发出撰写《红楼梦》研究史这样的想法的。

有了上述想法之后,我开始自觉、努力地收集资料。后来有了一个机会,那是1960年至1961年,中文系开设"中国古典文学专题研究与评论"课程,由程俊英教授、万云骏教授和我轮流主讲,他们两位分别讲《诗经》、宋词,我则讲《红楼梦》评论史,《红楼梦研究简史》的讲义就是结合这门课程的需要编印出来的,后来断断续续地进行了一些增补和修改的工作,本书基本上就是由那本讲义发展而来。我的工作当时得到了师友们的积极支持,特别难以忘怀的是已故目录学版本家、老编审吕贞白先生。他热情鼓励我,说这是别人尚未做过的工作,很值得努力,并说这本教材增补后可以安排出版。师友们的鼓励和支持自然增强了我的决心和勇气。

钟明奇　在您门下读书时,您一直鼓励我们说做学问要有点志气。您在一无依傍、极为困难的情况下开创性地写出第一部《红楼梦》研究史,这的确令人钦佩。您这本书与鲁迅的《中国小说史略》都是原创性的学术著作。据我观察,写原创性的学术著作必定会碰到许多常人想象不到的艰难。您能谈谈当年遇到的困难吗?

郭豫适　我的书哪能与鲁迅的著作相提并论。但当年在写作过程中的确遇到过非常大的困难,首先史料就很难找,理出研究史的发展线索自然更难。当时缺乏现成的比较系统整理过的有关《红楼梦》评论研究的历史资料,现在大家非常熟悉的一粟所编的"古典文学研究资料汇编"之一的《红楼梦卷》尚未出版,"五四"时期及其以后的红学研究的许多史料也需要自己去摸索。其实,无论是"五四"时期以前的还是以后的,我国有关红学研究的许多书刊,是新时期以后才有意识地把它们作为有价值的学术史料而加以整理出版的。不过,那时上海古典文学出版社已经出版的一粟所编的《红楼梦书录》却对我有很大的帮助。一粟是周绍良、朱南铣先生的笔名。我曾致函编者,就红学史料及书录修补问题提出一些参考意见和建议。1963 年 11 月该书由中华书局出版增订本,周先生立即惠寄于我,并来信称"承示各节,在第二版时已有所改正",同时也鼓励我正在从事的红学研究工作。我上面提到的吕先生当年不但热情鼓励我努力撰成《红楼梦》研究史稿,同时也告诉我一些有关的史料或线索。此外,其他学界友人也将有关书籍和资料相借或相赠。当然,最主要的还是依靠图书馆的藏书。那个时候还没有复印机,更不用说你们年轻人现在非常熟练使用的电脑。从图书馆与友人处借来的书不能随便涂画,我的办法就是随读随抄。有的时候,读完一本原著,我抄下来的笔记也就成了一个小册子,随后,我就反复阅读自己的摘抄本,并在上面点点划划,提示自己着重注意之点,或者在上面写上一点眉批,随时记下阅读的感想。下这样的死功夫、笨功夫,花的时间虽然比较多,但对后来写书作用甚大。就这样,寒来暑往,废寝忘食,在极为艰苦的条件下,终于把书稿基本写成,但接着而来"文化大革命",出版的事因而搁置。直到"文革"结束,我被借调到北京参与《鲁迅全集》编注工作,自己一时难以完成全部定稿工作,上海文艺出版社同志们遂跟我商谈,决定将该书分为《红楼研究小史稿》(清乾隆至民初)先于 1980 年 1 月出版,《红楼研究小史续稿》("五四"时期以后)于 1981 年 8 月出版。

钟明奇 事非经过不知难。这部四十多万字的红学史专著从最初起意到正式问世,经历了长达二十多年艰苦奋斗的过程,是先生为之倾注了许多心血的力作。在看到的对这部书的评论中,我觉得由黄霖先生主编的《20 世纪中国古代文学研究史》的评价最为中肯:"这是《石头记》问世以来第一部研究红学发展史的专著,也是'文革'以来第一部文学类学术史专著。郭豫适的这两部红学史著作奠定了'红学'发展史的撰写框架和模式,开启了红学史研究的新阶段。书中随处可见的流畅、严密、左右逢源的犀利评议语词显示出那一代人的史识与时代意识,著者'秉笔直书'的著史态度与严谨求实的治学精神对学术史的撰写产生了积极的影响。"(见《小说卷》,东方出版中心 2006 年版第 511 页)这部书出版至今快有三十年了,我觉得书中很多评论今天看来依然很中肯,其中不少评析简直就像是针对当今《红楼梦》研究中怪现象的。说到这个话题,请问您是怎样看待当今《红楼梦》研究中的那些奇特现象,比如说刘心武先生的《红楼梦》研究？

郭豫适　学问自有多种做法，评论也可，考据也可，关键在于是否实事求是，是否得当。但刘心武的"揭秘"和他的"秦学"是用再创作的办法编造故事，过多地依靠主观猜测，恕我直言，这并不属于科学考证，其实是新索隐派的做法。他有一篇文章题为《"友士"药方藏深意》，收在书海出版社 2005 年 4 月出版的《红楼望月》一书中。刘说，《红楼梦》第十回中那个太医张友士之"友士"谐音"有事"，是京里派来的"政治间谍"，那张药方"实际上是一道让秦可卿自尽的命令"。药方里开的五种药："人参、白术、云苓、熟地、归身。"他把"云苓"隔开，"云"作"说"解，"苓"作"命令"解，把药方硬说成是：上面命令秦可卿在熟地（中药"熟地"说成处所）自尽。他批评王蒙对此没有读懂，只有他才能读懂曹雪芹的真意。我曾发表一篇短文《是王蒙"没有读懂"，还是刘心武索隐编造？》（载 2006 年 7 月 13 日《社会科学报》）跟他争鸣。刘的论据并不可靠，如他将"白术"理解为"半数"，这就不对。其实，"白术"作为一种中药，"术"当读 zhú，音"竹"，是不能读作"数"的；将"白术"谐音成"半数"，这种转换即便从谐音法的运用来说，本身就是论述失据。他又硬说这人参的"参"是"天上'二十八宿'之一"，这"半数""正合十四"，而十四是隐指康熙的第十四子。总之，他将秦可卿之死说成是因为政治集团夺权阴谋败露而导致的政治性自杀，这是难以成立的。所以我说："刘心武同志如此刻意求深，是否疑心过重？是不是在红学研究中太突出政治了？曹雪芹写小说《红楼梦》真是这样处心积虑时时处处突出政治吗？"他这种离奇的"考证"，称之为小说家的想象与编造更为合适。

其实，刘心武这样的索隐方法并非他的发明。1984 年香港出版"不过如是斋"李知其的《红楼梦谜》，该书研究《红楼梦》第八十七回的一个细节，用的即是这类方法。小说里写到紫鹃问黛玉：叫雪雁告诉厨房，给姑娘做一碗"火肉白菜，加了一点虾米儿，配了点青笋紫菜"这样的汤，李知其竟说这时的紫鹃其实是作了一个史事报告。"火肉"谐音"鹅肉"，白彩的鹅肉就是"天鹅肉"；"虾米儿"读"蛤蟆儿"；"青笋紫菜"谐音"清顺治来"。这一碗汤暗藏的深意是说："弘光帝那个癞蛤蟆，只为好色想吃天鹅肉，看看快把江山配给了顺治帝了。"刘心武对《红楼梦》里张友士为秦可卿所开药方的解释，与李对一碗汤的如此索隐何其相似乃尔！但刘本人否认自己是索隐派，认为自己是考证派。不过，不据事实材料而据主观猜测，能说是考证吗？他的"揭秘"和他所谓的"秦学"，这类研究《红楼梦》的文字，俞平伯先生几十年前就批评过，说这是"索隐派的精神,考证派的面貌"(语见《红楼梦问题讨论集》第二集,作家出版社 1955 年版)。

钟明奇 的确是如此。在学术研究中,有的人就是喜欢故意把事情搞得很神秘,似乎越神秘越好,《红楼梦》研究中此类情况确乎不少。正如何其芳先生在《论红楼梦》一书中所说的:"他们认为书上明白写的都没有研究的价值,必须刁钻古怪地幻想出书中没有写出的东西,而且认为意义正在那里。"这其实已不是学术研究,而是主观性很强的猜谜、索隐。那么,您能谈谈科学考证与主观随意索隐之间有怎样的不同吗?

郭豫适 科学的考证与主观主义的索隐两者有本质的不同,主要表现在如下四个方面。

其一,就论题的提出而言,科学的考证,其论题的提出以对研究对象的初步观察和了解为基础,强调论题来自客观对象,一般地说有一定的现实性;主观主义的索隐,其论题的提出往往是来自前人或自己某种先入之见。比如有人说,曹雪芹谐音"抄写勤",曹雪芹实际上是不存在的;有人还索隐出林黛玉"是谋害雍正皇帝的元凶",像这样的一些论题分明是索隐派作者自己所预先设定的,并非来自现实,而是来自心中的幻影和假相。

其二,就论证的过程而言,科学的考证强调遵循逻辑,尊重客观实际,在论证过程中,其基本特征和走向是从材料到结论;主观主义的索隐刚好相反,其基本特征和走向是从结论到材料,论证的过程和方法往往是支离破碎、东拉西扯,有时是把事实和材料裁剪、组合得符合自己的主观需要,有时甚至可以制造出"事实"和"材料",牵强附会地构想出人物和事件的某种关系或联系。如李知其的《红楼梦谜》从史湘云说话有点"咬舌子",把宝玉"二哥哥"叫成"爱哥哥",扯到她会把"一二三"叫成"幺二三",又扯到有"一二三"而无"四",而"无四"谐音"胡死",他说由此可见史湘云口里叫"爱哥哥",心里是在诅咒"胡人的死亡"。这就是用索隐法研究《红楼梦》随意猜测的一个典型例子。

其三,就结论的验证而言,科学的考证所得出的结论是比较切实可靠的。当然,受到主客观条件的限制,科学的考证有时未能得出科学的结论,有时甚至考证过程及其结论都会发生失误,但用科学的考证方法所得出的结论无论是对是错,一般地说是可以验证的;而主观主义索隐所得出的结论是否正确,往往是死无对证、无从验证的。请问有什么办法能够去作这样的验证:曹雪芹笔下创造出来的人物史湘云姑娘,她口里在叫"爱哥哥"的时候心里却是在诅咒胡人死亡?

其四,就研究的价值而言,科学考证的目的和作用是通过认真踏实的研究,去探讨一些实际存在的科学问题,帮助人们解决疑难,获得新知;索隐家们主观索隐的具体目的和动机虽然有所不同,但总的来说他们最看重的是追求兴趣,满足自己和同好者的心理需要,如有的不过是借此自炫博学、善于解谜,甚或借此消磨时日,读者不但难以从中获得有益的新见识,脑子里反倒被塞进许多想入非非的荒诞说法,如索隐出林黛玉的原型"竺香玉"守寡后跟人"私通"、"生子"即属此类。

　　总的来说,科学的考证本身要求尊重客观实际和科学规律,而主观的索隐常常存在着非科学的、有时甚至是明显的反科学的倾向。红学索隐派搞的索隐,究其实质而言,与其说是在研究《红楼梦》,不如说是在推演他们头脑里所提出的各种各样的"谜",猜谜者自己即是制谜者,这就是问题的实质。对你提出的这个问题,拙文《索隐派红学的研究方法及其历史经验教训》(载《齐鲁学刊》1999 年第 3 期)有较详细的例释,这里难以展开评述。

　　钟明奇　早在 1904 年,王国维在《红楼梦评论》中就批评当时的考证者:"读小说者,亦以考证之眼读之。"指出他们不恰当地把虚构的小说当成真实的历史。除了上述这种不科学的"索隐"、"考证"之外,您觉得《红楼梦》研究中还应当注意什么问题?

　　郭豫适　《红楼梦》研究中问题不少,例如有一种研究方法或者说一种情绪性的研究心理,那就是逆反心理,对红学研究也产生了不好的作用。前面提到的香港李知其的《红楼梦谜》也是这样的著作。这本书从书的题目到内容和方法,都明确地向人们作出一种挑战性的宣示:你们说索隐派是"猜笨谜",你们批评、反对索隐派的研究方法,我偏要用索隐派的思想和方法,用"猜谜语"的办法再写一部大书给你们看看! 这不分明是《红楼梦》研究中"逆反心理"一种很典型的表现吗? 有些红学争论文章也与"逆反心理"有关。你说《红楼梦》后四十回好? 我偏说它坏,坏透了,说它艺术性极差,毫无好处,而且政治上也很反动;你说《红楼梦》后四十回坏? 我偏说它好极了! 说它不但艺术性跟前八十回并没有什么不同,而且后四十回思想性甚至比前八十回更进步,如此等等。这类争论有故意夸大之心,无实事求是之意,是科学研究中主观随意性和片面性的表现,与"逆反心理"也不无一定关系。

　　钟明奇　谈到这里,我觉得您提出应当重视红学史的研究工作这个看法很重要。红学史本身的经验与教训,对我们今天的《红楼梦》研究来说,很有借鉴价值,大有助益。即以评论索隐派来说,您除了在《红楼研究小史稿》、《红楼研究小史续稿》中多有相关的介绍和评析外,我觉得单篇论文中有三篇很精彩、很重要,故为学术界和广大读者所重视和爱读,在有关索隐派的研究中可以说是具有某种经典性的文章。第一篇是1981 年 12 月 21 日发表在《光明日报》上的《拟曹雪芹"答客问"——红学研究随想录》,这篇用小说笔法写成的学术论文,模拟曹雪芹"答客问",文章写得机智幽默、生动有趣。第二篇是 1980 年发表在《红楼梦研究集刊》第 4 期上的《从胡适、蔡元培的一场争论到索隐派的终归穷途——兼评〈红楼梦〉研究史上的后期索隐派》,这篇论文以一个红学史家的眼光,从学理上揭示红学索隐派的最终趋于穷途末路,使人坚信红学索隐派尽管有时会搞得很热闹,但毕竟不是学术研究的正途。第三篇就是您刚才提到的《索隐派红学的研究方法及其历史经验教训》,对近半个世纪海内外索隐派红学的研究方法及其历史经验教训作了深刻的总结。

郭豫适 其实红学界主张重视红学研究史,批评索隐派的非科学性的人很多,我只是其中一个而已。一方面,要批评红学研究中那些不恰当的东西,另一方面,研究者自身要不断地提高学术素养和学术品格,这是大家的企盼。《红楼梦》是一部大书,是我们民族的骄傲,把红学更好地推向前进,这是新一代学人的学术使命。

二、扬弃与批判继承:文化遗产研究的哲学立场与科学辨正

钟明奇 新时期以来大家都比较关心文化遗产问题。据我所知,您对这个问题也很关心,您在总体上对这个问题是怎样看的?

郭豫适 这的确是个重要的问题。我之所以也比较关注这个问题,这是因为感到我们有些人在对待文化遗产的态度和研究上,存在着盲目性和非科学的倾向,同时一些观念和理论也需要从哲学层次上求得更好的认识和理解。我主张读一点哲学,包括马克思主义哲学,这对我们正确看待这个问题很有必要、很有好处。关于"扬弃"与如何对待文化遗产研究的问题,我在 1993 年湖南出版社出版的《扬弃与发展:弘扬民族优秀文化》一书的序文中有所论述,这里只能约略而言。

哲学史上有个概念叫"扬弃",是德语"Aufheben"的意译,音译叫"奥伏赫变"。哲学家黑格尔曾经指出它具有"双层意义",他说:"扬弃一词有时含有取消或舍弃之意,依此意义,譬如我们说,一条法律或一种制度被扬弃了。其次,扬弃又含有保持或保存之意,在这意义下,我们常说,某种东西是好好地被扬弃(保存)起来了。"黑格尔并以此为例指出"德国语言富有思辨的精神"(黑格尔《小逻辑》96 节,贺麟译,商务印书馆

1980年版）。现在《辞海》以及哲学辞典对"扬弃"的定义是一样的。《辞海》（上海辞书出版社1999年版）说："（扬弃）包含抛弃、保留、发扬和提高的意思。""指新事物代替旧事物不是简单地抛弃，而是克服旧事物中消极的东西，又保留和继承以往发展中对新事物有积极意义的东西，并把它发展到新的阶段。"这里说到的有保留、抛弃、发扬、提高四项，而我个人的理解，"扬弃"的基本要点有三，这就是保持、舍弃、发扬；稍作更具体一些的解释就是有所保持、有所舍弃、有所发扬。为什么提"有所"？是要求对事物的认识和判断更有分析性、选择性，避免笼统性。我想我们对待一切历史文化遗产，都应当采取这样一种科学的态度。

我这么说，并不是要将"扬弃"取代我们经常说的对待古代文化遗产的"批判继承"这样的提法。"批判继承"的提法好处是通俗易懂，易为人们接受，"扬弃"的哲学意蕴一般人可能觉得有点艰深。两个提法的根本精神是一致的，即要求人们对文化遗产不要采取全盘肯定或全盘否定的态度，而要采取辩证分析的态度。但我个人的体会是"扬弃"的提法，其思辨性、分析性更强一些。"扬弃"的哲学上的意蕴，可以对"批判继承"这个提法作出有益的补充。我这里还想强调的一点是，"扬弃"这个提法本身已经包含有对我们研究主体自身的一种要求在内。真正懂得"扬弃"并在实践中正确运用并不容易，因为这并不仅仅是一个方法问题，更有研究主体的思想水平、认识水平的问题。它要求研究主体对事物本身的认识，从形式到内容，从现象到本质，有属于自己的独立的思考和见解，有切实的合乎实际的科学的理解和把握。这有利于人们在理论和实践中自觉地不断地去充实和提高自己。

钟明奇　"扬弃"之于古代文化遗产研究，的确是一种新的富有哲学智慧的提法。您能否结合一个具体的实例来谈，比如说我国古代典籍中被称为群经之首的《周易》这部书？

郭豫适　《周易》是我国古代一部很重要的著作，它又被称为《易》或《易经》。《易经》里八卦、六十四卦的推演，确实与古人的占筮有关，所以一般人认为它是一部占卜的书。其实就《周易》一书的根本性质而言，它是我国古代一部包含有丰富的哲学思想、社会政治伦理思想和朴素辩证法思想的著作。

在封建时代，统治阶级用《周易》来占卜的事是有的。不过情况也有不同，有的人是真迷信，有的人只是做做样子，其实并不迷信。我这里讲个故事。清朝康熙年间有个名臣叫李光地，此人官至内阁大学士，并且是个知名的《易》学专家。据记载，李光地常奉诏向圣祖皇帝讲解《易经》。还有一次,皇帝要李用《易经》占卜战争胜败如何,占卜的卦象是败仗,皇帝点头同意,但说此乃敌之败而非我之败。后来事实果然是如此。《清代名人传略》上卷《李光地》对此有较为详细的记载。这个故事说明《周易》并不是什么万能的天书,就是叫李光地这样的《周易》名家去替康熙皇帝占卜,也不能保证其准确性,遑论其他。如果过于迷信用《周易》去占卜吉凶祸福,难免要上当。康熙皇帝毕竟是一个有作为的君主,他对事物的认识水平要比李光地高明得多。他虽然叫李光地预卜战争的胜败,并不是准备依据占卜结果的凶吉来决定是否打这个仗,其实他心里已经决定要打这个仗,并且相信一定能打赢。而后来之所以打了胜仗,依靠的乃是战前正确的谋划和战争期间的正确指挥,与李光地的占卜没有关系。因此,对于《周易》这类古代典籍,我们所取的态度还是"扬弃",即舍弃其消极的成分,而保留、发扬其积极有益的思想和智慧。至于有些人盲目吹捧《周易》为预测学,有的甚至认为依据它预测天气其准确度可以超过中央气象台,说什么《太极图》、《河图》、《洛书》是"全部宇宙数理论和宇宙物理论的最高结晶"等等,那只不过是既未真正懂得《周易》也未懂得科学的人编造出来的故作惊人之论。

钟明奇 这些人或许自以为他们是在弘扬中国传统文化遗产,但将传统文化遗产神秘化并不是对它的真正的理解和热爱,也不利于弘扬其真正的价值。您对鲁迅也颇有研究,您是如何看待我国现代文化遗产的重镇——鲁迅及其著作的?

郭豫适 鲁迅与他的著作是个永恒的话题。在我看来,无论是过去还是现在,鲁迅这类人都是极其罕见的。他深刻的思想,对国民性的犀利解剖,其文学创作与学术研究上的杰出贡献,无疑是 20 世纪中国文化史上一座巍然的丰碑。我们都是高校里从事学术研究的人,就谈谈鲁迅学术研究方面的工作吧,当然要在这个访谈里全面谈鲁迅的学术工作那是很困难的,我们就以他写作《中国小说史略》为例吧。鲁迅逝世时,蔡元培献的挽联是:"著作最严谨,非徒中国小说史;遗言太沉痛,莫作空头文学家。"可见,在蔡元培心中,《中国小说史略》这部著作在鲁迅整个思想文化遗产中所占地位何等重要。鲁迅的一生,其光辉的成就是多方面的。《中国小说史略》充分反映了鲁迅作为我国小说史研究领域的开拓者那种令人敬佩的魄力和学识。中国第一部小说史专著出于鲁迅之手,由他来为中国小说史研究奠定第一块基石是很有意义的。后人做学术研究和写文章经常引用它,决不是出于偶然或者偏爱。我最钦佩的是鲁迅从事学术研究所具有的那种勇于开拓与勤勉踏实的精神。靠着他对大量作品和史料敏锐的审视和精心的研究,他终于"从倒行的杂乱的作品里寻出一条进行的路线来"(《鲁迅全集》第九卷《中国小说的历史的变迁》)治学如此之严谨,毅力如此之顽强,成果又如此之丰硕,可是鲁迅在完稿后仍"时虑讹谬",意识到它的局限和不足,而期望有能够超越它的杰构于未来。诚然,《中国小说史略》也有其不足之处,这主要是由当年所处历史社会背景下主客观条件的局限性所造成的。譬如,我们现在接触到的很多资料,包括流失于海外的珍贵刊本,鲁迅当时就没有条件看到。从这个角度说,处在今天能有这么好的条件乃是我们的幸运。当然,也有人不这么看。有人就鄙视鲁迅,说什么鲁迅的文章"烂"。有的竟骂他是一块"老石头",应该扔掉,甚至骂他是"乌烟瘴气乌导师"。这种恶骂其实正反映出骂人者自身的浅薄、愚昧与狂妄,是学术研究中一种应当批评的不良思想倾向。

钟明奇　的确,不但在中国 20 世纪,就是在中国整个思想文化史上,鲁迅的伟大是无法否定的。不过,正如鲁迅所言,伟大也要有人懂,真正懂得鲁迅是不容易的。由鲁迅我想到毛泽东。毛泽东说,他的心与鲁迅的心是相通的。十多年前我认真读过您的两篇研究毛泽东文艺思想的重要论文,一篇是发表在《文艺理论研究》1992 年第 4 期随即为《新华文摘》全文转载的《谈〈在延安文艺座谈会上的讲话〉从原本到今本的增删修改》;还有一篇是为纪念毛泽东诞辰一百周年,提交给在庐山举行的"毛泽东论《水浒》、《红楼梦》讨论会"并发表在《华东师范大学学报》(哲社版)1993 年第 6 期的长篇论文《全面正确地学习理解毛泽东有关文学问题的论述》。请您着重谈谈应当如何看待他对我国古代文学的论述。

郭豫适　毛泽东有关文学问题的论述,内容很丰富,是重要的理论遗产。对待毛泽东有关我国古代文学的论述,我们也要懂得"扬弃"。毛泽东关于古代文学有许多精当卓越的评论,个别论述则需要结合特殊背景作实事求是的评议,如《水浒传》是"反面教材"之说就是属于这样的情况。

"文革"后期传出了毛泽东这样一段话:"《水浒》这部书,好就好在投降。做反面教材,使人民都知道投降派。"同时指出《水浒》"只反贪官,不反皇帝"(参见《人民日报》1975 年 9 月 4 日)。说《水浒》"只反贪官,不反皇帝",这是对的;但说《水浒》是"反面教材",就值得商榷。不过,我想请大家注意这里存在着一种不协调的情况,即《水浒》是"反面教材"的说法,在毛泽东有关《水浒》的全部论述中是显得很特殊、很突兀的,跟他本人公开发表的许多有关《水浒》的评述不相一致,如在《矛盾论》中肯定地称赞说"《水浒传》上有很多唯物辩证法的例子"，在《中国革命战争的战略问题》中从军事的角度肯定《水浒传》，在《论人民民主专政》中号召"我们要学景阳岗上的武松"。我觉得，我们特别应当重视的是他 1958 年在审改陆定一《教育必须与生产劳动相结合》一文时，亲自加进了这样一段文字："中国教育史有人民性的一面。孔子的有教无类，孟子的民贵君轻，荀子的人定胜天，屈原的批判君恶，司马迁的颂扬反抗，王充、范缜、柳宗元、张载、王夫之的古代唯物论，关汉卿、施耐庵、吴承恩、曹雪芹的民主文学，孙中山的民主革命，诸人情况不同，许多人并无教育专著，然而上举那些，不能不影响对人民的教育，谈中国教育史，应当提到他们。"

研究中国教育史的人民性问题，竟然联系到施耐庵的《水浒》在内的中国古代小说，把施耐庵的名字放在从孔夫子到孙中山这一连串为数不多的著名人物中间，把《水浒》和我国历史上那些著名作品相提并论，而且是从"人民性"、"民主文学"、"对人民的教育"这样一些重要的文学批评范畴和对人民思想教育的角度来作正面的肯定性的评述，应当说这充分反映了毛泽东学术思想、学术视野的活跃和开放，也反映了他对中国古代优秀小说名著思想价值的确认和创造性的见解。这足以说明，在毛泽东心目中，《水浒》这部小说，从总体上说，是一部应当肯定、应当重视的好作品。

说到这里，我想对鲁迅有关《水浒传》的那段话应当再作一次认真的逻辑的思考和判断。鲁迅那段文字见其《流氓的变迁》一文。这段话后面说："因为不反对天子，所以大军一到，便受招安，替国家打别的强盗——不'替天行道'的强盗去了。终于是奴才。"鲁迅这样的批判，当然是正确的，但他在这段话前面说："一部《水浒》，说得很分明。"鲁迅这段话前后两层意思的逻辑关系是非常明确的。试想，既然鲁迅认为《水浒》把那些我们今天认为应当批判的东西"说得很分明"，也就是艺术地表现得"很分明"，那么我们怎么可以断定，鲁迅对《水浒》这部作品本身，是持完全否定的态度呢？又怎么可以利用鲁迅这段话来证明《水浒》这部作品是应当完全否定的"反面教材"呢？所以，我觉得如果全面理解毛泽东、鲁迅有关《水浒》的大量论述，全面分析《水浒传》一百二十回的全部内容和实际价值，那么应当实事求是地说：不应当把整部《水浒》定性为应当彻底否定的"反面教材"。

钟明奇 您对毛泽东谈中国教育史涉及的《水浒》那段文字的评析，对鲁迅有关《水浒》那段话的解释，令人信服。

郭豫适 我觉得，涉及学术文艺问题，要持科学的民主的宽容的态度。人们对文学的爱好和见解很难一致也无须一致,不应当把伟人的个人爱好和见解强加于人,只要言之成理,无论是出于权威或出于普通人,应该同样尊重。

在这方面,我们有一些经验教训可以总结、吸取。譬如,对于李白、杜甫两位大诗人,据说毛泽东更喜欢的是李白,于是学术界就有了"扬李抑杜"的主张和著述。又如,"文革"期间,"四人帮"曾掀起过一个"评法批儒"运动,据说这也是根据毛泽东对历史上儒法两家褒法贬儒的见解,于是从来韩、柳并称的两位大文豪马上遭遇就大不相同,被划入法家的柳宗元被竭力表彰,被划入儒家的韩愈则被彻底批判。显然,在学术研究中,我们既反对"一言堂",反对把毛泽东个人的文学爱好和见解,把他与此有关的言论作为"最高指示"强加于人,也要防止简单化的毛病,即认为毛泽东有关文学问题和作家作品的评述一律加以贬低,认为已经"过时",或认为是属于"左"的东西加以否定。对毛泽东某种场合下不尽圆满或有欠全面、失诸偏颇的说法,我们可以本着百家争鸣的精神作实事求是的分析和讨论,但对他那些精当的、正确的或可成一家之言的学术见解,也应当予以充分的尊重,不应当轻易贬低或否定。例如,毛泽东说他把《红楼梦》"当历史读",这个说法并没有错;不但没有错,而且是《红楼梦》研究中一种比较高层次的或者说是比较深刻的一种见解。毛泽东的基本意思是希望人们对《红楼梦》不要仅仅停留在把它当作故事来读这样一个层面上,而要认识到这部文学巨著具有很高的历史价值,可以帮助我们今天的读者去了解中国封建社会的历史,去认识封建社会和地主阶级的本质面貌。他所说的把《红楼梦》当作历史来读,我们既不能简单地将《红楼梦》理解为属于科学性质的史学著作,更不能像某些红学家那样把它硬说成是某个皇帝或某个贵族或某些名人、名妓生活的所谓"实录"。毛泽东的这个看法,跟恩格斯论法国巴尔扎克的小说、列宁论俄国列夫·托尔斯泰的小说一样,本质上是相通的,是对《红楼梦》认识价值的充分肯定。

三、纯然方法与求实思想:社会科学研究的错误路径与正确导向

钟明奇　我感到在您的学术生涯中,非常重视学术研究的方法。如您研究新旧索隐派红学主要就是从方法论的角度加以评判。您是如何看待学术研究的方法的?

郭豫适　学术研究的方法的确非常重要,新、旧索隐派之所以出现种种谬误,显然与他们不科学的研究方法大有关系。必须指出的是,在哲学社会科学研究中,我们要

辩证地认识方法和思想的关系。治学方法本身并非万能,不能设想只要掌握了某种治学方法,学术工作就能无往而不胜。因为治学方法并不是纯然孤立、超越时空、超越思想的抽象物,并非一种超思想的工具或手段。其实,方法是思想的逻辑展开,是思想的具体化,彼此无法割裂开来。在具体的治学过程中,指导思想如何,正确与否,无疑是决定性的。只有正确的思想与方法相结合才会有助于学术的发展和深化。治学的思想与方法也是有不同层次的,我们要在实践中不断追求思想和方法的深化,才有可能将学术研究推向新的境界。

钟明奇 在当今全球化时代,中西文化交流甚为频繁,您是如何看待西方学者的研究方法的? 能结合一个具体的例子谈谈吗?

郭豫适 好的。我们不妨以德里达及其解构主义为例。德里达是法国著名的思想家、哲学家。他晚年写过《马克思的幽灵》,其中有这样一段文字:"地球上所有的人,所有的男人和女人,不管他们愿意与否,知道与否,他们今天在某种程度上说都是马克思和马克思主义的继承人。"这段文字如果出自他人,人们大约不至于十分惊愕,可这是出自解构主义理论体系创立者和理论大师德里达的笔下,就使人感到很不平常了。人们不得不认真寻思:解构主义不就是对现存的种种具有权威性、统治性的理论、制度、原理性东西的解构、拆散、消弭吗? 解构主义在哲学界、思想界掀起过巨大的波浪,产生了广泛的影响。折腾了那么多年,这位七十多岁的哲学老人,为什么会如此郑重地说出这些话来呢? 那种以解构主义为武器或工具解构马克思主义,认为它早已过时,已经失去其思想意义和存在的价值,应当彻底否定、抛弃,这些思想方法的理论依据何在呢?

学术研究要避免思想方法的片面性,要克服一味求新、盲目跟风的做法。否则,人家讲现代主义,你就把现代主义的观点拿来研究我们的东西;人家讲后现代主义,你又跟着把人家的后现代主义拿来作为指导思想来研究我们的东西;人家讲解构主义,你就以为讲解构主义多么好、多么先进,赶紧用来指导我们的研究,可是等到德里达来中国访问,当众宣称:解构主义并不是你们所理解的那种情况,你们存在着"对我的误解"。这岂不是令人十分尴尬的事。怪谁呢? 怪德里达和他的解构主义呢,还是怪你自己? 这里我想借用一下王元化提出的批评:"我觉得我们的学风还缺乏踏踏实实的精神,不务精深,而好趋新猎奇,满足于搞花架子,在文章中点缀一些转手贩来自己还未咀嚼消化的新学说新术语,借以炫耀。一些刊物,也往往喜欢发表这类文章。"(参见

《思辨随笔·谈浮躁》,上海文艺出版社 1994 版)人们从此可以获得一点经验教训,上述这种学风和做法实在不是学术研究的正确路径。

钟明奇 这种学术心态姑且称它为"西方依赖症"或者"西方强迫症",实际上是不自觉地让自己的头脑变成了西方学术思想方法的跑马场。学术方法及其运用离不开思想的制约,更需要持实事求是的态度。

郭豫适 在学术探索中,无论运用怎样层次的治学思想与研究方法,我们必须始终坚持实事求是,这是社会科学研究获得成功的基本保证与正确导向。实事求是是学术研究最高的要求,但同时也是最起码的要求。实事求是说起来简单,要真正做到并不容易。在社会科学的研究工作中,常常有某些非科学的因素在起重要的乃至决定的作用。在过去极左路线下,社会科学的研究遭到了严重的破坏。"左"的政治因素的干扰使人们不敢讲真话,当然也无法实事求是。全国正轰轰烈烈地开展批判《水浒》的政治运动,你能公开与"反面教材说"持反调吗?"评法批儒"一来,柳宗元和韩愈分别被戴上"法家"和"儒家"的帽子,你能实事求是地评价他们? 在政治运动笼盖学术研究,把政治和学术混为一谈的情况下,学术研究无法真正做到实事求是。

在今天市场经济的环境下,又出现了新的情况,人们很难不受到"孔方兄"的影响乃至接受它的指挥,学术研究要做到实事求是也是不容易的。"左手盘货点钱,右手著书立说",这是一种说法和主张。但我想世上即便有这等高人,毕竟不是一般规律。治学贵在专心致志,心无旁骛。与此相关的又有一种说法是所谓"文化搭台,经济唱戏"。历史文化的研究和宣传在某些人心目中变成了赚钱的工具或手段,于是历史文化遗产的价值和意义就不可避免地被浅薄化、粗鄙化、庸俗化,其文化品格、学术品格遭到了扭曲和损害。例如,有的人以研究《周易》为借口,甚至公开地成立"算命公司",借此骗取钱财;有的人为了显示本土人杰地灵,牵强附会地争着"考证"出古代某位名人其籍贯就在本乡本县。如此等等,都不符合学术研究本身应当遵循的规律,都不是实事求是的做法。

钟明奇 学术研究固然会受到政治与经济等的影响,但它不能庸俗地受制于政治与经济等因素,片面地、功利地为政治与经济等服务,那样的话,就颠倒了学术研究的目的,就不是实事求是。我们在学术研究中强调实事求是,其实就是追求一种学术独立的科学精神。

郭豫适 你这些意见很对,要求学者摆脱环境不利的影响,追求学术独立的科学精神,确实是合理的也是必要的,问题是实际情形很复杂。这里讲一个我自己经历过的事情。1961 年,我写了一篇题为《孔夫子和教学法》的短文发表在《解放日报》上,写此短文并没有什么政治的用意。文章大意是这样:孔夫子作为一名教师我觉得很不容易,他回答人家问题针对性很强,比如《论语》里记载有四个人问他"孝"怎么理解,他的回答很不一样,根据对象是什么人,有什么特点,有怎样的水平,有什么问题与欠缺,他就有针对性地讲"孝"是怎么样;如果此人可以在理论上做一点交谈,孔子就同他进行某种讨论式的问答。孔子这样的教学思想、教学方法,就是因材施教,很值得我们学习。该文内容,如此而已。没想到事隔数年,这篇小文章竟被人定为《解放日报》"文革"前发表的六十篇大毒草之一,连刊发此文的编辑也遭到批判。全部理由就只是说什么该文吹捧孔子,与北方尊孔复辟风相呼应。发生在"文革"中的这件事,早已过去了。但进入新时期以来,却又出现了另一种情况,例如,北方某高校某研究员,宣称他研究孔子与《论语》多年,得出结论说,《论语》是一部天文学著作,孔子是一个伟大的天文学家。根据在哪里呢? 他说,《论语》的"语"谐音"宇",所以此书乃"论宇宙"的著作。书中"三人行必有我师"是说太阳、月亮、地球三颗星球运行的天文现象,而孔子"吾道一以贯之",是说孔子创立的"日心说"即"太阳中心说"贯穿《论语》全书。真没想到,《红楼梦》那些测字猜谜的研究方法,弄来弄去弄到《论语》研究中去了! 对待孔子,我们怎能在为了政治上的目的要批判他的时候,就把他打倒在地;为了其他目的要捧他的时候,又凭空给他加上一顶"天文学家"的桂冠? 如此翻来覆去,怎能正确地阐释孔子和他的思想学说的价值?

钟明奇 把孔子说成是"天文学家",真是闻所未闻。刚才我们谈了孔子这个人,我们是否还可以结合一种较为重要的文化现象来谈,比如说儒教,有人说儒学是宗教,您是如何看待这个问题的?

郭豫适 我不赞成把儒家学说看成一种宗教。这里首先要搞清楚什么是宗教。诚然,给宗教下定义很难。一般认为,承认并信仰在现实世界之外存在着一种主宰自然和社会的超自然、超人间的力量,这就是宗教。宗教本身有许多特点,其中最重要、最突出的一个本质特点,就是承认并且信仰神,认为世上万物由他创造和主宰,人类对此莫可奈何。人们对神只能虔诚崇拜,一切依赖、听命于他,不能有任何不敬和违逆,认为如此方能消罪避祸、积德获福。在我看来,所谓儒教,主要是儒家的学说;所谓"教",指的是教化,而不应理解为宗教。儒学就其性质而言,主要是一种社会政治伦理学说,把它说成是宗教恐非所宜。

　　但确有学者把儒学看成是宗教。上世纪80年代出版的一本《宗教词典》中有"儒教"条目,就把儒教定义为"中国封建社会长期形成的特殊形式的宗教",认为"孔子是教主",把传授儒家学说的教师称为"神职人员",把学习儒学的儒生比附为"教徒",还说儒教"提倡'存天理,去人欲',使宗教社会化,把俗人变成僧侣,使宗教生活、僧侣主义、禁欲主义、蒙昧主义、偶像崇拜渗透到每一个家庭"。这些说法无疑是可以商榷的。"孔子是教主"的说法就有欠妥当。第一,孔子在中国固然是个历史伟人,但无论是生前还是死后,他在中国人心目中的地位时有沉浮,并不是一贯地至高至尊,像上帝、神灵那样永远处于绝对无可怀疑的境地。明代李贽对孔子就颇不恭敬,在《答耿中丞》中就明确地反对以孔子之是非为是非。其次,说儒学是宗教,说孔子是教主,这和孔子本人有关鬼神的看法和主张是不合拍的。《论语》中孔子的名言之一是"未知生,焉知死"? 他强调研究的是"事人"而不是"事鬼"(即事鬼神),这就是说,他强调应当研究的是人生现实,而不是研究人死后灵魂的有无以及是否会进天堂或入地狱之类,而后者恰恰是宗教的一个本质特点。我们知道,"子不语怪、力、乱、神"(《论语·述而》),所以,鲁迅在《论雷峰塔的倒掉》一文中说:"孔丘先生确是伟大,生在巫鬼势力盛行如此旺盛的时代,偏不肯随俗谈鬼神。"再次,把传授儒家学说的教师称为"神职人员",把学习儒学的儒生比附为"教徒",也很不妥当。孔子教导学生"知之为知之,不知为不知",他其实是很理性的,对包括学问在内的客观存在事物并不主张像宗教那样盲目崇拜,而真正虔诚的宗教信徒就难以保有认同、保持有孔子那种理性地对待事物的认知精神。最后,儒学本身有一个发展的过程,孔子的学说跟后来理学家的学说并不相同。上述《宗教词典》一方面将孔子视为儒教的教主,一方面又将后来理学家提出的"存天理,去人欲"作为基本教义,甚至说儒教"使宗教社会化,把俗人变成僧侣,使宗教生活、僧侣主义、禁欲主义、蒙昧主义、偶像崇拜渗透到每一个家庭",这也是夸大失实之词。即以孔子而论,他决不主张"存天理,去人欲",如他说:"食不厌精,脍不厌细","惟酒无量,不及乱",如此等等,是大家所熟知的。他说"不义而富且贵,于我如浮云",并非一概否定生活享受,他并不是什么禁欲主义者。总的来说,儒家学说主要是一种有关社会政治教化、封建伦理教化的学说,它追求的是从个人修身、齐家,进而实现治国、平天下的理想,虽然也有封建落后性和某些唯心主义的糟粕,但把它等同于宗教是不妥的。

四、"面向经济"与"推向经济"：中国教育发展的市场选择与人文关怀

钟明奇 我们上面谈了《红楼梦》和红学研究，谈了对待文化遗产所应采取的基本态度，也谈了学术研究的方法和思想，所有这些问题，与中国的教育特别是高等教育均有密切关系。作为一个在高校从事教学与科研已超过半个世纪的教育家，您是如何看待市场经济条件下的中国教育的？

郭豫适 教育家我称不上，我对教育学缺乏专门的精深的研究，不过对如何全面地、科学地理解、处理好教育与经济的关系，对我国教育的现状和问题，我可以谈一点个人的浅见。就教育和经济二者的关系而言，最主要的是要防止两种倾向。一种是，教育就是教育，经济就是经济，两者是"不搭界"的；另一种看法是，不顾及教育的特殊性，片面地强调把教育推向市场。我认为教育要注意面向经济，但不能推向经济。"面向"、"推向"看似相同，实质有异。我国当前教育问题甚多，其中一个带根本性的问题就是轻视教育自身的特性和规律，在处理教育与经济建设关系问题上存在着简单化的毛病。

我们国家的基本路线是以经济建设为中心，我们的教育理所当然地要为社会主义市场经济服务。同时，教育作为一种上层建筑，它必须适应并有助于向前发展的经济建设。教育和经济二者应是共存共荣的关系，密切相关，相互依靠。从事教育工作和从事商业工作是一种社会分工，这种社会分工是必要的，但教育和经济不能说是你归你、我归我，"不搭界"，这是一方面。另一方面，我们又必须如实地指出教育活动和经济活动均属人类自觉的社会活动，各有其特殊的性质、特点和规律。办学校和开商店毕竟很不一样，开一个商店，今年挣到钱就干，明年如果亏本可以关门不干，或者易地再开一个能挣到更多钱的商店。可是办一个学校就不能如此。学校教育是一个时期很长的育人的过程，它培养的学生毕竟不是商店售给顾客的食、穿、用的物品。学校的根本任务是为整个国家培养合格的人才（包括为经济界培养的人才），不是商品买卖那样的短期行为，我们的教育要对国家、对社会、对未来负责。再说，经济活动、商业活动的规律不等同于教育活动的规律，不能相互替代。教育要为市场经济服务，但不能只是为市场经济服务；同时，教育为市场经济服务还有一个直接间接服务的问题。如果只讲教育必须遵循市场经济规律，不讲教育必须遵循教育规律；只讲教育为市场经济

服务,不讲或不全面地讲教育的目标;只讲教育必须符合市场经济的需要,不讲或不全面地讲教育必须面向两个文明建设的需要,如此等等,那就很不妥当。应当说这是缺乏科学发展观,对事物缺乏辩证分析,存在着片面性、简单化。从根本上看,教育不仅开发人的聪明才智,它同时还培育人的心灵和品格,使人类自身得到不断提高,所以教育又是整个人类社会不断走向新的物质文明和精神文明的重要基础。

人是历史和社会的产物,就人类个体的培养过程而言,人乃是教育的产物。教育关系到我们的现在和我们的未来。我国社会当今的发展趋势和未来状况究竟如何,归根结底取决于我们能够培养出什么样的人。我们教育的目标是培养出一代又一代全面发展的新人,其中必然包括经济发展所需要的人才,但决不能只着眼于培养经济强人。当今教育领域相当普遍地存在着重物质而轻精神、重经济效益而轻人文教习的倾向,以及种种急功近利的错误做法,并已经出现了种种不良现象和后果,这正是许多有识之士深感忧心的问题。看来,在今天市场经济环境之下,学术研究和学校教育要完全摆脱其制约和影响是很困难的,但正因为如此,我们从事学术研究和学校教育的人们,尤其是处于某些决策岗位的领导同志,似乎更应该负起责任,更应该保持清醒的头脑,更需要自觉地注意维护学术研究和学校教育的独立地位,在理论和实践中体现其本身的科学规律和独立品格。

钟明奇 谢谢郭先生,辛苦您了。您所谈多方面的问题,对人文社会科学都很重要,并且给人以有益的启发。

郭豫适 我只不过谈了自己治学的一点经历,以及对一些问题的所见所闻和所想,是否有当,和大家共同研讨。为了这次访谈,你也辛苦了,谢谢你,也谢谢《文艺研究》编辑部,祝刊物越办越好。

（原载《文艺研究》2009 年第 5 期,作者为杭州师范大学中国古代文学与文献研究中心教授）

郭豫适与红学

蒋星煜

谈起红学，周汝昌、冯其庸等人知名度很高，而俞平伯以及后学批评俞平伯的李希凡、蓝翎则不仅文艺界知道，而且多少有一点和政治搭界，更是名扬中外。

其实，红学的范畴很广，周汝昌主要考证版本，冯其庸主要考证《红楼梦》作者的家世源流，更多的红学者则从事评论，各有其学术价值，彼此不能取代。

郭豫适呢？研究的定位和他们有所不同，他有三本关于《红楼梦》的著作，实际上对《红楼梦》作了相当大的贡献。

先说《红楼梦研究文选》，从清代敦敏、敦诚等人有关《红楼梦》的诗文开始，到改革开放年代，评、注、考、释的论文乃至专著浩如烟海，港、澳、台地区和国外学者也有一批著作，郭豫适都得定下心来，认真阅览，凡是有真知灼见的，或是披露了罕见史料的，他首先考虑选用。按时代先后，分成四辑，第五辑则是《香港、台湾和国外》。1988年出版于华东师大出版社，共80万字篇幅。

像蔡元培、王国维、鲁迅、胡适这些大师辈的著作当然都收了，像李辰冬曾任国民党官员，建国前夕去了台湾，郭豫适因为他的《红楼梦研究》最早系抗战在法国巴黎大学所著，而且内容新颖，根本不涉及政治，所以择书中精华而编入。

因为有关文章、专著太多，郭豫适本人也担心有所遗漏。更何况选择与否也缺乏一个绝对的标准。但是，有这本文选，确确实实把《红楼梦》问世以来最主要的研究资料集中展现在我们面前了，我们一卷在手，不必再去苦苦寻觅了。尤其大学生、中学生们，对于《红楼梦》有兴趣的话，这本书提供了极大的方便。

郭豫适著的《红楼研究小史稿》所花的工夫更大，虽称"小史"，称"稿"，却是具有严密的系统性的专著。在这一学术领域,发生过多次讨论或论争,有的还带有某些非学术性的因素,郭豫适都得十分冷静而客观地对待,是很不容易的。

应该说《红楼梦研究文选》《红楼研究小史稿》这两本书已经把《红楼梦》研究的概貌都呈现在读者面前了,而且后者还多少带有阶段性小结的性质。可郭豫适并没有到此止步,过了古稀之年,他又与时俱进写出了一本在形式上不无创新的"奇书",名《拟曹雪芹"答客问"》,文字之流畅活泼,设问得恰到好处,一下子就吸引了众多读者,拿到手里,更是放不下来。

譬如说,蔡元培认为此书是为明末秦淮名妓董小宛而作,有人认为林黛玉是写的明末清初的文人朱彝尊等等,都由来客向曹雪芹探询,然后由曹雪芹一一作答。这样显得颇为风趣,而毫不枯涩乏味。郭豫适把握了分寸,使之通俗而又决不流于庸俗。

此书副标题为《论红学索隐派的研究方法》,对各式各样的索隐派都作分析,然后予以否定了。不难看出,郭豫适抱着有容乃大的态度对待各种观点,立足于思想性,倾向于艺术性,或对资料情有独钟,他都尊重,都认真都乐于向读者介绍,但是对于索隐派那种捕风捉影的手法,他虽在《文选》中也略有选录,在《小史稿》中已有所批评,但觉得仍要作为专著进行认真的批评。于是,此书乃问世。

郭豫适教授曾任两届华东师大副校长,研究生院院长,又在国务院学位委员会担任过重要职务,但为人谦虚平和,一向保持低调。近年来胃病缠身,还动了大手术。幸而跳过了这重门坎,最近还出版了四大卷《郭豫适文集》。我欣喜之余,乃作短文介绍其对《红楼梦》之贡献,以表祝贺。

(原载 2012 年 1 月 4 日《新民晚报》,作者为原上海艺术研究所研究员、华东师范大学兼职教授)

学术人生
——记我的老师郭豫适先生

徐景熙

　　上世纪 50 年代末，我就读于华东师范大学中文系。期间，几位大师级学者由于在多次政治运动中受到冲击，被戴上"右派"等帽子，取消了教席。即使勉强允许其开少量的课，内外仍有种种限制。至于他们的著作，图书馆多已"下架"，欲了解其学术见解，只能从有关批判文集中"正面文章反面看"，略知一二。还有一些未被划入"异类"的名师，教学中谨言慎行，报刊上难得一见他们的文字。

　　其实，此类沉闷局面，当时全国高等学府所在都有，时代使然。

　　那五年中，给我们开课而又不时在报刊上发表研究成果的，是青年教师郭豫适先生。

　　郭先生是幸运的，他 1953 年考入华师大，1957 年留校，被分在古典文学教研室，其专业相对于文艺理论、现当代文学较少受干扰。郭先生很优秀，他长相老成，声音洪亮，讲授古代文学别开洞天，史论结合，并自然融入文艺学、比较文学知识，我们 59 级学生根本想不到他才毕业两年。又相继在《解放日报》、《文汇报》、《学术月刊》、《光明日报》、《新华日报》上读到他的长篇论文《"民间文学主流论"及其他》、《应该把作家文学视为"庶出"吗》、《略论古典文学中现实主义与浪漫主义相结合的问题》、《关于曹雪芹和〈红楼梦〉的思想估价》、《关于〈红楼梦〉思想倾向的讨论》……同学们都钦佩不已。记得当年每天上午四节课后，用餐毕，我们爱学习的同学穿过文史楼回宿舍时，必到报栏前浏览报纸上的学术文章。上述郭先生的论文，我就是第一时间在那几家大报上认真阅读，下午或晚自修去阅览室再读并做笔记的。因此郭先生精当的见解、严谨的论证、富有个性的文风，当时留下深刻印象，至今记忆犹新。可以说，也正是先生不间断发表的成果,在我心田播下了从事文学研究和文学批评的种子。

郭先生毕生献给了教学与研究,50多年无休息日,笔耕不辍,至今已出版个人著作十多种,主编重要文献多卷。1984年由教育部评审晋升教授,1986年国务院学位委员会批准为博士研究生导师,1988年获"国家级有突出贡献中青年专家"称号,是华东师范大学终身教授。历任华东师范大学副校长,研究生院院长,国务院学位委员会中文学科评议组成员兼学科召集人。现为中国古代文学理论学会名誉会长,中国红楼梦学会顾问……可谓实至名归。

在海内外奠定郭先生著名红学家地位的是他的红学史研究专著《红楼研究小史稿》《红楼研究小史续稿》,分别在1980年1月和1981年8月由上海文艺出版社出版。在新时期初开始复苏的学术界引起巨大反响,得到很高的评价。有学者指出"在古典文学研究中具有拓荒的意义。"黄霖等编著的《20世纪中国古代文学研究史》评价为"《石头记》问世以来第一部研究红学发展史的专著,也是'文革'以来第一部文学类学术史专著",它"奠定了'红学'发展史的撰写框架和模式,开启了红学史研究的新阶段。"

其实,他撰写这两部著作时,我还在当他的学生。1960年和1961年,系里开设"中国古典文学专题研究与评论"课程,安排他讲《红楼梦》评论史。激励未届而立之年的他边教学边完成这一原创性系统工程的,是鲁迅先生的《中国小说史略》,他写道:"试想,在没有前人著述可以师法的情况下,撰写出一部系统的中国小说史,除了需要非常广博的学识,又需要何等勇敢的开拓精神和坚韧精神!从某种意义上说,中国小说史这条线是由许多作家作品的点连接起来的,那么,从这条线上寻出一个点(《红楼梦》),试着写出这一点的线,行不行呢?"当时,无论自清代乾隆至民国初年,还是五四时期以后的红学研究史料奇缺,许多红学史料都得靠自己去搜集、开掘,选择取舍,而那时又尚无复印机和电脑。为此,他天天苦读摘抄图书馆藏书,每读完一本原著,摘抄的也成了一本小册子。随后他又一次次阅读自己厚厚的摘抄本,在上面勾划、眉批、提示注意点或写下感想。经过多年的死功夫、笨功夫,"书稿完成了,不过史无前例的'文革'也来了。书稿出版的事也就无从谈起",直到上世纪八十年代初,才由上海文艺出版社出版。

郭先生的"红学"成果远不止此,他不间断撰写产生重大反响的"红学"论文(还包括多卷研究文学遗产的著作),如刘梦溪主编《红学三十年论文选编》,其《前言》规定"同一研究者的文章,一般只选一篇,最多不超过两篇。"该书收入两篇的仅有俞平伯、

何其芳少数名家,而郭先生的长篇论文《论〈红楼梦〉思想倾向问题》、《西方文艺思想和
〈红楼梦〉研究——评介〈红楼梦〉研究史上的'新谈'、'新评'、'新叙'》,就被全文选入。
发表于1981年12月21日《光明日报》的《拟曹雪芹"答客问"——红学研究随想录》,
以新颖、幽默的笔调批评了"钩沉索隐的研究方法和悖理违情的高见",被誉为"小说体
的论文",至今仍有不少读者在网上查阅,或向先生索要同名红学论文集。

　　郭先生一贯强调,"实事求是是学术研究最高要求,但同时也是最起码的要求",
"就是追求一种学术独立的科学精神"。为此,他在"文革"之前就敢于肯定胡适《红楼
梦考证》的学术性,同时也指出以胡适为代表的新红学派在观念和方法层面的缺陷;他
对于当代学界"大人物"同样不讳言,如指出周汝昌先生的《红楼梦新证》在考证问题上
有不少谬误,其核心在于将《红楼梦》的"自传说"发展到极致。至于郭先生对作家刘心
武的创作和"红学研究",一贯分别持鲜明的褒贬态度并一再评说,更为学界共知,指出
"刘心武的'揭秘'和他的'秦学'是用再创作的办法编造故事,过多地依靠主观猜测,恕
我直言,这并不属于科学考证,其实是新索隐派的做法。"

　　郭先生肩负繁重的领导职务,但他坚守校园,教书育人。他带出了一批有水准的
博士研究生,不辞辛苦地为每位博士生的论著写序作评介;他又十分念旧,2004年我
和老同学夏康达君合作发表《关于当前文艺思潮若干问题的探讨》,他看后亲自摘编在
《文艺理论研究》上。我去函感谢,他又很快回信:"我赞同你们的文学见解而主动推
荐,这是我高兴做的事!"

　　郭先生生活简朴,长期居住在华东师大一村底层"用残砖在园内泥地上铺成小道"
而命名为"半砖园"的住所,2010年还出版了一本《半砖园居笔记》。书未出先将《自
序》复印寄我。不料我久盼新书未得,却从其他老师处得知从不沾烟酒的郭先生患胃
癌而动了大手术。后从报上得知他病体恢复较好,《文汇读书周报》2011年底刊出专
文《郭豫适:闯过生死关推出〈文集〉四卷》,于是,今年元旦我去电问候。郭先生拿住话
筒讲了近一小时,谈学术,谈人生,谈"感悟生命、时间与自由"的"重病后感言"。当天,
他即亲自将四大部《郭豫适文集》并《半砖园居笔记》寄赠我。我感奋不已,数月来重读
了一遍他的学术著作,并将其置于自己的案头,不时品味郭先生的学术人生。

　　(原载2012年6月11日《南通大学校报》和2012年6月15日《南通广播电视报》,
此处有增补,作者为南通大学文学院教授)

郭豫适：闯过生死关　推出《文集》四卷

朱自奋

华东师范大学终身教授、原副校长郭豫适先生近来心情愉悦。一则是得重病而闯过了生死关头，二则是推出了四卷本《郭豫适文集》（华东师大出版社出版）。去年郭先生患了胃癌，幸亏手术顺利成功，终于闯过生死关卡，这使他在感恩的同时，对生命、时间与自由有了新的认识和感悟。经历九死一生，这套汇集他数十年主要学术成果、篇幅167万字沉甸甸的文集的出版，恰是上天给他的一份绝佳礼物。

四卷文集包括第一卷《红楼梦研究史稿》、第二卷《论红楼梦及其研究》、第三卷《中国古代小说论集》、第四卷《文学遗产问题探讨集》，比较全面深入地阐释了郭豫适对《红楼梦》和中国古代小说的研究，以及有关文学遗产研究诸多问题的探讨，堪称是其长期潜心研究红学的心血集成。

郭豫适是我国新时期中国古典文学学术史研究领域的开拓者。1960年，当时还是青年教师的他参加系里开设的专题研究课程，为教学需要，动笔编写《红楼研究简史》讲义和资料。"文革"结束时讲义稿已增补至四十余万字，于1980年1月、1981年8月先后分两册出版，这就是《红楼研究小史稿》（清乾隆至民初）和《红楼研究小史续稿》（五四时期以后）。作为《石头记》问世以来第一部研究红学发展史的专著，也是"文革"以来第一部文学类学术史专著，两书被学界认为"奠定了'红学'发展史的撰写框架和模式，开启了红学史研究的新阶段"，受到学界的广泛称赞和读者的欢迎。

郭豫适除在京任职数年外，一直坚守校园，教书育人，而《红楼梦》则是他最为倾心的研究领域，对红学研究的起伏与各种动向，他写过很多论文深入探讨，直言不讳。1981年，他在《拟曹雪芹答客问》一文中写道："近年来，国内国外研究《红楼梦》的人越来越多,'红学'成了一门世界性的学问……但是我们也看到,《红楼梦》研究中确实存在着一点毛病,有的文章'旧'气横秋,'索隐派''自传说'的味道颇浓,似乎非如此不足以揭示《红楼梦》这部'奇书'思想艺术之奥秘,而有些读者也误以为这是什么新发现、新创造。其实,对于那些钩沉索隐的研究方法和悖理违情的'高见',当年曹雪芹就已经大皱其眉头了。"这些话放在今天来看,也仍有现实针对性。他认为,重要的是坚持老老实实做学问,实事求是,严谨求真,不能把出自主观想象和文学虚构之物也当做实在史料来佐证。

(本文原载 2011 年 11 月 25 日《文汇读书周报》,作者为《文汇读书周报》记者)

郭豫适：实事求是，严肃谨然

何　晶

　　前人说，"开谈不说《红楼梦》，纵读诗书也枉然"，华东师范大学终身教授郭豫适的学术研究正是从《红楼梦》开始的。1980年，他的《红楼研究小史稿》出版，1981年又推出了《红楼研究小史续稿》，这两本红楼研究史的专著，有人评价"在古典文学研究中具有拓荒的意义"，而这份意义在于它"是《石头记》问世以来第一部研究红学发展史的专著，也是'文革'以来第一部文学类学术史专著"，它"奠定了'红学'发展史的撰写框架和模式，开启了红学史研究的新阶段"。

　　作为这部红楼研究史专著的作者，有人称郭豫适是"新时期中国古典文学学术史研究的开拓者"，"具有一种开拓的勇气"，对此评价老人很谦虚，"这两本书只是因为当时《红楼研究》课程的教学需要而编写的，最早从1960年开始动笔"，而当时，他还只是一个刚毕业留校任教3年的年轻讲师。"当时能够开设古代文学专著研究课程的都是我尊敬的师长，我没想到他们能让我开设《红楼研究》这门课"，郭豫适感佩师长对他的这份信任，投注了最大的热情与精力进行红楼研究史的梳理评介工作。

　　在郭豫适研究红学史前，对于红学的历史研究已经有一些，但相对松散、不够系统全面，怎样整理出一条研究线索、如何获取丰富的资料成为了他最大的难题。当时已出版的一粟所编的《红楼梦书录》固然能够提供一些帮助，前辈学者告诉的相关线索也难能可贵，但这还远远不够，学界友人和图书馆的藏书成了郭豫适最大的资料来源。但是这些书不能随便涂划，他只好随读随抄，常常一坐就是一整天，读完一本原著，抄下来的笔记也就成了一个小册子。

能够坚持着完成这样一部红学研究史专著,鲁迅成为了郭豫适的精神依靠,而最先萌生为红楼研究作史的想法也得益于鲁迅作《中国小说史略》的启发,"试想,在没有前人著述可以师法的情况下,撰写出一部系统的中国小说史,除了需要非常广博的学识,又需要何等勇敢的开拓精神和坚韧精神!从某种意义上说,中国小说史这条线是由许多作家作品的点连接起来的,那么,从这条线上寻出一个点(《红楼梦》),试着写出这一点的线,行不行呢?"鲁迅成为了郭豫适师法的先贤,而这种开创的勇气后面,则是实事求是精神的支撑。

"我们在学术研究中强调实事求是,其实就是追求一种学术独立的科学精神",在学术研究中,郭豫适始终坚持着这点。在为红楼研究作史过程中,郭豫适遇到了一个人和一本书——李辰冬和他的《红楼梦研究》。李辰冬曾在1945年任国民党"中央文化运动委员会平津特派员",他的《红楼梦研究》是1940年代研究者重视研究《红楼梦》本身的重要代表作之一,对于这个研究者和他的著书该如何取舍?友人好心劝他绕过李辰冬,以避免不必要的麻烦,但郭豫适并没有听从,反而对其做了深入的研究。李辰冬此书约7万字,郭豫适的评价就写了两万多字,秉笔直书,实事求是,"我佩服实实在在做学问的人,要实事求是地给予他学问的尊重"。

郭豫适很关注当下的学术抄袭现象,他自陈著作也被人抄袭过,很是不满,"引用了人家的东西,就老老实实地标注上去,这种不老实就是不能够实事求是";他更为痛恨的是,"最坏的一种现象,抄袭者往往比原作者更早地发表论文,他看了人家的书稿,用到自己的文章中去,原作者反而不能发表文章了"。他慨叹,现在做学问不仅要讲求思想,更要"注重方法","不能老老实实地正面印证、反面印证、最后综合考证得出最后的结论了,有了东西就赶紧发表出去"。而他自己尊崇的是王国维治学的方法,"做学问就是要追根究底,一个字一个字地考问清楚"。

近日,《郭豫适文集》四卷本由华东师范大学出版社出版,包括《红楼梦研究史稿》、《论红楼梦及其研究》、《中国古代小说论集》以及《文学遗产问题探讨集》四卷,全面地阐释了他对《红楼梦》和中国古代小说的研究论述,也彰显了他严肃认真、实事求是的治学原则。这套书的出版对郭豫适有着特殊的意义,因为在此之前,他刚动过一个大手术,胃被切除了,已届78岁之龄的他在"不知人生几何"时看到文集的出版,他老有所慰了。虽然发出"人生几何"的慨叹,但对生活,郭豫适仍保有巨大的热情,他颇为关心当下的时事,热切地对和记者一同去拜访的殷国明教授说起"新婚姻解释法",在他看来,社会还没有发展到那个程度,这样做有伤感情,谈到他自己和夫人五十多年的婚姻,"我们都没想过这些问题,慢慢地一路走下来了。"

(原载 2011 年 9 月 8 日《文学报》,作者原为《文学报》实习记者)

仁义之人　其言蔼如
——我心中的郭豫适先生

王意如

　　记得我们读大学的时候,郭豫适先生的课是抢着听的,连历史系也有人过来听。虽然从小喜欢《红楼梦》,但《红楼梦》研究史上那些稀奇古怪的事,是从郭先生的课上听来的。慢慢就成了先生的追随者。那时先生住在一村的小房子里,夏天就在走廊里搁块板,穿着背心汗淋淋地在那里写文章。离他几步之遥就是厨房,师母邵老师在那里浓油赤酱。这一幕给我留下了极其深刻的印象,心中暗暗以此作为今后家庭生活的模板。

　　我考过先生的研究生,先生也乐意收我,但因为种种原因而未能如愿。尽管如此,先生仍把我当他的学生看,每每出书,总不忘送我一本。去年春天,我又拿到先生赠予的厚厚四本《郭豫适文集》。惊喜惭愧之余,认真思考了一下,觉得先生在做学问方面有好几个地方是很值得我们学习的。

　　首先,是先生为红学研究建史的眼光和创意。

　　先生自1960年起因教学需要,编印了《红楼梦研究简史》的讲义,后不断增删修正,终于1980年1月,由上海文艺出版社出版了《红楼研究小史稿》,翌年8月,又出版了《红楼研究小史续稿》。其时,"不仅还没有一部关于《红楼梦》研究史的专著,甚至连一般的介绍《红楼梦》研究历史的专篇文章都很难看到。"先生敏锐地发现这是一个需要去填补的学术空白,于是穷数年之力从讲义发展而为"《石头记》问世以来第一部研究红学发展史的专著,也是'文革'以来第一部文学类学术史专著"。在学术史研究方兴未艾的今天,先生的筚路蓝缕之功,自是不可磨灭的。由此想到,做学术研究实在是需要一种眼光的。鲁迅在写《中国小说史略》的时候也说到"中国小说自来无史"是他做书的重要原因。

既是治史,就有一个如何面对客观材料的问题。在《红楼研究小史稿》中有一令人注目的专章,那就是第七章《李辰冬的〈红楼梦〉研究》。李辰冬河南省济源县人,1907年生,燕京大学毕业,法国巴黎大学文学博士,曾执教于河北女子师范、西北师院、台湾师大等校。1942年于中正书局出版《红楼梦研究》。虽然他的著作在上世纪40年代的红学研究中至关重要,但他却有一个要命的"政治污点"。如何面对他的研究? 郭先生可以选择回避,在那个时候没有人会因为这一点而指责你,相反,如果写了,倒可能引出些麻烦。郭豫适先生坚持了公正客观的学术立场,用两万余字的篇幅评判李辰冬的《红楼梦研究》。有人以为,1991年出版的冯其庸、李希凡主编的《红楼梦大辞典》、1995年发表的论文《李辰冬和他的〈红楼梦研究〉》、2001年《红楼梦研究稀见资料汇编》等书是较早介绍李辰冬红学研究的,殊不知,郭先生出版的著述足足早了十多年!

其次,是先生对方法论的关注。

红学研究是个庞杂的门派,从古到今,很多匪夷所思的想法和做法都出现过。作为红学史的研究者,郭先生读史明智,对红学研究的方法尤其关注。在四卷本的《郭豫适文集》中,可以清晰地看到先生对这些问题的卓见。比如,用西方文艺思想来研究《红楼梦》的"新谈""新评""新叙",或用古人的思想来研究《红楼梦》的"还原法",郭先生都提出了自己鲜明的观点。对胡适、王国维、闻一多等人的治学方法,先生也多有关注。或介绍,或评价,总是力图做出客观的展示和辩证的分析。读先生的文章,持论公允,言之有据,不故作惊人之语,但观点鲜明,材料翔实,思辨清晰。尤为奇特的是,竟能于学术文章中读出一片仁厚之心! 不论对脂评、对王国维,还是对胡适,那些文字,今天看来不免还带有那个时代的痕迹,然放在当时的环境下,却是何其难得! 从中亦可见先生自身所追求的科学方法。

再次,是先生对青年的关心。

文集中除了《和青年同志略谈红楼梦》以及《和青年同志谈治学体会》两篇标题上明确为写给年轻人的文章之外,郭先生其实一直很关心青年的治学问题。记得那次去先生家,他兴冲冲地给我看他写的《拟曹雪芹答客问》。对用这样一种活泼的形式来表达学术问题的看法很有兴趣。若不是身罹重病,假以时日,先生会用微博和青年人谈《红楼梦》也未可知。有时,看到"文化中国"之类的电视节目上有了关于文学问题的不当言论,他也会很着急地和我说,生怕误导青年。我负责为教育部做国家级培训项目的时候,有几次教室安排在没有电梯的 6 楼,其时,先生年事已高,又是学校的"重量级"人物,但他硬是爬楼上来给来自全国各地的骨干教师讲课,介绍做研究的方法。郭先生待学生,并不让你觉得热情如火,但温厚仁慈,其言蔼如,谆谆教导总能让人感到心里很熨帖。

又是一年的春天了,郭先生的小园里应该有了鲜艳明媚的颜色。有时,繁忙杂乱中,被浮躁搅得烦了,想想郭豫适先生,就会有一种宁静从心头弥散开来。对于我们应该怎么做学问,应该怎么对学生,似乎也有了更清楚的理解。

(原载 2012 年 4 月 10 日《华东师范大学校报》,作者为华东师范大学中文系副教授)

感悟生命、时间与自由
——重病后感言

郭豫适

（一）

癌魔无端袭击我[①]，万幸手术得成功[②]。

桑榆非晚乃古训，人生当求夕阳红。

（二）

哲人新解"自由"义，身健无病即自由[③]。

有病必须及时查，切莫延误酿祸尤[④]。

注：① "无端"，原以为不沾烟酒不会得癌症。　② "万幸"非套语，我同时患有睡眠呼吸暂停症，此病也因拖延多年所致。手术需要七八小时，倘若施术过程中呼吸暂停那怎么办？故我这次开刀增加了困难和风险。　③ 周策纵先生（美国威斯康星大学）、陈庆浩先生（法国科研中心）曾先后转告，北大张岱年先生说："什么叫自由？ 自由就是身体好，没有病。"张老所言甚是，他突出阐释人们应当十敬畏、爱护人类个体的生命和自由。　④ 至今友人中尚有因"爱惜时间"不肯及时医检者，因小失大，实为不智。如能及时医检，我这次就不会吃足苦头，酿至必须全胃切除。实际生活中有些人就因不及时医检而丧失救治的机会，此为必须吸取的惨痛教训。

（原载 2011 年 1 月 28 日《文汇读书周报》）

郭豫适部分著述索引

郭　扬

红楼研究小史稿（清乾隆至民初），上海文艺出版社 1980 年 1 月版

红楼研究小史续稿（五四时期以后），上海文艺出版社 1981 年 8 月版，以上两本书 1984 年获上海市高等学校哲学社会科学研究优秀成果二等奖，1986 年获上海市哲学社会科学优秀著作奖

红楼梦问题评论集，上海古籍出版社 1981 年 12 月版

论红楼梦及其研究，上海古籍出版社 1992 年 12 月版

拟曹雪芹"答客问"：论红学索隐派的研究方法，华东师范大学出版社 2006 年 9 月版

红楼梦研究文选（郭豫适编），华东师范大学出版社 1988 年 4 月版

中国古代小说论集，华东师范大学出版社 1985 年 1 月版

中国古代小说论集（二版），华东师范大学出版社 1987 年 5 月版

中国古代小说论集（修订三版），华东师范大学出版社 1992 年 2 月版

三国演义选粹（郭豫适、荀茵编），上海教育出版社 1986 年 11 月版

中国小说批评史略（方正耀著，郭豫适审订），中国社会科学出版社 1990 年 7 月版

中国小说批评史略（韩国语版，方正耀著，郭豫适监修，［韩］洪尚勋译），韩国乙酉文化社 1994 年 1 月版

中国古典小说理论史（方正耀著，郭豫适审订），华东师范大学出版社 2005 年 12 月版

蓬莱阁丛书·中国小说史略（鲁迅撰，郭豫适导读），上海古籍出版社 1998 年 1 月版（至今已重印十余次）

学与思：文学遗产研究问题论集，河南大学出版社 1999 年 9 月版

中国传统文化新探丛书（三卷，郭豫适主编），湖南出版社 1993 年 1 月版

扬弃与发展——弘扬民族优秀文化（郭豫适主编），湖南出版社 1993 年 1 月版

半砖园文集，江苏古籍出版社 2001 年 9 月版

半砖园居笔记，东方出版中心 2010 年 5 月版

历代世说精华丛书（五卷本，郭豫适主编），东方出版中心 1993 年版

传世藏书·子库·小说部（十卷本，郭豫适、黄钧主编），海南国际新闻出版中心 1997 年版

型世言（〔明〕陆云龙编撰，郭豫适、邵循瑛整理），海南国际新闻出版中心 1997 年版

社会科学争鸣大系(1949—1989)文学·艺术·语言卷（蒋孔阳主编，郭豫适为副主编之一），上海人民出版社 1993 年版，1993 年获上海社会科学学会联合会优秀学术成果特等奖，1994 年获上海市哲学社会科学优秀著作一等奖

鲁迅全集（十六卷注释本，郭豫适为全集责任编辑之一），人民文学出版社 1981 年版，1994 年获国家图书奖荣誉奖

郭豫适文集（四卷本），华东师范大学出版社 2011 年版

第一卷，红楼梦研究史稿

第二卷，论红楼梦及其研究

第三卷，中国古代小说论集

第四卷，文学遗产研究问题探讨集

* * * * *

"民间文学主流论"及其他，《解放日报》1959 年 7 月 8 日

应该把作家文学视为"庶出"吗？——"民间文学正宗说"质疑（程俊英、郭豫适），《解放日报》1959 年 3 月 19 日，中华书局《中国文学史讨论集》1959 年 10 月版，华东师范大学出版社《程俊英教授纪念文集》2004 年 12 月版

曹操的诗有"一定的人道主义精神"——评复旦《中国文学史》对曹诗的评价并与贾流同志商榷，《解放日报》1959 年 3 月 17 日，中华书局《中国文学史讨论集》1959 年 10 月版（加写附记）

略论古典文学中现实主义与浪漫主义相结合的问题（万云俊、郭豫适），《文汇报》1961 年 5 月 17 日

关于古典文学中现实主义与浪漫主义相结合问题的讨论，《学术月刊》1962 年 1 月号

杜甫对于儒家思想的继承和批判——为纪念杜甫诞生一千二百五十周年而作，《解放日报》1962 年 5 月 29 日

关于教学和科学研究的关系问题，《学术月刊》1963 年 7 月号

论《红楼梦》思想倾向性问题——兼评讨论中的意见分歧，《华东师范大学学报》人文科学版 1964 年第 2 期，百花文艺出版社《红学三十年论文选编》（刘梦溪编）1984 年 8 月版

关于《红楼梦》思想倾向的讨论，《学术月刊》1964 年 2 月号，《新华月报》1964 年 3 月号全文转载

列宁怎样评论列夫·托尔斯泰——重读列宁论托尔斯泰的论文，《学术月刊》1964 年 7 月号

《西游记》前言（郭豫适、简茂森执笔），人民文学出版社《西游记》1973、1980 年版，后依据 1980 年版前言修改为"论《西游记》"一文

漫谈摹拟的"死"、"活"和创造，《人民教育》1979 年第 10 期

从胡适蔡元培的一场争论到索隐派的终归穷途，上海古籍出版社《红楼梦研究集刊·第四辑》1980 年版

西方文艺思想和《红楼梦》研究——评介《红楼梦》研究史上的"新谈"、"新评"、"新叙"，《学术月刊》1981 年 2 月号，河北教育出版社《二十世纪中国文学史论文精粹·小说戏曲卷》2001 年 1 月版，百花文艺出版社《红学三十年论文选编》（刘梦溪编）1984 年 7 月版

应当实事求是地评价《红楼梦》后四十回——兼评《红楼梦》研究史上有关续书问题的评论，《华

东师范大学学报》哲学社会科学版 1981 年第 4 期

学会比较分析的方法——鲁迅论文化遗产问题学习札记,《语文学习》1981 年第 8 期

拟曹雪芹"答客问"——红学研究随想录,《光明日报》1981 年 12 月 21 日,中国文学出版社《中国作家名篇欣赏》2004 年 4 月版

鲁迅论中国古代暴露性小说(郭豫适、荀茵),《文艺理论研究》1982 年第 2 期

离奇曲折的艺术构思——读《无双传》,人民文学出版社《唐传奇鉴赏集》1983 年 2 月版

艺术幻想中的批判与追求——读《罗刹海市》(郭豫适、荀茵),人民文学出版社《聊斋志异鉴赏集》1983 年 12 月版

论《水浒传》——关于宋江的形象和招安问题,华东师范大学出版社《中国古代小说论集》1985 年 1 月版,此文后半部分载于《文艺理论研究》1984 年第 4 期

从尤二姐之死论王熙凤,华东师范大学出版社《中国古代小说论集》1985 年 1 月版,文化艺术出版社《名家图说王熙凤》(俞平伯等著)2007 年 4 月版

考证与真假问题——谈曹雪芹"佚诗"的考辨,华东师范大学出版社《中国古代小说论集》1985 年 1 月版

论《金瓶梅》,华东师范大学出版社《中国古代小说论集》1985 年 1 月版

一支凄婉动人的恋歌——评唐代小说《莺莺传》,华东师范大学出版社《中国古代小说论集》1985 年 1 月版

李贽评传,山东教育出版社《中国历代著名文学家评传·第四卷》1985 年 2 月版

关于"脂评"问题——论全盘批倒"脂砚斋评"之不当,《华东师范大学学报》哲学社会科学版 1985 年第 4 期

《世说新语》思想艺术散论,上海古籍出版社《中国古典小说戏曲论集》(赵景深主编)1985 年 6 月版

善与恶、美与丑的斗争——读《灌园叟晚逢仙女》(郭豫适、荀茵),人民文学出版社《古代白话短篇小说鉴赏集》1986 年 1 月版

论"红楼梦毫无价值论"及其他——关于红学研究中的非科学性问题,《华东师范大学学报》哲学社会科学版 1986 年第 3 期,北方文艺出版社《中外学者论红楼》1989 年 6 月版

论王国维的《红楼梦评论》,华东师范大学出版社《王国维学术研究论集·第二辑》(吴泽主编)1987 年 5 月版

《鲁迅·增田涉师弟答问集》中译本序,华东师范大学出版社《鲁迅·增田涉师弟答问集》1989 年 7 月版

《红楼梦十论》序,《上海大学学报》社会科学版 1990 年第 4 期

关于中国古代小说理论批评特点问题——《中国小说批评史略》序,中国社会科学出版社《中国小说批评史略》1990 年 7 月版

论民族传统文化的扬弃与发展,《文艺理论研究》1991 年第 3 期

谈《在延安文艺座谈会上的讲话》从原本到今本的增删修改,《文艺理论研究》1992 年第 4 期,《新华文摘》1992 年第 10 期全文转载

马克思主义辩证发展观的光辉体现——学习理解邓小平同志《谈话》中的辩证发展观点和辩证分析方法(署名余思),《华东师范大学学报》哲学社会科学版 1992 年第 5 期

全面正确地学习理解毛泽东有关文学问题的论述,《华东师范大学学报》哲学社会科学版 1993 年第 6 期,曾获上海市哲学社会科学优秀成果一等奖

关于弘扬民族优秀文化的几个问题,湖南出版社《扬弃与发展》1993 年 1 月版

胡乔木同志访晤施蛰存先生记,《文艺理论研究》1994 年第 1 期,当代中国出版社《回忆胡乔木》(刘中海等编)1994 年 9 月版,当代中国出版社《我所知道的胡乔木》(杨尚昆等著)1997 年 5 月版,上海古籍出版社《庆祝施蛰存教授百岁华诞文集》2003 年 10 月版

在建设物质文明的同时要重视精神文明的建设,《华东师范大学学报》哲学社会科学版 1994 年 3 月研究生院专刊

红学批评应当实事求是,上海古籍出版社《中华文史论丛·第 54 辑》1995 年 6 月版

论儒教是否为宗教及中国古代小说与宗教的关系,《华东师范大学学报》哲学社会科学版 1996 年第 3 期,中华书局(香港)有限公司《中国小说与宗教》1998 年 8 月版,华东师范大学出版社《庆祝徐中玉教授九十华诞文集》2003 年 9 月版,曾获上海市哲学社会科学优秀成果一等奖

胡适治学的思想和方法,《学术月刊》1996 年 1 月号,中国青年出版社《胡适研究丛刊·第 2 辑》1996 年 12 月版

王国维治学的思想和方法——纪念王国维诞生一百二十周年、逝世七十周年,《红楼梦学刊》1997 年第 4 辑

学、思、作三结合——谈怎样读书及其他,广东教育出版社、辽宁人民出版社《当代百家话读书》1997 年 6 月版

文化遗产研究要端正思想和方法,《文艺理论研究》1997 年第 6 期

郭豫适自述,上海教育出版社《中国社会科学家自述》(国务院学位委员会办公室编)1997 年 12 月版

正确认识和评价贾宝玉林黛玉的爱情,山东人民出版社《名家解读〈红楼梦〉》1998 年 1 月版

《西游记迷境探幽》序,《文艺理论研究》1998 年第 1 期

文学遗产研究要端正思想和方法,《文汇报》1998 年 2 月 20 日

答韩国郑沃根博士,《明清小说研究》1999 年第 1 期,〔韩〕《中国小说研究会报·第 36 号》1998 年 11 月版

明代小说研究与文学遗产继承问题,《文艺理论研究》1999 年第 3 期,上海文艺出版社《明代小说史》2000 年 10 月版,人民文学出版社《明代小说史》2007 年 4 月版

索隐派红学的研究方法及其历史经验教训——评近半个世纪海内外索隐派红学,《齐鲁学刊》1999 年第 3 期,武汉大学出版社《红学档案》2007 年 5 月版,曾获上海市哲学社会科学优秀成果二等奖

对《学报(教科版)》和我国教育研究的展望,《华东师范大学学报》教育科学版 1999 年第 3 期,华东师范大学出版社《大学之道》(俞立中主编)2006 年 11 月版

华东师范大学出版社建社五十周年、复社二十七周年感言,华东师范大学出版社《春华秋实》2007 年 10 月版

《雅俗之间的徘徊:16 至 18 世纪文化思潮与通俗文学创作》序,《中国文学研究》2000 年第 3 期

《怀颖堂艺文丛稿》序,《河南大学学报》2001 年第 1 期

治学独多创造——《学者闻一多》序,《中华文化论坛》2001 年第 3 期

评张弘《临界的对垒》,《文艺理论研究》2001 年第 2 期

评谭帆《中国小说评点研究》,《文学评论》2001 年第 4 期

评《中国古代小说中女性问题研究》,《湛江师范学院学报》2002 年第 1 期

评《陆士谔研究》,岳麓书社,2002 年 9 月版

评《说部论稿》,《河南大学学报》2003 年第 1 期

《文学遗产研究的理论与方法》摭谈,《河北师范大学学报》,2003 年第 2 期

《夷坚志》研究的新收获——评张祝平《夷坚志论稿》,《南通师范学院学报》2003 年第 4 期

古代小说续书研究又一新成果——评高玉海的《明清小说续书研究》,《明清小说研究》2004 年
  第 2 期

《林译小说研究》序,《信阳师范学院学报》2005 年第 4 期

传承与革新——论清代嘉道时期章回小说的发展流变(郭豫适、刘富伟、文娟),《文艺理论研究》
  2005 年第 5 期

是王蒙没有读懂,还是刘心武索隐编造?《社会科学报》2006 年 7 月 13 日

从红学索隐派说到"秦学"研究及其他,华东师范大学出版社《拟曹雪芹"答客问"》2006 年 9
  月版

一部有创见的古代小说论著——评王进驹的《乾隆时期自况性长篇小说研究》,《明清小说研究》
  2007 年第 1 期

谈谈怎样对待古代文化遗产,吉林大学出版社《华夏文化论坛·第二辑》2007 年 9 月版

评《明清文学散论》,《中文自学指导》2008 年第 6 期

评《申报馆与中国近代小说研究》,广西师范大学出版社《结缘与流变》2009 年 3 月版

令人难忘的精深的文学论析——读王元化论阿 Q 人性问题札记,华东师范大学出版社《清园先
  生王元化》(陆晓光主编)2009 年 5 月版

评《〈歧路灯〉与中原民俗文化研究》,《南阳师范学院学报》2010 年第 1 期

博学慎思 实事求是——郭豫适教授访谈录(钟明奇执笔),《文艺研究》2009 年第 5 期,《华东
  师范大学校报》2010 年 3—4 月连续三期全文转载

郭豫适文选(收入《上海老作家文丛》第三辑),上海文艺出版社 2012 年 12 月版

《豪放诗三百首》序,上海交通大学出版社 2011 年 8 月版

感悟生命、时间与自由——重病后感言 《文汇读书周报》2011 年 1 月 28 日